군함도, 끝나지 않은 전쟁

군함도
끝나지 않은 전쟁

군함도에서 야스쿠니까지,
강제동원 100년의 진실을 밝히다

민족문제연구소 기획 | 김민철, 김승은 외 지음

생각
정원

이 책은 20세기 전반과 후반에 걸쳐, 아니 세기를 달리한 지금에도 끝나지 않은 한민족의 한과 피눈물의 결정체다. 일차적 원인은 침략전쟁을 일으킨 일본의 몰염치와 후안무치에 있지만, 민족 분단과 이승만정권의 역사청산 포기, 그리고 박정희정권의 피해자운동 억압에 큰 잘못이 있음을 밝혀내야 한다. 한일 간의 과거청산 운동, 특히 강제동원 피해 진상규명과 회복운동에 오랫동안 노력해온 민족문제연구소가 그간의 성과를 정리해낸 이 책은 인권과 정의를 실현하기 위한 시민들의 역사를 생생하게 보여주고 있다는 점에서 큰 박수를 보낸다.

_ 강만길(역사학자)

2차 세계대전이 끝난 뒤 한국정부가 수립되었지만, 독재정권은 친일세력을 정권의 하수인으로 끌어들이고 일제 강제동원 피해보상 문제를 외면했다. 박정희정권은 1965년 이른바 한일협정으로 일괄 타결의 합의를 보았고, 박근혜정권은 10억 엔을 받고 강행한 '위안부' 합의를 불가역의 합의라고 공언하면서 일본군 '위안부' 할머니들을 기만했다. 한일 시민활동가들이 그간의 싸움 과정과 앞으로 나아갈 바를 이 책에 오롯이 담았다. 하나의 민족운동사라 해도 좋을 것이다. 가슴이 벅차서 눈물을 흘리면서 읽었다. 역사학자로서 일독을 권한다.

_ 이이화(역사학자)

아시아태평양전쟁 당시 일본제국의 최대 영역

이 책에 나오는 주요 일본 지명

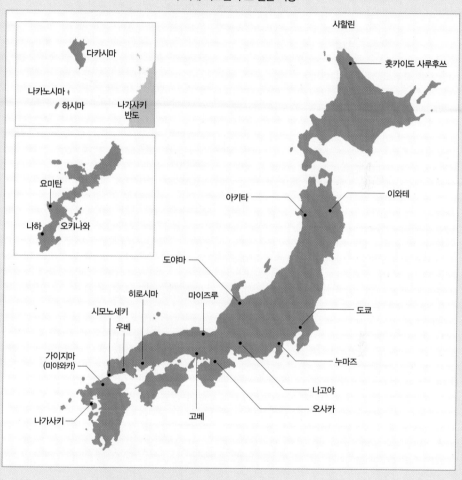

진실을 기록하라. 그리고 과거를 기억하라

차가운 바람이 부는 겨울날이었다. 점심 무렵 갑자기 사무실이 떠들썩해졌다. 태평양전쟁피해자보상추진협의회(이하 '보추협') 회원들이 손수 준비해오신 음식들을 회의실 책상에 풀어놓으며 연구소 식구들을 불러 모았다. 일본군 '위안부' 김학순 할머니의 19주기 추모제를 치르느라 새벽부터 천안 망향의 동산에 다녀오시는 길이었다. 오실 때마다 연구소는 잔치 아닌 잔치를 치른다. 어르신들은 누구 한 명이라도 빠질까봐 손수 부친 전과 과일을 손에 쥐여주신다.

보추협 회원들은 식민지 시기 일제 강제동원으로 인해 소중한 가족을 잃은 분들이다. 모두 가슴에 보통 사람은 헤아리기 힘든 상처를 품고 계신다. 그들은 끌려가 소식이 끊긴 가족의 흔적을 찾기 위해 길게는 30년에서 짧게는 십수 년 동안 자료를 찾아 헤매고 있다. 일본과 한국 정부에 강제동원의 진상 규명을 요구하고, 일본정부와 기업을 상대로 공식적인 책임 인정과 피해보상을 요구하는 법정투쟁을 해오셨다. 그러나 싸움은 아직도 끝나지 않았다. 수십 년의 세월이 흐르는 동안 많은 피해자가 세상을 떠났고, 유족들도 대부분 70세가 넘는 고령이 되었다.

강제동원의 진실을 알려라

해방 70년이 되던 2015년, 민족문제연구소는 식민지 시기 강제동원의 진상을 알리기 위해 두 차례에 걸쳐 다음DAUM 스토리펀딩에 참여했다. 우리는 여기에 강제로 끌려가 노동력을 착취당한 할아버지·할머니들의 이야기, 강제징병과 강제징용으로 희생된 피해자 유족들의 목소리를 담았다. 이를 통해 일본으로부터 제대로 된 사과 한 번 받지 못하고 아직까지 식민통치의 고통을 고스란히 겪고 있는 피해자·유족들의 생생한 이야기를 세상에 널리 전하고자 했다. 잘 알려지지 않은 강제동원의 진실을 환기하고 문제를 해결할 방법을 새롭게 모색하고자 했다.

그런데 두 번째 펀딩을 진행하는 도중, TV 프로그램 〈무한도전〉에서 군함도의 사연을 다뤄 큰 화제가 되었다. 덕분에 일제 강제동원의 실상에 관한 세간의 관심이 부쩍 높아졌고 덩달아 이 문제에 골몰하던 우리도 큰 힘을 얻었다. 이제 '군함도'는 국민 대다수가 아는 고유명사가 될 가능성이 높았다.

식민지 시기 강제동원에 대한 사람들의 관심은 일본군 '위안부' 문제에 한정되어왔다. 그런데 강제동원의 또 다른 사례인 '군함도'가 새롭게 대중의 관심을 받게 되었으니 이 얼마나 기쁜 일인가. 더 많은 사람들의 관심이 모아져 강제동원 문제 해결에 힘이 되길 간절히 빌어본다.

이와 함께 우리도 새로운 프로젝트를 시작했다. 군함도에서 야스쿠니까지 강제동원 100년의 역사를 정리하는 책을 만들기로 한 것이다. 일본과 아시아·태평양 각지에서 노동력을 착취당했던 피해자들의 생생한 목소리를 담고, 역사의 산증인이 된 피해자들과 함께 수십 년간 싸워온 한일 시민들의 이야기를 담고자 했다. 두 번의 스토리펀딩에서 작성된 원고들이 귀한 밑거름이 되었다. 과한 부분은 덜어내고 부족한 부분은 새롭게 채워 넣으며 하나하나 세밀하게 다듬어갔다. 덧붙여야 할 주제들은 새로 원고를 작성해 보충했다.

책은 총 4부로 이루어져 있다. 1부에서는 군함도를 다뤘다. 직접 현장에 가 취재한 내용을 바탕으로 각지의 조선인들이 이곳까지 어떻게 끌려왔는지, 어떤 환경에서 지내고 어떤 노동을 했는지 살폈다. 군함도를 유네스코 세계유산으로 등재하면서까지 전쟁을 정당화하려는 일본의 속내에 대해서도 소상히 밝혔다. 2부에서는 홋카이도에서 오키나와까지, 일본 전역에 걸쳐 강제징용되어 일본의 군수품 조달에 동원됐던 피해자들의 이야기를 담았다. 어린 나이에 끌려가 강도 높은 노동을 감내해야 했던 여자근로정신대는 조국에 살아 돌아와서도 오해와 편견에 시달렸고, 조세이 탄광에서는 136명의 조선인이 바다에 수물되었다. 가마이시는 '철의 도시'였기에 연합국 함대의 집중적 공격을 받았고 일본정부와 기업은 조선인 사망자 유족에게 사망통지조차 보내지 않았다. 3부에서는 중국에서 시베리아까지 아시아·태평양 각지에 강제징용된 피해자들의 이야기를 담았다. BC급 전범, 군인·군속, 포로, 군 '위안부' 등 우리가 미처 알지 못했던 다양한 얼굴의 조선인이 승산 없는 전쟁터에 보내졌고, 죽임당했고, 살아남아서도 어떠한 사과나 배상을 받지 못했다. 마지막으로 4부에서는 강제동원의 진상규명, 일본정부의 공식적 책임 인정과 사죄, 피해자와 유족에 대한 배상 등 식민지시기 강제동원으로부터 시작된 여러 가지 과업과 관련 소송 문제 등을 살폈다.

진실을 기록하고 과거를 기억하는 것

최근 부산 일본영사관 앞 '위안부' 소녀상 설치를 둘러싼 부산 동구청과 시민들의 갈등은 대한민국 국민으로서 자괴감에 빠져들게 만드는 부끄러운 사건이었다. 동구청이 대한민국의 지방자치단체임에도 불구하고 마치 일본의 지방자치단체인 듯 소녀상의 설치를 가로막았기 때문이다. 동구청은 국민들의 반발이 거세지자 마지못해 소녀상의 설치를 허가했다. 하지만 일본은 주한 일본 대사를 본국으로 소환하는 등 일본영사관 앞 소녀상 설치에 대해 크게 반발하고 있다. 이렇듯 일본이 거세게 반발하고 나오는 이유는 2015년 12월 28일 한일 '위안부' 합의 때문이라는 추측이 우세하다. 박근혜 정부가 이면 합의의 내용을 확실히 밝히지 않고 있지만 일본이 제공한 10억 엔의 대가로 일본대사관 앞 소녀상의 철거를 약속한 것이 아니겠냐는 것이다.

12·28 한일 '위안부' 합의를 보면 혹시 역사는 과거로 회귀하거나 반복되는 것이 아닐까하는 의심에 빠져들게 된다. 이 합의는 그 진행의 측면에서는 대다수 국민과 피해 당사자의 의견을 묻지도 않고 이루어졌다는

점에서 1965년 한일협정을, 보상의 형식적인 측면에서는 '위안부' 할머니들이 크게 반발했던 1995년 '여성을 위한 아시아평화국민기금'을 연상시킨다.

그러나 우리는 여전히 역사의 전진을 믿는다. 지금이 비록 거꾸로 가는 것처럼 보이더라도 그것은 너무 더디 가서 그런 것이라고, 한 걸음 한 걸음 내딛다 보면 또 앞으로 나아갈 수 있으리라 믿는다. 강제동원 100년의 문제를 해결할 가장 근본적인 노력은 진실을 기록하고 과거를 기억하는 데 있다. 사실 이것은 현재를 살아가는 모든 이들이 더 나은 미래를 살기 위해 가져야 할 책임과 의무이자 기본적인 삶의 태도이기도 하다. 우리는 이 책으로 진실을 기록하고 과거를 기억하고자 했다. 다음은 당신의 차례이다. 당신은 어떤 진실을 기록하고, 또 어떤 과거를 기억할 것인가.

필자들을 대표하여 조한성이 씀

차례

1부

군함도, 조선인을 기억하라

2부

홋카이도에서 오키나와까지, 군수품 조달에 동원되다

3부

시베리아에서 파푸아뉴기니까지,
전쟁의 총알받이로 동원되다

4부

우리의 싸움은 끝나지 않았다

1부

군함도, 조선인을 기억하라

'군함도'라 불리는 섬에 가다

김영환
민족문제연구소 대외협력팀장

죽음의 바다, 전쟁의 도시 나가사키

1945년 9월 조선 사람들이 탄 귀국선이 때마침 덮친 태풍의 거친 파도에
전복되어 많은 사람들이 물에 빠져 죽었다. 미쓰비시 조선소의 백만 톤 도
크에 있는 대형 크레인 부근에 엄청난 수의 조선인 익사체가 떠올랐다.

　　　　　　　　– 나가사키 재일조선인 인권을 지키는 모임 편, 『원폭과 조선인』 제2집

　1945년 9월 일본 나가사키長崎 앞바다에서 비극적인 사건이 벌어졌다.
식민지 조선에서 일본으로 끌려와 강제노동에 시달렸던 이들이 어렵사리
오른 귀국길에 일어난 사건이었다. 그들은 꿈처럼 찾아온 해방을 기뻐하

며 하루하루 고향으로 돌아갈 날만을 기다렸다. 일본정부가 끌고 왔으니 조선으로 돌려보낼 책임도 당연히 그들에게 있었지만 일본정부는 묵묵부답이었다. 마냥 기다릴 수만은 없었던 조선인들은 스스로 배를 빌려 조국으로 돌아오고자 했다. 그러나 그들은 끝내 조국으로 돌아오지 못했다. 일본 영해를 채 벗어나기도 전에 배는 태풍을 만나 깊은 바닷속으로 침몰하고 말았다. 그리운 고향으로, 따뜻한 가족의 품으로 돌아간다는 꿈에 부풀었을 그들을 생각해본다. 고국으로 돌아오지 못하고 현해탄 어딘가에 잠들었을 그들이 넋이라도 편히 쉬기를 바랄 뿐이다.

그들이 죽어간 바다에서 멀지 않은 곳에 '군함도'라 불리는 섬이 있다. 군함처럼 생겼다고 하여 붙여진 이름이다. 그 섬의 공식 이름은 '하시마端島'. 2015년 유네스코 세계유산으로 지정되면서 널리 알려졌다. 군함도에는 일제강점기 조선인들이 강제동원되어 강제노동을 했던 슬픈 역사가 간직돼 있다. 최근 이러한 사실이 〈무한도전〉이라는 방송프로그램에서 소개되고, 〈군함도〉라는 타이틀의 영화도 제작 발표되면서 이 섬에 대한 관심이 부쩍 늘었다.

우리는 일본의 역사 왜곡에 대해 비판하고, 독도 영유권 문제나 위안부에 대한 사과 및 보상 문제에 관심을 기울인다. 그러나 막상 일제강점기에 조선인들이 입은 피해의 구체적 실상에 대해서는 모르는 경우가 많다. 잘 알려지지 않은 탓이다. 이 글이 많은 사람들에게 일제강점기 강제동원의 실상에 대해 알리는 계기가 되기를 바라는 마음이 간절하다.

나는 강제동원 피해자들의 인권 회복을 위해 활동하면서 일본 시민단

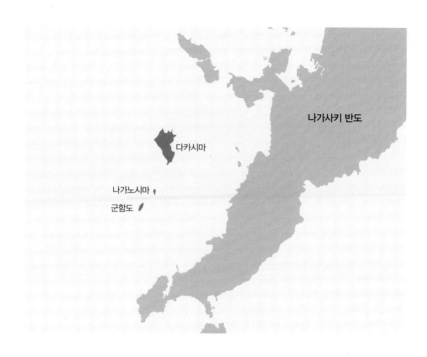

나가사키 반도

다카시마

나가노시마

군함도

체 관계자들과 함께 2008년에 군함도를 찾았다. 원폭피해자 2, 3세들과 시민단체 활동가로 꾸려진 평화기행단이었다. 말로만 듣던 군함도를 직접 보게 된 것은 그때가 처음이었다.

평화기행단이 탄 배가 나가사키 항구를 벗어나자마자, 다이아몬드 세 개가 연결된 모양의 미쓰비시三菱 마크가 찍힌 거대한 크레인들이 눈에 들어왔다. 미쓰비시 나가사키 조선소. 귀국선이 파도에 휩쓸려 많은 조선 사람들의 시체가 떠올랐다는 바로 그곳이다.

미쓰비시는 일본 제국주의의 침략전쟁으로 성장한 대표적인 전범기업戰犯企業이다. 나가사키에 있는 미쓰비시 조선소와 군함도의 하시마 탄광이 속해 있는 다카시마高島 탄광이 미쓰비시를 발전시킨 핵심적인 시

미쓰비시 나가사키 조선소의 대형 크레인(2008.5.25.)

설이다. 일본이 침략전쟁을 벌이는 동안 군함 82척과 어뢰 1만 7,000개
가 이곳에서 생산되었다. 일본의 해상 전투력을 상징하는 전함 '무사시
武蔵'를 비롯하여 진주만 기습공격에 사용된 어뢰가 바로 이곳에서 만들
어졌다.

　이곳 미쓰비시 나가사키 조선소에도 식민지 조선에서 끌려온 약 6,000명
의 사람들이 있었다. 1945년 8월 9일 나가사키에 원자폭탄이 떨어졌을 당
시 그들은 그곳에서 피신할 수 없었고, 구호를 받지도 못한 채 희생되었다.
얼마나 많은 조선 사람들이 희생되었는지는 아직도 알 수 없다. 미쓰비시
와 일본정부는 조사할 의지조차 없었다.

　원자폭탄에도 파괴되지 않고 지금까지 왕성하게 가동되고 있다고 그
들이 자랑하는 자이언트 크레인과 조선소의 몇몇 시설들은 지난 7월 군

미쓰비시 나가사키 조선소의 자이언트 크레인 (2013.2.27.) ⓒ강동진

함도와 함께 세계유산으로 등재되었다. 현재 이 조선소에서는 이지스함을 비롯하여 해상자위대의 전함들이 건조되고 있다. 침략전쟁으로 성장한 기업 미쓰비시는 오늘도 새로운 전쟁을 준비하는 군함을 생산하고 있는 것이다.

'군함도'라 불린 섬

평화기행단은 나가사키 조선소가 양쪽 해안으로 펼쳐져 있는 바다를 벗어나 군함도로 향했다. 1974년 1월 탄광이 문을 닫아 이제 이 섬에는 아무도 살지 않는다. 2008년에는 섬에 상륙하는 것이 금지되어 있었기 때문에 작은 배로 군함도 주위를 둘러보는 것만이 가능했다.

군함도(2013. 2. 27.) ⓒ강동진

　나가사키 항에서 약 18킬로미터 떨어진 곳에 위치한 하시마(군함도)는 동서 160미터, 남북 480미터, 둘레 1.2킬로미터, 면적 0.063제곱킬로미터로 야구장 두 개 정도 크기에 불과한 작은 섬이다. 그런데 1960년 이 작은 섬에 사람들이 5,267명이나 살았다고 하니, 환산하면 1제곱킬로미터당 8만 3,600명이나 되는 엄청난 인구밀도였다. 도쿄보다 9배나 높고, 세계에서 가장 높은 인구밀도를 기록할 정도의 수치였다.

　이 섬이 사람들로 북적이게 된 이유는 바로 석탄 때문이었다. 1810년 근처에 살던 어부가 우연히 석탄을 발견한 뒤 1890년대부터 미쓰비시가 본격적으로 바다 밑에 묻혀 있던 석탄을 캐내기 시작했다. 석탄 생산량이 가장 많았던 1941년에는 41만 1,100톤에 이르렀다고 한다.

하시마의 좁은 땅을 최대한으로 이용하기 위해 미쓰비시는 1916년 일본 최초의 철근콘크리트 건물인 7층 아파트를 세웠다. 그 뒤로도 10층 아파트를 비롯하여 고층건물들이 계속 지어졌고 좁은 섬에 근대식 아파트가 빽빽이 들어선 모습이 마치 군함처럼 보여 그때부터 '군함도'라고 불렸다. 이 작은 섬에 학교, 병원, 절, 목욕탕을 비롯하여 파친코와 영화관까지 있었다고 하니 바다에 도시 하나가 떠 있는 셈이었다. 당시 미쓰비시는 해저탄광을 개발하기 위해 최신 기술을 이 섬에 집약시켰는데 '도쿄대를 우수한 성적으로 졸업한 사람들은 모두 하시마로 모였다'는 말까지 있었다고 한다. 하시마는 말 그대로 일본 근대화를 상징하는 그들의 자랑스러운 '유산'이었다.

지옥섬에 끌려간 조선인 노동자

섬에 가까이 다가가자 거무튀튀하게 폐허가 되어버린 아파트들이 눈에 들어왔다. 철거되기 직전의 흉물스런 아파트들이 바다 한가운데에 떠 있는 기괴한 모습이었다. 배가 섬 한쪽 끝을 돌고 있을 때 안내를 맡은 오카마사하루기념나가사키평화자료관岡まさはる記念長崎平和資料館의 시바타 도시아키柴田利明 사무국장이 방파제 끝을 가리키며 저곳이 조선인 노동자들의 숙소가 있던 곳이라고 알려주었다. 학교 옆 병원과 방파제 사이 가장 낮고 후미진 곳에 있는, 당시 격리 병동으로 쓰인 자리였다. 그리고 조선인 숙소에서 정 반대편 끝에는 중국인 강제연행자들의 숙소가 있었다고 한

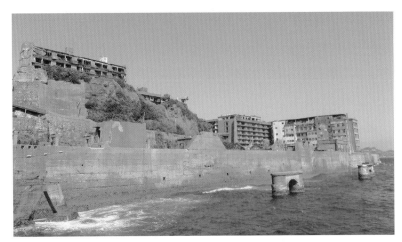

군함도, 폐허가 된 아파트 (2013.2.27.) ©강동진

다. 조선인과 중국인 노동자들이 힘을 합쳐 저항하는 것을 막기 위해 일부러 떨어진 곳에 숙소를 두었다는 설명을 들었다. 조선인 노동자들이 전체 노동자의 3분의 1을 차지할 정도로 많았는데, 1943년부터 1945년

사이에 500~800명의 조선인들이 하시마 탄광에서 강제노동에 시달렸으리라고 추정된다. 하시마 바로 옆에 있는 섬인 다카시마 탄광까지 포함하여 1945년 당시 1,299명의 조선인들이 이곳에 있었다는 기록도 있다. 그 가운데 50여 명의 조선인이 이곳에서 사망했을 것으로 추정된다. 중국 사람들은 1944년 6월 204명이 하시마에 강제로 끌려왔고, 같은 해 7월 205명이 다카시마에 연행되었는데 하시마에서 15명, 다카시마에서 15명이 희생되었다는 기록이 있다.

방파제 끄트머리 가장 낮은 곳에 자리한 조선인 숙소에서 위쪽으로 올라가면 일본이 최초의 아파트라고 자랑하는 광부들의 주택이 있다. 그리고 그 위쪽에는 관리인 아파트가 있고 가장 높은 곳에는 관리소장의 사택이 있으며 섬의 꼭대기에는 신사가 자리 잡고 있다. 마치 신분 계급을 상징하는 듯 가장 밑바닥에는 조선인·중국인 노동자의 숙소가, 위로 올라가면서 일반 광부-관리직-관리소장의 집, 그리고 신사가 배치되어 있었던 것이다.

열여섯 소년에게 너무나 가혹한 시련

이 섬으로 강제연행된 조선인 가운데는 1944년 8월 당시 14~15세에 불과했던 소년들도 있었다. 일제 강제동원 피해자들의 비극을 그린 소설 『군함도』의 한수산 작가가 만난 고故 서정우 할아버지도 그 소년 가운데 한 명이다. 그는 16세에 하시마 탄광으로 끌려와 강제노동을 하다가 병이 들어 육지로 나갈 수 있었다. 그는 나가사키 미쓰비시 조선소에 배치되어 일하다가 원자폭탄 피해를 당했다. 일제강점기에 강제동원된 사람들이 입을 모아 증언하듯 소년 서정우에게도 굶주림이 가장 고통스러웠다. 그는 방파제 밑에서 바다 너머 고향을 그리며 눈물을 흘리곤 했다. 열여섯 소년에게는 너무나 가혹한 시련이었다.

배고픔도 큰 고통이었지만 해저탄광은 말 그대로 생지옥이었다. 그들은 탄광 바닥에 찬 물 때문에 습하고 후끈후끈한 공기를 마시며, 낮은 막장에서 거의 눕다시피 한 자세로 하루 10시간 이상씩 석탄을 캐냈다. 해저탄광으로 일을 하러 내려가는 사람들과 탄광에서 나오는 사람들의 표정이 너무나 대조적이었다는 이야기는 이곳의 노동이 얼마나 힘들었는가를 단적으로 말해준다.

군함도 방파제에서 바라보면 맞은편 육지 해안이 어스름하게 눈에 들어온다. 굶주림과 강제노동에 지친 조선인들은 탈출을 시도했다. 저 바다를 헤엄쳐 건너기만 하면 고향으로 돌아갈 수 있다는 생각에 거친 파도에 몸을 던졌다. 바로 옆에 있는 다카시마를 통하여 탈출하는 것이 훨씬 수월하지만 그곳은 미쓰비시의 또 다른 탄광이 있는, 즉 감시자가 있는 섬이다. 탈출을 시도하다 잡혔다가는 죽기 직전까지 구타를 당할 뿐이었다. 거친 파도에 몸을 던진 사람들이 맞은편 바닷가에서 시체로 발견되는 일도 드물지 않았다. 그렇게 희생된 조선 사람들이 40~50명에 이르렀다는 증언도 있다. 그들에게 군함도는 '근대화의 상징'이자 자랑스러운 '유산'이 아니라 살아 나갈 수 없는 '지옥섬'이었다.

아무도 기억하지 않은 죽음

다카시마 탄광 석탄자료관의 군함도 모형(2008.5.25.)

미쓰비시 창업자 이와사키 야타로 동상
(2013.2.27.) ⓒ강동진

평화기행단은 군함도를 뒤로 하고 바로 옆에 있는 섬 다카시마를 찾았다. 바로 이곳에서 미쓰비시의 번영이 시작되었음을 자랑하려는 듯 세워둔 미쓰비시의 창업자 이와사키 야타로岩崎弥太郎의 거대한 동상이 가장 먼저 눈에 들어왔다. 미쓰비시 다카시마 탄광 노동조합 사무실로 쓰이던 건물을 개조하여 꾸민 석탄자료관에는 다카시마 탄광과 군함도의 역사가 전시되어 있다. 그러나 이곳에서 죽어간 조선인, 중국인 강제동원 희생자들에 대한 언급은 단 한 줄도 찾아볼 수 없었다. 최초의 근대식 아파트가 빽빽이 들어선 군함도를 50분의 1 크기로 줄여 정교하게 만든 모형만이 사람들의 관심을 끌 뿐이었다.

시바타 씨의 안내를 받아 길도 없는 풀숲을 한참 헤치고 들어간 산 속에 공양탑供養塔이 서 있었다. 군함도 사찰에 안치되어 있던 조선인 희생자들의 유골을 이 탑 밑으로 옮겨 매장한 것이다. 이 섬에서 어린 시절을 보

다카시마의 강제동원 희생자 공양탑　　　　시민들이 세운 나가사키 원폭 조선인 희생자 추도비

낸 시바타 씨는 공양탑 아래 시멘트로 만들어진 납골당에 머리를 들이밀고 내부를 살펴본 적이 있다고 한다. 유골이 담긴 항아리가 족히 100개는 넘게 들어 있었다고 했다. 그런데 언제부터인지 미쓰비시가 만든 이 납골당은 파괴되어 그 안을 더 이상 볼 수 없게 되었다. 희생자들은 아무도 찾지 않는 나가사키의 외딴 섬 다카시마의 공양탑 아래 지금도 갇혀 있다. 그들의 부모와 아내는 그토록 애타게 기다리던 희생자들을 만나지 못한 채 생을 마감했을 것이다.

　그것만이 아니다. 나가사키에 떨어진 원자폭탄으로 수많은 사람들이 사망하자 섬에서 일하던 노동자들이 시체 수거 작업에 동원되어 피폭되기도 했다. 얼마나 많은 조선 사람들이 피폭을 당했는지 알 수 없다. 오카 마사하루岡まさはる 씨를 비롯한 '나가사키 재일조선인 인권을 지키는 모임'의 시민들이 발로 뛰어다니며 조사한 끝에 약 2만 명의 조선 사람들이 피폭을 당했고, 그 가운데 약 1만 명의 사람들이 희생되었으리라고

추정했다. 해방으로부터 24년이나 지난 1979년의 일이었다. 정확한 숫자도 아닌 '약 1만 명' '약 2만 명'으로 추산된 조선인 피폭자들은 그나마도 24년 동안 아무도 기억하지 않는 죽음으로 방치되고 있었다.

세계유산일 수 없는 군함도

2008년 군함도를 찾았을 당시에는 참혹한 폐허를 뒤로 하고 몇몇 낚시꾼들만이 한가로이 낚시를 하고 있었다. 하지만 이제 군함도는 연간 10만 명의 관광객이 찾는, 일본이 자랑하는 세계유산의 상징적 존재가 되었다. 세계유산의 공식 명칭은 '메이지明治 일본의 산업혁명유산: 철강·조선·석탄산업'인데, 세계유산 등재를 기념하는 포스터 맨 앞은 군함도가 장식하고 있다. 군함도를 홍보하는 메시지 속에는 침략전쟁을 바탕으로 한 일본의 근대화 과정을 정당화하고 식민지의 희생을 감추고자 하는 일본정부의 의도가 숨겨져 있다. 일본 최초의 철근콘크리트 아파트 등 그들이 환호하는 군함도 건축물의 대부분은 메이지시대 이후에 지어진 것이다. 더구나 일본정부는 세계유산의 범위를 1910년으로 한정하였으므로 세계유산으로 등재된 것은 섬을 둘러싼 호안의 일부와 조금밖에 보이지 않는 갱도 입구뿐이다. 일본정부는 강제노동의 어두운 역사를 가리기 위해 1910년으로 그 시기를 한정하는 꼼수를 부리고는[1] 군함도 전체가 세계유산인 양 선전하고 있다. 역사를 뒤로 한 채 세계유산에 환호하는 일본사회의 모습에서 역사 인식의 부재가 강하게 드러난다.

하지만 군함도에서 고향 바다를 그리며 이름 없이 죽어간 희생자들의 역사를 '기록'하고 '기억'해야 할 책임은 그들에게만 있는 것이 아니다. 당신과 나에게도 제대로 알려지지 않은 역사를 살피고 역사 인식을 갈고 닦아야 할 의무가 있다.

조선인들은 어떻게 끌려갔을까

| 김민철
민족문제연구소 책임연구원

강제동원의 실상

나는 1930년 후반부터 1945년에 걸치는 약 10년 동안 홋카이도의 발전소 공사와 비행장 건설현장에서 노무주임으로 일하고 있었던 관계로 조선인 노무자 모집을 위해 때때로 조선으로 건너갔고, 또 현장에서 이루어지는 착취 실태도 소상히 보아왔다. 조선인 노무자를 모집할 때 일본의 각 회사 는 조선총독부의 인가를 받아 할당 지역의 근로동원기관, 경찰서, 면의 노 무계를 독려하여 사람들을 모았는데, 한 사람이라도 많이 모집하기 위해 조선인 노무계원에게 돈을 쥐여주거나, 여자를 안겨주는 일이 다반사였다. 한 번에 끌고 오는 조선인은 100명 정도이고, 그 대부분은 일본의 혹독한

식민정책 때문에 피나 좁쌀만 먹고 있던 20세 전후의 젊은이들이었다.[2]

일제강점기 식민지 조선에서 노동자 모집을 담당했던 일본인 노무 주임의 회고이다. 당시 조선 사람들이 어떻게 일본의 탄광으로, 군수공장으로 끌려갔는지 상상해볼 수 있다. 국외 동원 규모는 약 68만 명이었을 것으로 추산되며, 가혹한 노동조건 속에서 부상이나 사망에 이르는 일이 많았다.

일제 식민 지배 역사의 미해결 과제로 꼽히는 강제동원 문제를 언급할 때는 주로 이 '국외 동원'을 말하지만, 국내 강제동원의 규모도 엄청났다. 도로 보수 등 각종 부역 동원은 끼니조차 제대로 챙길 수 없었던 조선 민중을 괴롭혔다. 국내 군수공장과 탄광 등에 동원된 연인원은 500만 명에 이른다. 당시 인구가 2500만 명 정도였으므로, 한 가구가 5인으로 구성되었다고 치면 한 집마다 한 명꼴로 동원된 셈이다. 사실상 모든 가구가 강제동원의 올가미를 피할 수 없었던 것이다. 국내 동원의 기간은 대개 1~3개월 정도로 짧았지만, 그 피해는 국외 동원에 못지 않았다. 그러나 이를 입증할 자료가 우리에겐 부족했고, 그 대상 또한 너무 광범위해서 1965년 한일협정 체결 때도 국내 동원 문제는 제대로 다루어지지 않았다.

일제가 조선인 노동자를 대규모로 동원한 이유는 장기화되던 중일전쟁 때문이었다. 예상과 달리 전쟁이 길어지자 전선에 보내야 할 병력 규모가 계속 늘어났고, 일본 내 탄광과 공장에서 일할 노동력은 턱없이 부족해졌다. 이를 보충하기 위해 일제는 식민지 조선으로 눈을 돌린 것이다.

1942년 3월 일본의 탄광에 입소한 조선인 징용자들. 군데군데 나이 어린 소년들의 모습이 보인다.
ⓒ대한불교 조계종 재일총본산 고려사3

　일본 기업의 노무계 직원들은 직접 조선에 와 대대적인 노동자 모집에 나섰고, 1939년부터는 일본정부의 허가를 받고 공식적인 집단 모집을 시작했다. 그들은 복지시설을 찍은 기업 홍보 책자와 화려한 포스터를 보여주면서 "일본에 가서 일을 하면 쌀밥을 배불리 먹을 수 있고 돈도 많이 벌 수 있다"는 달콤한 말로 조선인들을 유혹했다.

　조선인들은 반신반의했다. 탄광에 끌려가면 곧 죽음이라는 공포감과

조선인들은 어떻게 끌려갔을까 -

유형별 강제동원 규모

구분			동원 수
군인	지원병	육군특별지원병(1938~43)[1]	약 17,000명
		학도지원병[2]	4,385명
		해군특별지원병 및 해군[3]	약 22,000명
	징병	1944년 징병 제1기[4]	약 210,000명
군속[5]			약 150,000명
노동자[6]			724,727명
합계			약 1,120,000명

(일본 측이 생산한 자료에 따른 최소 수치임)

1) 　내무성, 『조선 및 대만의 현황朝鮮及び臺灣の現況』, 1944.7.(일본)
2) 　조선총독부, 『제86회 제국의회설명자료帝國議會說明資料』, 1944.12.
3) 　위의 자료
4) 　위의 자료
5) 　히구치 유이치樋口雄一, 『15년전쟁하의 총동원체제 연구15年戰爭下の總動員體制の硏究』, 사회평론사, 1991(일본)
6) 　대장성 관리국, 『일본인의 해외활동에 관한 역사적 조사日本人の海外活動に關する歷史的調査』(조선편 제9분책, 일본)

불안감도 있었지만 돈을 벌 수 있을 것이라는 기대감도 있었다. 경기도 용인에 사는 유생 정관해鄭觀海가 남긴 『관란재일기觀瀾齋日記』[4](1912~47)에는 1941년 1월 홋카이도 탄광 광부 모집 기사가 나자 지원자들이 몰렸다는 내용이 나온다. 밥값은 싼 데 비해 임금은 높아 2년만 지내면 큰돈을 모을 수 있다는 소문이 돌았기 때문이다. 그러나 같은 해 2월 정관해는 경주라는 마을 청년이 아침에 나가 행방불명이 되자 마을 사람들이 모두 그가 일본 탄광으로 끌려가지 않았을까 걱정했다고 일기에 썼다.

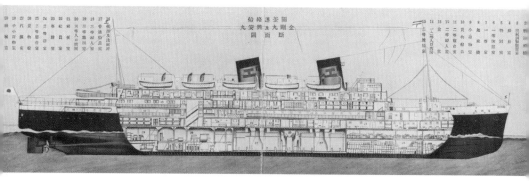

부산과 시모노세키를 오가던 관부연락선. 징용노동자를 대규모로 실어 날랐기 때문에 '징용선'이라고 불렸다.

기대감보다 불안감이 더 높았던 것인지 응모자 수는 일본 기업들의 예상치보다 훨씬 모자랐다. 이들은 부족한 수를 채우기 위해 강제로 모집하는 방법을 강구하기 시작했다. 일본에서 온 회사 측 모집인들이 면서기와 순사들을 대동하고 모집에 나서기 시작했다.

탄광업계는 더 적극적이었다. 조선 사람들을 집단적으로 모집하기 위해 조선에 사무실을 두었고, 모집인을 직접 조선에 파견했다. 1940년 6월 28일 관부연락선을 타고 부산에 온 다케오카 다쓰오武岡達雄도 그런 모집인 가운데 한 명이었다.[5] 그는 홋카이도에 있는 스미토모주식회사 우타시나이歌志內 광업부의 노무계원으로, 회사로부터 조선인 노동자 100명을 모집하라는 명령을 받고 조선에 출장을 왔다.

다케오카는 6월 29일 경성에 도착한 후 7월 2일 조선총독부 사회과를 방문하여 노동자 모집에 대해 의논했다. 모집 대상 지역이 이미 할당 완료되었다는 이유로 그는 8월 6일에야 경상북도로부터 모집허가증을 발

전북 임실군의 징용모집 담당자 회의(1942) ⓒ 대한불교 조계종 재일총본산 고려사

급받을 수 있었다. 다음날 고령경찰서와 군청을 방문해 4개 면을 지정 받은 그는 관내 경찰과 면사무소 직원의 협조로 8월 17일 조선인 노동자 100명을 모두 모집했다. 그는 모집한 조선인들을 데리고 8월 21일 부산항을 출발하여 26일 홋카이도 우타시나이 탄광으로 귀환했다.

강제동원 양상은 1942년부터 더욱 강제성을 띠는 관 알선 방식으로 바뀌었다. 조선총독부는 「조선직업소개소령」 「노동자 알선요강」을 공포하여 동원 방식의 체계를 갖추었다. 또한 내무국 안에 '조선노무협회'를 설치하여 노동자의 공급을 직접 조절하기도 했다. 사업주가 노동자 사용계획서를 관할 도에 제출하면 도 당국이 총독부에 보고하고, 총독부는 각도의 노무조정계획서를 받아 조정하여 다시 각 도에 계획을 하달했다. 도에서는 이를 군과 사업주에게 내려보냈다. 할당된 노동자를 동원하는 일에는 각 행정 단위 경찰관서가 적극 협력했고, 모집인은 '알선노동자 공출종사자 증표'라는 증서를 교부받아 관계기관의 협조도 받을 수 있었다. 다음의 증언은 관 알선 방식의 동원이 실제로 조선인들에게 얼마나 강제적인 것으로 받아들여졌는지를 보여준다.

1942년 10월, 거리에서 두 사람의 낯선 남자가 불러 세웠다. 한 사람은 일본인이고, 또 한 사람은 조선인이었다. "좀 할 말이 있으니 오라"는 것이었다. 나는 일본말을 잘 모르기 때문에 아무 소리도 못하고 그들에게 끌려갔다. 숙소로 가서 2층으로 올라가니 벌써 30명 정도가 모여 있었다. '북해도 모집'이라는 종이가 붙어 있었으나 탄광이라고 써놓지는 않았다. 그렇게 써놓으면 사람들이 안 오기 때문이었다. 그들은 나에게 "임금은 하루에 7원을 준다. 일은 공장이나 토목장이나 원하는 대로 한다"고 했다. 가기 싫다고 했지만, 변소에 가도 몽둥이를 든 감시원이 따라다니는 판이라 도망칠 수가 없었다.

– 최수천의 증언[6]

일제는 1944년 2월부터 조선에도 「국민징용령」을 적용했다. 박완서의 자전소설 『그 많던 싱아는 누가 다 먹었을까』에는 와타나베 철공소가 군수공장으로 지정됨에 따라 오빠가 특수 기능을 보유한 기술자로 등록되어 징용을 피할 수 있었다는 이야기가 나온다. 이는 오빠가 특수기능 보유자로서 근무하는 직장에 그대로 징용되는 조치인 현원징용자가 되어 일반징용을 피할 수 있었다는 의미이다. 반면 조선총독부는 16세부터 40세에 이르는 징용 대상자 가운데 현원징용을 제외한 20세 이상 30세

미만 청년들을 우선 '일반징용' 대상으로 삼아 강제동원했다. 징용 대상 연령의 청년들은 꼼짝없이 사지로 끌려가야 했다.

유생들이 목격한 강제동원

졸지에 죽음의 탄광으로 끌려가게 된 조선 청년들은 이 상황을 어떻게 받아들였을까? 당시 지방 유생들의 일기 속에서 그 전말을 엿볼 수 있다. 먼저 전남 장흥 지역 유생 김주현金冑鉉이 쓴 『정강일기定岡日記』(1938~48)[7]에는 함경도와 평안도 지역의 공사와 일본 공장, 남태평양의 섬 등에 조선인들이 '역부 모집'이라는 이름으로 강제동원되는 이야기가 나온다. 김주현은 1941년 5월에는 옆집 아이가, 1942년 2월에는 자신의 조카가 북선(北鮮, 호쿠센)공사 역부 모집에 걸려 강제동원되었다고 썼다.

1943년 일기에는 모집의 강제성이 더욱 노골적으로 드러난다. 6월 26일자 일기에서 김주현은 면서기들이 아침저녁으로 마을을 수색하여 공장에서 일할 만한 18세 이상 30세 이하의 사람을 "마치 죄인 다루듯이" 잡아가기 시작했다고 썼다. 매월 평균 1회로 모집이 강제되자 김주현이 사는 관리 마을 주민들은 '제비뽑기'로 대상자를 선정해 대응해나갔다. 하지만 이마저도 선정된 청년이 도망가기 일쑤여서 완전한 해결책이 되지 못했다. 선정자가 도망가면 면서기들은 징용 대상 연령대의 청년이면 아무나 잡아갔다. 1944년에는 모집 횟수가 월 2~3회로 늘어났고, 도망자도 더욱 많아졌다. 결국 군이나 면리 직원들은 모집 할당량을 채우기 위해 무리를 지어 출장을 다녔다. 집집마다 수색하여 모집 여부를 불문하고 보이는 대로 두

마을 노인들을 모아놓고 징용을 종용하는 일본 순사 ⓒ대한불교 조계종 재일총본산 고려사

들겨 잡아갔다. 모집된 자가 도망가면 그 부모처자 가운데 한 명을 대신 잡아갔다고 한다. 1945년에는 면서기가 17세밖에 안 된 소년을 징용으로 끌고 가 주민의 원성을 사기도 했다. 다행히 이 소년은 부산에서 도망쳤다고 한다.

김주현은 일제의 강제동원 메커니즘을 비교적 정확하게 꿰뚫어보고 있었다. 그는 1945년 1월 19일자 일기에서 "17~55세의 조선 인민을 모두 저들의 모집 징용 장부에 기재하였다. 그 명목은 군인이나 군속, 역부라 하고, 연령징용, 일반징용, 특별징용의 구별이 있다. 여자 역시 14~25세로 미혼인 자, 과부인 자, 결혼했지만 자식이 없는 자는 방직공장과 군속의 조수로 징용한다. 남자는 말할 것도 없고 여자 역시 끌어가니 이는 오랑캐요 짐승이다"라고 썼다.

충북 중원에 사는 유생 김인수金麟洙가 쓴 『치재일기致齋日記』(1911~62)[8]

에는 조선인들이 조선총독부의 선전 용어인 '산업전사'라는 이름으로 강제동원되었다고 쓰여 있다. 김인수는 1941년 5월 22일 큰아이가 산업전사로 부역을 나가기 시작했다는 이야기, 1942년 8월 5형제 중 장남을 제외한 4형제가 모두 일본으로 모집되어 간 어느 가정의 이야기, 남태평양의 섬으로 끌려간 이웃집 아들은 생사불명이고 남은 부인과 딸은 굶주림과 추위에 떨고 있다는 이야기 등을 일기로 남겼다.

앞서 살펴본 정관해의 『관란재일기』에 따르면 1937년에도 강제적인 동원이 있었다. 정관해는 함흥의 해저철도 건설에 노동자들을 모집하면서 신청자 중 가지 않으려는 사람을 경찰이 관여해서 강제로 데려갔다고 썼다. 전해 들은 인근 마을 이야기라 사실인지 아닌지는 분명치 않으나, 공사의 위험성 때문에 신청자들이 지원을 포기하자 경찰이 나서서 강제징용을 한 것이 아닌가 싶다.

『관란재일기』의 무대인 문촌리에서는 조선인 노동력의 강제동원이 주로 '근로보국단'이라는 이름으로 추진되었다. 1942년과 43년은 일기가 소실되어 관련 내용을 알 수 없으나, 1944년과 45년의 기록이 남아 있다.

언질彦侄이 작별을 고해 마음이 아파 말을 할 수가 없다. 만약 보국단으로 가면 내년 3월 초에 돌아오니, 그동안 집안일을 맡길 곳이 없다고 한다. (1944년 12월 18일)

경성공사장에서 을용乙龍을 본 사람이 있다고 하는데, 필히 보국단으로 간 것이다. (1945년 2월 5일)

큰아이 편지가 왔는데, 식구들은 모두 별일 없으며, 아이는 보국단에 갔다고 한다. 근심이 깊다. (1945년 2월 20일)

노동력 강제동원의 최종 형태인 징용령에 의한 동원이 유생들의 일기에 등장한 것은 1944년 7월 중순(양력 9월 초)부터이다. 『정강일기』에는 집안 머슴과 둘째 아들, 그리고 막내 동생이 징용령으로 신체검사를 받고 끌려갔다는 이야기를 시작으로 월 평균 1회 이상씩 징용에 관한 내용이 등장한다. 『관란재일기』와 『치재일기』에도 1944년 10월부터 산업전사나 근로보국단 대신 징용이라는 단어가 등장한다.

조선인, 살아남기 위해 저항하다

최근 일반징용의 실시가 발표되자 일부 지식계급과 유산계급 중에서는 재빨리 중국 또는 만주국 방면으로 도피하거나 주거를 전전하여 당국의 조사를 교란하고, 또는 급히 징용에서 제외되는 부문에 취직을 시도하고 있다. 일반 계층에서도 의사를 속여 거짓 병으로 입원하거나 일부러 화류병에 걸려 질병을 핑계로 면하려 하고, 심지어 노무 동원이 읍면 직원 또는 경찰관의 자의에 따른 것이라 오해해서 폭행·협박하는 일은 일일이 열거하기 어렵다. 이런 일은 특히 최근의 보고만으로도 20건을 헤아리는 상황이다. 충남에서는 송출 독려에 나선 경찰관을 살해했다. 특히 최근에 주목할 것은 징용을 기피하기 위해 폭행 행위를 한 일이다. 경북 경산에서 일어난 불온한 사건은 징용을 기피하기 위해 장정 27명이 결심대決心隊라는 단체를 결성하여 식량·죽창·낫 등을 가지고 산꼭대기에 올라가 농성하며 끝까지 목적 달성을 기도한 것으로 첨예화하는 노동계층의 동향을 엿볼 수 있다.[9]

일제의 강제동원이 마구잡이 식으로 확산되자 농촌에서는 조선인들이 강제동원을 피해 도망가거나 일제 당국에 저항하는 일이 자주 벌어졌다. 조선총독부가 작성한 위의 치안문서에는 그런 상황이 잘 나타나 있다.

유생들의 일기에도 조선인들의 도망과 저항에 관한 내용이 빈번하게 나온다. 김인수의 『치재일기』에는 1942년 12월 27일 오당리에서 4명이 산업전사로 선발되자 일부는 도망을 가고 일부는 응했다는 내용이 기록되어 있다. 도망에 관한 기사가 집중된 것은 1944년과 1945년이다. 김주현의 『정강일기』 1944년 2월 29일자에는 "저들이 북선 역부 모집으로 붉은색 소환장(저들 법으로는 병사용지)을 보냈는데, 우리 마을에서 소환된 자 10명이 모두 도망을 하였다. 저들이 그 가족을 잡아 가두어 도망한 자들이 출두하도록 하고, 소환된 자 이외에도 노동을 할 수 있는 자는 노소를 불문하고 그 수를 충당하려 하니, 가족 전부가 도망간 자가 많다"라고 쓰여 있다. 또한 『정강일기』에 의하면 김주현의 큰아들 김동린도 징용을 피해 도망쳤다. 김동린은 1943년 11월 황실불경죄로 체포되었다가 이듬해인 44년 2월에 집행유예로 풀려났는데 그해 7월 '전과자 징용령'으로 소환되어 강제동원을 당할 지경에 이르자 도망했다. 김동린의 경우는 주재소에서 직접 동원 책임을 맡아 주재소 순사가 하루에도 수차례 동생을 불러 형의 행적을 캐물었다고 한다. 김동린은 도피 도중 간간이 집에 들러 식량을 가져가며 연말까지 숨어 지내야 했다.

김인수의 『치재일기』에 등장한 이도 사정이 비슷하다. 일기에 나오는 박용석은 청양 광산에 동원되었다가 돌아온 뒤 다시 동원되자 도중에 도망을 했으며, 정소원이라는 이는 아예 집을 나가 떠돌아다녔다. 월림리의 윤주선은 징용을 피하기 위해 파산하고 떠돌아다니는 방법을 선택했다.

이렇게 떠돌던 도망자들은 신문을 통해서는 알 수 없던, 자신들이 직접 목격한 실상을 유포하기도 했다. 김인수는 도쿄의 어느 공장에서 도망한 변한희를 통해 도쿄가 미국과 영국의 폭격을 받아 거의 멸망 직전이라는 소식을 들었다. 전시에 유포되었던 다양한 유언비어 또한 소극적인 저항 의식을 반영하고 있었다. 1944년 9월 3일자 『정강일기』에는 다음과 같은 이야기가 나온다. "풍문에 따르면, 소랑도(小浪島, 평일도의 부속 섬) 해안에 돌이 있는데, 물이 들어오면 잠기고 물이 빠지면 드러난다. 그 바위 전체가 얼마나 큰지 알 수 없는데, 전면에 넓이 2척, 길이 3척이 넘는 크기로 '백자생 흑자사白者生 黑者死'라는 여섯 글자가 발견되어 즉시 순사들이 석공을 시켜 쪼아내버렸다." 전쟁에 대한 염증과 더불어 흰옷을 입으면 비행기의 폭격을 받지 않는다는 이야기가 사람들 사이에 떠돌다가 일기 속에 기록된 것이다.

조선에서 군함도까지 조선인들은 어떻게 끌려갔나

할머니와 함께 농사일을 하고 있을 때 200미터쯤 떨어진 집에서 누군가가 손짓을 하며 불렀다. 집에 돌아가자 얼굴을 아는 면서기와 순사 두 명이 있었다. "너 일본에 간다"라며 엽서만 한 종이를 나에게 건넸다. 일본어를 읽을 줄 모르는 나는 그것을 웅덩이에다 버렸다. 화난 순사가 내 팔을 잡자 할머니가 울며 순사 손을 물었다. 순사는 할머니를 뿌리치고 가까운 도로변에 세웠던 트럭에 나를 태웠다. 같은 마을의 남기석도 잡혀갔다. 열여섯 살때였다.

– 서정우의 증언[10]

1943년 봄, 경남 의령에서 할머니와 함께 농사를 짓고 살던 서정우는 어느 날 갑자기 면서기와 순사의 방문을 받았다. 그들은 다짜고짜 종이 한 장을 내밀었다. 징용장이었다. 서정우는 그 길로 순사들에게 잡혀 면사무소로 끌려갔다. 면사무소에는 이미 많은 청년들이 잡혀와 있었다. 대개 20세 전후의 청년들이었지만 서정우처럼 15～16세 정도밖에 안 되는 소년들도 섞여 있었다.

최장섭도 강제징용 당시 15세였다. 그는 1943년 학교에서 붙잡혀 군청으로 끌려갔다. 군수는 최장섭을 보고 "왜 이런 아이까지 끌고 왔냐?"며

마을 공터에 집결한 조선인 징용자들 ⓒ대한불교 조계종 재일총본산 고려사

직원을 꾸짖었지만, "인원수를 채우기 위해 데려왔다"는 말에 그대로 징용되었다.[11] 소식을 들은 어머니와 여동생이 기차역에 나왔지만 아들의 강제징용을 막을 방법은 없었다.

당시 조선인 노동자를 모집하러 갔던 한 일본인은 조선총독부로부터 마을 세 곳을 할당 받아 조선인을 모집했다고 증언했다. 그는 한 마을에서 40~50명씩 모집했는데 사실상 강제였다고 털어놓았다.[12]

서정우는 트럭과 기차에 태워져 부산으로 이송되었다. 부산수상경찰서 앞에는 각지에서 붙잡혀온 징용자들이 모여 있었다. 순사들은 도망가지 못하게 그들을 굴비 엮듯 손을 묶은 후 관부연락선에 태웠다. 관부연락선의 뱃바닥 화물칸이 징용자들에게 주어진 자리였다. 대소변은 누에 치는 선반 옆 물통에 보아야 했다. 화물칸은 이내 징용자들의 땀과 분뇨 냄새로 가득 차 숨이 막힐 지경이었다.

1941년 면사무소에서 징용장을 받고 강제징용된 김선옥은 부산에서 40명 정도의 조선인이 함께 관부연락선을 타고 시모노세키로 갔다고 증

조선인 징용자들을 태운 트럭. 왼쪽 맨 앞에 '경남 1829'라는 번호판이 보인다. ©대한불교 조계종 재일총본
산 고려사

언했다. 부산에 미쓰비시 회사 측 사람 3명이 나와서 자신들을 인솔했다
고 한다.[13] 최장섭도 부산에 인솔하러 나온 하라다라는 일본인을 기억했
다. 그들은 어디로 가는지 전혀 말해주지 않고 무조건 좋은 곳으로 간다
며 도망을 막았다고 한다.

　조선인 가운데 몇몇은 부산이나 시모노세키에서 감시의 눈길을 피해
도망하는 데 성공했다. 그러나 그것은 극히 운 좋은 사람들에게나 해당하
는 얘기였다. 당시 인솔자로 참여했던 한 일본인은 조선인 가운데 인솔
도중 관부연락선 부두에서 군중 속으로 숨어들거나 열차에서 뛰어내린
이들이 있었다고 했다. 인솔자가 3명뿐이어서 다른 사람들이 도망갈까봐

직접 잡으러 갈 수는 없었지만, 자신들이 조선인들의 일본 도항증명서를 갖고 있었기 때문에 경찰이나 헌병대에 연락하면 대개 나중에 붙잡을 수 있었다고 했다.

조선인들은 그런 우여곡절 끝에 시모노세키에 도착했다. 그들은 시모노세키에서 다시 기차로 나가사키까지 이동했다. 나가사키 항에서는 미쓰비시의 배를 타고 군함도로 향했다. 서정우도 시모노세키에 도착한 후 몽둥이를 든 사내들의 감시 속에 어디론가 이동했다고 한다. 목적지가 어디인지, 앞으로 무슨 일을 하게 되는지 아무런 설명도 없었다. 그는 어딘가에서 야간열차를 타고 나가사키 역에 도착했고, 나가사키 항에서 미쓰비시의 배를 탔다.

누군가 일본어를 할 줄 아는 사람이 몽둥이를 든 인솔자에게 어디로 데리고 가는 거냐고 물었다. 그러자 인솔자는 "너희들은 가만히 따라오면 된다. 나라를 위해 석탄을 캐는 거다!"라고 했다. 서정우는 석탄을 캔다는 것이 어떤 것인지, 자신에게 닥친 앞날이 어떤 것인지 전혀 알지 못했다. 얼마 후 배는 온통 콘크리트로 둘러싸인 기괴해 보이는 섬에 도착했다. 그것은 조선인들이 '지옥섬'이라 불렀던 하시마, 일명 '군함도'라는 섬이었다.

조선에서 사할린으로,
사할린에서 일본 각지로 끌려간 사람들
3,000여 이중징용자의 비극

조선인 강제징용자 가운데는 사할린 북서부 탄광지역에 강제징
용되었다가 일본 내 다른 지역으로 전환 배치된 '이중징용자'들이 있었다. 일
제는 연합군의 공격으로 사할린 산産 석탄의 수송이 어려워지자 이 지역의 탄
광을 휴·폐광하고 1944년 8월 각의를 통해 인력 재배치를 결정했다. 이로 인
해 사할린에 강제징용되었던 조선인 3,000여 명이 1944년 8월 25일부터 9월
16일 사이에 규슈·이바라키 현 등 일본 각지의 탄광으로 재배치되었다. 인력
의 재배치는 대개 동일 회사의 탄광 간에 이루어졌는데 미쓰비시의 경우 사할
린에 있던 약 1,000명의 조선인을 다카시마·하시마 등지에 있는 자사 탄광으
로 이동시켰다. 이 가운데 지옥섬 군함도에 전환 배치된 조선인은 약 200명이
었다. 이중징용자들은 사할린에서도 열악한 노동 조건 속에 있었지만, 일본 본
토로 배치된 후 더 끔찍한 상황에 놓였다.

가장 큰 고통은 가족과의 이산이었다. 이들이 사할린에 강제징용된 후 일제
당국은 생활 안정을 도모한다는 이유로 조선에 있는 가족들의 사할린 이주를
종용했다. 그런데 이들을 일본 본토로 전환 배치하면서 가족은 그 대상에서
빼놓아 문제가 발생했다. 일제는 가족을 데려다주겠다고 약속했지만 실제로
는 실행되지 않았다. 문서상에도 가족수송 계획은 명시되어 있지 않았다. 전

쟁이 끝난 후 이중징용자들은 사방팔방으로 가족을 찾았지만 몇몇을 제외한 대부분은 가족을 만나지 못했다. 어떤 이들은 수십 년의, 어떤 이들은 평생의 이별을 겪었다. 그야말로 삼중 사중으로 중첩된 비극이었다.

'지옥섬' 하시마의 하루

노기 카오리
민족문제연구소 선임연구원

어두컴컴한 아침

빽빽하게 늘어선 고층 아파트를 자랑하는 '지옥섬' 하시마. 그 섬에서 강제동원된 조선인이 살아야 했던 곳은 골짜기 밑바닥과 같은 최하층이었다. 가장 높은 지대에는 하시마신사가 들어서 있었고 주거환경과 전망이 좋은 아파트 위층에는 일본인 엘리트들이 살았다. 하시마는 주거공간부터 일제 식민지 지배의 차별 구조를 잔인하게 보여주는 곳이었다.

1943년 2월 하시마로 끌려간 최장섭의 증언에 의하면 조선인 약 40명은 북쪽 중앙부에 위치한 9층 건물 지하 1층의 방 3개에 나뉘어 수용되

1945년 당시의 하시마 건물 배치도*

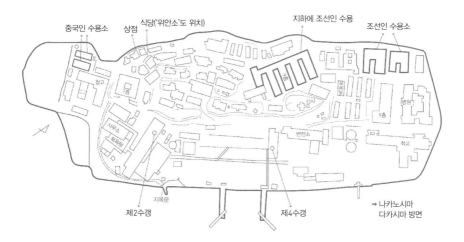

중국인 수용소　상점　식당('위안소'도 위치)　지하에 조선인 수용　조선인 수용소

창고

7층

신사

병원

9층

사무소

목욕탕

변전소

학교

지옥문

→ 나카노시마
다카시마 방면

제2수갱　　　　　　　제4수갱

＊　나가사키 재일조선인 인권을 지키는 모임, 『원폭과 조선인』, 제7집, 2015(일본) 및 다케우치 야스토, 『조사・조선인 강제
　　노동 ①탄광편』, 사회평론사, 2013(일본)을 참고하여 작성

었다.[14] 같은 해 봄에 끌려간 서정우는 "갱구에서 반대쪽, 하시마 끄트머리에 고층아파트가 있었는데 조선인은 그 모퉁이에 있는 2층 건물과 4층 건물에 들어갔다. 한 사람당 0.5평도 안 되는 좁은 방에서 7~8명이 같이 살았다"[15]고 했다.

　조선인이 수용된 협소한 방은 바람이 통하지도 햇빛이 들지도 않았고 파도가 거칠어지면 바닷물이 스며들어왔다. 늘 악취가 나고 습도가 높은, 너무나 비위생적인 곳이었다. 최장섭은 밤에 눈을 붙이려고 해도 계속 땀이 나 잠을 잘 수가 없었다고 했다. 1941년 10월 사할린에 끌려갔다가 1944년 8월 하시마로 '이중징용'을 당한 문갑진은 "어찌나 비룩(벼룩)

이 많던지 밤새 비룩한테 뜯기고, 빈대한테 뜯기고. 참 죽을 고생을" 했다는 말로 하시마의 밤을 되새겼다.[16] 날이 밝아도 그들이 맞이하는 아침은 늘 어두컴컴했다.

극심한 차별과 모진 고문

강제동원된 이들은 아무리 피곤하고 아파도 일어나야 했다. 노무 관리자는 조선인들의 감기를 병으로 인정하지 않았고, 쉬고 싶다고 말하면 몽둥이로 때렸다.[17] 지나가는 갱부들이 한 대씩 때리도록 전봇대에 묶어두기도 했다. 서정우는 빈약한 식사 탓에 심하게 설사를 해 몸을 가누지 못할 정도로 쇠약해졌는데 일을 쉬려고 하자 관리사무소에 끌려가 고문을 당했다고 한다. 관리자들은 "네! 일하러 나가겠습니다"라고 대답할 때까지 때렸다. 하시마에는 병원과 진료소가 갖춰져 있었지만 아파서 병원을 찾아가도 진단서를 잘 써주지 않았다. 겨우 진단을 받더라도 별다른 치료 없이 방치되기 일쑤였다.

하시마에서는 극심한 차별과 모진 고문이 일상이었다. 1944년 사할린에서 '이중징용'을 당한 강도시는 노무사무소 앞 광장에서 노무 관리자가 손이 묶인 조선인 세 명을 군대용 가죽 허리띠로 때리는 것을 목격했다.[18] 하루에 두세 명이 이런 고문을 당했는데 밖에서 고문하는 것은 다른 조선인에게 보여주기 위해서였다. 의식을 잃으면 바닷물을 퍼붓고 지하실에 집어넣었다가 다음날 다시 일을 시켰다.

밥은 식당에서 주는 대로 먹어야 했다. 주먹 크기의 감자에 약간의 안

남미(베트남 쌀)를 섞어 지은 밥, 또는 콩깻묵에 약간의 현미 쌀을 섞어 지은 밥이었다. 정어리 부스러기 조림이나 된장국이 나올 때도 있었다. 가축 사료나 다름없는 밥이라도 먹는 수밖에 없었다. 강제동원된 이들은 늘 굶주림에 시달렸다. 1944년 10월 사할린에서 하시마로 이중징용 당한 황의학은 아침에 같이 주는 점심까지 다 먹어버렸다고 증언했다.[19] 그렇게 갱에 들어갔다 나오면 배는 이미 등가죽에 붙어 있었다. 노무 관리자가 식량을 빼앗아가서 가뜩이나 적은 양이 더 줄어들기도 했다.[20]

공포의 해저탄광

해저탄광의 입구는 조선인 수용소에서 하시마신사 너머 남쪽에 있었다. 숙소에서 갱구까지 걸어가는 길은 몹시 우울하고 암담했다. 농사만 짓다가 갑자기 탄 캐는 노동을 강요당했던 조선인들은 대부분 평생 탄광이란 어떤 곳인지 본 적도 없었거니와 깊은 바닷속에 탄이 있다는 것도 믿기지 않았다. 그들 대부분은 제대로 훈련받지도 못했다. 한 달 정도 훈련을 받은 이도 있었다고 하지만 대개 며칠 만에 바로 채탄 작업에 투입되었다. 제대로 된 지식 하나 없이 난생 처음 들어가는 해저탄광은 공포 그 자체였다.

　해저탄광은 승강기를 타고 바닷속 깊이 한없이 내려가야 했다. 최장섭은 하강 속도가 너무나 빨라 온몸이 움츠러들 정도였다고 기억한다. 평생 처음 겪어보는 충격과 공포였으리라. 지하 수백 미터 아래로 내려가면 탄을 모으고 올려 보내는 넓은 공간이 있고 거기서 개미집처럼 퍼진

하시마 탄광 단면도(1964년 당시)*

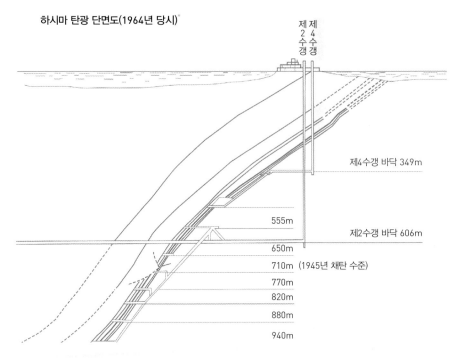

제2수갱 제4수갱

제4수갱 바닥 349m

555m

제2수갱 바닥 606m

650m

710m (1945년 채탄 수준)

770m

820m

880m

940m

* 미쓰비시광업시멘트주식회사 다카시마탄광사편찬위원회 편, 『다카시마탄광사高島炭礦史』, 미쓰비시광업시멘트주식회사, 1989(일본)를 참고하여 작성

굴속으로 더 들어가야 했다. 1944년 겨울에 하시마로 끌려간 박준구는 "1번, 2번, 3번 이런 식으로 조별로 들어갔다. 일본인이 우리를 지휘하며 일을 시켰다. 한국인이 지시할 때도 있었다. 그 사람은 군대에 가본 사람이었고 회사에서 명령을 받고 있었다"[21]라고 이야기했다.

일본인 갱부들은 천장이 높아 채탄하기 쉽고 비교적 안전한 곳에서 일한 반면 조선인은 주로 가장 위험하고 고된 막장으로 들어갔다. 높이가 50~60센티미터밖에 안 되는 비좁은 막장에서 곡괭이를 들고 계속 누운

갱 안에서 누워서 탄을 캐는 모습 ©대한불교 조계종 재일총본산 고려사

채로 탄을 캐야 했다. 10분도 안 돼 하반신이 저려오고 등뼈가 점점 변형
될 만큼 고된 중노동이었다.

　낙반사고와 가스폭발사고를 당할 위험이 높은, 굴을 파는 일도 조선인
들의 몫이었다. 박준구는 "유병묵(같은 마을에서 끌려온 이─필자)이 암반에
굴착기를 대고 움직이지 않게 고정시키면 내가 뒤에서 굴착기를 밀었다.
탄층에 다이너마이트를 설치한 뒤 폭발시켜 탄을 캐기 때문에 그 사이에
우리는 또 다른 굴을 파고 삼나무 막대기를 세웠다"라고 설명했다.

　갱 안에는 가스 냄새도 심했다. 숨쉬기 힘들었고 산소부족으로 쓰러지
기 직전이었다. 또 하시마의 탄은 꼭 밀가루처럼 손에 잘 잡히지도 않았
다. 흩날리는 탄가루 때문에 눈을 뜨기 힘든 것은 물론이거니와 온갖 질
병에 노출되었다. 게다가 갱 안의 온도는 마치 열대처럼 뜨거웠다. 쌀부

대 같은 옷이 지급되었지만 갱에서는 어떤 것도 입지 못할 만큼 무더웠다. 물통을 챙겨갔으나 항상 목이 말라 금방 바닥이 났다. 일본인 갱부가 "조센진은 갱 내에 흐르는 물이나 마셔라"라고 막말을 내뱉으면서 물통을 훔쳐가기도 했다.[22] 그러나 갱 안 사방에 흐르는 지하수는 갱부들의 배설물로 언제나 오염되어 있었다. 갱 안에는 화장실이 없어 아무데서나 볼일을 볼 수밖에 없었기 때문이다.

한편 단층이 있는 곳에서는 천장에서 지하수가 집중호우처럼 쏟아질 때도 있었다. 계속 맞으면 피부가 심하게 헐어버리는, 염분이 많은 물이었다.[23] 워낙 차가워서 감기에 걸리거나 심하면 폐렴을 앓기도 했다. 고열이 나고 의식이 몽롱해지면 다치거나 사고를 당할 위험이 더욱 높아졌다.

미쓰비시가 두려워한 것

하시마 탄광에서는 중국인도 혹사당하고 있었다. 1944년 6월 포로 명목으로 끌려온 이들 대부분은 납치당한 농민들이었다.[24] 이 또한 일본정부와 기업의 합작이었다. 미쓰비시는 중국인들을 철조망으로 둘러싼 목조 2층 건물에 가둬놓고 재향군인을 중심으로 편성한 방위대로 하여금 총을 들고 주변을 감시하게 했다. 먹을 것도 제대로 공급하지 않았다. 박준구는 먹을 것이 부족해서 피골이 상접한 중국인을 목격했다. 1941년 10월부터 1945년 8월까지 하시마에 징용되어 온 일본인 고자토 가쿠시小里岳紫는 일본인 갱부들이 먹다 남은 정어리 대가리와 뼈를 버린 곳에 중국인이 모여들어 주워 먹는 처참한 광경을 목격했다.[25] 어민들이 배를 끌고 자주 들어왔기 때문에 하시마에는 항상 생선이 넘쳤고 일본인 갱부들은 정어리 같은 신선한 생선을 싼 값에 많이 사먹었다. 그들은 마음대로 식재료를 살 수도 있었고 식당이나 술집에도 자유롭게 드나들었지만 중국인들의 처지는 완전히 달랐다.

미쓰비시의 행태는 잔인하고 악랄했다. 가장 가혹한 작업장에 중국인을 투입하고 일상적으로 학대했다. 1939년부터 하시마에서 일했던 또 다른 일본인은 갱 안에서 중국인 두 명이 일본인 지도원을 삽으로 때린 사건을 기억했다.[26] 채탄 중에 지도원으로부터 폭행을 당하다 반격한 것이었다. 회사 측은 중국인들에게 그 책임을 물었다. 그들은 두 명의 중국인을 노무 사무소로 끌고 가 고문했다.[27] 회사의 처분에 분노한 중국인들이 모두 노동을 거부하고 단식투쟁을 벌였다. 미쓰비시는 군대를 끌어들여 무력으로 이들을 진압하고 중국인 두 명을 홋카이도로 이송했다. 그들의 봉기가 두려웠던 것이다.

1945년 일본 패전 직전, 발전소가 미군의 폭격을 받아 전기 공급이 중단되었을 때에도 미쓰비시는 중국인 전원을 취조했다. 중국인들이 일부러 전기를 끊었다고 의심한 것이다.

하시마에서 조선인이 반격하거나 쟁의를 일으켰다는 기록은 아직까지 확인되지 않았다. 최장섭은 "그러한 여지는 없었다. 생사의 기로에 서 있었고 살고 싶지도 죽고 싶지도 않은 마음이었다. 형무소에 갇혀 있는 거나 마찬가지였다"라고 말했다. 다카시마 탄광의 경우는 1944년 3월 1일 극심한 중노동과 굶주림을 견디다 못한 조선인 13명이 파업했다는 기록이 남아 있다.[28] 하시마에서도 다카시마에서도 조선인에게 수시로 차별과 폭행, 모진 고문을 가했던 미쓰비시는 조선인들의 반격과 저항의 가능성을 늘 경계했다.

미쓰비시가 더욱 두려워한 일은 조선인과 중국인의 연대였다. 그들은 아예 중국인과 조선인의 접촉을 금지했다. 채탄 현장도 철저히 나눴고 수용소도 남쪽과 북쪽으로 갈라놓았다. 서로 절대 마주치지 못하도록 말이다. 갱 밖에서 서로 이야기하는 것을 들키면 바로 총을 든 일본인이 달려와 사정없이 구타했기 때문에 쉽게 말을 걸 수 없었지만 갱 안에서는 우연히 중국인이 파는 굴과 조선인이 파는 굴이 서로 연결될 때가 있었다. 황의학은 그럴 때면 중국인이 "저거 한국 사람이다!" 하고 와서 "산동서 언제 왔다" "우리는 한국 사람인데 언제 여기 왔다" 이렇게 서로 필담을 나누기도 했다고 증언했다. 사고의 위험이 있는 곳에는 일본인이 아예 모습을 드러내지 않는 경우가 있었기에 가능한 일이었다.

부상자에게도 자행된 민족차별

탄을 캐고 또 캐도, 굴을 파고 또 파도 중노동은 끝날 기미가 보이지 않았다. 일제의 침략전쟁이 장기화될수록 석탄의 수요는 증가했다. 이에 석탄 증산정책은 무모할 정도로 강화되었고 노동시간도 점점 늘어났다. 최장섭은 3교대 8시간 노동을 두 번 할 때도 있었고, 2교대로 12시간 동안 일할 때도 있었다고 했다. 1944년에 하시마로 끌려간 전영식은 "하루 2교대 12시간 노동이었다. 1주일마다 밤낮이 바뀌었다. 낮에는 그나마 버텼지만 밤에는 졸려서 다치는 이들이 많았다"[29]라고 증언했다. 2주에 한 번 있던 '대大방출의 날'에는 다음날 아침까지 초과노동을 했다.[30] 노동 시간이 길어질수록 피로는 깊어졌고 그만큼 다치는 일도 늘었다.

손가락 부상 정도는 일상이었고 다리나 허리를 다치는 큰 부상도 빈번했다. 전영식은 "다리가 부러진 이도 있었다. 3일에 한 번은 다치는 이들이 나왔다. 나도 손가락을 다쳤고 지금도 제대로 펴지 못한다. 돌에 맞아 배를 다친 적도 있었다"라고 말했다. 천장이 무너져내리는 낙반사고, 가스폭발사고도 여러 번 일어났다. "천장에서 돌이 무너져내려 깔린 적이 있었는데 일본인 현장감독이 달려와서 꺼내줬다. 그때 허리를 다쳐서 지금도 아프다. 치료는 해주지 않았고 약도 없었다. 손에 부스럼이 생겨서 괴로웠는데 그냥 참으라고 했다." 최장섭의 말이다. 병원에서 주사를 놓아주고 약을 처방해주는 일은 한 번 있을까 말까 했고 대체로 최장섭이 그랬던 것처럼 참으라는 말밖에 듣지 못했다. 전황이 불리해지면서 일제가 의사와 간호사까지 전쟁터로 동원하는 바람에 제대로 된 치료가 어렵기도 했다. 그러나 문제의 핵심은 일제가 부상자나 환자에게까지 민족차별을 자행했다는 것이었다.

무참한 죽음, 버려진 유골

조선인들은 매몰되어 질식사하거나 압사당하는 일이 많았다. 조선인 사망자 수는 석탄 증산이 무모하게 감행된 1943년부터 급격히 늘었는데,[31] 기록에 의하면 초기 치료로 충분히 회복될 수 있었을 거라고 추정되는 이들이 사망에 이른 경우가 일본인보다 많았다. 당시에는 목숨을 건졌어도 제대로 치료를 받지 못해 결국 사망에 이른 것이다. 또한 고문으로 인해 사망한 것으로 추정되는 경우도 적지 않았다.

하시마에서 목숨을 잃은 이들 가운데는 여성들도 있었다. 미쓰비시처럼 탄광을 경영했던 기업은 갱부들의 가동률 향상과 도주 방지, 치안 유지 등을 목적으로 각지에 이른바 기업 '위안소'를 설치했는데, 전시기 하시마에는 3개소의 기업 '위안소'가 있었다.[32] 당시 진료소에서 일한 경험이 있는 한 조선인은 진료소에서 조선인 여성 9명이 보름에 한 번 검진을 받았다고 증언했다. 사망자 관련 기록에는 1937년 6월 27일 새벽 '작부酌婦'로 혹사당했던 조선인 여성이 독약을 마시고 스스로 목숨을 끊은 사건이 기록되어 있다.[33] 그러나 기록은 턱없이 부족하고 성폭력 끝에 하시마에서 사망한 조선인 여성에 대한 진상은 아직도 어둠 속에 묻혀 있다.

하시마에서 북동 방향으로 400미터 떨어진 곳에 작은 섬이 있다. 나카노시마이다. 그곳에는 빨간 벽돌로 만든 굴뚝이 우뚝 서 있었는데 하시마에서 사망한 노동자를 화장하는 곳이었다. 원래 화장터는 하시마에도 있었지만 좁은 섬이 자꾸 연기로 덮여 주민들의 불만이 커지자 이곳으로 이전했다. 그만큼 하시마에서 죽은 이들이 많았다는 것을 말해주는 대목이다.

화장이 끝난 조선인 유골은 어디로 갔을까? "노무 관리자 명령으로 유골을 삽으로 떠서 (나카노시마의) 폐갱에 버렸다"라는 증언도 있고, 주검을 바다에 버린 경우도 있었다고 한다.[34] 일부는 하시마로 다시 옮겨져 절에 안치되기도 했는데 미쓰비시는 그 유골을 1974년 하시마가 폐광될 때 다카시마에 있던 '공양탑' 지하 납골당으로 옮겼다가 1988년 다카시마 폐

나카노시마(왼쪽)와 하시마. 멀리 어렴풋이 보이는 곳이 나가사키반도이다.

광 당시 그 납골당을 파괴했다. 미쓰비시가 저지른 만행을 알고 희생자 유족과 일본 시민단체가 수시로 진상규명을 촉구했지만 미쓰비시는 계속 모르쇠로 일관하며 아직까지도 책임을 회피하고 있다.[35]

또 하나의 저항, 목숨 건 탈출

최장섭은 해저탄광에서 피폐해진 몸을 이끌고 간신히 기어 나온 뒤에도 다리에 경련이 일어나 한참동안 콘크리트 벽에 기댄 채 주저앉아 있어야 했다. 여기저기서 들려오는 신음소리가 하시마를 가득 채웠다. 당장이라 도 그만두고 고향으로 돌아가고 싶었다. 그게 어렵다면 최소한 이 섬에서 라도 벗어날 수 있기를 바랐다. 하지만 그들에겐 자유가 없었다. 일본인 갱부들은 배를 타고 나가사키 시내에 나갈 수 있었고 비교적 행동이 자유 로웠다. 조선인 가운데서도 일찍부터 와서 살고 있던 이들이나 가족과 같이 사는 이들은 하시마 밖으로 외출 허가가 날 때도 있었다. 그러나 강제 동원된 조선인은 아무리 배가 들어와도 그 배를 탈 수 없었다. 그저 방파제 위나 수용소 주변을 거닐 뿐이었다.

박준구는 끌려왔을 당시 3년째 하시마에 갇혀 있던 한 조선인이 "이 섬에 발을 디딘 순간 다시는 나가지 못한다"라고 말하는 것을 듣고 체념했다고 한다. 24시간 감시의 눈이 사방에서 번뜩였기 때문에 탈출은 웬만한 용기로는 불가능한 일이었다. 그러나 이를 결행하는 이들이 있었다. 살기 위한 필사적인 저항이자 목숨을 건 탈출이었다.

탈출을 시도한 사람들은 배설물을 운반하는 배나 물자를 운반하는 배에 몰래 올라탔다. 통나무로 뗏목을 만들거나 그냥 헤엄을 쳐 바다를 건너려는 사람들도 있었다. 육지까지는 약 5킬로미터. 살인적인 조류를 견뎌야 했다. 헤엄을 잘 치는 이들도 도중에 힘이 빠져 익사하거나 추격해 온 회사 사람들에게 붙잡히기 일쑤였다. 일본인 가운데는 탈출한 조선인을 살려 숨겨준 사람도 있었고, 나가사키반도에 떠내려 온 주검을 묻어주고 묘비를 세운 이들도 있었다.[36]

드물긴 하지만 탈출한 사람들 가운데 육지에 오르는 데 성공한 이들도 있었다. 그러나 그들도 대개는 육지의 감시망에 걸려 다시 하시마로 붙잡혀왔다. 최장섭은 탈출에 실패하고 붙잡혀온 사람들이 참혹한 일을 겪었다고 증언했다. "목포나 정읍 출신의 수영을 잘하는 이들이 통나무로 뗏

높이 10미터의 방파제 위에 서 있는 서정우 ©하야시 에이다이(『사진기록: 치쿠호, 군함도─조선인 강제연행, 그 후
写真記録: 筑豊, 軍艦島─朝鮮人強制連行, その後』, 겐쇼보, 2010(일본)

목을 만들어서 바다를 건너려고 했지만 중간에 힘이 빠져 잡혔다. 또 육지까지 가서 잡힌 이도 있었는데 고무 튜브로 피부가 벗겨지도록 맞았다." 최장섭은 비명소리를 듣고 달려간 조선인들 눈앞에서 일본인들이 붙잡혀온 사람들을 마구 고문했다고 증언했다. 고자토 가쿠시는 "매일 누군가가 나무 몽둥이로 맞고 있었다. 조선인 숙소에서는 우는 소리가 끊이지 않는다"라고 기록했다. 전영식은 탈출할 수 없는 지옥섬 하시마를 다음과 같이 회고했다.

지옥과 같은 곳이다. 사방이 바다라 도망치고 싶어도 어떻게 도망치라는 것인가. 포기할 수밖에 없었다. 전라남도 바닷가 사람이 헤엄쳐서 탈출을 시도한 모양인데 실패해서 죽었다고 나중에 들었다. 그렇게 가까운 거리도 아닌데 헤엄쳐서 건너가는 건 무리다. 한국인들의 일터는 일본인과는 달랐고 갱 밖에서도 거의 접촉이 없었지만 어느 날 우연히 징역형을 받았다는 일본인들을 만났다. '일본정부가 빨리 망했으면 좋겠다. 그러면 여기서 나갈 수 있을 텐데'라고 말하는 것을 들었다. 무서워서 그 후 만나지 않았지만 그들에게조차 하시마는 지옥의 연속이었던 것이다.

숙소도 작업장도 달라 강제동원된 조선인이 일본인 갱부와 마주칠 일은 거의 없었지만 간혹 이야기를 나누고 또 같이 도망친 이들이 있었다. 일본인 사망자 가운데는 자살한 경우가 많았는데, 조선인보다 안전한 곳에서 일했고 자유도 있던 그들에게조차 하시마는 견디기 힘들었던 것이다.

조선인 수용소가 있던 북쪽에서 바라본 하시마

끝나지 않는 '지옥'

피폐해진 몸을 겨우 일으키면 그들은 탄가루와 땀으로 범벅이 된 몸을 조금이라도 빨리 씻어내고 싶어 했다. 그런데 하시마에는 물이 없었다. 물을 공급하는 급수선은 바다가 거칠어지면 결항되기 일쑤였고, 그때마다 목욕탕 물은 바닷물로 바뀌었다. 바닷물로는 거품이 잘 나지 않아 탄가루가 쉽게 지워지지 않았다.

밤 8시가 되면 복도에 두 줄로 선 채 점호를 받았다. '천황'이 사는 동

쪽을 향해 경례하고 전사자를 위해 1분간 묵도해야 했다. 하시마에 있던 모든 이들은 군대식 생활을 강요당했다. 최장섭은 하라다부대 제2중대 제2소대 소속 6105번이었다.

그들은 고향에 편지라도 보내 가슴의 응어리를 풀고 싶었지만 많은 이들이 글을 쓸 줄 몰랐다. 끌려온 지 2년이 지나도록 편지 한 통 부치지 못한 이들도 많았다. 배고파서 견딜 수가 없다거나 중노동에 시달리고 있다는 하소연을 하고 싶었지만 하시마의 실상을 담은 편지는 결코 전달되지 않았고, 검열에 걸리면 끌려갔다. 1943년 10월 하시마로 끌려간 윤춘기가 들은 바에 의하면 이완옥이라는 조선인은 어느 날 편지를 쓰다가 검열에 걸려 경찰과 숙소 관리자에게 불려가 3~4일 동안 돌아오지 못했다.[37]

이완옥은 1944년 6월 강제노동에 시달리다 결국 사고를 당해 목숨을 잃었다.

전달되지 않은 것은 편지만이 아니었다. 회사 측은 용돈도 안 되는 월급을 주고 나머지는 고향에 송금한다고 했으나 고향의 가족들 대부분은 아무것도 받지 못했다. 회사는 저축을 강요하기도 했는데 통장을 보여주지도 않았고 나중에 돌려주지도 않았다. 일본인과 임금차별도 심했지만 애초에 월급이 얼마인지 설명조차 듣지 못한 이들이 대부분이었다. 전영식은 "임금은 없는 거나 마찬가지였다"라고 증언했다. 실제로 아예 월급을 받지 못한 이들도 많았다.

끌려간 후 2년이면 만기가 돼서 돌아올 수 있다는 것을 전혀 몰랐던 이들도 많았지만 알고 있었더라도 그 약속은 지켜지지 않았다. 차별과 폭력에 시달리고 억울한 죽음으로 내몰린 조선인들의 한 서린 울음소리와 무심한 파도소리가 하시마의 밤을 채웠다. 언제 끝이 날지도 모르는, 기한이 있어도 없는, 말 그대로 하시마는 끝없는 '지옥'이었다.

강제징용의 현장,
세계유산이 되다[38]

김승은
민족문제연구소 책임연구원

유례 없는 폭염 속 뜨거웠던 유네스코 총회 현장

2015년 그해 여름은 너무나 더웠다. 우리가 독일을 방문한 때는 초여름
이었는데도 기온은 연일 36~37도를 기록했다. 기후가 건조해 살이 따가
울 정도였다. 난생 처음 겪는 고통스런 더위였지만 우리를 지치게 만든
원인은 따로 있었다. 일본이 강제징용 시설을 세계유산으로 둔갑시키는
시도를 했기 때문이다.

제39회 유네스코 세계유산위원회 총회는 옛 서독의 수도 본Bonn에서
열렸다.[39] 총회는 6월 28일부터 7월 8일까지 11일이나 진행되었다. 세계
유산 등재 심의와 결정을 위한 본회의 말고도 참가국들이 주최하는 국제

제39회 유네스코 세계유산위원회 총회가 열린 세계컨퍼런스센터

포럼과 워크숍, 문화 행사들이 다양하게 개최되었다. 그 가운데 가장 큰
이슈는 '메이지 일본의 산업혁명유산'의 등재였다. 민족문제연구소는 한
국의 비정부기구NGO로서 반대 목소리를 내기 위해 총회 현장을 직접 찾
았다. 한국뿐 아니라 중국, 네덜란드, 미국 등 세계 곳곳의 반대 여론이
연일 외신에 보도되고 있었다.

  일본이 세계유산으로 등재시킨 '메이지 일본의 산업혁명유산'은 19세
기 후반에서 20세기 초의 철강·조선·석탄 산업 등 중공업 관련 시설들
이다. 일본은 8개 현에 걸쳐 있는 23개 시설을 산업유산군産業遺産群으로 묶
어 등재 신청했다. 일본의 땅끝 마을이라 할 가고시마鹿児島 시에서 일본
도호쿠東北 지방의 가마이시釜石 시까지 직선거리만 1,300킬로미터가 넘는
지역을 망라했다. 한반도 전체 길이를 넘을 정도로 광범위한 지역을 한데

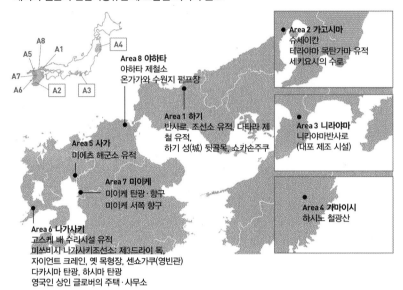

'메이지 일본의 산업혁명유산'에 포함된 지역의 분포

Area 2 가고시마
슈세이칸
테라야마 목탄가마 유적
세키요시의 수로

Area 8 야하타
야하타 제철소
온가가와 수원지 펌프장

Area 1 하기
반사로, 조선소 유적, 다타라 제철 유적,
하기 성(城) 뒷골목, 쇼카손주쿠

Area 3 니라야마
니라야마반사로
(대포 제조 시설)

Area 5 사가
미에츠 해군소 유적

Area 7 미이케
미이케 탄광·항구
미이케 서쪽 항구

Area 4 가마이시
하시노 철광산

Area 6 나가사키
고스케 배 수리시설 유적
미쓰비시 나가사키조선소: 제3드라이 독,
자이언트 크레인, 옛 목형장, 센쇼가쿠(영빈관)
다카시마 탄광, 하시마 탄광
영국인 상인 글로버의 주택·사무소

묶어 신청한 것은 매우 이례적인 일이다. 문제는 그 가운데 일제 침략전쟁을 위해 식민지 조선인과 중국인, 연합군 포로에게 강제노동을 시킨 시설이 8곳이나 포함되어 있다는 사실이다.[40] 일본은 이런 내용을 전혀 언급하지 않은 채 '비서구非西歐에서 최초로 성공한 산업혁명 유산'이라고 강조했다.

일제 강제징용 시설을 세계유산으로 둔갑시키려는 일본의 시도는 2012년 즈음 국내에 알려졌다. 당연히 비난 여론이 들끓었지만 너무 늦은 반응이었다. 일본은 이미 2006년부터 규슈·야마구치 일대 산업유산 등재를 추진해왔다.[41] 2009년에는 등재 심사 대상이 되는 세계유산위원회의 잠정 목록에 이 유산을 추가 등록했다. 2012년에는 가동 중인 시설은 문화재로 지정할 수 없다는 일본 국내법도 바꿨다. 보통 세계유산 등재는 해당 지역 자치단체장이 추진하는데, 2013년 아베 신조安倍晋三 총리가 집권한 후에는 총리실에서 직접 챙겼다. 세계유산 등재에 걸림돌이 될만한 것은 모두 제거할 작정으로 보였다. 급기야 일본정부는 2014년 1월 유산 명칭을 '규슈·야마구치의 근대화산업유산군九州·山口の近代化産業遺産群'에서 '메이지 일본의 산업혁명유산明治日本の産業革命遺産 ― 규슈·야마구치 관련 지역'으로 변경해 등재신청서를 제출했다. 일본은 관련 시설의 해당 시기를 1910년까지로 한정해 전시戰時 강제연행·강제노동과 관계 없는 시설로 포장하려는 꼼수도 부렸다.[42] 그리고 일본은 최초의 관영 제사製絲 공장이자 일본 경제 부흥의 발상지라고 추천한 도미오카富岡 제사장을 2014년에 먼저 세계유산으로 만들었다. 조선인 강제동원의 또 다른 현장인 사도佐渡 광산도 세계유산 잠정 목록에 벌써 올려둔 것을 보면 앞으로도 이와 같은 산업시설 등재를 계속 추진할 것이 뻔하다. 이렇듯 2015년에 아베 정권이 정력적으로 밀어붙인 세계유산 등재는 한번으로 그칠 종전終戰 70주년 기념 이벤트가 아니었던 것이다.

시민단체가 반대 목소리를 내야 할 때

우리가 독일까지 찾아가 반대활동을 펼친 데는 특별한 계기가 있었다. 2015년 초부터 우리는 포털 사이트 다음DAUM에 '해방 70년, 나는 싸우고 있다'라는 주제로 스토리펀딩 기사를 연재하고 있었다.[43] 해방 70년이자 한일협정 50년을 맞아 아직도 해결되지 않은 강제동원 문제를 대중에 알리기 위해서였다. 3월 어느 날 유네스코 한국위원회의 한 담당자가 연구소를 찾아왔다. 우리가 연재한 기사들을 인상 깊게 읽은 모양이었다. 그는 우리에게 더 적극적인 활동을 제안했다. 시민단체로서 유네스코 회원국들을 상대로 일본의 세계유산 등재 시도에 대한 반대 목소리를 내달라는 요청이었다.

그에게도 우리를 찾아온 절박한 사정이 있었다. 유네스코 자문기구인 국제기념물유적협의회(ICOMOS, 이코모스)가 일본의 등재 신청을 긍정적으로 검토했다는 사실이 국내에도 알려진 것이다. 이코모스가 5월쯤 공식적으로 등재 권고를 하면 7월 초에 열리는 총회에서는 형식상 '만장일치'로 통과시키는 것이 유네스코의 관례라고 한다. 이미 일제 강제징용 시설의 등재가 90퍼센트 이상 확실해진 시점이었다. 게다가 일본정부는 십여 년 전부터 막대한 자금을 유네스코에 쏟아 붓고 있었으니 회원국의 여론은 우호적일 수밖에 없다. 한국이 정치적 이슈를 만들어 일본의 등재를 막으려 한다며 일본이 상당수 위원국들을 설득한 상태라고 했다.[44] 공식적인 단계로 유네스코 한국위원회와 외교부의 의견 전달은 이미 끝난 상태였다.

한국위원회 담당자는 비정부기구의 목소리로 여론을 형성하고 위원국을 설득해나가는 것이 유일한 방법이라고 강조했다. 그는 우리에게 한국과 일본만이 아니라 국제적으로 이 문제의 심각성을 알려야 한다는 점을 일깨워주었다. 이미 스토리펀딩으로 소개한 강제동원 관련 동영상 콘텐츠가 있으니 즉시 국제 홍보에 활용 가능하다고 했다. 우리는 이 요청에 어떻게 대응할지 잠시 고민했다. 이미 계획된 사업만으로도 1년이 부족할 지경이었다. 하지만 유네스코 대응 활동은 강제동원 피해자 문제를 국제적으로 이슈화할 좋은 기회였다. 우리가 계란으로 바위 치는 싸움을 어디 한두 번 했던가. 해결의 끝이 보이지 않는 싸움을 이어온 우리는 그 순간 오기와 사명감이 발동하고 말았다.

피해자의 생생한 절규를 뵈머 의장과 회원국에 전달

때마침 우리는 5월 6일부터 13일까지 독일에서 개최할 '야스쿠니반대공동행동' 캠페인을 준비 중이었다.[45] 우리는 베를린 방문 시기에 맞춰 총회 개최국 독일의 마리아 뵈머Maria Böhmer 의장과 면담을 추진했다. 한일 시민연대 의견서와 강제징용자 증언 영상 등도 함께 준비했다.[46]

「일본 전범기업의 유네스코 세계유산 등재에 대한 의견서」는 독일캠페인 일본 측 참가자들과의 조율을 거쳤다. 우리는 일본이 등재하려는 미쓰비시 나가사키 조선소와 하시마 탄광, 야하타 제철소(구 일본제철의 사업장)가 침략전쟁에 핵심적으로 기여한 전범기업의 소유물이자 식민지 조선인과 중국인, 연합국 포로들의 강제노동이 이루어진 인권침해의 현장이라는 점, 일본이 이를 숨기고 기억을 왜곡하려는 수단으로 세계유산을 악용하고 있다는 점, 그리고 피해자들이 지금도 미쓰비시와 신일철주금을 상대로 피해배상 소송을 진행 중이라는 점을 피력했다. 강제동원 피해 유족인 이희자 씨와 한일 참가단체 대표들은 독일 캠페인 참가자들까지 서명한 의견서 뭉치를 들고 독일 외교부를 찾았다. 출장 중이던 뵈머 의장 대신 독일 외교부 동아시아담당관과 면담했다. 우리는 강제동원 피해자들

베를린에서 진행한 야스쿠니반대공동행동 독일캠페인 (2015.5.8.)

이 당한 참혹한 일들과 유족에게까지 이어진 피해의 실상을 전했다. 또 이 문제가 단지 한일 간의 정치 갈등이나 해묵은 민족감정이 아닌 보편적 인권의 문제이자 유네스코 창립정신을 훼손하는 것임을 강조했다. 나중에 들었지만 우리의 방문이 꽤 깊은 인상을 남겼다는 후문이다.

6월 초에는 유네스코 세계유산위원회 회원국 위원들에게 "우리의 피와 땀과 눈물을 기억해주십시오!"라는 내용의 편지를 보냈다.[47] 반대를 위한 항의서가 아니라 공감을 위한 호소문이었던 이 편지는 강제징용 피해자 18명의 이름으로 작성되었다. 이들은 신일철주금과 미쓰비시를 상대로 15년째 소송 투쟁을 이어오고 있다. 일본정부와 전범기업들은 온갖 핑계로 재판을 지연시켜왔다. 그동안 많은 피해자들이 소송이 끝나는 것을 보지 못하고 사망했다. 이제 강제동원의 역사를 지우고 해당 시설을 세계유산에 등재하려는 판이니, 누구보다도 피해자들이 가장 크게 분노

했다. 우리는 유네스코 총회를 보름 앞두고 피해자들의 편지를 각국 위원들에게 모두 전달했다.[48]

역사의 전모를 밝혀라

5월 초, 예상대로 이코모스가 "비서구권에서 처음으로 산업화를 이끈 일본의 산업유산"이라는 점을 들어 등재 권고 결정을 내린 사실이 알려졌다. 그러나 반전이 숨어 있었다. 이코모스가 일본의 산업유산에 대해 "각 시설의 역사 전체를 알 수 있도록 하라"allow an understanding of the full history of each site는 권고 내용을 담은 것이다.[49] 1910년으로 대상 시기를 축소해 강제동원의 역사를 숨기려던 일본의 전략은 수정될 수밖에 없었다. 우리는 독일 본에서 이어갈 캠페인의 핵심 키워드를 '부정적 세계유산'Negative Heritage으로 잡고 이 부분을 더 적극적으로 홍보하기로 했다.

유네스코는 인류가 저지른 최악의 범죄인 '세계대전을 반성하고 영속적인 평화를 구축하기 위해 인류의 지적·도덕적 연대를 강화할 목적'으로 1945년 11월에 설립된 국제기구다. 유네스코 헌장이 밝힌 대로 인류의 역사는 평화로운 상태로만 지속되지 않았다. 우리는 부끄러운 역사를 끊임없이 교육하고, 기억하려 노력해야 한다.[50] 유네스코는 1972년 '세계유산 및 자연유산 보호 협약'에 기초하여 인류가 범한 '부정적 역사'도 세계유산으로 지정하여 보존해왔다. 그 대표적인 세계유산이 아우슈비츠 비르케나우 수용소Auschwitz Birkenau(1979년 등재)이다. 이번 39차 총회 공식 포스터에 소개된 독일 에센Essen의 졸페라인Zollverein(2001년 등재) 탄광도 마찬가지이

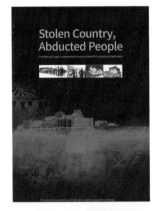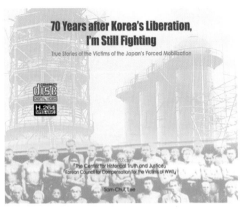

일제 강제징용 시설 세계유산 등재 반대캠페인에 활용한 홍보물
(왼쪽 위) 식민 지배의 피해 역사를 소개한 영문 자료집 『빼앗긴 조국, 끌려간 사람들』
(오른쪽 위) 강제동원 피해자 7명의 증언을 담은 영상 DVD 〈해방 70년, 나는 싸우고 있다〉
(아래) 일본이 숨긴 어두운 역사의 전모를 밝힌 동영상 〈일본 산업유산의 진실〉

다. 독일은 이 탄광을 '라인 강의 기적'을 가져온 산업유산으로서 등재했지
만 1930년대 말부터 1945년까지 나치에 의해 유대인 포로들이 강제노동
을 했던 사실과 6,000명 이상의 유대인이 학살된 어두운 역사를 숨기지 않
고 기록했다.

우리는 이러한 사례에 빗대어서 일본이 등재하려는 산업시설에 은폐

된 역사가 무엇인지를 알리고 등재를 막기 위해 '부정적 세계유산과 미래 가치'라는 주제로 전시회와 세미나를 열기로 했다. 부정적 세계유산으로는 폴란드의 아우슈비츠 수용소, 독일의 졸페라인, 마셜제도의 비키니 핵실험지Bikini Atoll nuclear test site(2010년 등재)와 일본 히로시마 원폭 돔Genbaku Dome(1996년 등재) 관련 시설을 뽑아 소개하기로 했다. 모두 2차 세계대전이라는 범죄의 현장이자 막대한 인류의 희생을 초래한 역사의 현장이다. 그러한 부정적 세계유산과 마찬가지로 일본의 산업시설들도 전쟁범죄의 현장임을 알리는 전시 패널을 구성했다. 그 외에 조선인 강제징용 시설의 진실을 알리는 홍보 영상을 영문으로 제작해 유튜브와 페이스북 등을 통해 배포하고 언론 홍보도 이어갔다.

로비의 현장, 돈의 힘이 지배하는 유네스코

드디어 6월 27일 독일 본으로 출발했다. 전시품이며 홍보물을 챙기느라 밤을 샜을 정도로 우리는 일정에 쫓겼다. 경비를 아끼기 위해 나와 김영환 대외협력팀장, 강동민 자료팀장만 독일로 향했다. 무엇보다 앞을 예상할 수 없는 막연함에 마음이 무겁기만 했다. 출발하기 직전 한국과 일본이 강제동원 사실을 적시하는 데 합의했다는 보도가 나왔다. 반갑기는커녕 오히려 불길한 느낌이 들었다. 불과 5일 전 한일 국교정상화 50주년 기념 리셉션에서 한국 대통령이 뜬금없이 '과거사의 무거운 짐을 내려놓고, 화해의 길로 나아가자'라는 식의 기념사를 했던 참이다. '위안부' 문제 해결 없이 대화도 없다고 버티던 정부가 갑자기 화해의 길로 나가자는

각국에서 참석한 유네스코 위원들을 상대로 일본 산업유산의 문제점을 설명했다.

메시지를 내놓았으니 불안하기 짝이 없었다. 한일 합의라고는 하지만 어느 수준의 합의일지, 도대체 무엇을 내주고 받아낸 합의일지 궁금증만 커졌다. 한국과 일본정부의 밀실 협상은 피해자들의 바람대로 될 리 만무했고, 적당한 타협에서 그칠 것이 뻔했다. 게다가 등재 심의의 전제였던 한일 정부 간 합의가 이뤄졌다면 총회는 보나마나였다. 일본의 등재를 막을 길은 이제 아예 없는 셈이었다. 하지만 우리는 국제사회에 피해자의 목소리를 제대로 전달하는 것만으로도 활동의 의의가 크다는 생각으로 다시 마음을 다잡았다.

총회가 열릴 세계컨퍼런스센터WCCB에 도착했다. 총회장 안의 열기는 뜨거웠다. 보통 1,500명 정도 참석하는 총회에 3,500명 정도가 참석 등록을 했다고 들었다. 우리도 옵서버로 등록하고 총회장에 입장했다. 그러나 전문가 그룹끼리 교류하는 모습이 보일 뿐 회의장은 의외로 한산했다. 그 많은 참석자들은 다 어디에 있는 것일까. 총회장 로비에서 삼삼오오 대화하는 사람들의 무리가 끊임없이 교차하고 있었다. 회의는 공식적인 회의장에서만 열리는 게 아니었다. 몰래 곳곳에서 벌어지는 로비의 현장 역시 중요했다. 우리가 행동할 장소도 총회장의 로비였다.

매년 열리는 유네스코 세계유산위원회는 다루는 의제가 매우 많다. 등재 심의 순서를 둘러싸고 신경전도 벌인다고 한다. 세계유산위원회 회의는 21개국 대표로 구성되는데, 2년마다 교체된다.[51] 2016년에는 일본의 임기가 끝나고 새로 중국이 회원국이 되었다. 그래서 일본이 2015년에 더 필사적으로 산업유산 등재를 밀어붙였던 것이다.

우리는 공식행사가 시작되는 6월 29일부터 홍보활동을 시작했다. 회원국 위원들과 옵서버, 미디어를 상대로 우리 전시회와 세미나를 소개했다. 많은 사람들이 일본의 산업시설 등재 이슈에 대해 알고 있었다. 특히 중국 유네스코위원회 위원장은 우리를 직접 찾아와 깊은 관심을 드러냈다. 반대로 일본의 경제 원조를 많이 받고 있는 지역 대표들은 우리에게 노골적인 반감을 표하기도 했다. 일본이 위원국을 설득한 힘은 바로 '돈'이었다. 유네스코 총회 현장은 국제질서의 냉정한 현실을 실감나게 확인시켜 주었다.

유네스코 한국위원회 홈페이지에 공개된 2014~15년 주요 회원국 분담금 실적을 보면 일본은 미국(약 343억 원, 22.0퍼센트)에 이어 두 번째로 많은 분담금(약 169억 원, 10.8퍼센트)을 내는 회원국이었다.[52] 미국이 2011년 팔레스타인의 유네스코 가입 이후 분담금 지급을 4년째 거부하고 있기 때문에 사실상 일본이 유네스코의 가장 큰 돈줄인 셈이다. 유네스코가 얼마나 일본에 의존하고 있을지 자명하다.

그뿐이 아니다. 144개국 미술사학자·역사학자·건축학자 9,500명 회원으로 구성된 이코모스에도 일본의 영향력이 막강했다. 동양인 최초 유네스코 사무총장이었던 마쓰우라 고이치로가 1999년부터 10년간 재임할 당시 일본정부는 막대한 자금을 이코모스에 지원했다.[53] 총회 현장에서 만난 유네스코 전문가 그룹의 한 관계자는 이코모스야말로 연구지원금에 따라 움직이는 집단이라며 신랄하게 비판했다. 자연유산과 문화유산 외에 새롭게 확장된 '산업유산' 분야에 새로운 연구기금이 쏟아지고 있는 실정이란다. 그 자금줄 또한 바로 일본이었다. 일본은 이미 10여 년 전부터 일본의 근대 산업시설, 더 나아가 식민지 대만의 산업유산에 주목해왔고 그에 관한 연구지원을 꾸준히 해온 결과가 이번 이코모스의 등재 권고문으로 귀결되었다는 것이다.[54]

일본의 산업시설을 평가한 것만 보더라도 이코모스는 산업혁명, 특히 19세기 말~20세기 자본주의가 전쟁과 결합해 성장을 추구해왔다는 사실에 전혀 주목하지 않은 듯했다. 유네스코 역시 제국주의적 국제질서의 유산을 극복하지 못한, 힘의 논리가 지배하는 여느 국제기구와 다를 바 없어 보였다. 만국평화회의에 참석했던 구한말 세 명의 특사가 느꼈을 절망감을 감히 헤아려보았다. 소문만 무성한 이준 열사의 '분사憤死'가 사실처럼 다가왔다.

석탄으로 철을, 철로 군함을 만든 전쟁범죄의 현장

우리는 6월 30부터 7월 3일까지 전시회와 오프닝 세미나를 개최했다. 이 행사를 통해 일본이 전쟁과 폭력, 인권침해를 자행했던 '부정적 역사'를 기억하고, 미래를 위한 반성의 자료로 삼아야 한다고 어필했다. 그런 점

전시회를 관람하는 유네스코 총회 참가자들

에서 우리가 문제 삼을 곳은 강제징용 시설로 지목된 8군데만이 아니었다. 일본이 세계유산으로 등재하려는 산업시설 전체가 침략전쟁의 과거를 세탁하려는 검은 속내를 품고 있었기 때문이다.

특히 일본의 대외팽창주의 사상을 싹틔운 인물인 요시다 쇼인吉田松陰의 쇼카손주쿠松下村塾를 산업유산에 포함한 것은 주변 피해국들을 모욕하는 일이 아닐 수 없다. 쇼카손주쿠는 요시다 쇼인이 아시아 침략론과 군사적 팽창주의를 가르친 사설 학당이다. 그의 제자들은 실제로 타이완, 류큐(오키나와), 조선을 침략하는 데 앞장섰다. 정한론征韓論을 주장한 사이고 다카모리西鄕隆盛, 한국 침략의 원흉인 이토 히로부미伊藤博文, 강화도 사건의 주모자 기도 다카요시木戶孝允도 그의 제자이다. 요시다 쇼인은 신화에 불과한 진구神功 황후의 삼한토벌을 역사적 사실로 들며 '그때처럼' 조

'일본의 전후보상' 패널을 유심히 읽고 있는 일본 외무성 관계자들

선이 일본에 조공을 바치게 만들어야 한다고 주장했다. 서양과 맺은 일본의 불평등조약으로 빼앗긴 것을 상쇄하려면 조선을 비롯한 만주, 중국, 타이완, 류큐, 필리핀 등을 침략해야 한다고 말이다. 그는 아베 총리가 가장 존경하는 인물이기도 하다. 이런 시설이 세계유산으로 등재된다는 것은 요시다 쇼인의 아시아 침략 사상을 정당화하는 논리를 국제적으로 공인하는 것이나 마찬가지였다.

무엇보다 일본의 산업혁명은 청일전쟁과 러일전쟁, 1차 세계대전으로 이어진 전쟁을 통해 가능했다. 일본은 이웃 나라를 침략한 덕분에 유럽에서 200년 걸린 산업혁명을 단기간에 따라잡았다. 그들이 세계유산으로 내세운 철강·조선·석탄 산업이야말로 군수산업의 대표 업종이다. 특히 미쓰비시, 미쓰이와 일본제철은 주변국을 침략하기 위해 생산량을 늘리고,

늘어난 생산량을 충당하기 위해 식민지 노동력을 대량으로 강제동원하고, 이를 토대로 대량 생산 구조를 갖추어 성장한 독점 재벌이었다. 그러나 일본은 이 산업시설들을 세계인들에게 소개하면서 어두운 역사를 전혀 드러내지 않았다. 우리는 다음과 같은 내용을 전시 패널에 소개했다.[55]

먼저 관영 야하타 제철소는 탄생부터 전쟁과 연관이 있다. 조선의 지배권을 둘러싸고 벌인 청일전쟁의 배상금으로 지어졌기 때문이다. 일본은 당시 4년치 정부 예산액과 맞먹을 만큼 막대한 전쟁배상금을 청으로부터 받아 챙겼다. 일본은 전쟁이 곧 돈이 된다는 걸 일찍부터 터득했다. 배상금의 80퍼센트는 다시 군비 확장에 쓰였고, 나머지 20퍼센트는 야하타 제철소 건설과 철도, 전신·전화 사업에 투자되었다. 관영 야하타 제철소는 일본의 아시아 침략을 뒷받침하는 군수산업으로 육성되었고 일본 최대의 철강회사로 성장했다. 그러는 동안 전쟁터로 변한 한반도와 조선 민중은 희생양이 되었다.

'미쓰비시가 있는 곳에 전쟁이 있다'는 말이 있을 정도로 미쓰비시는 일제 침략전쟁의 확대와 함께 성장한 대표적인 독점 재벌이다. 미쓰비시 광업(다카시마 탄광, 하시마 탄광)과 중공업(나가사키 조선소)은 미쓰비시 재벌의 중심 기업이자 전쟁 수행에 없어서는 안 될 필수 군수업체였다. 일본이 침략전쟁을 지속하는 내내 미쓰비시 조선소에서는 막대한 양의 무기가 생산되었다. 태평양전쟁 때는 '일본 전함의 자랑 무사시'를 비롯해 진주만 기습에 사용된 어뢰를 만들었다. 미국이 원폭 투하 지점으로 나가사키를 겨냥한 이유는 나가사키 조선소가 전쟁의 주동력이었던 미쓰비시의 요람이자 무기 생산의 핵심 시설이었기 때문이다. 조선인 노동자

청일전쟁 배상금으로 지은
야하타 제철소(전시패널)

6,000명이 강제동원 당했던 이곳에서 원폭 투하로 얼마나 많은 조선인이 희생당했는지는 지금도 명확하게 밝혀지지 않았다.

1938~45년 일본 본토에 끌려간 조선인의 약 45퍼센트가 탄광에 배치됐다고 한다. 탄광은 노동 강도와 사망률이 가장 높은 작업장이었다. 미쓰이 재벌이 운영하던 미이케 탄광은 일본 최대 탄광으로, 한때 일본 석탄 생산량의 4분의 1을 차지할 정도로 생산량이 막대했다. 그만큼 조선인과 중국인 징용자가 가장 많았던 곳이며, 조선인만 약 9,300명이 끌려온

미쓰비시 나가사키 조선소와
전함 무사시 (전시패널)

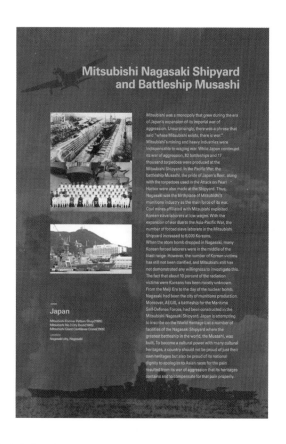

것으로 추정되고 있다. '석탄 3만 톤을 팔 때마다 사망자가 한 사람씩 나온다'는 소문이 떠돌 정도로 미이케 탄광의 노동환경은 열악했다. 미쓰이 재벌은 1889년부터 미이케 탄광을 인수하여 운영했다. 미쓰이는 청일전쟁과 러일전쟁을 통해 독점 자본 그룹으로 성장했다. 러일전쟁 때는 부족한 생산량을 충당하기 위해 미이케 탄광에 전용 감옥을 설치하고 죄수를 채탄 작업에 동원했다. 미쓰이는 죄수들이 도주하지 못하게 옷을 입히지 않거나 족쇄를 채워 할당량을 채울 때까지 가혹하게 다루었다. 끌려간 식

미쓰이 재벌의 성장 기반
미이케 탄광 (전시패널)

민지 조선인들은 죄수를 대신한 노예였다. 미쓰이는 무한정으로 공급되는 노동력을 가혹하게 착취하는 시스템을 이용해 1차 세계대전 이후 다양한 분야로 사업을 확장했고, 거대 재벌로 부상하였다.

전시 오프닝 세미나에 참석한 패널과 청중들은 우리의 문제의식에 깊은 공감을 보냈다. 특히 야노 히데키 강제동원진상규명네트워크 사무국장이 자국의 유네스코 등재 시도를 비판하는 발언을 하자 유럽의 참가자들은 감명을 받은 듯했다. 같은 어두운 역사를 가진 이탈리아 유네스코 관계자는 '부정적 역사' 인식을 통한 종합적인 시각 확보가 절실하며 유네스코가 창립정신을 잃어가고 있는 것 같아 걱정스럽다고 했다. 아르헨티나 옵서버도 유네스코 협약이 '기억'의 문제를 제대로 다룰 준비를 갖추지 못했다며 유네스코의 개혁이 필요하다고 강조했다. 일제의 침략전쟁으로 가족으로 잃은 네덜란드 연사는 독일의 사례를 들며, 그것이 우리가 추구해나가야 할 방향이며 충분히 가능하다는 말로 공감을 표했다. 전시회와 세미나를 통해 한국인 피해자들의 호소가 전달되고 세계 시민들로부터 위로를 받는 느낌이 들었다.

등재 보류냐 결정이냐 막판까지 혼전

7월 3일까지도 한일 양국이 합의점을 도출하지 못하고 있다는 소식이 들렸다. 우리에게는 반가운 시그널이었다. 일본 교도통신共同通信 기자에 따르면 뵈머 의장이 반드시 한일 간 합의안을 가지고 오라는 강력한 주문을 했다고 한다. 한일 간 합의안이 도출되지 않으면 최종 등재 심의가 보류될 수도 있다는 전망을 기자는 조심스럽게 전했다.[56]

3시 반쯤 총회장에 가니 점심 휴회 시간에도 한일 양국만 제외하고 19개국 대표들이 모여 따로 회의를 진행했다는 후문이 들렸다. 한국이 의견 발표 때 '강제동원'에 대해 언급하겠다고 하자 일본이 반대하고 표결을 불사하겠다며 맞서는 상황이었다. 한국정부가 얼마나 강경한 태도로 임하고 있는지, 일본이 과연 표결을 주장할 정도로 유리한 것인지 모든 것이 오리무중이었다. 우리가 할 수 있는 것은 끊임없이 설득하고 홍보물을 나눠주는 일뿐이었다.

등재 심의 2일째. 드디어 일본의 등재 심의가 열리는 7월 4일이 되었다. 중국의 유산부터 심의가 시작되었다. 등재 심의는 등재 신청된 유산에 대한 이코모스의 브리핑 → 각 위원국 의견 설명 → 등재 확정 선포 → 당사국 대표 인사말 → 각국 위원 축하 순으로 진행되었다. 한 건마다 빠르면 30~50분 내외로 진행되었다. 등재 심의 일정은 오전에 공개되었는데, 일본의 등재 심의는 오후 3시로 고정되어 있었다. 뵈머 의장이 참석할 수 있는 시간에 맞춰두었다고 했다. 그러나 11시가 되자 일본의 등재 심의가 내일로 연기될 수 있다는 이야기가 들렸다. 곧이어 일본에서 온 지자체장들이 우르르 회의장을 빠져나왔다. 세계유산 등재 축포를 올리기 위해 방문했던 지자체장들의 표정은 잔뜩 굳어 있었다. 일본 취재진들은 그들을 둘러싸고 취재하랴, 본국 언론사와 통화하랴 회의장 밖 로비가 순식간에 북새통이 되었다.

일본 측 보도에 따르면, 한일 합의가 난항을 겪자 몇몇 회원국이 일본의 등재 추진에 반문하며 보류를 하는 것이 어떻겠냐는 의견을 냈다. 한국과 일본을 제외한 19개 회원국들은 일본의 바람과 달리 표결로 가는 상황을 피하고자 회의를 거듭했다. 벌써 일본 우익 언론에서는 합의가 난항을 겪고 있으며 한국 측이 입장을 번복하며 유네스코를 정치적으로 이용하고 있다는 식의 보도를 내보내기 시작했다. 일본의 등재가 실패할 경우 한국 측에 책임을 돌리려는 포석이었다.

우리는 로비 한켠에서 성명서를 준비하기 시작했다. '등재 보류 결정을 환영한다!'와 '강제동원·강제노동 역사 외면한 한일 양국 합의 반대한

'역사 전체를 알게 하라'라는
권고 내용이 화면에 클로즈업
되고 있다.

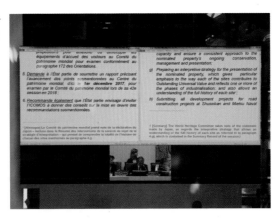

다!' 등 두 가지 버전으로 만들었다. 제발 전자의 성명서를 한국으로 전송
할 수 있기를 고대하면서 말이다.

그 시각 한국의 백제 관련 유산 심의가 진행되었다. 우리도 그날 알았
지만 전북도지사, 충남도지사, 문화재청장, 국회 외교통상위 위원장과
시·도 공무원들이 대거 방문했다. 지자체장들은 백제 유산의 등재가 결
정되자 사진 찍기에 여념이 없었다. 일행들은 호들갑스러운 자축 세리머
니를 마치고 세계컨퍼런스센터 정문이 아닌 라인 강변으로 통하는 뒷문
으로 언제 퇴장했는지도 모르게 사라졌다. 그날 정문에서는 우리 말고도
'근로정신대 할머니와 함께하는 시민모임' 관계자와 교민들이 천막과 현
수막을 치고 일본의 세계유산 등재 반대 캠페인을 벌이고 있었다.

다음날 5일은 우리가 귀국하기로 한 날이었다. 출발 직전까지 최종 결
정을 보지 못할까봐 조바심이 났다. 전날과 마찬가지로 3시에 일본의 등
재 심의가 계획되어 있었다. 오전에 들리는 소식에 의하면 한일 양국이
합의안을 도출했고, 등재 심의가 예정대로 진행될 것이라고 했다. 점심도

일본의 산업시설 등재 심의를 진행하는 뵈머 의장(앞줄 왼쪽에서 세 번째). 뵈머 의장은 한일 합의안 도출을 39회 총회의 가장 큰 의의로 자평했다.

일본의 등재 확정 선포 직후 일본 측 대표단. 반대편 한국 측 대표단에 더 많은 위원들이 몰려와 위로의 인사를 전했다.

거의 먹는 둥 마는 둥 신경은 온통 회의장에만 쏠려 있었다. 지루한 심의들이 지나고, 드디어 일본의 등재 심의가 시작되었다.

이코모스는 브리핑에서 '역사 전체를 알리는 해석 전략을 수립할 것'을 다시 한 번 확실하게 언급했다. 이어 각 위원국의 의견표명 없이 바로 뵈머 의장에 의해 등재 결정이 선포되었다(유네스코 결정문 전문(번역)은 96~105쪽을 참조). 그리고 이어진 사토 구니 주 유네스코 일본 대사의 인사말이 이어졌다.

"일본은 1940년대에 유적지로 지정된 일부 시설에서 수많은 한국인과 타국인들이 그들의 의사에 반하여 끌려와서 가혹한 환경 속에서 강제로 노역했다는 사실forced to work under harsh conditions과, 2차 세계대전 당시 일본정부도 정부 차원에서 징용 정책을 시행했다는 사실을 이해할 수 있도록 하는 조치들을 취할 준비가 되어있습니다."[57]

이 연설은 일본의 외교석 대표가 공식 석상에서 강제동원과 강제노동을 인정한 최초의 발언이었다. 유네스코 관계자들은 이 발언을 듣고 매우 상기되었다. 이런 발언을 이끌어낸 것만으로도 의미는 있었다. 그러나 결국 일제 강제징용 시설들은 세계유산으로 등재되었다. 여러 관계자들이 고생했지만 절반의 성과라는 생각을 지울 수 없었다. 우리는 '유네스코 정신에 위배되는 일본 산업시설의 세계유산 등재를 비판한다!'는 제목의 긴급성명서를 한국으로 송고하고 아쉬움과 착잡한 마음을 달래며 공항으로 향했다.

식민지 지배 및 침략의 역사 함께 기록해야 진정한 세계유산

독일에서 돌아오자마자 우리는 한편으로 예견되었던 상황과 마주했다. 등재 결정 바로 다음 날 일본정부 대변인 스가 요시히데菅義偉 관방장관이 "일본의 세계유산위원회 회의 발표가 강제노역을 인정하는 것은 아니"라고 공식 부인하고 나선 것이다. 'forced to work'라는 표현을 '일하게 됐다'는 수동형으로 번역해 공표함으로써 난데없이 해석 논란이 일었다. 이

표현은 국제노동기구ILO의 협약상 불법인 '강제노동'을 지칭할 때 사용하는 말로 국제사회에서 널리 사용되는 표현이다. 국제노동기구는 일본에 의한 한국인·중국인의 전시 강제노동은 「강제노동에 관한 협약」(제29호)을 위반한 것이라며 1999년 일본정부에 문제 해결에 나서라는 의견서를 낸 이후 되풀이해서 이를 권고해왔다. 일본정부는 그 권고에 침묵으로 일관하다 전범기업 산업시설의 세계유산 등재로 답한 셈이다. 기시다 외무상 또한 "일본의 표현이 강제노동을 의미하는 것은 아니"라며 "한일 간 청구권 문제는 완전히 그리고 최종적으로 해결됐다는 입장에 변함이 없다"고 덧붙였다. 한반도 출신자의 징용은 '징용령'에 의한 적법한 동원으로 강제노동이 아니었다는 기존의 입장을 재차 강조하고 나선 것이다.

하지만 미쓰비시머티리얼(미쓰비시광업의 후신)은 돌연 미국을 직접 찾아가 2차 세계대전 당시 미군 포로들을 강제노역에 동원한 것에 대해 머리 숙여 공식 사과했다. 이어 영국과 네덜란드, 오스트레일리아 포로들에게도 사과의 뜻을 표했고, 중국인 강제연행 피해자들에 대한 사과와 보상도 약속했다. 그러나 한국인 피해자들에 대한 사과와 배상만은 외면했다.[58]

강제노동의 역사를 부정하는 태도는 기본적으로 한반도에 대한 식민 지배와 침략전쟁의 역사를 긍정하는 일본 우익의 역사 인식에서 기인한다. 그들은 단 한 번도 식민지 지배에 대한 반성적 태도를 가져본 적이 없다. 더 나아가 제국주의적 야심으로 아시아 침략을 본격화했던 메이지시대의 역사를 일본의 찬란한 성공의 시대로 미화하려는 시도를 더욱 가열차게 해나가고 있다. 정부 차원에서 주도한 일본 전범기업 시설의 세계유산 등재는 교육을 통해 국가주의적 역사 인식을 강화하려는 정책의 일환이자, 역사 미화 프로젝트의 정점이다.

세계유산은 인류가 공유해야 하는 '현저한 보편적 가치'를 인정해 인류 공동의 자산으로 기념하고 보호하는 것이다. 일본 전범기업의 산업시설들은 매우 왜곡되고 편향된 가치를 품고 있다. 세계유산 등재 직후 보인 일본정부와 전범기업의 행태는 의심을 확신으로 만들기에 충분했다. 기억해야 할 역사를 은폐하고, 침략전쟁과 강제노동이라는 부정적 역사를 망각시키는 결과를 초래할 것임이 분명했다.

그나마 일본 전범기업 산업시설의 세계유산 등재를 둘러싸고 여러 논의가 확산되었다는 점은 다행이다. 해묵은 한일 과거사가 아니라 식민지 지배와 전쟁범죄에 관해 세계 여러 나라 사람과 공감대를 넓힐 수 있었다. 우리의 짧았지만 치열했던 반대운동이 고요한 유네스코에 작은 파장을 일으켰다고 자평해본다. 또한 국제기구에서 일본이 처음으로 강제노동을 인정했다는 사실 또한 중요한 성과이다. 이를 발판 삼아 일제 강제동원 시설의 '역사 전체'full history를 제대로 반영하도록 한 유네스코의 권고가 잘 실천에 옮겨지는지 한일 시민사회는 지속적으로 감시하고 조사해나가야 한다. 유네스코의 권고대로 일본이 어떤 노력을 기울였는지 확인해야 할 시기가 곧 다가오고 있다.

강제동원 역사 전체를 밝혀라

유네스코 세계유산위원회의 일본 근대 산업시설 등재 결정문

　　　이 번역문은 유네스코 세계유산위원회가 일본의 근대 산업시설의 등재 신청에 대하여 유네스코 산하 국제기념물유적협의회(이코모스)의 권고안을 바탕으로 작성한 등재 결정문이다. 이 결정문은 유네스코 세계유산위원회 홈페이지[59]에 게재되어 있다. 여기 결정문을 소개하는 이유는 논란 속에 등재된 일본의 강제징용 시설이 세계문화유산으로서 인정받은 가치가 과연 무엇인지, '역사 전체를 알게 하라'는 권고의 맥락과 일본정부가 반드시 이행해야 할 후속 대책이 무엇인지를 확인하기 위해서다.

　국제연합 교육과학문화기구UNESCO(유네스코)는 1972년 11월 16일 파리에서 세계문화유산 및 자연유산의 보호에 관한 협약Convention Concerning the Protection of the World Cultural and Natural Heritage을 채택하고 세계유산을 지정해왔다. 이 협약에 의해 "현저한 보편적 가치Outstanding Universal Value를 가지는 문화유산 및 자연유산의 보호를 위한 정부간 위원회"로서 세계유산위원회World Heritage Committee가 설치되었다(제8조). 세계유산위원회는 협약 당사국들이 제출한 일람표를 바탕으로 위원회가 정한 기준에 따라 "현저한 보편적 가치"를 가지는 유산을 세계유산일람표World Heritage List에 기재하고 공포하는 역할을 담당한다(제11조).

세계유산은 한 나라에 국한되지 않으며, 10가지 등재기준에 따라 인류가 공유할 만한 '현저한 보편적 가치'를 평가한다. 1~6까지가 문화유산, 7~10까지 자연유산에 관한 기준인데 그 가운데 1가지 이상 부합하면 세계유산으로 등재된다. 다만 모든 문화유산은 재질이나 기법 등에서 유산이 원래의 가치를 보유해야 하는 '진정성', 유산의 가치를 충분히 보여줄 수 있는 충분한 제반 요소를 보유한 '완전성', 법적·행정적 보호제도와 완충지역 설정 등의 '보호 및 관리체계'를 갖추어야 세계유산으로 등재할 수 있다.

일본정부는 이런 기준 가운데 기준 2(인간 가치의 중요한 전환점), 기준 3(문화적 전통 및 문명의 독보적 유산), 기준 4(역사의 중요한 단계 예증)를 들어 등재 신청을 했다. 그러나 이코모스는 기준 3을 기각하고 기준 2와 4만 들어 유산 가치를 평가했다.

이 결정문에서 주목할 점은 일본의 근대 산업시설들이 명백히 군사적 필요에 의해 만들어졌다는 사실을 적시했다는 것이다. 일본정부의 신청서에는 이런 사실들이 전혀 강조되지 않았다. 더욱이 세계유산위원회는 결정문에 "각 시설의 역사 전체를 알 수 있도록 하라"allow an understanding of the full history of each site라는 이코모스의 권고 사항을 각주에 부기하는 형식으로 명시했다. 이러한 지적과 관련해 사토 구니 주 유네스코 일본 대사는 등재 결정 직후 성명을 통해 "일본은 1940년대에 일부 시설에서 수많은 한국인과 여타 다른 나라 사람들이 의사에 반해 동원돼brought against their will 가혹한 조건하에서 노역을 했고forced to work under harsh conditions, 2차 세계대전 당시 일본정부도 징용 정책을 시행했다는 사실을 이해할 수 있도록 조치를 취할 준비가 돼 있다"라는 입장을 밝혔다. 또 "일본은 정보센터 설립 등 피해자들을 기리기 위한 적절한 조치를 (이코모스가 권고한) 해석전략에 포함시킬 준비가 돼 있다"고도 말했다.

일본정부는 후속 조치와 관련해 2017년 12월 1일까지 유네스코 세계유산
센터에 경과보고서를 제출해야 한다. 이 보고서는 2018년 제42차 세계유산위
원회에서 검토될 예정이다. 결정문만 보더라도 과연 일제 근대 산업시설이 세
계유산으로서 인류가 공유할 만한 '현저한 보편적 가치'를 지니는지 반문하지
않을 수 없다. 일본은 해당 유산시설에 관한 정보센터 설립 등 가시적인 후속
조치를 실시하지 않고 있다.

* 아래 번역한 결정문의 주요 용어는 한국정부의 협약 번역문에 근거하였다. [옮긴이]

메이지 일본의 산업혁명 유산: 철강·조선·석탄 산업
Sites of Japan's Meiji Industrial Revolution: Iron and Steel, Shipbuilding and Coal Mining, Japan

결정문: 39회 세계유산위원회 8B.14

세계유산위원회는

1 | WHC-15/39.COM/8B 문서와 WHC-15/39.COM/INF.8B1 문서를 검토한 후에,
2 | '메이지 일본의 산업혁명 유산: 철강·조선·석탄 산업'을 기준(ii)와 (iv)를 근거로 세
   계유산일람표에 기재하기로 하고,
3 | 해당 목록이 '현저한 보편적 가치'를 가진다고 간주한다는 내용의 성명을 다음과 같
   이 채택한다.

개요

일본 남서부 규수·야마구치 지역을 중심으로 한 일련의 산업유산군은 최초로 서구에서 비서구 국가로 산업화가 성공적으로 전수된 것을 보여준다. 19세기 중반부터 20세기 초반에 걸쳐 일본은 특히 국방 수요를 충족시키기 위해 철강·조선 그리고 석탄 산업에 기반하여 급속한 산업화를 이룩하였다. 이 유적들은 1850년대와 1910년 사이 약 50년 남짓한 짧은 기간에 3단계로 전개된 조속한 산업화를 반영하고 있다.

첫 번째 단계는 메이지 이전 막부 말기 고립주의 시기로 1850년대에서 1860년대 초반에 이르는 쇼군 시대가 끝나는 시기였다. 이 시기는 철 생산과 선박 건조의 실험기였다. 산업화는 국가의 방어설비와 특히 외국의 위협에 대응하는 해상방어[이른바 '海防'] 시설을 향상시킬 필요에 의하여 촉발되었다. 이는 일본의 각 지역 토호세력들에 의해 대체로 서양 서적 및 서구 모방을 통해 얻은 간접 지식을 전통적인 장인 기술과 결합하는 방식으로 진전되었다. 대부분은 성공하지 못했지만 이러한 접근 방식은 에도 시대의 고립주의에서 상당히 벗어난 것이었고, 부분적으로는 메이지유신을 유도했다.

두 번째 단계는 1860년대에 들어서 새로이 시작된 메이지시대에 촉진되었다. 이때는 서양의 기술과 이를 활용할 수 있는 전문 지식이 도입된 시기이다. 메이지시대 말기(1890~1910)의 세 번째이자 마지막 단계는 본격적인 산업화가 달성된 시기로 일본의 필요와 사회적 전통에 가장 잘 부합하도록 새롭게 축적된 전문 지식과 서양 기술의 능동적인 접목을 통하여 일본의 독자적인 방식으로 이루어졌다. 서구 기술은 국내 수요와 자재에 맞춰졌고 국내 기술자들과 감독관들에 의해 조직되었다.

〔일본이 신청한〕 23개의 구성자산은 서로 다른 8개 지역 내 11개의 유적지 내에 있다. 8개 지역 중 6개 지역은 일본 남서부에 위치하고, 1개 지역은 혼슈섬의 중부에, 다른 1개 지역은 북부에 있다. 전체적으로 이 유적들은 일본이 국내의 필요에 응하여 서양 기술을 응용하는 혁신적인 접근 방법을 채택하여 막번幕藩사회에서 주요 산업사회로 이행하고 동아시아 지역의 발전에 심대한 영향을 미친 방식을 현저하게 반영하는 사례이다.

1910년 이래 많은 유적들은 이윽고 전면적인 산업단지로 발전했고, 그중 일부는 여전히 가동 중이거나 산업현장의 일부로 남아 있다.

기준(ii): 일본의 메이지 산업혁명 유산은 19세기 중반부터 봉건제의 일본이 서유럽과 미국에서 기술 이전을 모색한 과정을 잘 보여준다. 또한 그 기술들이 어떻게 도입되어 점차로 특정한 국내적인 요구와 사회적 전통을 충족시키기 위해 적응되었는가와 그리하여 일본이 20세기 초에 세계 굴지의 산업 국가가 되었음도 보여준다. 이 유적들은 전체적으로 산업 아이디어, 노하우와 설비의 상호교환이 특출하게 이루어졌음을 표상하는데, 이러한 교환으로 단기간 내에 중공업 분야에서 전례 없는 산업 발전이 자율적으로 이룩되었고, 동아시아에 심대한 영향을 미쳤다.

기준(iv): 철강·조선과 석탄 부문의 주요 산업유적 공업단지 전체는 세계사에서 비서구 국가로서는 처음으로 성공적으로 산업화한 나라로서의 일본이 이

룬 독특한 성취를 잘 말해준다. 서구의 산업적 가치에 대한 아시아의 문화적 대응이라는 관점에서 이 단지는 국내 혁신과 서구 기술의 응용에 바탕을 둔 일본의 빠르고 독특한 산업화를 반영한 현저하게 뛰어난 산업유적의 앙상블이라고 할 수 있다.

완전성

일련의 유적 구성자산들은 '현저한 보편적 가치'를 가진다고 하는 데 필요한 모든 특질(또는 부속물, attributes)들을 적절하게 아우르고 있다. 개별 유적의 완전성이라는 측면에서 볼 때 구성자산들의 보존 정도에 차이가 있지만 구성자산이 '현저한 보편적 가치'를 부여하는 데 필요한 특질들을 보여주고 있다. 고고학적 증거는 광범위하게 펼쳐진 것으로 보이는데 세부적으로 기록·연구하고 세심하게 보호할 가치가 있다. 이는 등재된 자산의 완전성을 확보하는 데 있어서 중요하다. 일부 특질들은 보존 상태의 측면에서 취약하거나 또는 매우 취약하다. 하시마 탄광은 상당히 훼손된 상태이고 보존상 상당한 문제점이 있다. 미이케 탄광과 미이케 항구에서는 일부 물리적 구조physical fabric들의 상태가 부실하다. '일본제철'의 수선공장 건물 골조는 임시 조치가 취해졌음에도 불량한 상태이다. 몇몇 유적들은 개발의 영향에 따라 특히 눈에 띄는 취약함을 보인다. 쇼카손주쿠가 있는 장소의 시각적 완전성은 이곳이 나중에 공적인 역사유적과 체험의 장소로 개발됨에 따라 훼손되었다. 그러나 이러한 개발은 이 유적의 전체적인 완전성에 부정적으로 영향을 미치는 정도는 아니다. 다카시마 탄광의 시각적 완전성은 소규모의 주택과 상업 개발에 의하여 위태로워졌다. 한편 슈세이칸集成館의 외국 기술자들의 숙소가 두 번 이전되었는데 현재는 다시 원래의 자리 근처에 위치하고 있다. 이 숙소는 소규모로 개발된 도시에 위치해 있어, 부정적인 영향을 받는다. 이러한 환경은 주변 건물들이 철거되고, 더 이상의 개발이 입법 과정과 보존관리계획의 이행을 통해 통제될 때에만 개선될 수 있다.

진정성

개별적인 유산들의 진정성 측면에서 일부 구성자산의 특질은 단편적이거나 고고학적 유물이지만, 산업시설의 진정한 증거임이 쉽게 식별된다. 이들은 정보의 1차적 출처로서 높은 수준의 진정성을 가지고 있으며, 상세한 문서에 의해 입증된 고고학 보고서들과 조사들뿐 아니라 공공과 사설의 기록관들에 소장된 다량의 사료군에 의하여 뒷받침된다. 전체적으로 일련의 유적들은 19세기 중반부터 봉건제하의 일본이 서유럽과 미국에서 기술 이전을 받아 구체적인 국내의 소요와 사회 전통을 만족시키기 위하여 현지화한 방법을 잘 전달하고 있다.

보호 및 관리에 대한 요건

국가 및 지역 차원의 보호에 관한 많은 현행 법령들은 높은 수준의 유적 보호와 관련 완충 지대들을 규정하고 있다. 서로 다른 유형의 법령들 사이의 관계는 각 지역에 대한 보존관리계획에서 규정되고 있다. 이러한 문서들 가운데 가장 중요한 것은 더 이상 가동되지 않는 유적에 적용되는 '문화재보호법'과 '경관중요건조물'로서 보호되는 민간 소유이면서 아직 '가동 중인 유적'에 적용되는 경관법景觀法이다. 경관법은 나가사키 조선소에 있는 미쓰비시중공업이 소유한 가동 중인 4개의 구성유적과 일본제철에 소재한 신일철주금 소유의 가동 중인 2개의 구성유적에 해당된다. 문화재보호법은 지정 장소의 개발과 현상의 변경을 규제하는 주된 법적 장치로서, 이 같은 변경·개발은 이 법에 따라 중앙정부의 허가를 받아야 한다. 마찬가지로 '경관중요건조물'을 변경하기 위해서는 경관보호법에 따른 허가가 필요하며, 이런 구조물의 소유주는 해당 구조물을 적절하게 보존·관리해야 한다. 완충지대 내의 개발과 활동들에 대한 통제는 개발계획의 고도와 밀도를 제한하는 각 도시의 경관에 관한 조례에 의해 대체로 규제된다. 각 구성자산의 보존관리계획은 각각의 유적이 일련의 산업유산군의 '현저한 보편적 가치'에 어떻게 기여하는지 자세히 작성되어 있다. 이 계획의 '기본 정책'은 보존에 가장 중요한 접근방법을 일관되게 제시하고 있지만 각 유적별 계획이행·사업이행의 세부에 있어서는 수준 차이가 있다.

일본정부는 가동 유적을 포함한 자산과 그 구성요소들의 보존·관리를 위하여 동반자관계에 기반한 새로운 틀을 구축했다. 이는 '일본의 메이지 산업혁명 유산의 보존과 관리를 위한 일반원칙 및 전략 프레임워크: 규슈·야마구치 및 관련 지역'으로 알려져 있다. 일본 내각관방이 이 프레임워크 이행에 전체적인 책임을 진다. 이러한 전략 프레임워크 아래에서 국가 및 지방의 유관기관과 민간기업을 포함한 다양한 이해관계자들은 유산의 보호와 관리를 위한 긴밀한 동반자관계를 발전시켜나갈 것이다. 이러한 제도적 장치에 덧붙여 미쓰비시중공업, 신일철주금, 미이케항물류주식회사는 해당 구성자산의 보호·보존·관리를 위해 내각관방과 협약들을 체결했다. 새로운 협력관계 기반 프레임워크의 실효성을 모니터링하고 담당 직원들의 지속적인 역량구축 프로그램을 정착하는 데 주의를 기울여야 할 것이다. 또한 민간소유 유적에 대해서도 세계유산에 걸맞은 자문이 정기적으로 제공될 수 있도록 노력해야 한다.

각 유적 또는 구성 부분이 어떻게 일련의 전체 유산에 연결되는지, 특히 이들이 어떻게 일본 산업화의 하나 또는 그 이상의 단계들을 반영하고 '현저한 보편적 가치'에 기여하는지의 측면을 보여주기 위한 해석전략이 시급하게 필요하다.

4 | 당사국(일본)이 다음 사항들을 고려할 것을 권고한다.

a) 우선적으로 하시마에 대한 상세한 보존 프로그램의 개발.

b) 유산(또는 자산)과 그 구성 유적들에 대해 우선순위를 부여하는 보존사업 프로그램과 이행 프로그램의 개발.

c) 가장 위험에 처할 가능성이 있는 구성 유적부터 시작하여 잠재적인 부정적 영향을 경감할 것을 목적으로 각 구성 유적마다 수용 가능한 방문객 최다 인원수 지정.

d) 자산과 그 구성 유적들의 보존과 관리를 위한 새로운 동반자 기반 프레임워크의 실효성 모니터링.

e) 지구별 보존협의회의 보존관리계획의 실시, 협의사항과 결의사항에 대한 연례 모니터링.

f) 각 구성 유적에 대한 일상적인 관리를 담당하는 모든 직원들과 이해관계자들의 역량 구축을 위한 지속적인 훈련 프로그램의 수립과 실시.

g) 유산에 대한 설명presentation을 위한 해석전략을 수립하고, 각각의 유적이 어떻게 '현저한 보편적 가치'에 기여하고 있으며 어떻게 일본 산업화의 하나 또는 그 이상의 단계들을 반영하고 있는지 특히 강조할 것.[60]

h) '세계유산협약의 이행을 위한 운영지침' 제172항에 따라 슈세이칸과 미에츠 해군소三重津海軍所의 도로건설사업과 미이케 항의 신설 계류시설에 대

한 모든 개발 프로젝트, 그리고 방문객 시설의 증축 또는 신설에 대한 제안들을 세계유산위원회에 제출하고 검토를 받을 것.

5 | 당사국(일본)에게 2018년도 제42차 회기에서 세계유산위원회의 검토를 위해 상기 사항의 진행을 개괄하는 보고서를 제출할 것을 요청한다.

6 | 또한 당사국(일본)이 상기 권고사항의 이행에 관한 자문을 위해 이코모스의 초청을 고려할 것을 권고한다.

출처: United Nations Educational, Scientific and Cultural Organization, Convention Concerning the Protection of the World Cultural and Natural Heritage, World Heritage Committee, Decisions adopted by the World Heritage Committee at its 39th session (Bonn, 2015), WHC–15/39.COM/19, Bonn, 8 July 2015, pp.177~180

조시현 옮김 | 민족문제연구소 연구위원

2부

홋카이도에서 오키나와까지,
군수품 조달에 동원되다

환영받지 못한
여자근로정신대의 귀국선

| 김진영
태평양전쟁피해자보상추진협의회 간사

후지코시에 끌려간 15세 소녀 이야기

후지코시 이이토 다레가 웃다	후지코시 좋다고 누가 말했나
사쿠라 하카게노 키노시타데	벗나무 잎 그늘 아래에
징지부 미쓰이가 잇다소오다	징집부 미쓰이가 말했단다
와타시와 만마토 다마사렛다	나는 감쪽같이 속았다.
(…)	
쯔레데 유쿠노와 야스케레도	끌고 가는 건 쉬워도
온나와 노세나이 기송센…	여자는 안 태우는 귀국선…

"할머니 그게 무슨 노래예요?"

"응? 해방되고 나서 아직 후지코시 공장에 있을 때 불렀던 노래. 숙소가 2층이었거든. 난간에 나가 있다가 일본사람이 지나가면 그 사람 들으라고 일부러 크게 불렀지. 그때는 이제 일은 안 하고 집에 돌아갈 날만 기다리고 있으니까 시간이 많았어. 어떤 언니가 가르쳐줬는데 누군지는 기억이 안 나고 노래만 생각나네."

1941년 태평양전쟁을 일으킨 일본은 식량과 무기를 생산할 사람이 없을 정도로 노동력이 부족했다. 그래서 일본은 「여자근로동원의 촉진에 관한 건 女子勤労動員ノ促進ニ関スル件」(1943.9.13), 「여자정신근로령 女子挺身勤労令」(1944.8.23) 등을 시행해 조선의 여자아이들을 군수공장으로 끌고 가서 무기 생산에 동원했다. 지금까지 '근로정신대' 피해자들이 징용당한 것으로 알려진 곳은 도야마 후지코시 공장, 나고야 미쓰비시 항공기제작소, 누마즈 沼津 도쿄 아사이토 공장 등이다. 예전 신문이나 피해자의 학적부를 보면 일본 후쿠오카와 나가사키, 평양, 만주에도 근로정신대가 동원되었던 기록이 남아 있다. 그러나 국내외에 근로정신대로 동원된 피해자가 얼마나 있었는지는 정확히 확인되지 않고 있다.

노래를 들려주신 최희순 할머니는 1931년 2월생으로 2017년 현재 87세다. 2014년 12월 3일 서울 용산역에서 할머니와 만났다. 할머니는 전주에서 소학교를 다니던 14세(6학년) 때, 일본인 교장선생님과 학교에 찾아온 모집원의 설명을 듣고 일본에 가기로 마음먹었다고 한다.

"내가 어릴 때라 어떻게 된 건지, 아버지가 만주로 가시고 어머니 하고 둘이 살았는데 집이 너무 가난했어. 그래도 학교 성적은 좋았거든. 수학도 잘하고……. 진학해서 공부를 더 하고 싶은데 어머님이 말은 안하셨지만 나도 진학할 형편이 안 되는 걸 아니까 포기한 거지. 그런데 어느 날 교장선생님이 학생들을 모아놓고서는 '일본에, 후지코시 회사에 가면 공부를 할 수 있다. 돈을 벌 수 있다. 생활은 걱정 안 해도 된다. 무엇이든지 배울 수 있으니까 훌륭한 사람이 되어서 돌아올 수 있다'고 하면서 일본에 가라고 하잖아. 담임선생님도 동무들 한 사람 한 사람 따로 불러서 가라고 설득하고. 어머니가 절대 안 된다고 다음날 학교에 찾아가서 선생님을 붙잡고 이야기를 하는데, 그때는 지금 같지가 않아. 선생님이 '이미 정해졌으니 어쩔 수 없다. 걱정 말고 보내라'고 하니까 어머니도 방법이 없는 거야. 나도 '공부 더 하고 돈도 벌어오겠다'고 옆에서 계속 조르고, 결국 허락할 수밖에 없었지."

할머니처럼 많은 아이들이 교원과 후지코시의 모집원에게 속아서 근로정신대에 참가했다. 후지코시에 동원된 근로정신대는 1,090여 명. 이 가운데는 '한 반 아이들 50명 중에 안 갈 사람 10명을 제비뽑기하고 나머지 40명을 데리고 갔다'거나,[1] 가을에 면 직원과 일본사람이 고향집에 와서 광에 숨어 있는 것을 끌고 간 경우도 있었다.[2]

1945년 2월 25일, 전주역에서 '환송식'을 하고 근로정신대원 50명이 일본으로 출발했다. 사람들이 지켜보는 가운데 대원들이 행진했다. 울고 있는 가족과 아이들 사이를 경찰들이 막고 있었기 때문에 가까이 다가가

거나 이야기를 나눌 수는 없었다. 최희순 할머니는 이날 어머니가 사람들
사이에 서서 서럽게 울고 계시던 모습이 잊히지 않는다고 했다.

일본의 새빨간 거짓말

공장에 도착한 다음날부터 훈련이 시작되었다. 그들은 일본에 오기 전에
들었던 이야기가 모두 거짓말이라는 사실을 알게 되었다. 훈련 기간이 끝
나고 흩어져 작업장에 배치된 후에도 군대식 관리는 계속되었다. 25명이
한 방에서 생활했고, 숙소에서 공장으로 줄지어 이동했다. 공장으로 출발
하기 전, 숙소로 돌아온 후, 이렇게 하루 두 번 인원 점검을 했다. 일할 때,

밥 먹을 때, 잠잘 때도 항상 감시하는 사람이 따라다녔다. 물론 정해진 규칙을 지키지 않으면 호되게 야단을 맞았다.

도야마 후지코시 공장 북문 벽
(2005.10.17.)

"도착하자마자 공부도 시켜주고 돈도 벌 수 있다고 고향에서 했던 말이 완전 거짓말이라는 걸 알았지. 그때가 3월이었는데 도야마가 큰 산 아래에 있거든. 공장이 벌판에 있으니까 바람도 많이 불고, 너무 추워서 손끝이 어는 것 같았어. 훈련하다가 저기 멀리서 '집합' 하고 부르면 빨리 뛰어가야 돼. 동작이 조금만 느려도 야단치면서 뺨을 때리니까 너무 무서운 거야. 지금 생각해보면 열세 살, 열네 살 먹은 애기들이 뭘 알아? 그냥 벌벌 떨면서 시키는 대로 하는 거지. 애들이 매일 밤마다 잠자리에 들어가서 울고 그랬어."

　하루 일과는 오전 6시 기상, 8시 작업 시작, 오후 6시 퇴근, 10시 취침이었다. 기본 노동시간은 8~10시간이었지만 할당량을 채우지 못하면 숙소로 돌아갈 수 없기 때문에 야근을 하기도 했다. 배치된 부서마다 하는 일이 달랐지만 대부분 선반旋盤 같은 금속가공기계를 다루는 일을 했다. 항공기·전차 등 군수품에 들어가는 베어링을 만들기도 했고 포탄의 외피나 탄피를 만들었다는 증언도 있다.

성인 남성이 다루던 기계를 사용했기 때문에 작업대가 너무 높았다. 나무 받침대를 디디고 올라서서 종일 같은 일을 반복했다. 남자 직원이 작업장을 돌아다니며 감시했지만 어차피 한 사람이 실수하면 그 라인 전체 작업이 망가지기 때문에 집중해서 일을 할 수밖에 없었다.

"앞쪽으로 기계를 돌리는 벨트가 엄청 빨리 돌아가거든. 정신 안 차리면 금방 사고 나. 내 두 칸 옆에 있던 애가 옷이 빨려 들어갔는지 어떻게 된 건지 기계에 걸려서 옷이 다 찢어지고 크게 다쳤어. 그 뒤로 죽었다는 소문이 돌았는데 어떻게 됐는지는 몰라. 나도 왼손 검지가 기계에 끼어서 크게 다친 적도 있고.

12시부터 1시까지 점심시간이고 그 외에는 꼬박 서서 일해. 서서 일해야 하는 기계야. 의자도 없어. 중간에 15분씩 두 번 쉬는 시간이 있는데 종일 서서 일하니까 다리가 뚱뚱 붓거든. 나는 그 정도는 아니었는데 다리가 부어서 병원에 입원하는 애도 있었는 걸 뭐. 매일매일 쇳가루가 막 튀는 데서 집중해서 일하니까 눈병도 나고, 애들이 무서우니까 병이 나도록 아파도 어떻게 하지를 못 하는 거야.

작업장 한쪽에 발판 같은 거 엎어놓은 게 있었는데 쉬는 시간에 거기에 다리 뻗고 앉아서 서로 '몸 아픈 거 괜찮아? 배고프다. 집에 가고 싶다'하면서 수군수군하고 그랬어. 매일 똑같으니까 별로 할 얘기도 없는 거야. 우리끼리는 우리말, 한국말 하는데 일본사람이 오면 조선말 한다고 야단맞으니까 아무 말도 안 하고."

여자근로정신대 국외 강제동원 현황

후지코시 강재 도야마공장
동원 규모: 1,089명
동원 시기: 1944년 6~7월, 1945년 2~3월
동원 지역: 서울, 인천, 대구, 대전, 개성, 경기,
충남, 충북, 전남, 전북, 경북 등

미쓰비시중공업 나고야 항공기제작소
동원 규모: 약 300명
동원 시기: 1944년 5월
동원 지역: 전남(150명), 충남(150명)

도쿄 아사이토 누마즈공장
동원 규모: 약 300명
동원 시기: 1944년 4월
동원 지역: 경남

가혹한 노동보다 더 힘겨운 배고픔

공장에서 일하는 것 말고 다른 힘든 것은 없었는지 여쭤보았다.

"일하는 거도 힘든데 배고픈 게 더 힘들어. 아침에 요만한 밥 간장종지만큼, 콩 뜨문뜨문 들어간 밥하고 된장국, 아무것도 안 들어간 멀건 된장국, 짠지 썬 거 딱 두 쪽씩 이렇게 주거든. 그걸 먹고 배고프잖아. 밥도 그렇고 반찬이 없으니까. 가끔 해초국 같은 것도 나왔는데 먹지를 못하겠더라고. 나는 아무리 배고파도 점심 때까지 꾹 참았는데 다른 애들은 점심으로 받아온 빵을 미리 다 먹어버리는 거야. 손바닥만 한 빵 같은 거, 지금 먹는 이런 빵이 아니야. 빈대떡 같이 납작한 삼각 모양 빵을 두 개 주는데 점심이 되기 전에 쉬는 시간에 다 먹어버려, 배고파서."

1945년 8월 15일, 라디오 방송을 듣고 전쟁이 끝났다는 것을 알았다. 할머니는 매일 반복되던 B29[3]의 폭격에 죽을 거라고 생각했기 때문에 전쟁이 끝났다는 말을 듣고 안도했다. 해방 다음날부터는 일을 하지 않았다. 하지만 배고픔을 참기는 힘들었다. 아이들은 마을에 사는 조선인을 찾아가서 집에서 가져온 옷을 콩으로 바꿔 먹었다. 그해 10월이 되어서야 고향으로 출발할 수 있었다.

"해방이 되고 사람들이 돌아오는데 애가 안 오니까 어머님이 얼마나 걱정했겠어. 나중에 얘기를 들어보니까 소학교 담임선생님, 나한테 일본에 가라고 한 선생님 집에 찾아가서 '내 딸이 안 돌아오면 나를 땅에 묻든지, 당신이 가서 내 딸을 찾아오든지 수를 내라'고 했다더라구.
해방 날부터 매일매일 전주역에 나와서 기차가 끝날 때까지 기다렸다고 하시는데 그때 어머니 마음을 생각하면…… 내가 고생한 것보다 억지부리고, 걱정 끼쳐드리고 한 게 가슴이 아파."

국제법에 위배되는 범죄행위

여자근로정신대 강제동원 피해의 특징은 크게 두 가지를 꼽을 수 있다. 첫째는 일반적인 강제동원 피해자들과 달리 어린 아이들을 데려가 가혹

전라북도 여자근로정신대 귀환 사진, 하카타 항에서 미군이 촬영 (1945.10.19.)

한 환경에서 노동하게 했다는 점이다. 1932년에 일본은 국제노동기구의
「강제노동에 관한 협약」(제29호)을 비준했다. 이 협약은 강제노동을 금지
하고, 전쟁 등 예외적인 경우에도 18세 이상 45세 이하의 건강한 성인 남
성만을 동원할 수 있도록 한정하고 있다. 조선총독부 관리와 교원 등 공
무원을 통해 조직적으로 어린 소녀들을 속이고 협박 및 유인하여 감금하
고 노동력을 착취한 것은 국제법을 위반한 범죄행위였다.

1992년 9월과 2003년 4월에 일본에서 시작한 후지코시 근로정신대 피해자들의 소송에서 일본 법원은 '회사가 열악한 환경에서 중노동을 강제한 점, 임금을 지급하지 않은 점' 등에 대하여 '부도덕하고 불법적인 것'이었다며 회사의 잘못을 일부 인정했다.

그러나 2015년 2월 4일, 일본정부는 미쓰비시중공업에 의해 끌려갔던 근로정신대 피해자들에게 연금보험 탈퇴수당으로 199엔(원화 약 1,850원)만을 지급하여 사회적인 공분을 샀다. 일본정부는 '일본인에게도 같은 기준을 적용한다'라며 문제 없다는 입장이고 한국정부는 '사적인 민사문제에 개입할 수 없다'고 하며 모르는 척 하고 있다. 양국 정부가 일제 강제동원 문제를 해결할 의지도, 능력도, 철학도 없다는 사실이 단적으로 드러난다.

2017년 현재, 근로정신대 피해자들의 소송은 한국에서 여섯 건이 진행되고 있다. '주식회사 후지코시'를 상대로 한 소송이 3건, '미쓰비시중공업 주식회사'를 상대로 한 소송이 3건. 법원의 판결이 지체되면서 이제 아흔이 되어가는 할머니들은 소송이 마무리되는 것을 보지 못한 채 세상을 떠나고 있다. 이 문제의 숨어 있는 당사자인 한국과 일본 정부가 피해자들에게만 역사의 짐을 지우고 있는 것은 아닌지 생각하게 된다.

할머니들을 평생 괴롭힌 한국사회의 편견

근로정신대 피해의 두 번째 특징은 해방 후에도 그 피해가 가중되며 지속되었다는 점이다. 한국에서 진행되고 있는 후지코시 소송 원고 할머니들

후지코시 근로정신대 손해배상 청구소송 1심 판결일(2014.10.30.)에 서울중앙지방법원에서. 뒷줄 왼쪽에서부터 원고 안희수, 김옥순, 이복실. 앞줄 왼쪽에서부터 원고 전옥남, 김정주, 김계순.

의 설명에 의하면 무사히 귀국했다고 해서 피해자들이 정상적인 생활을 할 수 있었던 것은 아니었다. 당시에는 근로정신대와 일본군 '위안부'가 구분되지 않기 때문에 여자가 일본에 끌려갔다 살아 돌아온 것만으로도 사람들은 수군거렸다. 이렇게 한국사회의 오해와 편견이 평생 할머니들을 괴롭혔다. 근로정신대로 끌려간 기간은 길지 않았지만 그 피해는 소학교를 갓 졸업한 어린 시절부터 현재까지 광범위하게 이어지고 있다. 정상적인 혼인을 하기 어려웠고, 혼인 후에 근로정신대 피해 사실이 드러나 이혼 당하거나 시가의 배척과 천대를 견디며 살아야 했다. 이런 문제가 두려워 혼인을 포기하고 평생 혼자 살아온 할머니도 있다. 같은 일은 지금도 반복되고 있다. 여든이 넘은 나이에 회사를 제소하겠다고 어렵게 결정하고서도, 피해자는 가족들에게는 비밀로 해달라고 한다. 할머니들이 자신이 입은 피해를 아무에게도 말하지 못하고 평생 죄인처럼 숨겨온 것을 생각하면 마음이 먹먹하다.

1945년 8월, 전쟁이 끝나고 동아시아의 시민들이 새로운 삶을 꾸려가기 시작한 지 72년이 지났다. 지난 세기 가혹한 고통을 당하고 질곡의 삶을 이어온 사람들의 문제를 해결하지 않고서 우리가 우리 시대의 정의와 공동체의 번영에 대해 이야기할 수 있을까. 할머니들이 가해 회사와 일본 정부의 사과를 받아 오랜 마음의 짐을 내려놓고 속 시원히 여생을 살 수 있기를 간절히 바란다.

수몰된 136명,
조세이 탄광의 비극

김영환

민족문제연구소 대외협력팀장

바다 한가운데 두 개의 기둥

해마다 명절이 돌아오면 사람들은 조상을 추모하고 묘소를 찾는다. 그러
나 성묘를 가고 싶어도 찾아갈 묘소가 없는 사람들도 있다. 우선 북녘에
고향을 둔 사람들, 외국인 노동자들이 먼저 떠오른다. 그리고 또 있다. 강
제동원 희생자의 유족이 바로 그들이다. 강제동원 희생자의 유족 가운데
는 고인의 유해를 받기는커녕 자신의 가족이 언제, 어디서, 어떻게 사망
했는지도 알지 못하는 이들이 많다. 일본군으로 끌려가 전쟁터에서 사망
하거나 강제노동 끝에 희생된 피해자 대부분이 유해조차 고향으로 돌아
오지 못했다. 명절이 돌아올 때마다 유족들은 억울한 죽음을 맞이한 가족

우베 시 해안도로에서 조세이 탄광의 환기구가 선명하게 보인다. 아래는 환기구의 확대 사진.

에 대한 깊은 그리움과 슬픔을 새록새록 되새긴다.

2014년 3월 일본 야마구치 현 우베宇部 시 조세이長生 탄광 옛터. 일본 전국에서 수십 년 동안 발로 뛰며 강제동원 문제를 조사해온 시민들의 모임인 강제동원진상규명네트워크의 전국연구집회가 열렸다. 나는 50여 명의 참가자와 함께 이곳을 찾았다.

아무도 찾는 사람 없는 쓸쓸한 바닷가에 파도만이 무심하게 밀려오고 있었다. 바다 한가운데에 불쑥 튀어나온 두 개의 콘크리트 기둥이 지나는 이들의 호기심을 자극한다. 아무런 설명이 없다면 그냥 지나치기 쉬운 여느 바닷가 풍경이지만 이곳은 강제동원의 슬픈 역사가 깃들어 있는 비극의 현장이다.

조선탄광이라 불린 조세이 탄광

이 두 개의 기둥은 '피야'pier라고 불리는 해저탄광의 환기구이다. 바다 밑에 있는 조세이 탄광에서는 1914년부터 석탄이 생산되기 시작했다. 전성기에는 탄광 안팎에서 약 1,000명이 일을 했고, 연간 약 16만 톤의 석탄을 생산했다.

당시 이곳 조세이 탄광은 광부 가운데 조선 사람이 많아 '조선탄광'이라고도 불렸다. 조선 사람이 많았던 이유는 이곳이 무척 위험한 곳이었기 때문이다. 해저탄광의 갱도는 지표면과 100미터 이상 거리를 두어야 했지만 조세이 탄광은 25~30미터에 불과했다. 그렇기 때문에 갱도를 뚫으면 뚫을수록 무너질 위험이 높았다. 위험하다는 소문 때문에 일본인들은 이곳에서 일하기를 꺼렸고, 식민지에서 조선인들이 동원되었다. 당시 증언에 따르면 바다를 지나는 배의 엔진 소리가 갱도에서 들릴 정도였다고 하니, 노동자들이 느꼈을 두려움은 상상조차 하기 어렵다. 조선에서 동원되어온 사람들은 울타리가 쳐진 함바(飯場, 집단합숙소)에서 생활했는데, 자유롭게 나다닐 수도 없었고 상습적인 구타에 시달렸다.

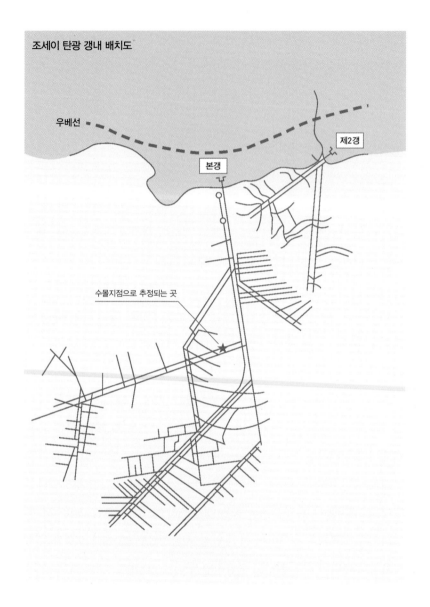

조세이 탄광 갱내 배치도

우베선

제2갱

본갱

수몰지점으로 추정되는 곳

* 일제강점하강제동원피해진상규명위원회, 『조세이 탄광 수몰사고 진상조사』, 일제강점하강제동원피해진상규명위원회, 2006, 19쪽.

아버지의 위패를 들고 있는 전
석호 할아버지

고래등에서 물을 뿜듯 물이 터져나온 '피야'

1942년 2월 3일 아침, 결국 사고가 터졌다. 전석호 할아버지는 소학교 5
학년 때의 일을 어제 일처럼 생생하게 기억하고 있었다. 할아버지는 조세
이 탄광에서 일하는 아버지와 함께 온 가족이 이곳에서 살고 있었다.

"학교에 있는데 아침에 선생님이 아버지가 조세이 탄광에서 일하는 사람
은 집으로 돌아가라고 해서 갔어. 가는 길에 봤더니 피야에서 물이 뿜어져
나오는 거야. 고래등에서 물이 나오는 것처럼 물을 뿜고 있었어. 탄광 입구
에 갔더니 사람들이 '아이고! 아이고!' 하면서 울고 있는 거야."

전석호 할아버지의 부친 전성도全聖道(창씨명 마쓰모토 세이도松本聖道) 씨가
12시간 교대노동을 위해 바다 밑 탄광으로 들어간 뒤의 일이다. 그날 탄
광으로 가는 아버지에게 보낸 인사가 마지막이 될 줄이야. 당시를 회상하

다가 갑자기 우리말과 일본말을 섞어가며 슬픈 마음을 쏟아내던 할아버지 눈에 눈물이 맺힌다.

갱도가 무너지고 나서 사흘 동안 '피야'에서는 물기둥과 거품이 끊이지 않고 솟아올랐다. 자신의 가족이 돌아오기만을 기다리던 사람들은 바닷가에서 사흘 밤낮을 애타게 울부짖었다. 회사는 탄광을 폐쇄해버렸다. 갱도에 차오르는 물살을 뚫고 살아서 돌아온 사람은 단 두 명뿐이었다.

183명의 노동자들은 차가운 바닷속에서 그대로 잠들었다. 조선인 136명, 일본인 47명이 사고로부터 75년이 지난 지금까지 그곳에 갇혀 있는 것이다.

은폐된 진실, 반쪽뿐인 추모

사고가 나기 며칠 전부터 물이 샌다는 노동자들의 보고가 있었지만 회사는 이를 무시하고 작업을 강행했다. 그날 노동자들은 두려움에 떨며 죽음의 갱도 안으로 들어갔다. 사고가 난 뒤 유족들의 항의가 빗발칠까 두려웠던 회사 측은 인근 절에 부탁해 급하게 위패를 만들어 사고를 무마하려 했다.

보상금을 받았다는 사람들도 있었지만 전석호 할아버지의 가족은 보상금도 받지 못하고 사택에서 쫓겨나 친구네 집 마구간에서 살아야 했다. 하루아침에 아버지를 잃고 마구간에서 살게 된 식민지 조선의 소년은 무슨 생각을 했을까. 할아버지는 말을 잇지 못했다. 일본이 패망한 뒤 회사는 문을 닫았고 조선 사람들은 탄광 마을을 떠났다.

희생자 위패. 사고 직후 급하게 만들어진 희생자의 위패에는 조선인 희생자들의 이름이 창씨명으로 적혀 있다.

사고로부터 40년이 지난 1982년, 마을 주민들이 사고를 기리기 위해 '순난자殉難者의 비'를 세웠다. 그러나 그 비석에는 "영원히 잠들라, 평온히 잠들라, 탄광의 남자들이여"라는 문장과 함께 비를 세운 사람들 13명의 이름만이 새겨져 있을 뿐이었다. 식민지 조선에서 끌려와 억울하게 죽어간 희생자에 대한 언급은 없다. 조선인 136명이 이곳에 잠들어 있다는 사실, 이들이 바다 건너 이곳까지 와서 일을 해야 했던 이유, 위험한 바다 밑에서 가혹한 노동에 시달렸다는 사실은 전부 감춘, 허울뿐인 구호였다. '순난자'란 국가의 재난으로 순직한 이를 일컫는 말이다. 이 경우 국가의 재난은 바로 전쟁을 말하며, 순직이라는 것은 자발적으로 목숨을 바쳤다는 뜻이니 이곳에 세워진 순난자의 비는 조세이 탄광 사고로 희생된 사람들의 사망 원인을 왜곡하는 것이다.

죽은 사람에게 보낸 편지

그러나 감추어진 역사의 진실을 밝히고자 오랫동안 노력한 사람들이 있었다. 1991년 이 지역에서 재일조선인 지문날인 거부운동을 지원해온 일본인들이 중심이 되어 '조세이 탄광 수몰사고를 역사에 새기는 모임長生炭鉱の水非常を歴史に刻む会'(이하 '조세이 역사 모임')을 만들었다. 그들은 순난자의 비가 감추려 하는 진실을 밝히기 위해 운동을 시작했다. 조세이 역사 모임에서는 다음의 세 가지 목표를 세웠다. 첫째, 일본의 사죄와 희생자 전원의 이름을 새긴 추도비 건립. 둘째, 사고의 진상을 밝혀 역사에 남기기 위한 증언·자료집 발행. 셋째, 조세이 탄광의 사고 사실을 드러내는 '피야'의 보존.

1970년대부터 조세이 탄광의 비극을 밝히기 위해 애써온 야마구치 다케노부山口武信 전 대표를 비롯한 조세이 역사 모임 회원들이 한국의 유족들을 찾기 시작했다. '집단도항명부'의 이름과 희생자들의 창씨명을 조사하여 유족이 살고 있다고 추정할 수 있는 호적상의 주소로 편지를 보냈다. 받는 사람을 적는 곳에는 희생자의 이름을 적을 수밖에 없었다. 죽은 사람 앞으로 편지를 보낸 것이다. 일본으로 끌려간 가족을 수십 년 동안 오매불망 기다려온 고향의 유족들이 그 편지를 받았을 것이다.

누군가의 어머니는 평생 사립문을 열어놓고 언제 돌아올지 모를 아들을 기다리다 세상을 떠났을 것이다. 누군가의 아버지는 해방이 되어도 돌아오지 않는 아들을 기다리다 시름시름 기력을 잃어갔을 것이다. 일본에서 날아온 편지 한 장에 적힌 아들의 이름을 보며 유족들은 얼마나 반갑고 놀랐을까. 그러나 반가움도 잠시, 편지로 아들의 죽음을 비로소 확인한 유족들의 절망과 슬픔의 깊이는 짐작하기 어렵다.

이렇게 일본의 시민들이 발로 뛰어다니며 찾은 유족들이 모여 1992년 한국유족회를 만들었다. 조세이 역사 모임은 1992년부터 지금까지 매년 한국의 유족들과 함께 사고현장에서 추도회를 열고 있다. 어두운 역사의 진실을 밝히기 위한 일본 시민들의 자발적인 노력이 계속되고 있는 것이다.

시민의 손으로 새긴 조선인 추도비

조세이 역사 모임은 유족들을 찾아 진상을 규명하고 희생자를 추도하는 사업을 해마다 진행했지만 남겨진 숙제가 있었다. 그것은 '순난자의 비'를 대신할, 제대로 된 추도비를 세우는 것이었다. 처음에는 우베 시 당국의 협력을 얻어 추도비를 세우고자 했으나, 강제동원된 조선인들의 희생사실을 분명히 밝힌 추도비의 비문에 대해 우베 시당국이 문제를 제기하며 협력을 거부했다. 결국은 시민들의 힘만으로 2013년 추도비를 세웠다. 추도비에는 희생된 조선인 136명의 이름이 일본식 이름이 아닌 본래의 이름으로 한 명 한 명 새겨져 있다.

지금 일본 전국에서는 강제연행 추모비를 철거하라는 우익들의 공격이 날로 거세지고 있다. 역사의 진실을 밝히고자 수십 년 동안 분투를 거듭해온 운동의 결실을 지켜내야 할 책임이 우리에게도 있다.

시민들의 힘으로 만든 조세이 탄광 희생자 추도비에는 희생자들의 본명이 모두 새겨져 있다.

아버지!

저희들이 오늘도 왔습니다.

오늘도 지하에 계신 아버지를 생각하면

저희들의 마음은 비통할 뿐입니다.

아버지!

우리들이 비록 당신의 친자식은 아니라 할지라도

아들이라 생각하고 반갑게 맞아주십시오.

저희들도 저의 아버지와 똑같이 생각하고 모시겠습니다.

오늘 참석한 사람은 비록 적지만 언젠가 이곳에 매몰되었던

모든 분들의 후손들이 모두 모일 것입니다.

우리 모두는,

1942년 2월 3일,

그날을 기억합니다.

찬바람 불고, 눈 내리는, 겨울 바닷가,

한 맺힌 절규와 절망의 목소리만 가득했던,

그 바닷가.

제국주의 군화 소리와 감시하는 병사들의 총검 소리.

그리고 그날.

아버지의 비명소리,

어머니의 고통스런 울부짖음,

어린이의 비명, 고함, 울음소리⋯⋯

아⋯⋯ 이곳이 바로 지옥이었습니다.

지금 바닷속에서도 그렇게 하고 있습니까?

추 도

아버지!
저희들이 오늘도 왔습니다.
아직도 지하에 계신 아버지를 생각하면
저희들의 마음은 비통할 뿐입니다.

아버지!
우리들이 비록 당신의 친자식은 아니라
할지라도
아들이라 생각하고 반갑게 맞아주십시오.
저희들도 저의 아버지와 똑같이 생각하고
모시겠습니다.
오늘 참석한 사람은 비록 적지만 언젠가 이곳에
매몰되었던
모든 분들의 후손들이 모두 모일 것입니다.

우리 모두는,
1942년2월3일.
그날을 기억합니다.
찬바람 불고, 눈 내리는, 겨울 바닷가.

한 맺힌 절규와 절망의 목소리만 가득했던,
그 바닷가.
제국주의의 군화소리와 감시하는 병사들의
총검소리.
그리고 그날,
아버지의 비명소리.
어머니의 고통스런 울부짖음.
어린이의 비명, 고함, 울음소리 ……
아 …… 이곳이 바로 지옥이었습니다.

지금 바닷속에서도 그렇게 하고 있습니까?
기나긴 지난 세월을 바로 저 바닷속에서 그렇게
하고 있었습니까?
아버지!
이제 편안한 잠드십시오.
비록 고향의 따뜻한 언덕은 아니라도
그 긴 세월을 내려놓고, 이제는 편히
잠드십시오.
나머지 일들일랑 훌훌 벗어 남아있는
저희들에게 주시고
편히 잠드십시오.

왜냐하면,
우리들이 그날을 똑바로 기억하고 있고,
이 자리에 함께하신 수많은 사람들이 그날을
똑바로 기억하고 있기 때문입니다.

아버지!
우리들이 아버지들을 고향땅에 돌아가실 수
있도록 할 수 있는
힘과 지혜를 주십시오.
그리하여 미약하더라도, 비록더라도, 그곳은
우리들의 쉼터이므로
그곳에서는 좀 더 편히 쉴 수 있을 것입니다.

아버지!
그날이 오면
정녕 편히 쉬십시오.

2013년 2월 2일
일본장생탄광 희생자 대한민국 유족회

추 도

1942년 2월 3일 이른 아침, 여기 니시키와(西岐波) 해면에 있던 長生탄광에서 「水非常」(수몰 사고)이 일어나 183명이나 되는 사람들이 산채로 갱내에 갇혀 희생되었습니다.
아시아·태평양 전쟁을 시작한 일본은 국책으로 석탄 증산을 강력하게 추진했습니다. 그것은 위험하게 누수 사고를 되풀이하고 있었던 長生탄광도 예외가 아니었습니다.
희생자 가운데 136명은 일본 식민지 지배 정책 때문에 토지·재산 등을 잃어버려, 부득이 일본으로 일거리를 찾으러 건너오거나, 혹은 노동력으로서 강제 연행되어 온 조선 사람들이었습니다.
또한, 일본인 47명도, 많은 이재민과 같이 전쟁의 혼란 속에서 내버려졌습니다. 억울한 죽음을 당하고, 아직까지도 2개 「피야」의 깊은 바다 속에서 잠들고 계시는 분들께 삼가 애도의 뜻을 표합니다.
특히, 조선인 희생자와 그 유족에게는 일본인으로서 진심으로 사죄의 마음을 올립니다.
우리들은 이러한 비극을 낳은 일본의 역사를 반성하고, 다시는 다른 민족을 짓밟는 포악한 권력의 출현을 용납하지 않도록 온 힘을 다할 것을 맹세하고, 여기에 희생자의 이름을 새깁니다.

2013년 2월 2일
長生탄광의 「水非常」을 역사에 새기는 모임

유족들의 추도시(위)와 조세이
역사 모임의 추도문(아래)

기나긴 지난 세월을 바로 저 바닷속에서 그렇게 하고 있었습니까?

아버지!

이제 편안히 잠드십시오.

비록 고향의 따뜻한 언덕은 아니라도

그 긴 세월을 내려놓고, 이제는 편히 잠드십시오.

나머지 일들일랑 훌훌 벗어

남아 있는 저희들에게 주시고

편히 잠드십시오.

아버지가 잠들어 있는 바다를 물끄러미 바라보는 전석호 할아버지 (1999)

아버지!

우리들이 아버지들을 고향 땅에 돌아가실 수 있도록 할 수 있는

힘과 지혜를 주십시오.

그리하여 미약하더라도, 비좁더라도,

그곳은 우리들의 쉼터이므로

그곳에서는 좀 더 편히 쉴 수 있을 것입니다.

아버지!

그날이 오면

정녕 편히 쉬십시오.

2013년 2월 2일

일본 장생탄광 희생자 대한민국 유족회

추도비 뒤에 선 안내판에는 유족들의 마음을 담은 절절한 추도시가 담겼다. 바로 옆에는 과거의 역사를 마주하고 진실을 밝혀 평화로운 미래를 만들어가고자 하는 일본 시민들의 마음이 담긴 추모의 글이 희생자들의 넋을 위로하고 있다.

전석호 할아버지가 바다 가운데 쓸쓸하게 서 있는 '피야'를 한참 동안 말없이 바라본다. 불편한 몸에도 엉거주춤 무릎을 굽혀 바다를 향해 두 번 절을 올린다. 술을 따르고 꽃 한 송이를 바다에 던지며 아버지를 부른다.

소학교 5학년 10세 소년은 이제는 여든이 넘은 노인이 되었다. 소년 전석호가 아버지를 부르는 소리에 쓸쓸히 밀려오는 파도가 대답한다. 아버지의 목소리가 파도에 실려 들려오는 듯하다.

"아버지! 내년에도 또 올게요."

함포사격의 타깃이 된
'철의 도시' 가마이시

야마모토 나오요시山本直好
'일본제철 전 징용공 재판을 지원하는 모임'[4] 사무국장

오지 어촌에서 '철의 도시'로

일본 도호쿠東北 지방의 이와테岩手 현 가마이시釜石 시. 험한 산줄기가 바다로 뻗어 톱날 모양의 해안선이 복잡하게 이어진 해안이 특징인 산리쿠三陸 지방의 마을이다. 난류와 한류가 만나 풍부한 어장이 형성돼 있는 작은 어촌 가마이시는 근처의 산에서 높은 순도의 자철광이 산출되기 시작하자 '철의 도시'로 변모했다. 이곳이 일제강점기 강제노동의 현장이 된 이유이다.

유네스코의 세계문화유산 '메이지 일본의 산업혁명유산 철강·조선·석탄 산업'을 구성하는 '하시노橋野 철광산, 하시노 용광로 및 관련 시설'은

유네스코 세계문화유산으로 등재된 하시노 용광로 옛터 ⓒ야마모토 나오요시

일본에서 현존하는 가장 오래된 서양식 용광로가 있던 자리이다. 막부 말기인 1858년에 모리오카盛岡 번의 무사 오시마 다카토大島高任가 일본에서는 처음으로 서양식 용광로를 이용해 자철광 제련에 성공했다. 하시노橋野 촌(현 가마이시 시)에 3기의 서양식 용광로를 건설해 메이지시대에도 조업을 계속하여 전성기에는 종업원이 1,000명에 이르렀고, 연간 약 930톤을 생산하는 일본 최대의 제철소로 성장했다.

1874년 메이지 정부가 가마이시 광산을 사들여 관영 광산이 되었고, 1880년에는 관영 가마이시 제철소가 조업을 시작했다. 현 가마이시 제철소의 뿌리이다. 최신식 기계를 도입했지만 관영으로 운영되던 제철소는 실패했고, 이후에는 민간에 의해 광산 개발과 제철업이 유지되었다.

1934년에는 국책회사인 일본제철주식회사가 설립되었다. 가마이시 제

가마이시 광산 ©야마모토 나오요시

철소는 일본제철주식회사 산하 제철소가 되었고, 대형 용광로도 건설되었다. 1939년 가마이시 광산은 일본제철주식회사 산하의 자원개발회사로 발족한 일철광업日鉄鉱業 주식회사 가마이시광업소가 되었다.

태평양전쟁기에는 이곳까지 전쟁의 광풍이 몰아쳤다. 이미 메이지 말기부터 광산 개발 및 철도 건설 현장에 많은 조선인 노동자가 투입된 터였다. 전시체제가 본격화되면서 부족한 노동력을 보충하기 위해 한반도에서 강제동원된 조선인들이 가마이시 제철소에 배치되었다.

강제동원된 조선인 노동자는 가마이시 제철소 가까이에 있는 '협화료協和寮'[5]에 수용되었다. 생존자의 증언에 따르면 주야 2교대, 12시간 노동이 1주일 주기로 전환되는 방식이었으며, 휴일도 없는 힘겨운 노동의 연속이었다. 당시 일본의 기간산업 현장에서는 도주를 방지하기 위해 조선인 노동자의 임금을 대부분 강제로 저축했다. '지급되지 않은 임금', 미불임금이 발생한 원인이었다. 회사가 임금에 대해 정확히 설명하지 않았기 때문에 대부분의 조선인 노동자들은 미불임금이 존재하는지조차 알지 못했다.

우연히 드러난 강제노동의 증거

도쿄에 있는 고마자와駒澤 대학 도서관에는 일본제철주식회사 총무부 근로과에서 작성한 「조선인노무자관계朝鮮人勞務者關係」라는 서류철 한 권이 소장되어 있다. 이 서류철은 1950년 일본제철주식회사가 해산되기 전에 조선인 노동자의 미불임금 등을 처리한 내용이 담긴 내부 자료이다.[6] 이 자료에는 미불임금을 공탁했을 당시의 명부도 포함되어 있다. 지금은 고인이 된 고쇼 다다시古庄正 교수의 분석에 따르면 가마이시 제철소에는 적어도 690명의 조선인 노동자가 있었다. 그 가운데 사망자는 32명이다. 사망원인은 함포사격에 의한 사망 25명, 산업재해로 인한 사망 5명, '개인 병사'로 인한 사망 2명으로 기록되어 있다.

가마이시 광산의 경우, 조선인이 몇 명이나 동원되었는지 자료가 없어 상세한 내용을 알 수 없다. 하지만 약 1,000명의 조선인이 동원되었고 일

일본·중국 영원한 평화의 상 ⓒ야마모토 나오요시

본의 패전과 동시에 이들이 노동을 거부하며 '폭동'을 일으켰다는 증언이 있다.[7] 가마이시 광산에서는 무리한 전시증산체제로 인해 1944년 5월 대규모 낙반사고가 발생하여 18명이 사망했는데, 그 가운데 조선인 5명이 희생되었다. 이는 근처 사찰의 과거장過去帳(사찰에 모신 사망자들의 명부-옮긴이)을 조사한 결과 밝혀진 것이다.

가마이시 광산에 강제동원된 것은 조선인만이 아니었다. 중국인들도 조선인들처럼 강제노동에 시달렸다. 중국인의 경우 강제동원된 288명 가운데 123명이 희생되어 사망률이 약 42퍼센트에 달했다. 이는 중국인들이 동원된 전국의 사업장 가운데서 가장 높은 사망률이다. 가마이시 광산이 어느 곳보다 가혹한 강제노동의 현장이었음을 말해주는 기록이다. 1972년 중·일 국교정상화 이후 1973년 중국인 희생자를 추도하기 위한

'일본·중국 영원한 평화의 상'이 가마이시 시내의 공원에 건립되었다.

이외에 연합군 포로들도 강제노동에 동원되었다. 가마이시에는 미국·영국·네덜란드 등 연합군 포로를 수용하는 시설이 두 곳 있었다. 그중 한 곳은 가마이시 광산 가까이의 센다이仙台 포로수용소 제4분소였다. 이곳에는 일본이 패전할 당시 연합군 포로 395명이 수용되어 있었다. 이들은 광산에서 강제노동을 했고 그 가운데 15명이 희생되었다. 다른 한 곳은 가마이시 제철소 근처의 센다이 포로수용소 제5분소였다. 이곳에는 일본이 패전할 당시 351명이 수용되어 있었는데 그 가운데 50명이 희생된 것으로 알려졌다.

가마이시가 '철의 도시'였기에 일어난 비극도 있었다. 1945년 7월 14일과 8월 9일 가마이시 제철소와 가마이시 시내 중심부는 두 차례에 걸쳐 연합국 함대의 공격을 받았다. 1차 함포사격 때에는 2,565발, 2차 함포사격 때에는 2,781발 등 모두 5,346발의 포탄이 가마이시에 집중적으로 쏟아졌다. 두 차례의 함포사격으로 시민, 제철소 직원, 조선인 노동자, 연합군 포로 등 약 1,000명이 희생되었다. 앞서 살펴본 「조선인노무자관계」 자료에 기록되어 있던 조선인 노동자 25명의 사망은 이때 함포사격에 의한 것이었다. 또한 센다이 포로수용소 제5분소의 연합군 사망자 50명 가운데 32명도 이때 희생되었다. 전쟁이 끝난 뒤 센다이 포로수용소장 등은 함포사격 당시 포로의 안전 및 보호에 문제가 있었다는 등의 이유로 전범이 되어 유죄판결을 받았다.

함포사격으로 사망한 조선인 노동자 25명에 대해, 회사와 일본정부는 고향에 있는 유족에게 사망통지조차 보내지 않았다. 물론 희생자의 유골

일본제철 전 징용공 재판을 지원하는 모임 결성 기자회견. 오른쪽 끝이 필자. (1995.7.13.) ⓒ야마모토 나오요시

도 보내지 않았다. 유족들은 오랫동안 자신의 아버지나 형제가 어디로 끌려갔는지, 살았는지 죽었는지조차 알 수 없었다. 해방 후 고향 집에서 사망한 것으로 하여 사망신고를 제출한 유족도 있었고, 귀국한 사람들에게 이야기를 전해 듣고 엉뚱하게 '규슈 탄광에서 사망'했다고 신고한 경우도 있었다. 자신의 가족이 희생되었다는 사실을 받아들일 수 없어 사망신고를 하지 않은 유족들도 있다.

기나긴 재판의 시작

1995년 9월 한국의 유족 11명(10명은 함포사격 희생자, 1명은 산업재해 사망자)은 일본제철주식회사를 승계한 신일본제철주식회사(이하 '신일본제철', 현 신일철주금)를 상대로 유골과 미불금의 반환 등을 요구하는 소송을 도쿄 지방재판소에 제기했다. 그들은 일본 시민들과의 연대활동을 통해 고마자와 대학 도서관의 자료를 보고서야 아버지나 형제의 사망 사실을 알 수 있었다.

신일본제철은 재판에서 '일본제철주식회사는 해산되었으며 현재의 회사와는 직접 관계가 없다'는 주장을 폈다. 그러나 재판 당시 신일본제철의 전신인 후지富士제철주식회사의 가마이시 제철소는 자산·인원·임원을 일본제철로부터 승계하여 같은 장소에서 같은 사업을 이어가고 있었다. 신일본제철이 발행한 『철鉄과 함께 100년』이라는 사사社史의 제목만 봐도 '신일본제철'이 가해 기업인 '일본제철'을 이어받았다는 것을 스스로 인정한다는 점을 알 수 있다.

사실 신일본제철은 재판에서 주장한 것과는 달리 본사의 사원을 가마이시에 파견하여 제철소 내부를 조사했으며, 가마이시 현지에서 사찰의 과거장 등을 직접 조사했다. 또한 1997년 4월에는 원고 측 변호인단과 피고 측 변호인단이 한국에서 공동으로 생존자 증언을 조사·수집하는 작업을 진행했다. 당시의 증언 조사에는 원고 측을 지원하는 일본 시민들과 본사의 사원도 함께 참여했다. 같은 해 9월에는 원고 유족들과 신일본제철 사이에서 법정 밖 화해가 성사되었다. 신일본제철은 한국인 희생자가 가마이시 제철소에서 사망한 순직자이며, 유골이 반환되지 않은 것, 전후의 위령사업에서도 배제된 사실을 인정하여 유족 1인당 200만 엔의 위령금慰靈金을 지불했다. 또한 회사 비용으로 유족들을 가마이시에 초대하여 현지에서 위령제를 거행했다. 나아가 직원을 한국에 파견하여 한국에서 열린 위령제에 기부금을 건넸다. 그러나 강제동원 피해 생존자들이 제기한 보상청구소송은 일본에서는 패소가 확정되었고, 한국에서

신일철주금 가마이시 제철소 ©야마모토 나오요시

는 소송이 계속되고 있지만 아직 해결되지 않은 상태다.[8]

　일본 각지에서는 매년 8월 15일 태평양전쟁 전몰자 추도식이 열리는데, 가마이시에서는 다른 지역과 달리 8월 9일에 전몰자 추도식이 거행된다. 가마이시에 두 번째 함포사격이 쏟아진 날이다. 2007년 8월 9일의 전몰자 추도식은 특별했다. 한국의 유족들이 참가하여 유족 대표가 인사를 한 날이었기 때문이다.

　2010년 8월 9일에는 시민들의 오랜 운동이 열매를 맺어 가마이시시전재자료관釜石市戰災資料館이 문을 열었다. 전재자료관에는 태평양전쟁기 일본인이 겪었던 피해뿐 아니라 조선인과 중국인, 연합군 포로들이 강제노동에 동원된 사실과 그 과정에서 조선인과 중국인, 연합군 포로들이 억울하게 희생된 내용이 포함되었다.

쓰나미에 의해 땅 위로 올라온 대형 화물선. (2011.7.9.) 너무나 온전한 모습으로 바다에서 땅으로 올라와, 쓰나미의 위력을 짐작해볼 수 있다. ⓒ야마토 나오요시

그런데 2011년 3월 발생한 동일본대지진과 그로 인한 대규모 쓰나미로 가마이시는 큰 피해를 입었다. 이로 인해 전재자료관은 크게 파손되고 전시물 상당량이 유실되었다. 전재자료관에 전시되어 있던 내용은 현재 가마이시시향토자료관 내의 상설코너로 옮겨져 전시되고 있다.

가마이시는 태평양전쟁기의 함포사격 외에도 반복적으로 쓰나미의 피해를 입는 등 가슴 아픈 역사를 가진 마을이다. 메이지시대 이후 1893년과 1933년에 거대한 쓰나미가 이곳을 덮쳤다. 평소에는 평온한 리아스식 해안이지만 이러한 지리적 특징은 쓰나미의 위력을 증폭시켜 막대한 피해를 불러왔다. 1893년 쓰나미로 당시 가마이시 마을의 인구 6,529명 가운데 4,985명이 사망했다. 2011년 3월 동일본 대지진으로 발생한 쓰나미에 의해서는 888명이 사망하고 152명이 실종되었다. 재산 피해도 커서

쓰나미가 덮친 가마이시 중심부(2011.5.6.) ⓒ야마모토 나오요시

전체 주택 가운데 약 30퍼센트가 파손되었다. 가마이시 사람들은 과거에 발생한 쓰나미의 교훈을 후세에 전하기 위해 계속 노력해왔다. 이곳 사람들 사이에서는 "쓰나미 덴덴코"(쓰나미가 오면 뿔뿔이 흩어져 도망쳐라)라는 말이 구전되고 있다. 2011년 쓰나미가 덮쳤을 때 학교에 있던 초·중학생들이 스스로 높은 곳으로 피신하여 목숨을 보전한 사례는 아마 이러한 노력에서 비롯된 결과일 것이다.

해결을 위한 실마리

가마이시 사람들은 태평양전쟁기의 함포사격이나 열악한 자연환경 속에서 반복되는 자연재해 등 수많은 피해를 극복하며 살아왔다. 하지만 그들은 태평양전쟁기 강제노동에 동원된 조선인과 중국인, 연합군 포로들에 대해서도 결코 외면하지 않았다. 1997년 신일본제철과 희생자들 사이에서 화해 해결이 성사된 것도 이러한 가마이시 마을의 자세와 무관하지 않다.

4,000명 이상의 가마이시 주민들은 쓰나미 피해로 주택을 잃은 뒤 아직까지 임시가설주택에 살고 있고, 인구도 계속 감소하여 원래의 모습을 복구하는 길은 험난하기만 하다. 함포사격 희생자에 대한 조사도 지지부진하여 진척되지 않고 있고, 가마이시 광산 조선인 노동자의 실상도 아직 완전히 밝혀지지 않았다. 하지만 역사 청산을 둘러싼 한일 양국의 대립이 계속되는 상황 속에서 인구 3만 6,000명의 작은 마을 가마이시가 역사를 마주해온 방식을 되새기는 일은 결코 무의미하지 않다. 가마이시의 실천에서 우리는 문제 해결의 실마리를 찾을 수 있을 것이다.

김영환 옮김
민족문제연구소 대외협력팀장

아사지노 비행장에
버려진 유골들

| 김영환
민족문제연구소 대외협력팀장

아사지노 비행장에 묻힌 유골

2009년 5월, 일본의 홋카이도 사루후쓰猿払촌 아사지노浅茅野 공동묘지 옛터.

강제동원 희생자의 유골 발굴 현장에 부는 바람이 차갑다. 한국에서 온 지옥동 할아버지가 희생자의 유골이 서서히 드러나는 모습을 숨죽이며 지켜보고 있다. 닷새간의 발굴 작업을 마무리하던 때였다. 강제노동 끝에 이역의 땅에서 이름도 없이 죽어간 유골의 주인공이 척추 뼈 한 마디를 세상에 내보이며 고국에서 온 사람들에게 말을 걸어왔다.

오호츠크 바다를 향해 뻗어 있는 아사지노 비행장은 일본 최북단에 자

리하고 있다. 1942년부터 1944년까지 일본은 소련과의 전쟁에 대비하여 1,200미터와 1,400미터의 목판 활주로를 갖춘 비행장을 건설했다. 이 비행장을 만든 사람들은 식민지 조선에서 끌려온 젊은이들이었다. 가혹한 강제노동과 굶주림, 전염병에 시달린 끝에 89명의 조선인들이 이곳에서 희생되었다. 고향을 떠나와 홋카이도에서 이름도 없이 죽어간 조선의 젊은이들은 해방이 된 뒤에도 아무도 찾지 않는 자작나무 숲 아래에서 60여 년[9] 동안 잠들어 있었다.

지옥동 할아버지도 10대 후반의 나이에 이곳에 끌려와 죽을 고비를 넘기고 살아남았다. 그때의 청년은 여든을 넘긴 노인이 되어 강제노동의 땅 홋카이도에 다시 섰다. 충남 천안에서 태어난 지옥동 할아버지는 징용으로 이곳까지 왔다. 어디로 가는지 언제 돌아올지도 모르는 채 부산에서 관부연락선에 실려 시모노세키下關에 닿았다. 그곳에서 다시 일주일 동안 기차를 타고 일본열도를 횡단하여 혹한의 땅 홋카이도의 최북단 아사지노 비행장 건설 현장까지 끌려 온 것이다.

지금은 기차가 다니지 않아 선로도 없어진 허허벌판에 흔적만 남은 나

당시 아사지노 기차역의 플랫폼

무 플랫폼만이 이곳이 오래전에 기차역이었음을 말해주고 있다. 60여 년 만에 다시 그 땅을 찾아온 할아버지는 이곳에서 내려 집단합숙소인 '함바'까지 걸어갔다고 당시를 회상했다.

홋카이도 강제노동의 역사를 밝히다

새벽부터 밤늦게까지 계속된 강제노동에 시달리던 어느 날 전염병이 돌아 많은 사람들이 쓰러졌다. 지옥동 할아버지도 병에 걸려 쓰러져 몇날 며칠을 잤는지 모른다. 너무 추워 눈을 떠보니 전염병으로 죽은 사람들과 함께 누워 있었다고 한다. 죽은 사람으로 분류되어 시체보관소로 보내진 것이다.

1970년대부터 일본인·재일조선인들이 만든 시민단체는 홋카이도에서 강제노동의 역사를 조사하고 기록하는 운동을 진행해왔다. 그리고 2006년부터 이 민간단체와 한국의 시민들이 힘을 모아 홋카이도에서 강제노동 희생자의 유골을 발굴하기 시작했다.

조선의 젊은이들을 끌고 와 노동을 강요하고 죽음에 이르게 한 근본적인 책임은 일본정부에 있다. 그리고 당시 정부의 요구에 따라 군사시설을 건설한 일본의 기업에게도 그 책임이 있다. 마땅히 고향에서 희생자가 돌아오기를 기다리는 가족에게 사망 사실을 알려주고 유골이라도 돌려보냈어야 한다. 그러나 일본 기업과 정부는 어떠한 책임 있는 행동도 취하지 않았고 희생자는 70여 년 동안 고향의 가족들을 그리며 이역의 차디찬 땅속에 묻혀 있었다.

한국과 일본의 시민들은 2006년부터 시작한 유골 발굴의 후속작업으로 아사지노 비행장 건설에 동원된 할아버지들을 수소문해서 찾아다니기 시작했다. 그 과정에서 나도 지옥동 할아버지를 만날 수 있었다.

60여 년 만에 다시 찾은 고통의 현장

처음 만났을 때 아사지노 비행장에 대해 묻자 바로 "단노구미丹野組"라는 말이 지옥동 할아버지 입에서 나왔던 것을 생생히 기억한다. 할아버지는 당시 비행장 건설을 맡았던 건설회사의 이름을 잊지 않고 있었던 것이다. 아사지노에서 유해 발굴 작업을 하고 있으니 함께 가서 당시의 이야기를 증언해달라고 청하자 할아버지는 흔쾌히 수락했다.

홋카이도 현장에서 발굴되는 유해를 지켜보는 지옥동 할아버지

　조사 기간에 또 다른 할아버지 몇 분을 더 찾았지만 일본까지 갈 수 있는 분들은 없었다. 병들고 쇠약해져 먼 길을 나설 수 없거나 그렇게 고생한 땅에 다시는 가기 싫다며 진저리를 치는 분들이 대부분이었다. 그럴 돈이 어디 있느냐며 비용을 걱정하시기에 비용은 주최 측에서 전부 부담하니 걱정 마시라고 하자, 그 돈이 있으면 지금 살기 힘드니 달라고 하는 분들도 있었다. 강제동원의 경험은 피해자들에게 다시는 기억하기 싫은 상처로 남아 있었다. 또한 식민지 시대를 살아온 분들의 증언을 들을 수 있는 날이 얼마 남지 않았다는 현실을 절실히 느끼기도 한 여정이었다.

　아사지노 비행장을 찾은 지옥동 할아버지는 당시 비행장이 있던 철길 주변을 샅샅이 둘러보았다. 할아버지에게는 지팡이를 짚고서라도 죽기 전에 이 땅에 꼭 다시 와야 하는 이유가 있었다.

　당시에 전염병에 걸려 할아버지 자신도 죽다가 살아남았지만, 병에 걸려 끝내 죽어간 두 사람의 희생자를 철길 옆 어딘가에 스스로 묻었던 것이다. 함께 고생하다 죽어간 동료들을 꼭 찾고 싶다는 바람이 할아버지를 이곳까지 이끌었다. 그러나 아쉽게도 동료들을 묻은 흔적은 찾을 수 없었다.

아사지노 공동묘지 옛터에서
발굴된 다수의 희생자 유골

"빨리 고향에 데리고 가!"

몸이 거꾸로 구겨진 채로 흙 구덩이 속에 묻혀 있던 희생자들의 처참한
모습이 드러나자 할아버지도 끝내 울음을 참지 못했다. 제대로 만들어진
관 속에 넣어진 것도 유품이 함께 묻혀 있는 것도 아니었다. 유골의 모습
은 당시의 처참한 상황을 생생하게 증언하고 있었다. 나를 보아달라는 무
언의 외침 앞에서 모두가 고개를 숙이고 두 손을 모을 수밖에 없었다.

2006년부터 2010년까지 실시된 아사지노 비행장 희생자들에 대한 유
골 발굴 작업으로 희생자 유골 40여 구가 세상의 빛을 보게 되었다. 차가
운 땅 속에서 조심스럽게 발굴되어 납골함에 담긴 희생자들의 유골은 추

'비행장 앞'이라고 적힌 버스정류장 간판

도식을 치른 뒤 근처 절에 모셔졌다. 고향에서 희생자들을 기다리는 가족들이 어딘가에는 있을 것이다. 그러나 해방 후 강제동원으로 끌려간 자식이 언제 돌아올지 모른다며 매일 기차역으로 자식을 맞으러 나간 아버지들과 고향집으로 돌아올 자식을 기다리며 늘 대문을 열어두고 살았다는 어머니들은 모두 돌아가셨을 만큼 긴 시간이 흘러버렸다.

'단노구미'는 지금도 이 지역에서 굴지의 건설업체로 건재하고 있다. 현재의 사장은 어린 시절 아사지노 비행장 근처 별장에서 놀던 기억이 있다고 했다. 당신네 회사가 강제노동을 시킨 사람이 이곳에 오니 찾아와서 사죄라도 해야 하지 않느냐는 주최 단체의 요구에 사장은 자신과는 관계없는 일이라며 얼굴도 내밀지 않았다.

자신들의 터전에서 일어난 강제노동의 역사를 마주하고자 발굴 작업에 물심양면으로 도움을 아끼지 않았던 마을 사람들은 강제동원 희생자들을 위한 추모비를 세우기로 마음을 모았다. 하지만 2013년 12월 제막식을 며칠 앞두고 강제동원의 역사를 부정하는 우익들의 협박을 받아, 추모비는 지금까지 제자리를 찾지 못하고 있다. 녹색 목초지가 광활하게 펼쳐진 강제노동의 땅에는 '비행장 앞'이라고 적힌 버스정류장 간판만이 덩그러니 서 있다. 이제 지옥동 할아버지도 이 세상에 안 계신다. 역사의 증인들이 사라져가고 있다.

돌아오지 못한 유골

해방이 된 지 70여 년이 지났지만 일본 땅에 강제로 끌려간 희생자의 유골이 얼마나 묻혀 있는지 정확히 알지 못한다. 일본 전국 사찰의 납골당에 임시로 보관된 채 아직까지 고향으로 돌아오지 못하고 있는 유골도 많다. 또한 일본의 침략전쟁에 군인이나 군속으로 끌려가 죽은 뒤 야스쿠니 신사에 합사된 희생자들의 유골도 뉴기니·필리핀·시베리아·중국 등 일본이 침략한 모든 지역의 땅 속에 지금도 그대로 묻혀 있다.

일본정부는 해마다 막대한 예산을 들여 이들 지역에서 전사자들의 유골을 수습해오고 있다. 2015년도 한 해만 보더라도 일본정부의 '전몰자 유골·수집 귀환'에 관한 예산은 '16억 4천 9백만 엔'이다. 평화헌법을 개정하여 일본을 전쟁할 수 있는 나라로 만들기 위해 혈안이 된 아베 정권은 전사자들의 유골 귀환 사업을 위해 새로운 법까지 만들어 힘을 기울이겠다고 하고 있다.

일본정부가 발굴하는 전사자의 유골 가운데에는 당시에 일본군으로 끌려간 조선인 희생자들의 유골도 섞여 있다. 그러나 지금까지 일본정부가 전사자들의 유해를 조사하여 한국의 유족에게 돌려준 적은 없다. 일본정부는 발굴한 유골을 일본인으로 취급하여 일본인들과 함께 화장하고, 무명 전사자의 유골을 모아두는 지도리가후치전몰자묘원千鳥ヶ淵戦没者墓苑에 보관하고 있다.

2014년 4월, 일본군 징용 피해자들의 한국인 유족들은 전사자 유골 발굴 사업에 자신들도 정식으로 참여시켜줄 것을 일본정부에 요구했다. 매년 일본인 유족에게 실시하고 있는 것처럼 한국인 유족의 DNA를 발굴된 유골과 대조하여 확인해달라는, 당연한 요구였다.

그러나 "유골 수집·귀환 사업은 일본국 정부가 실시하는 사업이므로, 외국인에 대해서는 해당국 정부가 실시하는 사업에 참가하는 것이 기본이라 생각한다"[10]라는 답변이 돌아왔다. 사실상 한국인 유족의 참여를 거부하고 한국정부에 그 책임을 떠넘긴 것이다.

식민지에서 제국의 '황군皇軍'으로 억울하게 끌려가 머나먼 이역 땅에서 고향을 그리며 죽어간 조선인들은 해방 72년이 지난 지금, 유골이 되어서도 '외국인'이라는 이유로 차별받고 있다.

달아 높이나 올라 이역의 산하 제국을 비추올 때
식민 징용의 청춘 굶주려 노동에 뼈 녹아 잠 못들고
아리 아리랑, 고향의 부모 나 돌아오기만 기다려
달아 높이나 올라 오늘 죽어 나간 영혼들을 세라

달아 높이나 올라 삭풍에 떠는 내 밤을 비추올 때

무덤도 없이 버려진 넋들 제국의 하늘 떠도는데

아리 아리랑 두고온 새 각시 병든 몸 통곡도 못 듣고

달아 높이나 올라 내 넋이라도 고향 마당에 뿌려라

아리 아리랑 버려진 넋들 고향에 돌아가지 못하고

달아 흰히나 비춰 슬픈 영혼들 이름이나 찾자

고향엘 들러야 저승길 간단다

달아 높이곰 올라라

달아 높이곰 올라라

– 정태춘, 〈징용자 아리랑: 달아, 높이곰…〉

    식민지 조선에서 끌려가 유골조차 찾지 못한 강제동원 희생자의 유족들은 피붙이의 유골 한 조각이라도 찾겠다며 긴 세월을 기다려야 했다. 무덤도 없이 버려져 떠돌고 있는 넋들, 고향에 돌아오지 못한 넋들이 당신에게 묻는다.

    "나는 지금 해방되었습니까?"

우편저금과 연금 기록으로
아버지를 찾다[11]

우에다 케이시 上田慶司
'재한군인군속재판의 요구 실현을 지원하는 모임' 회원

기적이 일어나다

"찾았어! 찾았어! 찾았어요!" 나는 흥분을 감출 수가 없었다. 태평양전쟁 피해자보상추진협의회(보추협) 이희자 대표에게 당장 전화를 했다. "네? 뭘 찾았다고?" 다급하게 묻는 이희자 씨. "최낙훈 씨 아버지 기록을 찾았어요. 가이지마貝島 탄광이에요. 아키타秋田 연금사무소에서 전화가 왔어요. 1942년 6월 1일부터 1943년 4월 18일, 기쿠무라 덴코菊村天鎬,[12] 가이지마 탄광!"

이런 기적이 일어날 수 있을까? 일본 북서부 아키타 현에 있는 연금사무소로부터 남쪽 후쿠오카에 있는 가이지마 탄광 기록에 관한 연락이 오

다니, 한국에 전화를 걸고 난 후에도 한참 동안 흥분을 가라앉히지 못했다. 우리는 석 달 전 강종호 씨 아버지의 연금 기록을 찾았다. 연금 기록에 의하면 강종호 씨의 아버지는 강제동원되어 시모노세키 시 니시타이요어업통제주식회사西大洋漁業統制株式会社(전신은 하야시가네상점林兼商店, 현재의 마루하니치로マルハニチロ 주식회사)에서 근무한 것으로 되어 있었다. 그래서 우리는 2014년 5월 17일 강종호 씨와 함께 시모노세키를 방문하기로 했다. 그런데 바로 그 이틀 전 최낙훈 씨 아버지의 기록을 찾아낸 것이다.

5월 17일부터 강제동원진상규명네트워크[13]가 주최하는 시모노세키 일대 현장답사가 예정되어 있었다. 후쿠오카의 연구자 요코가와 데루오橫川輝雄 선생의 안내로 탄광 옛터를 견학하고, 고故 후쿠도메 노리아키福留範昭 씨[14]의 추도 법회와 추도식에 참가하는 동시에 강종호 씨 아버지의 제사를 지내는 일정이었다. 그런데 내가 최낙훈 씨 아버지의 기록을 찾았다는 소식을 전하자 강제동원진상규명네트워크의 고바야시 히사토모小林久公 당시 사무국장과 요코가와 선생 등은 "후쿠도메 씨가 살아계셨다면 유족의 마음을 먼저 생각해서 최낙훈 씨를 위해 당연히 일정을 변경했을 것"이라며 기꺼이 답사 일정을 변경해주셨다. 우리는 최낙훈 씨의 아버지가 강제동원되었다는 가이지마 탄광에 찾아가 제사를 올리기로 했다. 한국 측에도 변경된 일정을 알렸다. 그리고 정성껏 제사 준비를 해 오시라고 부탁했다. 겨우 출발 하루 전에 일정이 바뀌었으니 현수막 만들랴 제사 준비하랴 모두 급하게 채비를 하였을 것이다. 보추협 사무국의 김진영 간사에게 "소식을 들은 최낙훈 씨는 어떠셨어요?"라고 묻자 "최낙훈 어르신 우셨어요. 저도 울었어요"라는 답이 돌아왔다. 순간 가슴이 메어왔다.

가이지마 탄광 옛터에 울려퍼진 "아버지!"

5월 17일 나는 후쿠오카 공항에 도착한 한국 측 일행을 맞이해 하카타 역으로 향했다. 차 안에서도 몇 번씩이나 "기적이다, 기적이야!"라는 말이 절로 나왔다. 현장답사에는 강제동원진상규명네트워크 관련자 30여 명이 참가했다. 참가자 분들께 급히 일정을 변경하게 된 사연을 말씀드리고 양해를 구했다. 나는 최낙훈 씨 아버지의 연금 기록을 어떻게 발견하게 되었는지 그 과정을 설명했다.

참가자들은 모두 가이지마 탄광으로 향했다. 제사를 지낼 곳은 가이지마 탄광 오노우라大之浦 사업소 제5광구 옛터. 공원으로 변한 갱도 입구에 기념비가 서 있었다. 바로 여기가 최낙훈 씨의 아버지가 일했던 곳이다. 감사하게도 요코가와 선생이 이미 하루 전날부터 동네 주민들에게 인사하고 제사에 대한 양해를 얻었다고 했다.

"아버지! 이제야 찾아뵙습니다!"라고 쓰인 현수막이 걸리고 과일과 포, 막걸리가 차려졌다. 최낙훈 씨도 삼베 옷으로 갈아입었다. 정면에는 아버지가 동료들과 함께 찍은 사진 한 장을 놓았다. 제사가 시작되었다.

최낙훈 씨는 "아버지!"라고 한 번 부른 후, 준비해온 추도사를 읽어 내려갔다. 해방이 되어도 돌아오지 않는 아버지를 평생 기다리다 7년 전 돌아가신 어머니의 고생 어린 이야기, 어렸을 때부터 지금까지 그 자신이 살아온 이야기, 그리고 가족들이 살아온 삶이 차례로 이어졌다. 최낙훈 씨의 추도사는 아버지가 듣고 싶어 했을 가족들의 이야기와 그 역사를 또 박또박 정중히 보고하는 자리였다. 제사를 올리는 동안 나는 내내 눈물을

최낙훈 씨 가족 사진. 왼쪽부터 어머니, 아버지, 외삼촌. 가운데 아이가 최낙훈 씨이다.

흘렀다.

우리는 충분한 시간을 들여 제사를 올렸다. 모두가 함께 예를 올린 뒤 음복飮福을 하고 제사 음식을 나누었다. 70년 만에 최낙훈 씨는 아버지가 일하셨던 그곳에서 정말 제대로 된 제사를 올릴 수 있었다. 20년 동안 아버지의 기록을 찾아 헤맨 끝이었다.

연금 기록을 찾아내기까지의 여정

우리는 어떻게 최낙훈 씨 아버지 최천호 씨의 기록을 찾게 되었을까? 2010년 10월 일본 간사이 지역에서 열린 유족증언집회에서 우리는 최낙훈 씨와 강종호 씨 등 유족들에게 "가족이 된 마음으로 기록을 찾겠다"고 약속했다. 하지만 어디서부터 기록을 찾아야 할지 막막한 상태였다. 다만 우리는 방대한 분량의 군사 우편저금 기록과 노무자들의 통상 우편저금

가이지마 탄광 갱도 입구 기념비
앞에서 제사를 지내는 최낙훈 씨

(강제노동 미불금) 기록이 존재한다는 사실을 일찌감치 알고 있었다. 우리는 여기서부터 조사를 시작하기로 마음먹고 가장 먼저 오사카 우체국과 교섭을 시작했다. 우리는 그 기록이 유족들에게 얼마나 소중한 것인지를 우체국 직원들에게 전달하고자 애썼다. 그 결과 직원들의 협조를 얻을 수 있었다.

2011년 10월 우리는 1차로 피해자 38명의 명단을 뽑아 우체국에 딸려 있는 유초은행ゆうちょ銀行에 기록을 찾아달라고 의뢰했다. 2012년 5월 말 드디어 유초은행이 회신을 보내왔다. 38명 중 13명의 기록을 찾았다는 답변이었다. 확인된 저금에 대해서는 한국정부가 '대일항쟁기 강제동원피해조사 및 국외강제동원희생자 등 지원위원회'(이하 '강제동원지원위원회')를 통해 1엔당 2,000원으로 환산하여 피해자들에게 지불했다.

안타깝게도 확인된 기록 속에서 최낙훈 씨와 강종호 씨 아버지의 기록은 없었다. 하지만 우리는 처음으로 13명의 '생생한 증거'를 저금 잔고 내역이라는 형식으로 확인할 수 있었다. 우리는 2차로 추가 피해자 명단을 뽑아 유초은행에 기록 확인을 의뢰했다.

피해자 모든 분의 기록을 찾은 것은 아니지만 우편저금 기록 찾기 운동은 큰 성과를 냈다. 운동 과정에서 필자가 속한 강제동원진상규명네트워크는 2012년 2월 일본 참의원 곤노 아즈마今野東 의원의 중개로 통상 우편저금의 관리 및 군사·외지 저금의 관리위탁을 맡고 있는 유초은행 본사와 그 감독청인 금융청, 우편저금의 감독청인 총무성 등 관련 기관 관계자들과 이야기를 나눌 수 있었다. 그 결과 우리는 수만 건에 달하는 통상 우편저금이 유초은행 후쿠오카 저금사무센터에 집중적으로 보관되어 있다는 사실을 알게 되었다. 이는 언론에도 알려져 크게 보도되었다.

또 우리는 한국의 '일제강점하 강제동원피해 진상규명위원회'(이하 '강제동원위원회')의 후신인 강제동원지원위원회가 외교통상부를 통해 일본정부에 군사 우편저금 900건의 조사를 의뢰했다는 사실과 군사 우편저금의 경우 이름과 부대명이 전산화되어 있어 유초은행이 조만간 한국에 회답을 보낼 예정이라는 사실도 알게 되었다. 그 후에도 한국정부는 일본정부에 6,000여 건에 달하는 기록을 추가로 조사 의뢰한 것으로 알려졌다. 그런데 어떤 이유에서인지 한국정부와 일본정부는 그 조사의 결과를 아직까지 밝히지 않고 있다.

우리는 우편저금 기록 조사로 기록을 찾지 못한 최낙훈·강종호 씨 등 유족의 아버지 기록을 찾기 위해 운동을 지속했다. 우편저금 기록 다음으로 우리가 주목한 것은 연금 기록이었다.

최낙훈 씨가 소지하고 있던 아버지의 사진에는 8명 동료들의 모습과 함께 "쇼와昭和 17년 9월 13일 기념촬영, 제1협화協和훈련대원"이라는 메

1942년 9월 13일 최낙훈 씨 아버지와 동료들. 사진 왼쪽 끝이 아버지 최천호 씨.

모가 적혀 있었다. 그런데 한국의 강제동원지원위원회가 소장한 기록에서 사진 속 최천호 씨 동료 가운데 2명의 미불임금 기록이 발견되었다. 그들이 가이지마 탄광 오노우라 사업소에서 탈출하기 전까지의 기록이었다. 우리는 2013년 5월 최낙훈 씨를 모시고 가이지마 탄광을 방문했다. 요코가와 선생의 안내로 탄광자료관을 둘러 본 다음 날, 선생의 조언으로 가이지마 탄광에서 가까운 후쿠오카 현 노가타直方 연금사무소를 방문했다. 요코가와 선생은 최천호 씨 동료의 미불임금 기록에서 가이지마 탄광에 관한 기록이 나온 만큼 이곳 연금사무소에 문의할 필요가 있다고 조언했다. 기대가 너무 컸던 것일까. 최천호 씨에 관한 자료는 나오지 않았다.

그런데 우리는 그곳에서, 함께 조사를 의뢰했던 강종호 씨의 아버지 강태휴(창씨명 와다 다이큐和田太休)의 선원보험 기록이 있다는 사실을 우연히 알게 되었다. 연금사무소에서는 우리가 회사 이름을 모른다는 이유로 더 이상 상세한 내용은 알려주지 않았다. 우리는 강종호 씨의 아버지가 선원이었다는 사실을 근거로 다른 연금사무소의 기록들을 뒤졌다. 전쟁 중에 침몰한 배와 소유 회사도 샅샅이 조사했다. 강종호 씨의 아버지가 나가사키에서 친구를 만났을 때 "곧 남양군도에 가야 한다. 죽을지도 모른다"라고 이야기한 적이 있다는 사실을 실마리로 삼아 나가사키를 모항母港으로 하는 배부터 후쿠오카를 모항으로 하는 배까지 조사해서 9개월간 지속적으로 연금사무소에 자료를 제출했다. 그렇게 제출한 자료가 100쪽이 넘었다. 강제동원진상규명네트워크의 연구자 다케우치 야스토竹内康人 씨의 도움을 받아 작성한 자료들이었다.

우리의 노력은 헛되지 않았다. 마침내 우리는 2014년 2월 강종호 씨 아버지가 야마구치 현 시모노세키 시 니시타이요어업통제주식회사 소속의 제26호쿠신마루北新丸의 기관장으로 근무했다는 사실을 확인할 수 있었다. 그래서 우리는 5월 17일로 예정된 후쿠도메 씨의 추도식에 맞추어 강종호 씨 아버지의 제사도 함께 올리기로 계획했던 것이다. 제사 준비와 아울러 시모노세키 현지 답사 및 조사를 위한 준비도 순조로웠다. 시모노세키 연금사무소로부터 정식으로 강종호 씨 아버지의 기록을 받기로 했고, 마루하니치로 규슈 지사와 기록 조사를 위한 교섭회의도 진행하기로 했다.

최낙훈 씨도 시모노세키 일정에 동행하기로 했다. 최낙훈 씨 아버지의 기록은 아직 찾지 못한 상태였다. 어떻게 해서든 최천호 씨의 기록 조사도 좋은 결과를 내야만 했다.

한 해 전 우리는 최천호 씨의 사진에 나온 합숙소 건물 모양을 가지고 여러 가지 추론을 했다. 추운 지역인 아키타 북쪽이 아닐까 하는 의견도 있었고, 후쿠오카와 가까운 히로시마広島 댐 등 산간지역이 아닐까라는 추측도 했다. 그러다 동료 2명이 가이지마 탄광의 피해자라는 사실이 밝혀지면서 우리의 관심은 가이지마 탄광으로 쏠렸지만, 해당 연금사무소에서 자료를 찾지 못해 혼란에 빠졌다. 가이지마가 아니라면 후쿠오카의 다른 어떤 곳일까. 최낙훈 씨는 아버지와 관련하여 삼촌에게 '후쿠오카' 이야기를 전해들은 바 있었다. 그러나 확증을 할 수 없었기에 우리의 논의는 단지 추측에 머무를 뿐이었다.

이런저런 혼란과 고민 끝에 내린 결론은 기록이 나올 때까지 전국의 연금사무소를 모두 조사하자는 것이었다. 우리는 우선 후쿠오카·히로시마·야마구치·시마네·니가타·아키타 현에 소재한 6개 연금사무소에 합숙소의 사진과 사진에 나온 9명의 명단, 주소, 호적, 주민등록증, 위임장, 증언 기록 등을 넣어서 우편으로 자료확인요청서를 보냈다. 당시에 존재했던 강제노동사업소 가운데 후쿠오카 현의 160개 사업소, 히로시마 현의 댐 등 관련 하청업자 사업소, 야마구치 현 우베 시 댐 등 시 전체의 사업소, 시마네島根 현의 댐 등 20개 사업소, 니가타新潟 현의 50개 사업소, 아키타 현 20개 사업소의 리스트를 뽑아 이와 관련된 자료 가운데서 최천호 씨에 관한 자료를 찾아달라는 의뢰였다. 각 사업소의 이름은 다케우치 야스토 씨가 만든 전국 강제노동사업소 자료를 참고로 했다.

만약 "이렇게 정확하지 않은 것은 조사할 수 없다"라는 회신이 온다고 해도, 우리는 100쪽이 넘는 자료를 만들어 제출했던 선박 조사 때의 경험을 살려 끝까지 끈질기게 해볼 각오였다. 6개 연금사무소로부터 자료가 없다는 회신이 온다면 다음은 나가사키 현, 아오모리青森 현으로 계속 조사 신청을 이어갈 생각이었다.

그러던 어느 날 아키타 연금사무소에서 전화가 왔다. "아키타에 있는 사업소는 아니지만 가이지마 탄광 오노우라 사업소에서 기록이 나왔습니다. 사진에 있는 사람들 가운데 4명의 기록이 있습니다. 사진에 적혀 있는 날짜도 일치합니다. 메모해주신 2명의 미불임금 기록(강제동원지원위원회 소장 자료에서 찾아낸 기록)에도 가이지마라고 적혀 있었죠. 가이지마라고 확정할 수 있어서 알려드렸습니다."

결국 한 장의 사진이 최천호 씨의 기록을 찾는 결정적인 증거가 되었다. 아키타로부터 연락을 받은 후 우리는 새로운 사실을 알게 되었다. '사라진 연금문제'[15] 이후 전쟁 중의 자료들까지도 전산화가 이루어졌다는 사실이다. 하지만 전산화보다 더 중요한 것은 담당 직원의 성의였다.[16]

후쿠도메 노리아키 씨의 선물

여기서 후쿠도메 노리아키 씨에 관한 이야기를 꼭 하고 싶다. 강제동원진상규명네트워크 사무국장으로 한국의 강제동원 피해자들을 위해 전국을 뛰어다니며 활동하던 후쿠도메 씨가 2010년 5월 갑자기 세상을 떠났다. 그가 준비해왔던 유족증언집회가 그해 가을 간사이에서 열렸다. 증언집회에 나왔던 유족들은 아직도 선친의 강제동원 관련 기록이나 유골을 찾지 못한 분들이었다. 그 증언대회에서 최낙훈·강종호 두 분의 사연을 들었고, 우리는 앞으로 두 분 부친의 기록과 유골을 찾기 위해 "일본에 있는 가족의 한 사람으로서 노력할 것"을 약속했다.

2013년 여름 강종호 씨와 만났을 때, "일본인의 진심을 보여주겠다"고 했다는 후쿠도메 씨의 말을 전해 듣고 나는 "반드시 후쿠도메 씨의 유지를 잇겠다. 일본인의 진심을 보여주겠다"라고 약속했다. 후쿠도메 씨는 자신이 집필한 책 표지에 최천호 씨

후쿠도메 노리아키 씨가 집필한 『유골의 전후』 표지

사진을 싣기도 했다. 후쿠도메 씨가 있었기에 우리는 기록과 유골을 찾는 유족들의 마음을 조금이나마 알 수 있었다.

2014년 5월 17일 후쿠도메 씨 추모식 직전에 최낙훈·강종호 두 분이 애타게 찾던 기록을 찾은 것은 결코 우연이 아닐 것이다. 두 분 모두 "후쿠도메 씨가 준 선물"이라고 말씀하신 것은 당연한 일이었다. 후쿠도메 씨의 유골이 안치되어 있는 절의 납골당에서 두 분은 후쿠도메 씨에게 깊은 감사의 인사를 드렸다.

아버지도 틀림없이 보았을 시모노세키의 바다

5월 18일부터 시모노세키 일대에서 벌인 현장 답사 및 조사는 많은 성과

시모노세키 해안가에서
'아버지'를 부르는 강종
호 씨

가 있었다. 시모노세키에 거주하는 강제연행진상규명조사단 소속의 재일
조선인 김정원 씨가 당시 회사와 해안을 기억하고 있는 S선생을 소개해
주었다. 그의 안내로 아침부터 시모노세키 도서관에서 당시 선착장 모습
을 알 수 있는 사진과 하야시가네상점의 역사에 관한 귀한 책들도 몇 권
확인했다. 다케우치 야스토 씨도 조사에 동행하기 위해 달려와주었다.

오후에는 관부연락선 선착장, 동원된 조선인의 수용시설 옛터 등을 견
학했다. 그리고 우리는 강종호 씨 아버지가 근무했다는 니시타이요어업
통제주식회사의 옛터로 향했다. 그곳에는 회사가 세운 작은 비가 서 있었
다. 당시 수백 미터의 해안선과 건너편 해안 일대를 하야시가네상점이 독
점하고 있었다고 한다. 비석이 서 있던 곳에서 100미터 정도 떨어진, 예
전에 하야시가네상점의 배가 드나들었다는 해안가에서 우리는 간단히 제
를 올리기로 했다. 우리만 왔다면 기념비의 존재도 회사 선착장 위치도
몰랐을 것이다. 정말 감사한 일이었다.

식사 뒤에 제사를 지내려고 하자 강종호 씨가 갑자기 과일이라도 올리고 싶다고 했다. 애초에는 간단하게 제사를 지내려 했는데, 막상 현장에 와보니 과일이라도 사서 예를 갖추고 싶어진 것이다. 모두가 서둘러 과일을 사러 갔다. 바다를 향해 치러진 제사는 한층 각별한 느낌이 들었다. 지금은 매립이 되어 해안 모양이 조금 변했지만, 그때 아버지가 보시던 바다가, 아버지가 남양군도로 떠난 바다가 눈앞에 펼쳐져 있었다. "아버지!" 강종호 씨는 바다를 향해 아버지를 부르며 마음과 정성을 다해 제사를 올렸다. 강종호 씨와 최낙훈 씨 두 분 모두 '아버지'를 불러본 것이 이번 제사 때가 처음이라고 한다. 강종호 씨는 이제 아버지에 대한 한이 모두 사라졌다고 말했다.

제사를 올린 뒤 우리는 기타큐슈에 거주하는 재일조선인 배동록 씨의 안내로 시모노세키에 남아 있는 강제동원 역사의 흔적을 둘러보았다.

아버지의 살아 있는 기록

다음날인 5월 19일 아침, 우리는 일행을 두 팀으로 나누어 한 팀은 시모노세키 연금사무소로 가고 한 팀은 가이지마 탄광으로 향했다. 나는 강종호 씨와 함께 시모노세키 연금사무소로 갔다. 연금 기록을 받기 위해서였다. 김정원 씨와 강제동원진상규명네트워크의 고바야시 히사토모 씨, 그리고 조세이 역사 모임의 우치오카 사다오內岡貞雄 씨도 우리와 동행했다.

우리는 시모노세키 연금사무소에서 연금 기록과 함께 당시 작성된 서

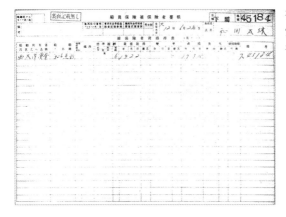

강종호 씨 아버지 기록이 적혀 있는 '선원보험 피보험자 대장' 사본

류의 사본도 받았다. 좀처럼 읽기 힘들었지만 그 서류에는 '제26호쿠신마루'라고 적혀 있었다. 급여는 수당을 포함하여 66엔. 이 배에서 20명이 조금 넘는 선원이 일했다고 한다. 선원들의 연금 가입 시기와 탈퇴 시기가 모두 달라 연금의 해지 사유가 해난사고 등으로 인한 '사망'일 가능성은 낮아 보였다. 강종호 씨 아버지의 경우 1944년 2월 연금 가입, 3월 15일 탈퇴로 기록되어 있었는데, 그 뒤 군속으로 신분이 바뀌었는지 아니면 다른 회사로 옮겼는지는 알 수 없었다. 이 정도 규모의 회사라면 이 회사의 다른 배로 옮겼다 하더라도 연금 기록은 삭제되지 않는다는 설명도 들었다. 당시 강종호 씨의 아버지에게 무슨 일이 있었는지 그 전모를 파악하려면 좀 더 조사를 해보아야 할 것이다.

오후에는 하카타에 있는 마루하니치로 규슈 지사로 향했다. 담당자에게 "회사 안에 자료는 없는가?"라고 묻자 "선원 사망자 명부가 있다"라는 대답이 돌아왔다. 제26호쿠신마루에 한정하지 말고 이름을 알려달라고 요구하자 찾아보겠다고 했다. 문전박대를 당할까봐 걱정했던 터라, 기대 이상의 반응이었다. 본 건과 관련하여 규슈 지사는 본사와 연락하여 문의 내용을 확인해주기로 했다. 우리도 우리대로 본사에 연락해보기로 했다. 그리고 우리는 시모노세키 내 사찰에서 보유한 사망자 명부인 과거장[17]에 관련 자료가 없는지에 대해서도 조사를 진행하기로 했다. 과거장 관계 조사는 귀국 도중에 소식을 알 수 없게 된 미귀환자의 조사로 이어질 수도 있다.

마지막 날에도 기적이!

가이지마 탄광으로 향하는 최낙훈 씨 팀에는 후루카와 마사키古川雅基 씨가 동행했다.[18] 일행은 이틀 전에 안내를 맡았던 요코가와 데루오 선생과 석탄기념관에서 만났다. 일행은 먼저 요코가와 선생의 안내로 최낙훈 씨가 가보고 싶어 하던 조선인 합숙소 옛터를 찾아갔다. 당시 합숙소가 있던 곳은 모두 세 군데였다. 첫 번째로 찾아간 곳은 조선인과 중국인, 연합군 포로의 합숙소가 있던 곳이었는데 일본 사람들이 집 짓는 것을 꺼려 아직까지도 공터로 남아 있었다. 두 번째로 찾아간 합숙소 터는 가이지마 탄광을 이어받은 가이지마흥산貝島興産이라는 회사가 소유하고 있는 곳이었다.

　두 번째 합숙소 터를 둘러보고 세 번째 합숙소 터를 찾아가던 중 일행은 동네 공원에서 야마나카 이사오山中勇라는 어르신을 만났다. 요코가와 선생이 사전 답사를 위해 사흘 전에 찾아왔을 때 우연히 만났던 분인데 공원과 마을회관을 관리한다고 했다. 그분과 잠시 이야기를 나누는 중에

가이지마 탄광 갱도 입구 기념비 앞에서. 왼쪽부터 필자, 최낙훈, 이희자, 강종호, 후루카와 마사키.

놀라운 얘기를 들었다. 야마나카 씨의 아버지가 가이지마 탄광에서 일했고, 조선인 노동자들에게 갱도에서 나무 기둥을 세우는 기술을 가르쳤다는 얘기였다. 우연도 이런 우연이 없었다.

1931년에 태어난 야마나카 씨는 그해 85세로 전쟁이 끝난 1945년에는 14세였다. 그는 어렸을 때 조선 아이들과 함께 놀았고 조선 사람 집에 가서 막걸리를 맛본 적도 있다고 했다. 조선 사람들의 장례식도 보았는데, 사람들이 상여를 메고 큰 소리로 "아이고, 아이고" 하며 소리 내며 운 것도 생생하게 기억하고 있었다. 그는 당시 조선 사람들이 살던 모습도 기억하고 있었는데, 어쩌면 그 속에 최천호 씨도 계셨을지 모를 일이었다. 최낙훈 씨가 아버지의 사진을 보여드리자 그는 "맞아. 이 근방 합숙소에 이런 창문이 있었어"라고 답했다. 말 그대로 기적이었다. 우리는 이 우연한 만남으로 인해 사진 속 합숙소의 위치를 알게 되었다. 일행은 야마나카 씨 집에 남은 오래된 사진 가운데 당시 인물이나 풍경이 담긴 사진이 있으면 꼭 연락해달라고 부탁을 드렸다. 일행은 떠나기 전에 야마나카 씨와 기념촬영을 하고 서둘러 사진 속 합숙소가 있던 곳으로 달려갔다.

합숙소가 있었다는 곳은 이발소 옆 공터였는데, 지대가 높아 주위가 훤히 내려다보이는 곳이었다. 바로 그곳에 최낙훈 씨가 섰다. 지난 날 아버지가 보았을 풍경 속에 그가 있었다. 일행은 나무 그늘 아래에서 눈물을 참고 있는 최낙훈 씨를 보았다.

우리 일행은 이틀 전 제사를 지낸 곳으로 이동했다. 최낙훈 씨는 그곳에서 아버지께 다시 한 번 술을 올리고 돌아간다는 인사를 드렸다. "아버지!" 누구도 의식하지 않고 외치는 아들의 애끓는 목소리가 드넓은 가이지마 탄광 옛터에 울려퍼졌다.

일본의 진심을 모을 때

5월 18일 답사단은 모든 일정을 마치고 시모노세키에서 뒤풀이를 했다. 그 자리에서 우리 모두는 울었다. 한없는 기쁨과 슬픔, 감격이 뒤섞인 눈물이었다. 뙤약볕에서 제사를 지낼 때도 울고, 뒤풀이를 하면서도 우느라 온 몸에서 수분이 빠져나가는 듯했다. 그때 마신 맥주 맛을 지금도 잊을 수 없다. 이토록 맛있는 맥주를 맛본 것이 얼마 만이던가.

우편저금 기록에서 시작해 연금 기록으로 나아간 우리는 지금도 기록이 없는 또 다른 유족들의 사연을 하나하나 확인하며 '화장허가서' 조사와 사찰 인터뷰 조사, 후생노동성 일본군 관련 문서 조사 등으로 조사 범위를 넓혀가고 있다. 우리는 한 사람의 문제 해결이 모든 이들의 문제 해결로 이어진다는 생각으로 운동을 지속해나갈 것이다.

2000년 최낙훈 씨와 강종호 씨를 포함하여 그때까지 기록을 찾지 못한 유족들이 연금 기록의 조회를 의뢰했을 때, 일본정부는 사회보험사무센터를 통해 "상당한 시간이 걸린다"는 답신만 보낸 채 한없이 방치해왔다. 하지만 가족들이 애타게 찾아 헤매던 기록은 전부터 있었던 것이다. 일본정부는 "아버지께서 어떻게 돌아가셨는지, 어디에서 일했는지도 모르는 채 자식의 도리를 다했다고 할 수 없다. 죽을 수도 없다"라는 유족들의 마음을 반드시 이해해야 한다. 지금도 한국의 유족들은 우리 일본인의 진심을 묻고 있다. 일본정부를 움직일 수 있도록 일본인의 진심을 모을 때다.

김영환 옮김
민족문제연구소 대외협력팀장

노기 카오리 옮김
민족문제연구소 선임연구원

1942년
서울에서 강제징용된
최천호 씨

       최천호 씨는 1942년 서울에서 강제징용되어 일본으로 끌려갔다. 그에게는 아내와 세 명의 아들이 있었다(막내 아들은 그가 끌려가고 3개월 후에 태어났다). 그는 원래 서울 전농동에서 가족과 함께 살며 청량리의 어느 학교에서 일했다. 1941년 그는 시골에서 농사를 지으며 살 생각으로 가족들과 함께 고향인 전북 김제로 내려갔다. 그러나 시골에서의 생활이 녹록지 않아, 그는 가족을 두고 단신으로 다시 서울에 올라왔다. 집을 구하고 자리가 잡히면 가족들을 서울로 불러들일 생각이었다.

    그러나 1942년 그는 강제징용되었다. 그는 일본에 가게 되어 출발한다는 편지를 보낸 직후 일본으로 끌려갔다. 가족들은 그가 어디로 끌려갔는지, 무슨 일을 하게 되었는지도 알지 못했다. 1945년 해방이 된 후 그는 추석 명절 즈음에 귀국한다는 편지를 가족들에게 보내왔다. 그러나 그는 돌아오지 못했다. 그 이유는 지금까지 아무도 알지 못한다.

    고향에 남겨진 아내는 어린 삼형제를 굶기지 않기 위해 행상을 하며 갖은 고생을 했다. 삼형제도 아비 없는 자식이라는 놀림을 받아가며 힘겨운 성장기를 보냈다. 아내는 평생을 수절하며 60여 년의 긴 세월 동안 남편을 기다렸다. 자식들은 노모의 건강을 염려하여 사망신고도 못했다. 둘째 아들인 최낙훈 씨는 1991년 유족회에 가입하고 사방팔방으로 돌아다니며 아버지의 흔적을 추적했다. 아버지가 보내온 오래된 사진 한 장을 단서로 하여 2014년에야 아버지가 끌려간 곳이 어디였는지를 겨우 알아낼 수 있었다. 하지만 이는 시작에 불과하다. 그가 소망하는 것은 아버지가 왜 강제징용되었고 어떻게 돌아가시게 되었는지 진상을 밝히는 것, 일본정부의 책임 있는 답변을 듣는 것, 그리고 아버지의 유골이라도 찾아 고국으로 모시는 것이다.

1941년
부산에서 배와 함께 강제징용된
강태휴 씨

       강태휴 씨는 1923년 남제주군 중문면에서 4남 2녀의 장남으로 태어났다. 그의 집은 농사를 지었으나 형편이 어려웠다. 강태휴 씨는 어부가 되어 생계를 도왔다. 1940년 그는 두 살 연상인 아내와 결혼하여 다음해 아들(강종호 씨)을 낳았다. 그는 배를 타느라 집에 있는 시간보다 바다에 있는 시간이 더 많았고, 아들이 태어나는 모습도 보지 못했다. 1941년 그는 부산에서 강제징용되었다. 마을 어른들의 말씀에 의하면 타고 있던 목선과 함께 징용되었다고 한다. 큰 배는 아니었지만 물자를 옮길 정도는 되었기 때문에 수송용으로 징집된 것이라 했다. 어느 날 일본으로 유학을 갔던 동네 사람이 나가사키에서 우연히 강태휴 씨를 만났다. 그는 "철선이 폭격으로 모두 파괴되어 (목선으로) 물자를 싣고 남양군도로 간다. 아무래도 돌아오지 못할 것 같다"라고 말했다고 한다. 이것이 가족들에게 전해진 그의 마지막 소식이었다. 1945년 해방이 되었지만 그는 돌아오지 않았다.

  강태휴 씨의 부모는 홀로 남은 며느리를 친정으로 돌려보냈다. 갈등 때문인지 며느리의 재가를 배려한 것인지 그 이유는 확실하지 않다. 강태휴 씨의 아들 강종호 씨는 아버지 어머니도 없이 조부모의 슬하에서 자랐다. 그러다 1948년 4·3사건이 터지면서 강종호 씨는 할아버지와 할머니마저 잃었다. 경찰과 청년들이 끌고 간 후 할아버지와 할머니는 영원히 돌아오지 않았다. 천애고아가 된 강종호 씨는 여기저기서 밥을 얻어먹으며 힘겹게 삶을 이어갔다. 천지연 폭포에서 뛰어내릴 생각을 했을 정도로 고통스럽고 외로운 삶이었다. 그러다 그는 우연히 마음씨 좋은 식당 주인을 만나 새로운 삶을 살게 되었다. 그녀는 강종호 씨를 양자로 삼고 학교도 보내주었다.

강종호 씨는 2000년부터 피해자 단체에서 활동하면서 돌아오지 못한 아버지의 흔적을 찾기 시작했다. 2014년 드디어 아버지의 연금 기록을 찾았다. 하지만 그것은 아버지 인생의 극히 일부를 알게 된 것에 불과했다. 그의 소망 역시 최낙훈 씨와 마찬가지로 아버지가 어떻게 강제징용되었고 언제 어디서 어떻게 돌아가셨는지 아는 것, 그리고 아버지의 유골이라도 고국으로 모시는 것이다.

오키나와 전쟁에
끌려간 조선인들

마메타 도시키 豆多敏紀
'평화와 생활을 잇는 모임' 대표

두 개의 '한의 비'

경상북도 영양군과 오키나와 요미탄讀谷 촌에는 '한의 비'라고 불리는 똑같은 모양의 기념비가 하나씩 세워져 있다. 눈이 가려진 채 뒤로 손이 묶인 남성과 바닥에 주저앉아 있는 여성이 형상화되어 있는 기념비이다. 같은 모양, 같은 이름을 가진 기념비가 한국과 일본 두 곳에 세워져 있는 이유는 무엇일까. 두 개의 '한의 비' 건립은 일제강점기 강제동원 피해자 두 분의 간절한 소망에서 비롯되었다. 강인창 씨(1920~2012)와 서정복 씨(1920~2007)가 그 주인공이다.

오키나와 '한의 비' 지도

오키나와 '한의 비'

소재지: Senaha 578-1, Yomitan-son
찾아가는 길: 요미탄 버스터미널 →
서쪽 방향 도보 5분

게라마제도

아카지마

미야코지마

영양 '한의 비' 지도

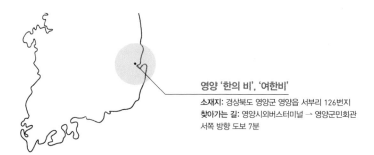

영양 '한의 비', '여한비'

소재지: 경상북도 영양군 영양읍 서부리 126번지
찾아가는 길: 영양시외버스터미널 → 영양군민회관
서쪽 방향 도보 7분

어느 날 갑자기 강제동원된 두 남자

강인창 씨와 서정복 씨는 일제강점기 말 오키나와에 강제동원되었다. 두 사람이 끌려간 오키나와는 일본의 패전 기미가 이미 농후해진 아시아태평양전쟁 말기(1944~45), 본토를 방위하기 위해 '버리는 돌'(희생양) 취급을 받아 '지옥의 전쟁터'가 된 곳이다.

두 사람은 1944년 6월 '잠깐 따라오라'는 일본인 순사들의 말만 듣고 갔다가 오키나와까지 강제로 끌려왔다. 강인창 씨는 일본인 순사들에게 '대구에서 비행장을 건설하는 일이 있다. 3개월이면 돌아올 수 있다'라는 말을 들었다. 서정복 씨는 일본인 순사들이 다짜고짜로 '징용 영장'을 들고 찾아온 경우이다. 두 사람을 포함하여 경상북도에서만 약 2,800명의 젊은 조선인 청년들이 강제동원되어 대구에 모였다. 일제 당국은 군복을 입으라고 명령하면서 느닷없이 "이제 군인이 되었다"고 말했다. 그러나 강제동원된 이들의 신분은 군인이 아니라 민간인 신분의 군속이었다. 군속은 병사가 아니어서 무기도 계급도 없었지만 부대에 편입되어 부대의 일원으로 행동해야 했다.

대구에서 일주일 쯤 훈련을 받은 뒤 기차로 부산까지 갔다. 이들은 부산에서 일본군 수송선에 올랐다. 도대체 어디로 가는지 행선지는 끝내 알려주지 않았다. 항해는 두 달에 걸쳐 계속되었는데, 미군 잠수함의 어뢰 공격을 피하기 위한 것이었다. 그렇게 긴 항해를 거쳐 그들이 도착한 곳은 오키나와였다. 그들은 '특설수상근무대'(이하 '수근대') 등의 부대로 배치되었다

군인·군속 명부 사본

'항만하역부'로 동원된 조선인들

1944년 들어 일본의 전황은 현저히 악화되었다. 7월에 사이판이 함락된 후 일본군의 후퇴가 계속되었다. 이제 패전이 확실해졌다고 해도 과언이 아닌 상황이었다. 그럼에도 대본영(일본군 총사령부)은 '오키나와에서 미군의 진공을 저지'하는 작전을 세우고, 새롭게 '32군'을 편성하여 오키나와에 대규모 병력을 투입할 방침을 세웠다. 공군력으로 하늘을 제압할 '제공권'도 해군력으로 바다를 제압할 '제해권'도 없었던 일본군은 오키나와에 상륙할 미군에 맞서 지상전을 벌일 수밖에 없다는 절박한 상황에서 전투에 임했다.

새롭게 32군이 편성되면서 7~9만 명의 병력과 무기·탄약·휘발유·시멘트·강재·식량·의류 등의 군수물자가 대량으로 오키나와에 도착했다. '수근대'의 임무는 어마어마한 양의 군수물자를 수송선에서 뭍으로 운반하는 것이었다. 일본 국내에서 동원 가능한 남성은 이미 모두 병사로 동원된 터라 전쟁터에서 위험하고 가혹한 일을 할 노동자인 '군부軍夫'를 조선에서 조달한 것이었다.

조선에서 오키나와로 끌려온 이들은 경상북도의 젊은이들만이 아니었다. 이미 군인으로 중국 전선에 파견된 이들 가운데 32군에 편입된 조선인도 상당수 있었다고 한다. 또한 일본군 '위안부'로 강제동원된 여성들이 있었다는 사실도 결코 잊어서는 안 된다.

수근대를 포함하여 오키나와에 군인·군속으로 강제동원된 조선인이 몇 명인지 정확한 숫자는 밝혀지지 않았다. 일본정부가 보관했던 군인·군속 명부를 통해 확인된 숫자는 약 4,000명[19]이지만 아직 조사되지 않은 명부도 있어 총 인원은 많게는 1만여 명에 이를 것으로 추측된다. 또 이들 가운데 몇 명이 사망하고 몇 명이 생존했는지에 대해서도 전혀 밝혀지지 않았다. 전쟁이 끝난 후 일본정부가 진상조사를 하려고 하지 않았기 때문이다.

오키나와와 아시아태평양전쟁

조선의 젊은이들이 끌려온 오키나와는 어떤 곳일까. 오키나와는 왜 전쟁터가 되었을까. 조선의 젊은이들이 입은 피해의 진상을 제대로 이해하기 위해서 반드시 알아야 하는 역사이다.

오키나와는 일본에 의해 반복적으로 이용당하고 버림 받았던 곳이다. 오키나와는 메이지유신 때까지 독립국가인 '류큐왕국'을 이루고 있었다. 류큐는 에도시대의 지방정부 가운데 하나인 사쓰마薩摩 번(현재 가고시마 현 일대)에 의해 침공당해 도쿠가와 막부 아래서 사쓰마 번의 지배를 받았지만, 청나라와의 통상 교역의 권리를 인정받아 왕국으로서의 지위는 유지했다.

그러나 메이지 정부는 류큐를 독립국가로 인정하지 않았다. 류큐의 저항을 군사력으로 압살하고 그 지위를 '류큐 번'으로 격하시킨 후, 1879년 일개 지방 행정 구역인 '오키나와 현'으로 일본에 편입시키는 '류큐 병합'을 강행했다. '류큐 처분'이라 불린 이 강권 정책은 류큐·오키나와 사람들로서는 잊을 수 없는 굴욕적인 사건이었다. 류큐 병합 이후 무력으로 저항 세력을 억누른 메이지 정부의 강경한 통치 방식은 이후 조선·대만 등 식민지 지배의 모델이 되었다고 알려져 있다.

일본은 청일전쟁·러일전쟁을 거쳐 본격적으로 조선과 중국을 침략한 후 '대동아공영권'이라는 미명하에 영토 확장의 야망을 아시아·태평양 지역으로 넓혀나갔다. 침략의 평계는 "구미의 식민지인 아시아 제국의 해방을 목표로 한다"라는 것이었다. 만주 침략과 중일전쟁에 뒤이은 태평양전쟁은 1941년 12월 8일 일본군의 진주만 공격으로 시작되었다고 알려져 있지만, 실제로는 그보다 약 1시간 앞서 말레이시아 반도 코타바루Kota Bharu를 침공하며 시작되었다. 이 사실은 태평양전쟁이 '미국과의 전쟁'에 그치는 것이 아니라 아시아·태평양 지역을 목표로 한 것이었음을 말해준다.

모든 지옥을 모아 놓은 곳, 오키나와

'오키나와전'이라고 불리는 오키나와에서 치러진 미일 전투는 어떤 전투였을까. 이미 패전의 기색이 농후해지던 1944년 10월 나하那覇대공습을 시작으로 1945년 3월 말경부터 오키나와에 대한 미군의 공격이 본격화되었다. 섬을 둘러싸고 해상을 봉쇄한 미군 병력은 54만 명, 이에 비해 일본군의 숫자는 현지에서 동원한 2만 명을 포함해 모두 11만 명에 지나지 않았다. 병력으로만 비교해도 처음부터 승산 없는 전투였다. 그러나 오키나와 수비군은 6월 23일 우시지마 미쓰루牛島滿 총사령관이 자살할 때까지 약 3개월간 맹렬히 저항했다. 미군은 섬의 형태가 바뀔 정도로 맹렬한 함포사격을 가했다. 포탄의 폭풍이 섬 전체를 뒤덮은 당시 상황을 두고 사람들은 '철의 폭풍'이라고 일컬었다.

오키나와 전투의 사망자는 일본군 9만 4,136명, 미군 1만 2,520명, 오키나와 주민 약 9만 4,000명 등 총 20만 명으로 알려져 있지만 오키나와 주민의 사망자 수는 지금도 정확히 알 수 없다. 일본군으로 현지에서 동원된 희생자를 포함하면 오키나와 주민의 사망자 수는 12만 명에 이르는데, 이는 당시 오키나와 인구의 4분의 1이나 되는 수치다. 일본 영토에서 대규모 지상전이 벌어져 그 지역 주민까지 전투에 휩쓸린 곳은 오키나와가 유일하다. 일본 본토 주민 희생자의 대부분은 원폭과 공습의 희생자였다.

오키나와 전투에서 일본군이 주민을 스파이로 몰아 고문·학살하거나, 식량을 약탈했다는 증언이 곳곳에서 나온다. 대피한 동굴에서 일본군이 쫓아내 전쟁터로 내몰린 사람도 있었다. 일본군은 "최후의 오키나와 주민 한 사람까지 싸워라" "살아서 포로의 치욕을 당하지 말라"라며 '집단 자결'까지 강요했다. 오키나와전은 '모든 지옥을 모아놓았다'라고 표현될 정도로 처참한 전쟁터였다.

일본군이 애초에 승산도 없는 이 전투에 다수의 주민들을 희생시키며 전멸할 각오로 임한 이유는 무엇이었을까. 그것은 '국체호지'(国体護持, '천황제'를 지킨다)가 유일한 목적이었던 종전 교섭과 본토 결전을 위한 '시간벌기'를 위해서였다. 오키나와는 '버리는 돌'로 취급된 것이다. 오키나와전의 비극은 내부 식민지 오키나와가 겪은 슬픈 운명의 정점이었다.

고구마를 훔쳐 먹었다고 처형된 조선인들

식민지 조선에서 강제동원된 수많은 청년들은 바로 이러한 지옥에 소모품으로 던져졌다. 강인창 씨와 서정복 씨도 그러한 소모품 가운데 하나였다.

강인창 씨는 1920년 경북 영양군에서 가난한 집안의 아들로 태어났다. 그는 만 23세가 되던 해에 밭에서 일을 하고 있다가 강제동원되었다. 결혼한 지 3개월 만에 일어난 일이었다. 오키나와에서 조선인 군부들은 군인들과 달리 충분한 식사도 제공받지 못했다. 강인창 씨는 늘 공복과 더위에 시달리며 가혹하고 위험한 작업을 했다. 군부들은 제대로 된 전투 훈련도 받지 못했고 무기도 주어지지 않은 상황에서 빈번히 미군의 공격(공습)에 노출되었다. 1944년 10월 10일 미군이 오키나와 본도를 공습했을 때 강인창 씨의 동료들도 적지 않게 희생당했다. 강인창 씨가 오키나와에서 겪은 일 가운데 힘들지 않은 것이 없었지만 가장 처참했던 체험은 일본군에 의한 '조선인 군부 처형 사건'이었다. 오키나와 본도에서 서쪽으로 약 35킬로미터 떨어진 곳에 있는 아카지마阿嘉島에서 일어난 일이었다.

미군이 오키나와 본도를 향해 총공격을 시작하기 직전인 1945년 2월, 강인창 씨를 포함한 조선인 군부들은 아카지마로 이동했다. 오키나와 본도로 향하는 미군 함선을 공격하기 위해 편성된 기지대의 보충 요원으로 배치된 것이다. 그런데 예상과 달리 미군은 본도가 아닌 아카지마에 먼저 상륙하여 공격을 개시했다. 아카지마의 일본군은 압도적인 전력 차이

강인창 씨

로 인해 산 속으로 후퇴하며 도망칠 수밖에 없었다. 아카지마는 이내 미군에 의해 점령되었다. 조선인 군부들은 후퇴하는 일본군에 끌려다녔다. 부대 내에서 식량이 바닥나자 최하급인 조선인 군부들이 고스란히 피해를 입었다. 장교들이 하얀 쌀밥을 먹고 병사들이 잡곡이 섞인 주먹밥을 먹을 때 군부들은 멀건 죽으로 끼니를 때워야 했다. 그럼에도 일본군 대장은 "초목 한 그루라도 군의 허락 없이 처분할 것을 금한다" "위반한 자는 엄벌에 처한다"라는 명령을 내렸다. 그러던 중 "벼 이삭을 주머니 속에 숨겼다" "고구마를 훔쳐먹었다"는 등의 이유로 조선인 군부 12명이 일본군에게 처형당하는 사건이 일어났다. 굶주림을 견디다 못해 한 일로 목숨을 잃은 것이다. 강인창 씨는 총살당한 동료들의 시체를 묻기 위해 구덩이를 팠다. 결국 그는 더 이상 견디지 못하고 부대에서 도망쳤다. 그는 미군에 투항하여 포로가 되었다. 약 1년간의 포로 생활 끝에 귀국했는데, 이국 땅에서 억울한 죽음을 당한 동료들을 한시도 잊을 수 없었다고 한다.

눈앞에서 사라진 조선인들

서정복 씨는 1920년 경북 달성군에서 태어났다. 그는 만 24세 때인 1944년 6월, 결혼 2개월 만에 강제동원되었다. 서정복 씨가 끌려간 곳은 오키나와 본도에서 남서쪽으로 290킬로미터 떨어진 미야코지마宮古島였다. 그는 수근대 제101중대에 배치되었는데 그의 업무 역시 대량의 군수물자를 바다에서 뭍으로 운반하는 일이었다. 서정복 씨는 일본어를 할 줄 안다는 이유로 일본인 상관의 명령을 조선인 군부들에게 전달하는 군부장을 맡게 되었다.

상관의 명령은 가혹하기 이를 데 없었다. 상관은 조선인 군부들이 생각하는 대로 움직이지 않는다고 느끼면 "네 교육이 잘못됐다"며 서정복 씨를 구타하고 대나무 막대로 내리치는 등의 폭력을 가했다. 서정복 씨는 해방 후에도 오랫동안 격심한 요통에 시달렸다.

1945년 3월 1일 사건이 터졌다. 서정복 씨가 소속된 수근대는 히라라平良 항구에 정박했던 3척의 일본군함에 적재된 대량의 군사물자를 12시간 이내에 양륙하라는 명령을 받고 작업 중이었다. 여기에는 약 200명의 군부가 동원되었다. 작업시간이 빠듯했기 때문에 군부들은 필사적으로 작업에 몰두했다. 그때 돌연 상공에 미군기 10여 기가 나타나 폭격을 시작했다. 부두에 있던 서정복 씨는 눈앞에서 동료 군부들이 3척의 일본군함과 바닷속으로 사라지는 광경을 목격했다. 그가 할 수 있는 일은 아무것도 없었다.

전쟁이 끝날 때까지 미야코지마에는 미군이 상륙하지 않아 서정복 씨

서정복 씨

는 격렬한 전투에 휘말리지 않았다. 불행 중 다행이었다. 서정복 씨는 일본이 패전한 후인 1945년 9월 미군의 포로가 되었고, 이듬해 3월 미군의 배를 타고 부산으로 귀국했다. 서정복 씨는 '억울한 죽음을 당한 동료들과 나와 내 아내가 받은 고통을 절대 잊지 않으리라'고 다짐했다.

강인창 씨와 서정복 씨는 구사일생으로 살아남아 고향으로 돌아왔다. 그들은 일본의 강제동원으로 무너져내린 생활을 다시 세우기 위해 매순간 최선을 다해 살면서도 오키나와에서 입은 피해와 동료들의 희생을 결코 잊지 않았다. 그들은 희생을 강요한 자에게 책임을 추궁하고 정당한 보상을 요구하기 위해 누구보다 맨 앞에 섰다. 그들은 태평양전쟁희생자유족회(이하 '유족회')에 가입하고, 1991년 일본정부를 상대로 제기한 '아시아태평양전쟁 한국인 희생자보상 청구소송'에 원고로 참여했다.[20]

한국과 오키나와를 잇는 '한의 비'

필자는 일본에서 '평화와 생활을 잇는 모임'[21]의 대표로 30년 동안 평화시

민운동을 계속하면서 오키나와 사람들이 말하는 '생명이 곧 보물'이라는 '누치두 다카라命ど う宝' 사상과 반전·반기지 투쟁을 배우기 위해 여러 차례 오키나와를 찾았다.

그러던 중 필자는 1997년 7월 오키나와에서 개최된 '일하는 청년의 전국교환회'(ZENKO, 현 평화와 민주주의를 목표로 하는 전국교환회)에서 우연히 강인창 씨를 만났다. 강인창 씨는 오키나와에서 겪은 가혹한 체험을 증언하면서 "지금도 타향에서 떠도는 희생자들의 유골을 고국으로 모시고 싶다"라며 일본 시민들의 지원을 호소했다. 강인창 씨의 호소는 단번에 나와 여러 시민운동가들의 마음을 움직였다.

그해 12월 다시 오키나와를 찾은 강인창 씨는 많은 오키나와 사람들의 도움을 얻어 아카지마 등지에서 희생자 유골 조사를 시작했다. 여기에는 서정복 씨도 함께 했다. 강인창 씨와 서정복 씨는 유골 조사에서 조선인 처형 장소를 확인하는 등 많은 성과를 얻었지만 유골을 찾지는 못했다. 지역 주민들이 전쟁이 끝난 후 시신을 발굴하여 오키나와 어딘가에 모신 것이 아닌가 추정되었다.

그 후 우리는 강인창 씨와 서정복 씨의 간절한 바람에 따라 한국과 오키나와에 '위령'과 '기억'의 의미를 지닌 기념비祈念碑를 만들기로 뜻을 모았다. 나아갈 길이 정해지자 우리의 활동에도 탄력이 붙었다. 기념비의 명칭은 관련자들과의 상의 끝에 '태평양전쟁·오키나와전 피징발자 한의 비'로 결정되었다. '태평양전쟁'을 앞머리에 붙인 이유는 조선에서 오키나와전에 군속으로 동원되어 희생된 사람들의 한이 태평양전쟁에 강제연행 당한 모든 아시아 사람들의 마음과 같다는 것을 나타내기 위함이었다.

영양군 '한의 비' (2014)

'피징용자被徵用者'를 '피징발자被徵発者'로 쓴 이유는 일본 제국주의자들이 피징용자를 '쓰고 버리는 물품'으로밖에 취급하지 않았다는 것을 드러내고 항의하기 위해서였다. 기념비 제작은 오키나와의 조각가 긴조 미노루金城実가 맡았는데, 그는 기념비 조각의 이미지를 '존엄을 유지하며 처형에 맞서는 조선 청년'으로 정했다.

1998년 12월 오키나와 나하 시에서 '태평양전쟁 · 오키나와전 피징발자 한의 비 건립을 추진하는 모임'이 발족되었다. 그 후 1999년 3월 말부터 약 5개월 동안 전국 33개 도都 · 도道 · 부府 · 현県에서 약 700명이 700만 엔에 이르는 성금을 모아주었다. 이를 바탕으로 1999년 8월 12일 경상북도 영양군에 '한의 비'가 세워졌다. 제막식은 한국과 일본의 시민 300여 명이 참석한 가운데 성대하게 치러졌다.

2003년 11월 28일 오키나와 '한의 비' 건립을 협의하기 위해 영양군청을 방문했다. 왼쪽 세 번째부터 필자, 강인창, 정기영, 긴조 미노루, 다이라 오사무 목사.

제막식에서 강인창 씨는 "우리가 노력만 하면 얼마든지 친구가 될 수 있고, 세대와 국경을 넘어 우정을 나눌 수 있는 가까운 관계라는 것을 마음으로 느꼈다"라고 말했다. 서정복 씨는 "지금까지 일본이라면 보는 것만으로도 괴로웠지만, 지금은 얼어붙은 마음이 눈이 녹아내리듯 감동의 눈물이 흐른다"며 우리의 노력을 격려해주었다.

그로부터 7년 후, 당초의 목표였던 오키나와 '한의 비' 건립이 오키나와 요미탄 촌에서 실현되었다. 오키나와 시민들을 중심으로 새롭게 결성된

오키나와 '한의 비'

'태평양전쟁·오키나와전 피징발 조선반도 출신자 한의 비 모임'이 드디어 부지 확보 등의 어려움을 극복하고 뜻을 이루어낸 것이다. 이 단체는 영양군의 건립사업을 계승해 오키나와에 '한의 비'를 건립하기 위해 강연회 개최와 소식지 발간 등의 활동을 지속해왔다. 필자는 이 단체의 전국 사무국장이 되어 미약하나마 힘을 보탰다. 이러한 노력의 결과로 우리는 2006년 5월 13일 성대한 제막식과 함께 오키나와에 '태평양전쟁·오키나와전 피징발 조선반도 출신자 한의 비'를 건립했다. 제막식에는 전국 각지에서 모인 200여 명의 시민들 그리고 건강이 좋지 않았던 강인창 씨와 서정복 씨를 대신하여 그들의 두 아들이 참가했다.

'오키나와 한의 비 모임'의 이사 다이라 오사무平良修 목사는 말한다. "한이란 단순히 원망과 고통, 복수만을 의미하는 개념이 아니다. 자신이 받은 고통이나 상처를 마음속 깊이 새기고, 그것을 극복하려는 사상이다. 우리는 깊은 한을 안고 있음에도 친구가 되려고 하는 피해자들의 피나는 노력에 부응해야 한다. 그때서야 비로소 새로운 평화의 가능성이 열릴 것이다." 이것이 우리가 한국과 일본에 '한의 비'를 세우고 그 활동을 지속적으로 이어나가고자 하는 이유이다. 현재 '오키나와 한의 비 모임'은 'NPO법인 오키나와 한의 비 모임'으로 재출발하여 매년 6월에 총회와 위령제를 개최하는 한편, 일본군 '위안부' 문제와 강제동원 문제에 관한 조사·연구와 소식지 발간, 학습회 등의 활동을 이어나가고 있다.

올해로 강인창 씨의 절절한 호소를 들은 지 벌써 20년이 되었다. 강인창 씨와 서정복 씨 두 분은 이미 우리 곁을 떠났다. 슬프지만 우리는 '다시는 가해자도 피해자도 되지 않겠다'라는 결의를 마음속 깊이 새기고 식민지 지배 역사의 청산을 향해 나아갈 길을 앞으로도 지속적으로 모색하고자 한다. 그것은 국경과 세대를 넘어 새로운 공생과 평화의 길을 찾고자 하는 마음이다.

노기 카오리 옮김
민족문제연구소 선임연구원

김영환 옮김
민족문제연구소 대외협력팀장

오사카의
강제연행 유적지 안내판 설치와
우익들의 공격

소라노 요시히로空野佳弘
'오사카 부 조선인강제연행 진상조사단' 일본인 측 사무국장

이 글은 '오사카 부 조선인강제연행 진상조사단'의 일본인 측
사무국장인 변호사 소라노 요시히로空野佳弘 씨가 최근 들어 우익들의 공세가
강해지고 있는 오사카의 상황을 알리기 위해 보내온 글이다. '조사단'은 지난
25년간 오사카의 조선인 강제동원 피해를 조사하고 이러한 사실을 일본사회
에 알리기 위해 노력해왔다. 그런데 최근 오사카의 조선인 강제동원 관련 유
적지에 설치된 안내판 내용을 수정하려는 우익들의 움직임이 점차 거세지고
있다고 한다. 이 글을 통해 우익들의 안내판 수정 움직임과 이에 맞서 싸우고
있는 오사카 시민들의 조선인 강제동원 진상규명 활동을 살펴본다.

'오사카 부 조선인강제연행 진상조사단'은 1991년 일본인과 '재일조선인'
이 힘을 모아 결성한 시민단체이다. 우리는 오사카 부내와 관련 지역에서 조
선인 강제연행의 실태를 조사해왔다.

우리의 주된 활동은 생존자 및 목격자 증언조사, 강제연행 현지조사, 도서

관 등에서 문헌 기록을 발굴하는 것이다. '재일조선인' 1세 분들에 대한 증언 조사는 일본인만으로는 진행할 수 없다. 직접 피해를 입은 그분들은 일본인에 대한 불신을 가지고 있기 때문에, 재일동포가 함께 하지 않으면 안 된다. 조사 결과 오사카에서는 군수공장이나 제철소, 조선소 등 도시 안에 있는 공장과 본토 결전에 대비하여 군에서 만든 산속 지하공장에 2만 명이 넘는 조선 청년들이 연행되었음이 밝혀졌다.

우리는 조사를 통해 밝혀낸 사실을 책이나 비디오로 만들어서 사회에 알려 왔다. 그 가운데 『조선인 강제연행 조사의 기록—오사카 편』과 비디오 〈오사카와 조선인 강제연행〉이 있다. 우리는 피스오사카(오사카국제평화센터)에서 강제연행 관련 전시회를 개최했으며, 집회를 통해 많은 사람들에게 조사 내용을 전달하기 위해 노력해왔다.

조선인 강제동원에 대한 안내판이 설치된 유적지

1995년은 일본이 패전한 지 50년이 되는 해였다. 이때 오사카 부와 오사카 시는 공동으로 전쟁유적을 보존하고 거기서 어떤 일이 일어났는지를 안내판에 남기는 사업을 시작했다. 우리는 이 사업 대상으로 피해를 입은 전쟁유적뿐 아니라, 조선인 강제연행 유적도 포함시켜야 한다고 주장했다. 그 결과 네 군데의 유적지에 안내판이 설치되었다.

오사카 성 주변에 있던, 당시 아시아 최대의 병기공장이었던 오사카 육군조병창, 이쿠타마生玉공원의 지하에 만든 거대한 지

하벙커, 오사카 부 이바라키茨木 시내 산간에 만든 아이安威 지하창고, 다치소가와사키タチソ川崎 항공기지하공장이 그곳이다. 이 시설들은 모두 조선인 청년들의 혹독한 강제노동으로 만들어졌다. 안내판에는 '강제연행을 당한 조선인 노동자들이 가혹하게 노동해야 했다'라는 설명이 적혀 있다.

최근 일본사회에 일본군 '위안부'나 강제연행은 거짓말이라고 하는 우익들의 주장이 번지면서 이러한 안내판에도 공격이 시작되고 있다. 우익들은 안내판을 철거하라거나 다시 써야 한다고 요구하고 있다. 하지만 이러한 움직임을 절대로 용인해서는 안 된다.

우리는 당시 아시아 최대의 군수공장이었던 오사카 육군조병창으로 1,319명의 조선청년이 징용되어 왔던 점, 1945년 8월 14일 미군 B29 폭격기의 오사카 대공습으로 인해 조병창이 괴멸적인 타격을 입었다는 사실, 조병창에서 일하던 사람 중 상당수가 사망했고 그 가운데는 조선인 청년들도 포함되어 있었으리라는 점 등을 밝혔다. 하지만 그 이상의 상세한 내용은 지금까지 확실히 파악할 수 없었다.

그런데 최근 한국정부가 오사카 육군조병창에 파견된 사람들의 기록을 가지고 있다는 사실을 알게 되었다. 우리는 한국의 '강제동원위원회'의 도움을 받아, 2015년 9월 그중 한 분과 만나 구술조사를 할 수 있었다. 하지만 그분은 오사카 부 히라카타枚方 시에 있던 조병창의 지부에 파견된 것이어서 안타깝게도 폭격당한 본 공장의 이야기를 들을 수는 없었다. 다행히 그해 11월 두 번째 구술조사에서 본 공장에 파견된 두 분을 만나 당시의 상황을 들을 수 있었다. 그중 한 분이 다음과 같이 말씀해주셨다.

"우리에게는 자유가 없었다. 도망치는 사람이 있을까봐 아침에 기숙사에서 출근할 때나 아픈 사람이 있을 때면 그 사람이 도망치지 못하도록 사람을 붙였다. 공장까지는 군대식으로 조를 짜서 함께 가고 함께 돌아왔다. 오사카 성에 해자埃字가 있어서 다리를 건너 공장으로 들어가는데 그 다리를 건너기 전에 헌병이 지키고 있었다. 들어갈 때 헌병의 신체검사를 받았고 나올 때도 신체검사를 받았다. 일은 고사포·대포 등의 무기부품 및 부속품을 만들어서 다른 곳으로 보내는 것이었다. 거푸집을 만들고 깎고 용접하는 일이었다. 공장에서 한국인은 나 혼자였기 때문에 거푸집을 만든 후에 나온 철 덩어리를 모아서 나르거나 하는 일을 했다.

공습경보가 발령되면 그때는 알아서 나가라는 말을 들었다. 살기 위해 공장에서 나갔다. 공습경보가 나오면 아래를 보는 것이 아니라 하늘을 보면서 도망쳤다. 비행기가 손바닥 정도로 보이고, 시커먼 하늘이 되었다. 체질을 하는 것처럼 머리 위로 폭탄이 쏟아져 내렸다. '머리 위로 떨어져 내리면 그 사람은 죽지 않는다, (폭탄은 앞으로 가기 때문에) 맞지 않는다'고 했다. 방공호에서 나오면 전선에 사람의 몸이나 다리가 걸려 있기도 했다. 말로 표현할 수가 없다."

– 홍동주 구술(2015.11.27.)

다른 곳의 조사에서 강제연행된 조선인은 공습 때 자유롭게 도망칠 수 없었고 또 방공호에도 넣어주지 않았기 때문에 사망했다는 사실이 확인된 바 있다. 오사카 육군조병창의 경우에도 마찬가지였다.

강제연행 조사를 일본 국내에서뿐 아니라 한국인들과도 연대해서 했다면 진실을 더 분명히 밝힐 수 있지 않았을까 생각한다. 생존자들이 증언할 수 있는 시간도 이제 거의 막바지에 다다랐다. 귀중한 증언을 청취해서 꼭 기록으

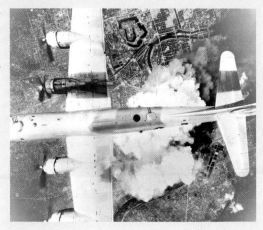

미 공군의 오사카 폭격. 위쪽 가운데에 해자로 둘러싸인 오사카 성이 보인다. (1945.6.1.)
ⓒUnited States Air Force Historical Research Agency

로 남겨야 한다. 앞으로도 생존자의 정보를 들을 수 있기를 바란다.

일본과 한국에서 서로에 대한 국민감정이 나빠지고 있다. 일본 내 역사를 왜곡하는 세력의 움직임이 주요 원인이다. 최근 일본에서는 "일본은 만세일계萬世一系의 '천황'이 지배하는 신의 나라인데, 그러한 일본이 일본군 '위안부'와 같은 나쁜 짓을 할 리가 없다"라고 주장하는 사람들의 숫자가 증가하고 있다. 1995년 일본의 패전 50년을 맞아 진행한 '전쟁유적 안내판 사업' 때와는 상황이 다른 것이다. 지금껏 일본사회의 저류에 남아 있던 낡은 체질이 솟아나오는 느낌이다. 하지만 이들의 주장은 사실에 근거를 둔 것이 아니기 때문에 우리는 사실을 제시하며 싸워갈 생각이다.

'위안부' 등 강제연행이 이루어지던 시대에는 일본인도 인권을 부정당하며 인간적인 삶을 영위하지 못했다. 인권이 보장되는 사회는 다른 나라를 억압할 필요가 없다. 일본과 한국의 국민이 함께 인권과 민주주의가 보장되는 사회를 만들고 우호적으로 함께하는 날이 오기를 간절히 바란다.

김진영 옮김 | 태평양전쟁피해자보상추진협의회 간사

3부

시베리아에서 파푸아뉴기니까지,
전쟁의 총알받이로 동원되다

누가 조선 청년을
전범으로 만들었는가

김민철
민족문제연구소 책임연구원

"너무나도 분주한 일생이었다. 26년간 거의 꿈속에서 지내왔다. 불꽃처럼 사라져버렸다. 이 짧은 일생 동안, 나는 무엇을 하고 있었는가. 전혀 자신을 잊고 있었다. 모방과 허무함의 연속, 왜 좀 더 살지 못했는가. 비록 어리석고 불행한 삶일지라도 나 자신의 삶을 살 수 있었더라면 좋을 것을⋯⋯.
친구여, 형제여. 자신만의 지혜와 사상을 가지시오. 지금, 나는 자신의 죽음을 앞에 하고, 내 것이라곤 거의 없음에 실망해 있다. 다시 한 번, 고향 생각을 해보지만, 잘 정리되지 않는다. 아니, 부모님과의 끈이 점점 끊어져가고 있는 듯하다.
내 인생, 최상 최대의 고난이다. 이 방을 나갈 때까지다. 그것도 이제 거의 끝나고, 그리 얼마 남지 않았다. 자, 힘내자. 9시를 알리는 타종, 느긋하게 유유히 종이 울린다…….

아버님, 어머님, 감사합니다. 누님, 아우야, 행복하기를 바란다. 1번 열차 출발! 장하다. 장하다. 나도 그렇게 하리라. 앞으로 2, 3분이다. 나도 저렇게 만세를 외치리라. 왔다. 때가 된 것 같다. 이것으로 이 기록을 마치려 한다. 세상이여, 행복 있으라.”

— 스가모유서편찬회巣鴨遺書編纂会, 『세기의 유서世紀の遺書』, 강담사講談社, 1984(일본)

1947년 2월 25일

싱가포르의 창이Changi 형무소에서 생의 마지막 아침을 맞은 조문상은 밤새 써내려온 유서의 마지막을 이제 막 끝냈다. 곧이어 철창문이 열렸다. 동료들과 작별의 인사를 나누고 사형수 방이 있는 P홀의 계단을 따라 올라갔다. 발걸음이 무거웠다. 한걸음, 한걸음, 죽음의 문턱으로 가는 길은 그리 길지 않았다.

연합군 포로를 학대했다는 이유로 전범이 되어 교수대에 선 조문상. 개성의 부잣집 아들로 태어나 일본 유학까지 다녀온 식민지 조선의 엘리트 청년. 그는 왜 전범이 되어 젊은 날 생을 마감해야 했을까.

조선인 BC급 전범[1] 문제를 생각할 때마다 가끔씩 조문상의 사진을 들여다본다. 빡빡 깎은 머리, 뚜렷한 이목구비, 허름한 죄수복으로도 가려지지 않는 지적인 눈매, 옅게 지은 미소. 폭력과 죽음의 그림자가 드러나지 않는 얼굴이기에, 그의 유서는 더 애처롭고 가슴 아프게 다가온다.

그 짧은 생을 제대로 정리하지 못한 채, 원망과 저주보다는 회한으로

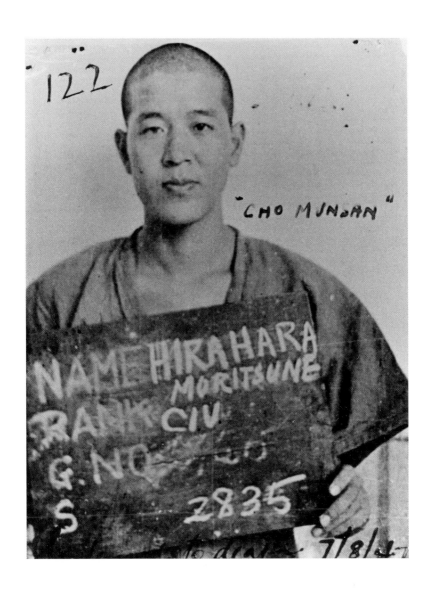

조문상이 전범 용의자로 체포되었을 당시 모습 ⓒ 배소裵昭

가득한 유서만 남기고 그는 싱가포르에서 죽음을 맞았다. 어떤 운명이 그로 하여금 비극적인 결말로 치달아가도록 만들었는가. 그가 죽음으로써 갚아야 할 책임이, 애초에 너무 가혹했던 것은 아닌가. 그를 죽음으로 몰아넣는 결정을 내렸던 사람들은 조문상만큼의 책임을 졌는가. 질문은 꼬리에 꼬리를 물었다.

피해자이면서도 가해자라는 멍에를 저야 했던 조선인 BC급 전범들. 누가 그들을 전범으로 몰아넣었는가.

빗나간 선택

1942년 5월 어느 날, 전라남도 보성군 겸백면 사곡리의 17세 청년 이학래는 뜬 눈으로 밤을 지샜다. 전날 면장이 불러 간 자리에서 뜻밖의 말을 들었던 탓이다.

"이 참에 남방에 포로감시원 모집 있으니까 자네 갔다 오소."

웃음기 섞인 말은 권유라기보다는 반 협박에 가까웠다. 청년은 아버지와 상의해보겠다는 말로 급히 자리를 떴다. 그러나 아버지라고 해도 별수는 없었다. 태평양전쟁이 터진 뒤부터 면과 주재소에서 사람이 나오면 동네 청년들이 지원병이다 징용이다 해서 하나둘씩 사라졌다. 청년도 언젠가는 끌려갈 거라는 각오는 하고 있었다.

'이런 시국에 어차피 집에 있을 수 없으니까 2년 무사히 다녀오면 되지

태국 힌똑hintok 포로수용소에 배치된 한국인 포로감시원들. 왼쪽 끝이 이학래. ⓒ동진회

않을까.' 청년은 생각했다. 얼마 전 그는 소사(잔심부름꾼)로 일하던 우편
국에서 우편저금 사고가 나 그 책임을 지고 40원을 물어냈다. 석 달치 월
급을 배상했으니, 겨우 소작 몇 마지기를 부칠 뿐인 집안 살림에 큰 타격
이 됐다. 직장도 잃고 하루하루가 가시방석인 형편이라 '월급 50원'이라
는 선전도 귀가 솔깃했다.

'어차피 끌려갈 건데 포로감시원이라면 죽을 위험도 덜할 것이고 월급
도 많이 준다고 하지 않는가.' 청년은 마침내 결정을 내렸다. 그 순간이
청년의 삶을 지옥의 구렁텅이로 몰아넣게 되리라고는 꿈에도 상상하지
못했다.

다음달 6월 13일, 이학래와 포로감시원에 지원한 일행은 부산 서면에

위치한 임시군속교육대, 부대장의 이름을 딴 일명 '노구치野口 부대'에 입소했다. 그들을 맞이한 것은 끊임없는 욕설과 구타, 마주보고 빰 때리기 등의 가혹행위와 혹독한 군사훈련이었다. 2개월간의 훈련 과정에서 배운 것은 제네바 협약이 아니라 포로를 동물처럼 다루고 한시도 놀려서는 안 된다는 것이었다.

다음은 1945년 12월 4일 조문상이 방콰형무소에서 미국 인도-미얀마 주둔군 본부 전쟁범죄분과의 심문을 받으면서 진술한 내용이다.

"부산에 있는 훈련소 교관 중 한 명은 우리에게 포로들은 동물처럼 다루어야 한다고 가르쳤습니다. 그러지 않으면 포로들이 우리를 무시하게 될 거라고 했습니다. 우리는 그들과 함께 있을 때 잔인해졌고, 그들이 우리보다 크기 때문에 그들을 때렸습니다. 우리가 포로들보다 우월하게 보일 수 있는 유일한 길은 무력, 협박, 구타를 동원하는 것이었습니다. 그 당시 저는 포로들을 때리고 잔인하게 다루어야 한다는 지침을 따르고 있었습니다. 이제 저는 제가 잘못되었고, 우리에게 처해질 어떠한 처벌도 달게 받아야 한다는 점을 깨달았습니다."[2]

일본의 군사문화는 포로에게 인격적인 모욕을 가하는 것을 자연스러운 일로 받아들이게 했다. 포로들은 지위 고하를 막론하고 수용소 군속과 일본군에게 경례를 해야 했다. 심지어 장군에게까지 밥을 나르게 명령하여 모욕을 주었다. 포로들로 하여금 서로 마주보고 빰을 때리도록 해 수치심과 죄책감을 유발했다. 지금으로서는 상상도 할 수 없는 일이지만 이런 야만적인 짓은 1970년대까지 한국의 학교에서도 자주 벌어졌다. 청산해야 할 식민시대 문화가 교육 현장에서 체벌이라는 이름으로 버젓이 자행된 것이다. 조문상의 진술처럼, 포로를 동물처럼 취급해야 한다는 일본군 내의 방침 때문에 연합군 포로들은 최소한의 인권도 보장받지 못했다.

분노한 연합군의 전범재판

1945년 10월부터 1951년 4월까지 동남아시아 49곳에서 미국을 비롯한 7개국이 주도한 BC급 전범재판이 열렸다. 전범재판을 가장 적극적으로 추진한 나라는 호주였다. 호주정부는 도쿄 재판에서 일본 '천황'을 전범으로 불러내야 한다고 강력하게 주장하기도 했다. 비록 미국의 반대에 부딪혀 실현되지는 않았지만, 그만큼 전범에 대해 강경했다. 호주 군사 법정에 선 BC급 전범들이 가혹할 정도로 과중한 판결을 받았다는 평가가 있는 것은 그 때문이다.

호주정부는 전범에 대해 왜 그렇게 강한 태도를 취했던 것일까. 여기에는 두 가지 배경이 있었다. 하나는 1942년 8월 25일 일본군 육전대가 뉴기니 동쪽 끝 밀른Milne 만에 상륙해서 9월 6일 물러날 때까지 호주군과 주민들을 상대로 무차별 학살과 강간, 심지어 인육식까지 저지른 일이다. 일본군의 잔인함과 야만성에 질겁한 호주정부는 그 궁극적인 책임을 '천황'에게 물어야 한다고 판단했다. 다른 하나는 일본군에 잡힌 포로들이 중노동과 질병·학대·고문·구타·처형 등으로 대규모 사망한 사실이었다. 나치에 붙잡힌 영미 포로의 사망률이 4퍼센트 이하에 머무른 데 비해

포로사망률 - 일본·독일·이탈리아 비교

포로사망자 9,648명(4%)

독일
+
이탈리아

전체 23만 5,473명

포로사망자
3만 2,134명(27%)

일본

전체 13만 2,134명

일본군에 잡힌 연합군 포로의 사망률은 27퍼센트에 이르렀다. 사망자의 대다수는 태국과 미얀마를 연결하는 태면철도泰緬鐵道 건설에 강제동원되어 죽음을 맞은 것이었다.

1942년 6월 7일 일본 대본영(일본군 총사령부)은 남방군에게 태면철도 건설을 명령하여 연합군 포로 약 5만 5,000명과 동남아시아 노동자 7만여 명을 동원하여 7월부터 이듬해 10월까지 414킬로미터 길이의 철도를 부설했다. 이 공사는 산악과 밀림을 관통하는 난공사로 6~7년이 걸리는 사업이었으나 일본군은 그 기간을 5분의 1로 단축하려 했다. 제공된 장비는 포로와 노동자의 육체, 그리고 삽 한 자루뿐이었다. 식량과 약품도 제대로 보급되지 않는 상황에서 완공을 앞당기기 위해 병든 포로들까지 무리하게 동원되었다. 굶주림과 사고, 구타, 그리고 죽음으로 직결되기 십상인 말라리아와 이질 등이 포로들의 목숨을 끊임없이 위협했다. 그 결과

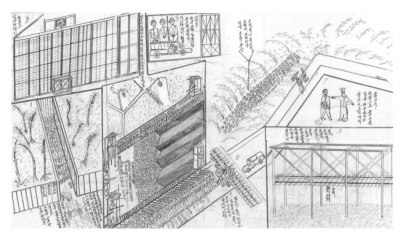

태면철도 건설에 동원된 포로를 감시했던 오행석이 그린 스케치 (2001)

연합군 포로 5만 5,000명 가운데 1만 3,000명이 열대의 밀림에서 죽어갔다. 지휘의 최말단에 조선인과 대만인 포로감시원들이 있었다.

호주 육군사령부는 이 참상에 대해 다음과 같이 평가했다. "미얀마에서 일본군의 목적은 전쟁포로와 쿨리(노동자)를 동원해 최대한 빨리 철도를 완성하는 것이었다. 그 목적을 달성하기 위해 일본군은 전쟁포로의 삶과 고통을 고려하지 않고 믿기 힘들 정도의 냉정함과 잔혹성을 드러냈다. 철도에서 많은 포로들에게 영향을 미친 유일한 요소는 작업에 관한 정해진 일정이었다." 그리고 "일본인(그리고 특히 조선인) 군속과 기술자(철도대)들은 잔혹하고 야만적이었다. 따귀를 때리는 등 구타가 일상적으로 일어났다"라고 강조했다.[3]

전쟁포로가 되어 철로 건설에 동원된 윌리엄스 중령이 호주전쟁범죄조사위원회에서 증언한 내용은 다음과 같다.

질문: 당신 부하 884명 가운데 200명 이상이 그 시기 철로 공사 때 죽었습니다. 당신은 이 손실을 막을 수 있었다고 생각합니까?

답변: 그건 이렇게 말할 수 있습니다. 그들은 호주를 떠날 때 완벽한 건강을 유지하고 있었고, 포로로 잡히기 전까지 완전히 건강한 상태였습니다. 그 손실은 적당한 음식과 의료서비스, 그리고 동물이 아닌 인간다운 대접으로 예방할 수 있었을 것입니다.

질문: 당신과 당신의 군의관들은 손실을 막고자 힘썼습니까?

답변: 우리는 가능한 모든 일을 다 했습니다. 우리는 계속해서 더 나은 음식과 보급품을 요구하며 항의했습니다. 그러나 전혀 효과가 없었습니다. 우리 부대는 공병부대이고 이들은 (인도네시아) 자바에 오기 전에 시리아에서 도로 작업을 실제로 해보았습니다. 시리아에서는 고된 육체노동을 했지요. 하지만 철로공사 때 그들은 파리 목숨처럼 죽었습니다. 그들은 매우 힘든 일을 했지만, 그보다도 일본군으로부터 당한 소름끼치는 강요와 압박을 견딜 수 없었던 것입니다.[4]

포로 학대의 심각성을 확인한 호주정부는 자국의 모든 전쟁포로에게 'FORM Q'(전쟁포로가 제출하는 전쟁범죄정보)를 작성하도록 했다. 포로들이 제출한 진술서를 토대로 전범 혐의자를 조사했고, 혐의에 오른 사람들의 사진을 보여주며 당사자를 확인하는 과정을 거쳤다. 사진을 보고 용의자를 확인하거나 찾는 과정에서 '구비지켄首實檢'[5]이 진행되었다.

"고향으로 돌아가려고 방콕에 조선인들이 모여 있는데, 어느 날 군인들이

FORM Q – 전쟁포로에 의해 제출된 전쟁범죄정보[6]

군번: MX 54831
이름: Levy **이니셜:** P.R.
부대: 2/18 Bn AIF
본적: NSW. 시드니 26x O.LConnell. St.
체포 일시와 장소: 1942년 2월 15일, 싱가포르

일시, 캠프와 장소

1943.1~2, 제3 타이 전쟁포로수용소·H.Q. 미얀마 탄부자얏

범죄행위 및 폭력 양상

처형이라는 방식에 의한 불법 총살: Sapper Bell(AIF), Spr Dickinson(AIF)

나는 1943년 1월 어느 날 오전 11시, 디킨슨이 캠프로 이송되어 일본군 가드룸에 머무는 것을 보았다. 나는 그날 오후 A.L. 발레이 준장에게서 이야기를 들었다. 그가 참석한 회의에서 탈출을 시도했다는 이유로 디킨슨은 총살되어야 한다고 나카모토 히구치 중위가 말했다고 한다. 준장은 또 통역 C.D. 푼트를 통해 (일본 측에) 자비를 베풀어 달라고 했으나 성과 없이 끝났다고 했다.

다음날 오전 8시쯤 나는 디킨슨이 눈가리개가 씌워진 채 감시원 숙소에서 끌려 나와 조선인 감시원과 함께 트럭에 타는 것을 보았다. 그는 묘지로 이송되었고 얼마 후 라이플 총소리를 들었다.

그로부터 3주 후 벨이 잡혀왔다. 그의 팔은 피투성이인 채로 팔걸이 붕대를 하고 있었다.

법정이 열려, 히구치 중위와 내가 모르는 다른 일본인, 발레이 준장과 푼트가 출석했다. 나는 공판이 진행되는 것을 봤으나 그 내용을 들을 수 없었다.

오후에 벨을 방문하여 10분간 이야기를 했다. 그는 나에게 몰멘(Moulmei)의 남동쪽 샐윈(Salween)에서 체포되었다고 말했다. 벨의 구명을 위한 청원이 구두와 문서로 제출되었으나 나카모토는 이런 경우 포로는 총살될 것이고, 자비는 용납되지 않는다고 말했다. 그 결정은 윗선에서 내려진다고 했다.

다음날 아침 8시경 나는 벨이 한국인 감시원에 의해 그의 숙소에서 끌려 나와, 눈도 안 가린 채 묘지로 향하는 모습을 보았다. 얼마 후 총소리를 들었다.

적군의 이름, 계급, 지위, 부대, 묘사

나가모토 중령 – 타이사령부 3분소
나이토 대위
나가모토 히구치 중위 – 군의관

다른 증인 이름

P.J. 캠벨 소령 AASC
J.A. 발레이 중위 2/19 Bn
사제 F. 바쉬포드 AIF
C.D. 푼트 기수 네덜란드
T. 해밀턴 중령 AAMc

우리들을 모이라는 거야. 그래서 한 오십 명 정도가 모였는데, 모두 포로감
시원 출신이야.

인자 쪽 우리들을 연합군 포로들 사이로 일률적으로 걸어가게 해. 걸어가
다 헌병이 좀 나오라는 거야. '캄온 캄온' 손가락으로 이러코롬 하거든. 그
것이 즉 전범 용의자 체포 순간이라."[7]

이 몇 초의 순간이 이학래의 운명을 바꾸어놓았다. 호주군은 'FORM
Q'를 기초로 추가 진술서를 작성하여 용의자를 기소했다. 군사법정에서
변호사들은 이 자료가 불확실한 기억에 근거한 진술이기 때문에 증거로
채택될 수 없다고 반론을 제기했으나 모두 거부당했다. 포로들의 추가 확
인도 없이 이 진술서 하나가 포로감시원의 생사를 결정하게 된 것이다.
이학래가 포로를 학대했다고 증언한 9명 중 단 한 명도 이학래의 사형을
결정하는 재판정에 증인으로 참석하지 않았다.

죽음의 문턱을 오가다

연합군에 의해 전범으로 지목 받은 조선인 포로감시원들은 사실상 제대
로 된 반론권을 행사하지 못했다. 148명이 기소되어 23명이 사형, 125명
이 무기 또는 유기징역에 처해졌다.

이학래는 1947년 3월 18~20일 싱가포르에서 열린 호주 군사법정에서
포로 학대로 기소되어 재판을 받았다. 검찰 측은 수용소 캠프에 입소한
800여 명의 호주인 포로 가운데 100명이 죽었으며 그 책임이 수용소의

책임자인 이학래에게 있다고 단언했다. 이학래는 변호사에게 항변 자료를 주었고 검찰 측 주장을 모두 부정했다. 특히 피고가 수용소 책임자가 아니라고 항변했으며, 수용소장 이시이 중좌의 증언을 요청하기도 했다.

재판 과정의 중요한 쟁점 중 하나는 포로감시원의 지위와 역할이었다. 검찰은 '이학래가 작업의 세부항목을 책임지는 행정관리로서 캠프 지휘관의 지위에 있었'으며, "피고인이 공식적으로 캠프 지휘관의 자리에 있었는지는 몇 가지 의문점이 있지만, 그는 개성이 강해 그 지위를 강탈하고 실제적으로 캠프를 운영했다"라고 주장했다. 변호사는 그는 단지 군속일 뿐 캠프를 지휘할 권한을 갖지 못했으며, "약품 공급, 식량 배급, 포로의 숙영 및 포로의 복지와 직접 관련된 다른 직무들은 본질적으로 그의 직무 범위를 벗어난 것"임을 강조했다. 그리고 변호사는 이학래가 '희생양'이라 생각한다며 다음과 같이 질문했다. "캠프의 다른 멤버들을 체포할 수 없었다는 단순한 이유 때문에 피고인이 재판을 받게 된 것은 아닌가?" 그러나 재판부는 이학래 측 주장을 받아들이지 않고 교수형을 선고했다.[8]

이학래는 조문상과 함께 창이형무소의 사형수 방(P홀)에 있었다. 동료들의 죽음을 바라보면서 그도 마지막을 맞이할 준비를 했다. 그러나 선고 후 2개월이 지났음에도 사형집행 날짜가 잡히지 않았다. 하루 이틀 시간이 지날수록 살고 싶다는 욕망이 더욱 커져갔다.

그해 10월 24일. W. M. 앤더슨 법무총감(소장)이 이학래의 사형을 20년 징역형으로 변경하고, 11월 7일 징역형을 확정하였다. 사형에서 징역형으로 감형된 결정적인 이유는 이학래가 수용소 책임자가 아니었기 때문

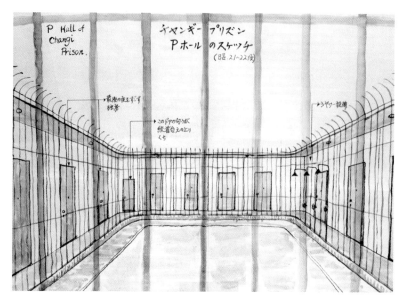

사형수 방. 태면철도 철도대 중위였던 아베 히로시의 그림. 1946~47년경의 창이형무소 P홀을 그린 스케치이다. 왼쪽에 사형수들이 최후의 밤을 보낸 독방이 있고, 네 번째 작은 문이 교수대로 올라가는 입구다. 오른편에 간이 샤워시설이 보인다.

이다. 법무총감의 청원에 따르면, 과거 이학래가 같은 혐의로 기소되었으나 OCI 호주법률분과에서 무죄 석방한 사실이 있어[9] 이에 대한 추가조사가 필요하며, "다른 사건과 비교해 볼 때, 이 사건은 특별히 나쁜 사안이 아니"라고 판단하여 징역형을 '강력히 요구'한 것이다. 이학래가 단지 군속에 지나지 않았는데도 수용소 캠프를 지휘·감독 했다고 믿은 재판부의 판단이 잘못된 것임이 뒤늦게나마 밝혀져 그는 살아남을 수 있었다.

포로들은 학대를 명령하고 지시한 책임자나 그 구조보다 눈앞에 있는 감시원들을 일차적으로 원망할 수밖에 없었다. 인간의 자존심을 하찮게

사형당한 조문상의 사진을 들고 있는 이학래 씨.
평생 동안 이학래 씨는 먼저 죽은 동료들을 대신
하여 일본정부에 부조리한 처사에 대한 사죄와
보상을 요구하는 운동을 해왔다. ⓒ 배소

여기는 일본식 군사문화에 대한 반발과 언어장벽으로 인한 오해 등이 그
원한을 더 크게 만들었다.

언어장벽으로 인한 사태를 잘 드러내는 사례가 있다. 1943년 여름의
'줌모사건'이다. 미얀마의 80킬로KM수용소에 포로로 있던 미 육군 V.P.
줌모Zummo가 조선인 포로감시원과 미국산 모직양말 및 설탕을 교환하는
문제로 상의하는 과정에서 말을 잘못 알아들어 집단폭행으로 번진 사건
이었다.

줌모는 조선인 포로감시원에게 호의적인 감정으로 "당신은 굉장히 괜
찮은 사람이다. 만약 내가 포로가 아니고 우리가 예전처럼 자유로웠다면
당신이 내게 보여주었던 것을 내가 당신을 위해 하려고 했을 것"이라고
말했다. 그러나 조선인 포로감시원은 이를 '내가 자유의 몸이 되면 당신
은 포로가 될 것이고, 당신이 내게 해준 일을 내가 당신을 위해 할 수 있

1951년 싱가포르 아우트램형무소에서 일본 스가모형무소로 이송되기 직전의 전범들 ⓒ동진회

을 것'이라는 식으로 이해했다. 호의적인 말이 '당신이 포로가 되면'이라는 말로 해석되면서 수용소가 발칵 뒤집어졌다. 쥼모는 곧장 사무실로 불려갔고, 군조와 한 명의 장교, 여섯 명의 조선인 감시원으로부터 몽둥이 및 총검으로 심하게 폭행당했다. 이 사건에 연루된 사람들은 대부분 기소되어 실형을 살았다. 이 현장에 조문상도 있었다. 심문 과정에서 그는 '단지 보고만 있었을 뿐 구타에 가담하지 않았다'고 항변했으나 받아들여지지 않았다.[10]

버림받은 조선인 황군

재판에서 판결이 확정된 BC급 전범 대부분은 이후 일본 스가모형무소로

이송되었다. 1952년 4월 샌프란시스코 강화조약이 발효된 뒤 한때 조선인 전범들은 기대를 가졌다. 강화조약 11조는 일본인 전범자에 대한 형 집행 지속을 규정한 것이었다. 조선인과 대만인은 자동으로 일본 국적을 상실했고, 일본 국적이 아닌 이들은 당연히 석방될 것으로 예상했지만 일본정부는 이들을 석방하지 않았다. 일본정부에 석방을 요구했으나, 일본의 최고재판소(대법원)는 구금 당시에는 일본 국민이었기 때문에 나머지 형기를 마쳐야 한다며 요구를 받아들이지 않았다.

다행히 가석방되더라도 조선인 전범들의 삶은 힘겨울 수밖에 없었다. 가석방 상태라 고향으로 돌아갈 수도 없었고, 외국인으로 취급되어 아무런 생활지원도 받지 못했다. 의지할 기반이 전혀 없는 일본에서 그들은 온갖 차별을 받으며 막노동으로 하루하루를 이어갔다. 생활고와 삶에 대한 비관으로 스스로 목숨을 끊는 이들도 있었다.

일본정부는 거짓말을 했다

한일 회담을 추진하던 과정에서 한국 외교 담당자가 "한국인 BC급 전범자를 협의 대상에 포함하자"고 요구하자 일본 외무성 담당자는 "별도로 논의하자"라며 대상에서 제외했다.[11] 1965년 한일협정이 체결되고 난 뒤 일본정부의 태도는 돌변했다. '일본인 전범들과 동등한 대우를 하라'고 요구하는 조선인 전범 출신 피해자들에게 일본 당국은 '한일협정으로 모두 해결되었다'고 주장하면서 딴청을 피웠다. 한국정부가 협의하자고 요청할 때는 별도로 논의하자고 해놓고 뒤에 와서는 한일협정으로 완전히

1955년 한국인 전범자에 대한 처우개선을 요구하며 일본 국회 앞에서 항의운동을 펼친 동진회 회원들.
ⓒ동진회

해결되었다고 한 것이다.

재일 한국인 전범자들은 살기 위해서, 그리고 일본정부와 싸우기 위해서 '동진회同進會'를 결성했다. 일본 내각이 바뀔 때마다 국가책임을 묻는 청원서를 내고 기나긴 법적 투쟁을 벌였다. 일본정부는 형을 집행할 때는 '일본 국민'이라 하면서, 형무소를 나서는 순간 '일본 국민'이 아니라는 이유로 차별하는 이중적 태도를 보였다. 일본 사법부도 정부의 주장을 받아 조선인 전범자 문제는 한일협정으로 모두 해소되었다는 판결을 내렸다. 그것만으로는 쑥스러웠던지, 법이 없어 구제를 못하니 일본정부와 의회가 법을 만들어 해결하라는 단서는 붙였다. 그러나 한일협정이 체결된 지 일본 국가보상 청구소송을 제기하기 위해 도쿄지방재판소로 들어가는 원고단과 변호사들. BC급 전범 당사자와 유족 7명은 일본정부를 상대로 사죄와 보상을 요구했다. (1991.11.12.) ⓒ 배소

5년 만에 1심 패소 판결이 나왔다. 1심 판결 직후, '부당 판결' 소식을 전하고 있다. (1996.9.) ⓒ 배소

50년 이상이 지났음에도 일본정부와 의회는 여지껏 문제 해결에 나서길 거부하고 있다.

"나는 연합국에게 문제를 제기하고 싶지는 않다. 포로가 혹독하게 당한 것은 사실이고, 그 심정을 이해할 수 있기 때문이다. 재판이 형편없었다 해도, 연합국에게 불평하지는 않는다. 정말로 문제 삼고 싶은 것은 일본정부다. 자신들을 징용해서 써먹어놓고 필요가 없어지니 다 쓴 걸레처럼 버리고 모른 척 하니, 그건 아니다. 인간다운 말 한 마디라도 왜 걸어주지 않는가."[12]

17세 때 징용당한 이학래 씨의 나이는 지금 아흔이 넘었다. 50여 년에 걸쳐 그는 일본정부의 책임을 묻고 있지만, 일본정부는 아직도 답변이 없다.

동진회가 걸어온 길

1955. 4 재일 한국인 전범자와 유족 약 약 70명이 '(한국출신전범자) 동진회' 결성. 일본정부에 기본적 인권·생활권 확보, 유골 송환, 국가보상 등을 요구.

1958.12 일본정부, 전면 보상 아닌 형식적 생활지원 조치(위로금 10만 엔, 생업 확보, 공영주택 우선 입주).

1965.9 한일협정 체결 후 한국대사관, '(BC급 전범 문제는) 청구권 대상 아니다'라고 언명.

1966.10 한국 외무장관, "일본정부에 인도적 차원에서 적절한 조치를 강구하도록 요망하는 것을 주일대사에 지시"라고 회답.

1975.4 한국정부, 한국 유족이 냈던 대일민간청구권 신청을 "1945년 8월 15일 이전에 발생한 청구권은 해당되지 않는다"라는 이유로 수리 거부.

1979.6 일본정부가 방치한 전범 형사자(刑死者) 유골의 조국 송환 촉구 청원운동 전개. 일본 중의원에서 유골 송환 청원서 채택. 동진회 노력으로 9구 송환, 현재 남은 5구는 도쿄 유텐지에 안치되어 있음.

1991.11 일본정부의 사죄와 보상을 요구하며 도쿄지방재판소에 제소.

1996.9 1심 도쿄지방재판소 청구 기각 판결. 판결문에는 전범의 피해를 인정하고 그 심정을 이해한다는 표현과 함께 일본국의 입법 조치를 촉구하는 내용 담김. 도쿄고등재판소에 항소.

1998.7 2심 도쿄고등재판소 청구 기각 판결. 상고.

1999.12 일본 최고재판소 청구 기각 판결. 현재까지 일본정부의 사죄와 보상 실현 안 됨.

2006.6 한국정부, 포로감시원을 강제동원 피해자로 공식 인정함.

일본군으로 죽은
아버지의 흔적을 찾아서

| 김승은
민족문제연구소 책임연구원

나를 일으켜 세우는 힘은 '분노'

아침 11시, 여느 때처럼 이희자 대표가 사무실에 들어선다. 출근하자마자
외부에서 걸려온 전화를 확인하거나, 유족회 회원들과 밤새 안부를 묻는
전화 통화를 한다. 몇 해 전만 해도 강제동원 피해 생존자 분들께 안부 인
사를 여쭙는 게 먼저였지만 지금은 거의 다 고인이 되셨다. 이제는 유족
도 서로의 건강을 챙겨야 할 고령이다. 이희자 대표가 이끌고 있는 강제
동원 피해 유족 모임인 '태평양전쟁피해자보상추진협의회'(보추협)는 지
금도 일본과 한국에서 강제동원 피해보상을 위한 소송을 진행하고 있다.
소송에 원고로 참여하고 있는 생존자들이나 유족들에게 재판 준비 사항

보추협 회원들이 10주년을 맞아 초기 사무실이 있던 종로오피스텔 앞에서 기념사진을 찍었다. 왼쪽부터 최낙훈 운영위원장, 이희자 공동대표, 김문식·정윤현·신명옥·윤옥중 회원, 박진부 감사.

보추협 10주년 기념식. 함께 활동해온 일본 시민들도 참석했다.

과 진술서 쓰는 요령을 일일이 전달하고 확인하는 일이 이희자 대표의 주요한 업무다.

그가 강제동원 피해자들과 함께 활동해온 지도 벌써 28년이나 되었다. 내가 몸담고 있는 민족문제연구소와 한솥밥을 먹은 지도 14년째다. 1989년에 처음 이 활동을 시작한 이희자 대표는 76세가 된 올해도 열정으로 가득하다. 요즘은 유족들의 이야기를 담은 증언집 출판을 진행하고 있다. 강제동원 피해 유족으로서, 보추협의 대표로서 그는 일본 법정에서 직접 발언할 진술서나 강연·증언회 원고를 손수 쓴다. 비뚤배뚤 맞춤법은 잘 안 맞지만 진솔한 마음을 담은 그의 글은 매번 깊은 감동을 준다.

유족회 활동 초기의 이희자 대표

그는 한 맺힌 사연을 말할 기회가 많았던 자기와 달리 그렇지 못한 다른 유족들이 늘 마음 쓰였다. 강제동원 피해 유족 대부분이 가까운 가족에게조차 한 많은 사연을 다 털어놓지 못했다는 것을 누구보다 잘 알고 있는 그였다. 그래서 자신의 회고록을 뒤로 미루고 유족 증언집을 먼저 출간하려는 것이다. 유족들의 사연마다 함께 눈물 흘리면서 한 명 한 명의 인생사를 엮어내는 손길이 바쁘다. 이 책은 일제 강제동원의 피해가 어떻게 대를 이어 계속되고 있는지를 생생히 보여주는 최초의 유족 증언집이 될 것이다.

이렇게 자신을 일으켜 세우는 힘은 아직도 가슴 밑바닥에 쌓여 치미는 '분노'라고 그는 말한다. 돌이 갓 지났을 때 아버지를 빼앗겼고, 영문도 모르는 채 '애비 잡아먹은 딸년'이라는 냉대의 눈초리를 받아야 했다. 늘 따뜻했던 외할머니의 품에서 그 서러움을 잊고 성장할 수 있었던 것이 유일한 위안이었다. 떠올리기도 싫은 가족사를 일본 법정에서 되풀이해 증언해야 했지만 그때마다 반성 없는 일본정부에 분통이 터지는 경험을 했다. 아버지를 잃은 억울함과 분노가 유족인 자신을 대변하는 유일한 논리

이희자 대표의 최근 모습. 2015년 5월 11일 일본 강제징용 시설 유네스코 등재 시도에 대한 의견서를 가지고 독일 외무성 관계자와 면담하고 있을 때이다.

였다. 상급 학교는 구경도 못해본 그 시대 우리네 할머니나 어머니들처럼 집안일을 도우며 외롭게 자랐던 그는 "내가 제대로 교육을 받은 엘리트였다면 논리적으로 조목조목 일본의 잘못을 따졌을 텐데, 배우지 못해서……"라는 한탄을 자주 한다. 때로 그 한탄은 '많이 배운 너희는 도대체 무얼 위해 공부를 한 것이냐'라는 따가운 질책처럼 들린다.

아버지가 끌려간 이유

아무도 그 이유를 알려주지 않았다. 이제 막 태어난 그를 두고 왜 아버지가 전쟁터에 끌려가야 했는지. 언제 어디서 어떻게 돌아가셨는지, 정말 돌아가신 것이 맞다면 유골이라도 찾을 수는 없는지. 살았는지 죽었는지 집으로 통지서 한 장 온 적 없고, 인편으로도 연락을 받지 못했으니 가족들은 해방이 되어도 돌아오지 않는 아버지를 하염없이 기다릴 수밖에 없었다. '힘없는 식민지였으니까, 전쟁통이었으니까, 그때는 다 그랬어, 어쩔 수 없지'라는 체념 섞인 낙담으로 지워질 의문이 아니었다.

아무도 가르쳐주지 않으니 딸은 스스로 아버지 죽음의 흔적을 찾기 시

청년의 모습으로 남은 아버지(오른쪽 위)

작했다. 그때가 88서울올림픽이 열린 다음 해인 1989년이었다. 신문에
난 광고를 보고 유족회 사무실을 찾았고 거기서 비슷한 처지의 유족들을
만난 것이 계기였다. 결혼하면서 떠났던 고향 강화도에 찾아가 징용이나
징병으로 끌려갔던 동네 어르신들을 만나기도 했다. 아버지가 겪었을 고
통을 대신 말씀해주시는 그분들의 목소리를 한 마디도 놓칠 수 없었다.
전국에 생존자 어르신들을 찾아다니며 증언을 들을 때면 반드시 소속 부
대를 물었다. 혹시라도 아버지 소식을 들을 수 있을까 하는 기대 때문이
었다. 생환하신 분들의 이야기를 들으면 들을수록 아버지가 겪었을 일들
이 떠올라 분노와 그리움이 눈덩이처럼 커졌다. 그나마 자신과 같은 처지
의 유족들과 만나 서로 위로하며 정을 나눈 덕분에 긴 세월 홀로 참았던

외로움을 조금은 떨쳐낼 수 있었다.

1991년은 한일 과거사 청산 운동에 중요한 분기점이 되는 해였다. 김학순 할머니가 자신이 일본군 '위안부' 피해자였다는 사실을 공개적으로 증언했다. 김학순 할머니의 용기 있는 발언에 다른 피해자들도 나섰다. "내가 바로 위안부였다, 일본놈들아! 창피한 줄 알아라! 창피한 것은 일본 너희들이지 않느냐!"라고 일갈하며 당당함을 잃지 않았던 김학순 할머니를 만나면서 이희자 대표는 유족으로서 어떻게 행동해야 할지 용기를 얻었다고 한다.

당시 강제동원 현장에서 살아오신 분들의 증언은 어떤 기록보다도 확실한 증거였다. 그들은 그 존재로서 일본의 악행을 증명하는 역사의 증인이었다. 유족들은 생존 피해자들을 통해 비로소 강제동원의 현장에서 일어난 일들을 낱낱이 듣고 파악할 수 있었다. 이런 증언은 혈육의 기록을 찾는 데 가장 중요하고도 유일한 실마리였다.

김학순 할머니 덕분에 묻혀 있던 식민지 피해 문제가 봇물처럼 터져나왔다. 강제동원 피해자들은 더욱 적극적으로 자신들의 피해를 세상에 알렸다. 일본정부와 전범기업들을 상대로 한 피해자들의 재판투쟁은 이미 시작되었다.[13]

그러나 일본 우익은 '위안부는 없었다, 근거를 대라'며 거침없이 공격했다. '위안부 할머니들이 두 눈 뜨고 살아 계실 때도 이렇게 발뺌하는 판에 전부 돌아가시고 나면 일본정부는 할머니들을 거짓말쟁이로 몰아세울지도 모른다. 피해자 스스로 확실하게 피해 사실을 입증할 증거를 찾아야 한다.' 이희자 대표는 그때 일본의 태도를 보고 기록을 찾아야겠다는 절실함이 더욱 강해졌다고 한다. 피해를 입증할 증거가 되는 기록 말이다. 김학순 할머니가 증언한 지 25년이 지난 지금 그의 우려는 서글프게도 현실이 되고 말았다.

'전상사'라는 달랑 세 글자로 확인한 아버지의 죽음

이희자 대표는 아버지 이사현의 기록을 처음 발견했을 때를 떠올리면 늘 화가 나고 허탈하다고 했다. 1992년 유족회 회원으로 활동하던 시절이었는데, 유족회 사무실 한켠에 「피징용사망자연명부被徵用死亡者連名簿」라는 서류철이 있었다고 한다. 어느 날 문서를 한 장 한 장 넘기다 '이원사연李原思連'이라는 이름을 발견했다. 그게 아버지의 창씨명인 줄은 몰랐지만 명부에 적힌 본적지 주소를 알아보았다. '사망 구분'에는 세 글자만 달랑 적혀 있었다. '전상사戰傷死'. 장소가 광시성廣西省 취안 현全縣(현 취안저우 현) 181 병참병원인 것을 보면 아버지는 전투 중에 부상을 입고 돌아가신 모양이었다. 사망 시기는 '소昭 20.6.11.'이라고 되어 있었다. 즉 1945년 6월 11일이니 해방을 불과 두 달 앞둔 때였다. 1944년 2월 고향을 떠난 지 1년 4개월 만에 멀리 타향에서 '젖먹이 아범'이라 불렸던 24세 청년은 홀로 생을 마감했던 것이다.

명부에서 아버지의 죽음을 확인한 뒤, 또 다른 의문이 이희자 대표를 괴롭혔다. 군속으로 끌려갔던 아버지는 왜 중국 광시성까지 간 것일까? 비전투요원인 그가 전투 중 부상을 입어 사망한 것은 왜일까?

아버지 이름을 처음 확인한 「피징용사망자연명부」. 1971년 한국정부가 대일청구권 자금으로 피해보상을 시행했을 때 일본정부로부터 넘겨받은 명부이다. 1965년 한일협정이 체결될 때까지 일본정부는 강제동원된 한국인 관련 명부를 전혀 제공하지 않았다.

암호 같은 숫자, 도무지 알 수 없는 표시

그로부터 5년 후인 1997년 아버지에 대한 두 번째 기록을 찾았다. 「유수명부留守名簿」(군인·군속 문서)라는 자료에 아버지 '이사현'이 1944년 2월 15일에 끌려가 1945년 6월 11일 사망했다는 사실이 기록되어 있었다. 앞의 명부와 비슷한 간단한 기록이었는데 이번에는 암호를 해독하는 작업이 필요했다. '공供42524'와 '합사제合祀濟'라는 표시의 의미는 무엇일까? 일제강점기 일본군이 작성한 문서 속 암호 같은 문구들을 해독하는 데 도움을 준 이들은 강제동원 피해자 지원활동을 해온 일본인 변호사와 일본 시민운동가, 재일동포들이었다.

'공42524'라는 숫자는 공탁금 등록번호였다. 강제동원 피해자들은 대부분 급여를 받지 못했다고 증언했다. 일본은 패전 후 미지급한 임금을 당사자에게 알리지도 않고 일방적으로 공탁해버렸다. 이희자 대표는 당

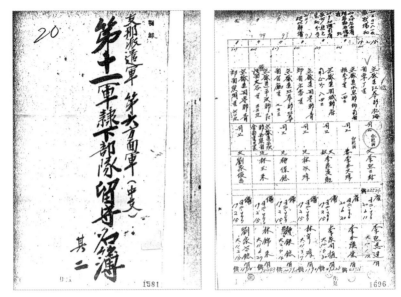

1997년에 찾은 두 번째 기록, 「유수명부」. 1993년 10월 한국 외무부가 일본 후생성으로부터 인수 받아 국가기록원에 이관한 명부이다. 구 일본 육군·해군 인사 관련 자료를 인계 받은 후생성이 1945~49년에 조선인에 관한 것만 따로 작성한 것인데 24만여 명 분량이다. 명부에는 징용일자, 주소와 본적지, 보호자 이름, 사망일자, 본인 이름, 공탁금 등록번호가 적혀 있다.

장 이 문서의 기록이 사실인지 확인에 나섰다. 「유수명부」에 기록된 '공42524'라는 번호를 일본 후생성에 조회했다. 1999년 6월 후생성 사회·원호국업무 제1과장 명의로 공탁금 확인서가 왔다. 거기에는 아버지 이름으로 미지급된 급여 1,480엔이 1953년 6월 1일에 공탁되었다고 적혀 있었다.

사실이었다. 일본은 강제동원 피해자에게 주지 않은 임금을 일방적으로 공탁시켜 버젓이 보관하고 있었던 것이다.

그러면 '합사제'라는 건 도대체 무슨 표시일까? 그 의문을 풀어준 것은

社團一調第377号一2
平成11年6月9日

李 照子 様

厚生省社会・援護局業務第一課長

供託金の記録について

さきにご照会のありました 李 思 氏（日本名 李原思遠）様に係る標記に
ついて、次のとおりお知らせします。
なお、氏名について当局保管資料では「李原思遠」様で確認されますので
申し添えます。

記

供託状況　　氏　名　李原思遠
　　　　　　供託場所　東京法務局
　　　　　　供託年月日　昭和28年6月1日
　　　　　　供託番号　昭和28年度第3号
　　　　　　供託金額　金1480円
　　　　　　供託の種類　未支給給与金

공탁금 확인 회신서

재판지원회 활동을 하던 일본
인이었다. "이희자 씨 아버지도
야스쿠니신사에 합사되어 있네
요." 이 말을 듣고 이희자 대표
는 억장이 무너져 내리고 치미
는 울분에 하얗게 밤을 지샜다.
일본이 조선인 군인·군속 희
생자들을 자국 침략전쟁을 미
화하는 전쟁신으로 야스쿠니에
함께 모셨다는 것이다. 그것도
A급 전범들과 함께 말이다.

　　　일본은 자신들의 전쟁을 위
해 희생된 사람들에게 사과와 위로는 못할망정 왜 이렇게 피해자와 유족
들에게 고통을 주는 짓을 멈추지 않는 것일까. 끌려가 죽은 것도 억울한
데 아직도 야스쿠니신사에 갇혀 계시다니, 유족들은 또다시 참을 수 없는
굴욕감과 울분을 느꼈다. 게다가 본인이나 희생자 유가족에게 당연히 지
급되어야 할 미불임금조차 그들은 숨기고 있었다. 또한 육군과 달리 해군
자료인 「해군군속신상조사표」에는 사망자의 유골을 반환했다는 표시도
있었다. 해방 후 50년이 지나도록 사망통지나 유골을 받거나, 그 어떤 소
식도 접하지 못했던 유족들로서는 도저히 참을 수 없는 일이었다. 이 대
표는 2000년부터 본격적으로 일본정부의 책임을 묻기 위한 싸움을 시작
했다. 전국의 군인·군속 생존자와 유족들의 진술을 받아 관련 기록을 조

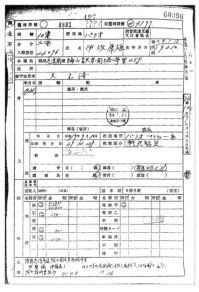
유골 반환 여부가 기재된 「해군군속신상조사표」

사했다. 국가기록원에 희생자의 명부가 있는지 조회하고, 이 명부에 기록된 사실을 바탕으로 일본 후생노동성에 공탁 자료와 유골 봉환 여부를 확인하는 작업을 수없이 반복했다.

일본에서는 변호인단과 이 소송을 후원하는 시민들이 '재한군인군속재판지원회'(이하 '군군재판지원회')를 결성했다. 한국에서는 보추협이 사무국을 맡아 소송 실무를 진행했다. 소송 준비에만 2년이 걸렸다. 드디어 2001년 6월 29일, 한국인 군인·군속 생존자와 유족 252명이 일본정부를 상대로 야스쿠니신사 합사 취하, 유골 반환, 손해배상을 청구하는 소송을 도쿄지방재판소에 제기했다. 그리고 2003년 6월 12일 생존자와 유족 164명이 추가로 소송에 참여했다.

이 소송은 416명이라는 최대 규모의 원고단 숫자 외에도 여러모로 의미가 깊었다. 야스쿠니 무단합사 철폐, 희생자 유골 반환, 미불임금 지급 및 손해배상, 원고 친족의 생사나 사망일·장소·원인·상태 등에 관한 상세한 정보 제공, 원고에게 사죄문 교부 등 그동안 일본이 외면했던 강제동원 피해의 종합적인 해결을 촉구하는 역사적인 소송이었다. 또한 묻혀 있던 시베리아 억류자와 BC급 전범 피해자들도 새롭게 조명했다. 생존자와 유족, 한일 시민연대의 노력으로 이 투쟁은 8년 동안 이어졌다.

2급문서로 감춰져 있던 명부

2003년에는 아버지 죽음의 진실에 한 발 더 다가설 수 있는 자료를 추가로 발견했다. 1993년 일본으로부터 이관 받아 국가기록원이 보관하던 「병적전시명부兵籍戰時名簿」는 2급문서로 분류되어 비공개였다. 유족들은 명부의 목록만 열람할 수 있을 뿐 내용을 볼 수 없어 끊임없이 정보 공개를 요구했다. 항의 끝에 2003년 3월 31일부터 가족증명을 통해 유족들도 명부를 열람할 수 있게 되었다.

「병적전시명부」에는 아버지 이사현 씨가 강화도 고향집을 떠나 사망하기까지의 행적이 날짜별로 담겨 있었다. 아버지의 기록을 찾아나선 지 13년 만에 딸 이희자는 생전 가본 적도 없고, 가야 할 이유도 없던 곳에서 총상으로 죽어갔던 아버지를 드디어 만날 수 있었다. 13개월 갓난아이로 헤어졌던 때로부터 헤아리면 무려 60년 만이었다.

수차례 일본을 방문하고, 일본인들에게 도움을 청해 여러 기록들을 찾았지만, 이런 자료가 국내에 이미 들어와 있으리라고는 꿈에도 생각하지 못했다. 기록을 찾았다는 기쁜 마음도 있었지만, 한편으로는 대한민국이라는 나라가 강제동원 피해자를 얼마나 하찮게 여기고 있는지 또 한 번 절망감을 느꼈다. 일본에서 기록 한 장을 찾으려고 헤매면서 일본정부를 상대로 소송 투쟁을 벌이고 있는 자국민을 도와주기는커녕 국가가 소장하고 있는 기록조차 공개하지 않다니. 이렇게 상세한 기록이 남아 있어

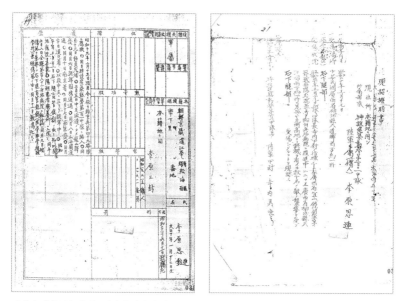

강화를 떠나 죽음에 이르기까지 가장 상세한 기록을 담은 「병적전시명부」. 1993년 10월 일본 후생성으로부터 한국 외무부가 인수 받아 국가기록원에 이관한 자료이다. 일본군으로 동원된 조선인 군인에 대한 개인별 신상카드를 편철한 것으로 총 67권이며, 출신지역별로 나뉘어 있다.

도 피해 당사자나 유족들이 찾아내지 못했다면 아무도 먼저 알려주지 않았을 것이다. 피해자 개인이 이런 자료들을 일일이 찾아낸다는 건 너무도 힘든 일이었다.

국가의 책임을 묻다

이희자 대표와 유족들은 피해자 개개인이 하기 어려운 강제동원 피해 진상규명을 국가가 나서서 해야 한다는 주장을 담아 특별법 제정 운동에 나섰다. 2000년 9월 민족문제연구소, 역사문제연구소, 보추협, 한국정신

아버지 이사현의 강제동원 이동 경로

④ 산해관(산하이관)
③ 국경
② 용산
① 강화
⑤ 난징
⑥ 한커우(우한 시)
⑧ 취안 현
⑦ 류저우 시

1944.2.15   강화군 송해면 집에서 강제징용 당함, 치중병(병참부대) 제49연대에서 특설건축근무 제 101중대로
            편입
1944.3.5   용산역 출발
1944.3.6   조선 국경 통과
1944.3.8   산해관 통과
1944.3.10   난징 도착
1944.3.20   한커우(漢口) 도착, 군부대를 따라 이동
1945.5.19   데라우치 중대장 지휘로 광시(廣西)성 의산경(宜山鏡) 부대 제10야전병원 입원 환자를 류저우(柳州) 병
            참병원으로 이송 중, 류장(柳江)현 육도향 서쪽 약 1미터 북쪽 고지에서 경기관총을 든 수십 명의 습
            격을 받아 부상
1945.5.21   오른쪽 종아리 총상으로 류저우 제183 병참병원 양쉐(陽朔) 환자 요양소 입원
1945.6.8   취안 현 제181 병참병원으로 이송
1945.6.9   총상 부위에서 파상풍 발병
1945.6.11   경골과 비골의 복합골절과 파상풍으로 사망

2004년 국회 앞에서 특별법 제정을 촉구하는 1인 시위를 벌인 이희자 대표

강제동원위원회를 방문한 일본 국회
의원들(여성 3명)과 이희자 대표와 장
완익 변호사(왼쪽 끝)

대문제대책협의회 4개 단체가 협의기구를 확대해 진상규명연대 사무국
을 마련했다. 사무국은 민족문제연구소에 두고 보추협의 김은식 씨가 사
무국장을 맡았다. 뜻있는 학술단체, 시민단체, 국회의원과 함께 2001년
10월 12일「일제강점하 강제동원피해 진상규명 등에 관한 특별법」을 발
의했다. 특별법 제정을 촉구하는 10만 명 서명운동과 1인 시위를 진행하

며 매일 국회에 출근하다시피 했다. 생존자들은 전화로 지역 국회의원들을 압박했고 유족들은 돌아가면서 국회의원들에게 특별법의 필요성을 호소했다. 마침내 이 법안은 2004년 2월 13일 국회 본회의를 통과했다. 이로써 강제동원 피해 진상조사, 국내외 자료의 수집과 분석 및 진상보고서 작성, 유해발굴 및 수습, 사료관·위령공간 조성 등을 주요 업무로 국무총리 산하 '일제강점하 강제동원피해 진상규명위원회'(강제동원위원회)가 설치되었다.

그해 11월 10일 발족한 위원회는 준비 과정을 거쳐 2005년 2월 1일부터 피해 신고 및 진상조사 신청 접수에 들어갔다. 이희자 대표는 그간 찾아 정리해두었던 기록들을 첨부해 피해자 신청을 했고, 2005년 8월 5일 '일제강점하 강제동원피해 심의·결정 통지서'를 받았다. 결정 내용은 너무도 간단했다. "이사현은 1944년 2월 15일 강제동원되어 중국 제6방면군 제11군 예하분대에서 일본 육군 군속으로 노역을 당하던 중 1945년 6월 11일 제181 병참병원에서 사망한 사실이 인정됨." 스스로 이미 찾아낸 기록에서 단 한 줄도 추가되지 않은 내용이었다. 2008년, 피해 사실을 인정받은 지 3년 만에 이사현의 딸 이희자는 국가로부터 '위로금'을 받았다.

끝나지 않는 진상규명의 여정

해방 63년 만에 일제 강제동원 피해를 국가가 인정하고 늦게나마 부족했던 피해 위로금을 지급했다는 사실은 그나마 다행스러운 일이다. 그러나 일본정부와 전범기업은 '한일청구권협정으로 모든 것이 해결되었다'는 식으로 외면하고 있다. 1990년대 초반부터 피해자들이 직접 일본정부를 상대로 재판투쟁을 벌였지만 결과는 늘 유족들을 낙담하게 만들었다. 일본정부가 주장하는, 1965년 한일협정에서는 무엇이 어떻게 해결되었다는 것인지 진상을 알기 위해 2002년에 한일협정문서 공개촉구 운동을 시작했다. 그해 10월에는 100인 소송단을 꾸려 '한일협정 외교문서 정보공개 청구소송'을 제기했다. 이 소송 운동도 민족문제연구소가 사무국을 맡아 진행했고, 이희자 대표가 유족 대표로서 앞장섰다. 2004년 2월 13일 청구권협정 관련 문서 일부 공개가 결정되었다. 피해자들은 전면공개를 계속 주장했다. 2005년 한국정부는 전격적으로 한일협정 외교문서 전체 공개를 결정했다. 이후 일본 시민단체들도 일본 측 한일회담문서 공개를 요구하는 재판투쟁을 벌여 일부가 공개되는 성과를 얻었다.

이희자 대표는 비록 오랜 시간이 걸렸지만 아버지 죽음에 관한 기록을 찾을 수 있었던 자신은 행운아라고 생각한다. 피해자 개인이 이런 자료를 찾기란 너무도 힘든 노릇임을 몸소 체험했을뿐더러 아직도 기록 한 줄 찾지 못한 유족들이 너무도 많기 때문이다.

일본정부나 기업을 상대로 재판을 할 때도, 한국의 정부기관이 피해자 심사를 할 때도 '기록'이 판단 근거가 된다. 가장 핵심적인 기록은 '명부'인데 군인·군속의 경우는 대부분 일본정부나 군부대에서 작성했다. 군대를 다녀온 사람들은 다 알다시피 군인 신분이 되는 순간부터 제대하기까지 병적기록부에 모든 행적이 기록된다. 일제 시기에도 일본군이 작성한 「유수명부」「임시군인군속계」「군속선원명표」「해군군속자명부」 등 다양

민족문제연구소에 보관되어 있는 강제동원
피해자 관련 서류철들

한 명부가 있었는데도 일본정부는 우리에게 제대로 알려주지 않았다. 강제징용된 노동자들도 기업에서 만든 사원 명부가 있을 텐데 지금까지 극히 일부만 알려졌다. 일본정부는 한일회담을 14년간 지속하면서도 이런 기록들이 있다는 사실을 숨겼고, 그 이후에도 한국의 피해자들이 진상규명 투쟁을 하기 전까지 먼저 기록을 공개한 적이 없다.

결국 피해자가 스스로 기록을 찾지 않았다면 우리 모두는 강제동원의 진상을 모르는 채 역사를 잊고 말았을 것이다. 그래서 유족들은 강제동원 피해 사실을 입증할 수 있는 기록 수집에 더욱 힘을 기울였다. 지금까지 보추협에서 수집한 강제동원 피해자 관련 자료는 총 2만 6,000장이 넘고, 민족문제연구소가 기록한 피해자 증언 영상도 200여 편이나 된다.

아직도 기록을 찾아 헤매는 피해자들

이희자: 저희가 1년 전부터 우편저금 조사 신청을 하고 있는데 왜 지금까지 아무런 회신도 해주지 않는 거죠?

일본 금융청 관계자: 우편저금 관련 명부에는 국적 표시가 없습니다. 일본인·대만인의 통장 기록이 함께 섞여 있기 때문에 곤란한 점이 있습니다.

일본 총무성 관계자: 이름만 가지고서 한국인이라는 것을 단정하기 어렵기 때문에 조사에 많은 시간이 필요합니다.

이희자: 지금 핑계를 대면서 기록 확인을 안 해주려는 것 같은데 군사우편저금은 대부분 군인이나 군속으로 끌려간 사람들 것입니다. 「유수명부」를 보면 본적이 나와 있습니다. 명부와 계좌주를 대조하면 금방 찾을 수 있지 않습니까?

김민철: 일본정부가 보관하고 있는 통장을 본인이나 유족에게 반환해야 합니다. 통장 정보를 한국정부에 제공해주십시오. 필요하다면 저희가 기록을 대조하겠습니다. 통장은 금융정보를 담고 있기도 하지만 유족들에게는 소중한 유품입니다.

'행방불명'된 가족을 찾기 위해 유족들은 여전히 안타까운 방황을 계속하고 있다. 2012년에 일본 국회의원의 도움을 받아 이희자 대표와 김민철 집행위원장은 일본정부 기관의 담당자들을 만났다. 도저히 기록을 찾을 수 없었던 유족들은 마지막 방법으로 희생자들의 우편저금 통장을 찾아보려 했다. 우편저금은 끌려간 사람의 월급 일부를 강제로 저축한 것이

총무성과 금융청의 '군사우편저금' 관계 자들과 면담했다.(2012.2.20.)

기 때문에 우편저금 관련 기록을 통해 피해자의 흔적을 찾을 수 있으리라 생각했다. 그러나 일본 측 관계자는 이리저리 핑계를 대면서 문제를 회피했다. 피해자들은 오늘도 일본 시민운동가의 도움을 받아 일본의 여러 국가기관에 기록조회 요청 서신을 보내고 있다.

해방 72년을 넘겼지만 아직도 우리는 식민지 역사의 늪에서 빠져나오지 못했다. 야스쿠니 무단합사 철폐를 요구하는 소송도 시작한 지 16년이 지났다. 일본정부와 야스쿠니 측은 여전히 A급 전범과 함께 식민지 조선인들을 가둬두고 있다. 강제동원 피해는 당사자에게만 국한되지 않고, 대를 이어 유족들에게도 고통을 안기고 있다. 일본과 한국 정부는 더 이상 피해자를 만들지 말아야 한다. '역사의 희생자'가 된 강제동원 피해자들의 기록을 공개하고 조사에 협조해야 한다. 많은 이들과 함께 강제동원 진실의 기록을 이어나갈 수 있기를 기대한다.

시베리아에
억류된 조선인 포로들

조한성
민족문제연구소 선임연구원

1945년 8월 15일 날이 밝았다. 적(소련군)의 동향을 살폈으나 조용하기만
했다. 정오가 지난 무렵 무기집결 명령이 내렸다. "적과 대치하고 있는 이
마당에 무슨 일인가"하고 의아하게 여겼는데 일본이 항복했다는 것이다.
그리고 무장해제 당하였다는 것이다. 이 말을 들은 순간 "이제 살았다"는
안도감에 우리 한국인 초년병들은 일본병들이 보는 앞이라 내색은 하지 못
하고 마음속으로 기쁨을 참지 못했다.

― 이규철, 「시베리아 한의 노래」, 1992(미간행 필사본)

　1945년 8월 15일 일본군에 징병되어 만주·사할린·쿠릴열도 등에 배
치되었던 조선인들은 소련군과 전투하는 중에 해방을 맞았다. 승산 없는

시베리아 억류 피해자 이규철이 쓴 『시베리아 한의 노래』

전쟁에 총알받이로 동원되어 겨우겨우 목숨을 이어가던 터였으므로 전쟁이 끝났을 때의 기쁨은 누구보다 컸다. 소련군의 포로가 되었지만 어느 누구도 희망찬 미래를 의심하지 않았다. 조만간 귀국하게 되리라는 믿음은 그들만의 허황된 기대가 아니었다. 소련군은 기회가 될 때마다 그들의 귀국을 기정사실로 확인해주었다.

그러나 조선인 포로들은 곧바로 귀국하지 못했다. 그들은 60만 명에 달하는 일본군 포로에 포함되어 시베리아 각지의 포로수용소로 분산배치되었다. 그들에게 다가온 운명은 시베리아의 혹독한 추위와 굶주림, 그리고 강제노동이었다. 그들은 왜 조선으로 돌아오지 못하고 소련에 억류되어 강제노동에 동원되었을까? '시베리아 억류자'들에게는 도대체 무슨 일이 벌어진 것일까?

조선 청년들, 강제로 징집되다

1938년 육군특별지원병제도를 실시한 이후 일제는 징병제를 준비했다. 1942년 징병제 실시를 결정하고 호적 정리 등 제반 준비를 거쳐 1944년 4월 징병제를 시행했다. 대상자는 만 20세가 되는 조선인 청년으로, 1944년과 1945년 두 차례에 걸쳐 20만여 명이 강제징집되었다. 시베리아 억류 피해자들도 대부분 이 시기에 강제징집된 이들이다.

"몸조심하고 꼭 살아서 돌아와야 한다"고 당부하는 피맺힌 가족들의 말을 가슴에 새겨 떠나는 아들들의 심정은 착잡하기만 하다. 누구를 위해서 전

'징병제 실시' 기사가 실린 1943년 8월 1일 자 『매일신보』. 징병제 실시에 감격하는 이광수(창씨명 가야마 미쓰로香山光郎)의 사설이 눈에 띈다.

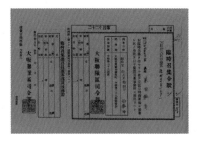

'아카가미' 혹은 '붉은 딱지'라 불렸던 소집 영장

전쟁에 나가는 군인의 안녕을 기원하는 센닌바리

쟁터로 가야 하나. "축 입영, 무운장구武運長久"라고 쓴 어깨띠를 걸고 어데로
가나? 일본을 위해서 죽고 싶지 않다.

ー 이규철, 『시베리아 한의 노래』

시베리아 억류 피해자 이규철은 1925년생 울산 출신으로 1945년 8월 1
일 '아카가미赤紙' 혹은 '붉은 딱지'라 불리는 소집영장을 받았다. 8월 9일
북안(빠이안) 부대에 입대하라는 영장이었다. 그는 징병 2기 대상자였다.
징병을 피하려고 만주까지 가서 국민학교 교사가 되었지만 그의 노력은
헛된 것이 되었다. 1944년 제1기 징병검사에서 교원은 모두 2종으로 판
정되어 병역을 면제받았지만, 급격히 전황이 악화되면서 1945년 제2기
징병검사에서는 불구자만 제외하고 전원 갑종 합격되었다. 학생들이 '무
운장구'라고 수놓은 센닌바리千人針를 선물했지만 그의 마음은 착잡하기만
했다.

이규철이 입대한 8월 9일은 소련이 만주국과 조선, 사할린과 쿠릴열도
에 대한 공격을 일제히 개시한 날이었다. 입대와 동시에 소련과의 전쟁에

징병검사를 받고 있는 조선 청년들. 오른쪽 위는 징병검사장을 시찰하는 조선군사령관 이타가키 세이시로板垣征四郎의 모습이다.

휘말린 것이다. 일본군의 정예라는 관동군의 상황은 최악이었다. 관동군의 주력은 이미 대부분 남방전선으로 이동한데다, 이를 대신해 새로 징집한 병력은 훈련도 제대로 받지 못한 초년병이거나 여기저기서 끌어 모은 나이 많고 허약한 예비역들이 대부분이었다. 관동군은 10만 명 이상의 병사에게 소총조차 주지 못했다.

이규철은 소총과 철모도 지급받지 못한 채 전장에 끌려가 참호를 파고, 전차 파괴를 위한 자폭특공대 훈련을 받았다. 폭탄을 안고 뛰어가 전차의 캐터필러caterpillar에 밀어 넣는 가미가제 식 특공 훈련이었다. 일본군은 이러한 자폭특공대 임무를 조선인 초년병에게만 맡겼다. 일제는 조선인들을 자신의 침략전쟁에 동원해 극심한 차별을 일삼으며 일방적인 희생만을 강요했다.

시베리아에 억류된 사람들

8월 9일 소련군이 공격해오자 관동군은 순식간에 무너져내렸다. 병력·화력·물자 모든 면에서 열세였던 관동군은 전차 및 기계화 부대를 앞세운 소련군의 고속 진격에 전투 개시 일주일 만에 만주 주요 도시를 잃고 패주했다. 열악한 통신 사정과 일본군의 국지적 저항, 소련군의 전략적 고려로 인해 전투는 일본이 항복한 이후에도 계속되었으나 8월 말에 이르러 모든 전투가 종료되고 무장해제가 완료되었다.

무장해제로 소련군의 포로가 된 일본군은 소련군이 지정한 장소로 집결하여 임시 수용되었다. 소련군은 일본군 포로들을 1,000명 단위로 재편성한 후 이동시켰다. 상황에 따라 도보로 이동하거나 선박·화물열차 등의 운송 수단이 동원되었는데, 그 과정은 열악하기 그지없었다. 이동 기간에 물과 식량은 제대로 지급되지 않았고, 위생 상태도 엉망이었다. 여기저기에서 사망자가 속출했다. 병력 부족으로 재소집된 고령의 예비역들이 주요 희생자였다.

구체적인 목적지도 알지 못한 채 이동을 계속해야 했던 포로들은 시간이 갈수록 불안감에 사로잡혔다. 조선인 포로들도 불안하기는 마찬가지였다. 소련군 감시병들은 포로들이 물어볼 때마다 귀국길에 오르는 것이라 얘기했지만 의혹은 점점 커져만 갔다. 오랜 이동 끝에 포로들이 결국 도착한 곳은 침엽수가 끊임없이 펼쳐져 있는 시베리아의 포로수용

군사포로 현황

단위: 명

민족		일본인	중국인	조선인	몽골인	만주인	러시아인	말레이인	합계
전체 내역	장관	163	24	1	3	–	–	–	**191**
	상하급 장교	26,573	8	1	1	–	–	–	**26,583**
	하사관·병	582,712	15,902	10,204	3,629	486	58	11	**613,002**
군사포로 총수		609,448	15,934	10,206	3,633	486	58	11	**639,776**
사망자 내역	장관	31	–	–	1	–	–	–	**32**
	상하급 장교	607	5	–	–	–	–	–	**612**
	하사관·병	61,217	133	71	3	–	–	–	**61,424**
사망자 총수		61,855	138	71	4	–	–	–	**62,068**

* 출처: 소련 내무성 군사포로·억류자담당총국(1956)

소였다.

당시 포로수용소에 수용된 조선인 포로의 숫자는 얼마나 되었을까? 1956년 소련 내무성 군사포로·억류자담당총국이 내무성 차관에 제출한 보고서에는 당시 일본인 포로 및 억류자가 60만 9,448명, 조선인 포로 및 억류자가 1만 206명이라고 적혀 있다. 러시아의 억류 문제 전문가 갈리츠키 해군대령은 1990년 9월 발표한 논문에서 조선인 군사포로는 7,785명이었다고 밝혔다.

두 시간가량 걸었을까. 2중 철조망에 둘러싸인 울 안으로 끌려 들어갔다. 죄인들을 감금한 곳임을 직감할 수 있었다. 넓이가 4만 평방미터나 되는 허

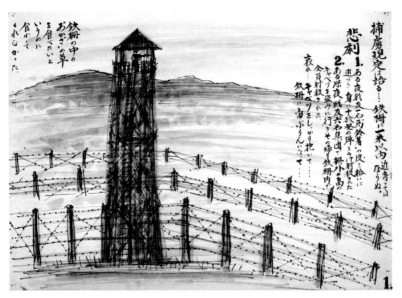

이노우에 가오루가 그린 시베리아 포로수용소의 풍경

허벌판에 지상수용소는 물론 지하땅굴 수용소도 없는 극악범의 감금소였
다. 동서남북 4곳에는 망루가 울 안을 노려보고 있고 영문(營門)에는 여러 명
의 보초가 수비하고 있는데 출입자를 철저히 검문하는 것이었다. 찬바람이
스쳐가는 망루에서는 따발총을 겨누고 있는 치사보이(보초)의 눈초리가 매
섭다. 우리들은 이 벌판에 기거용 천막을 쳤다.

– 이규철, 『시베리아 한의 노래』

일본군 포로들은 2,000여 곳에 달하는 포로수용소에 분산 수용되었다.
말이 포로수용소이지 수용소의 시설은 철조망과 망루가 전부였다. 포로
들은 철조망과 망루로 둘러싸인 허허벌판에서 천막을 치고 기거했다. 문

얼어붙은 암석을 파는 억류 포로들

벌채 작업을 하는 억류 포로들

제는 10월부터 불어 닥치는 시베리아의 한파였다. 8월에 종전을 맞았으니 여름 군복 차림으로 시베리아 삭풍을 버텨야 했다. 천막 속 지면의 온도는 영하 30~40도에 달했다. 포로들은 모닥불을 둘러싸고 몸을 맞대고 앉아 겨우겨우 잠을 청했다. 포로들은 월동을 위한 동굴 파기에 전력을 다했는데, 이 동굴이 완성되기까지 혹한과의 눈물겨운 사투는 계속되었다. 이규철은 자신의 회고록에 "지칠 대로 지친 몸에 매달리고 있는 목숨이 정말 질기고 모질더라"라고 적었다.

소련의 전후 복구사업

나무 벌채하고 들어오면 서로가 가려져서 '야! 니 코 하얗다' 그래. 그래서
눈을 가지고 코를, 막 눈을 가지고 문대지. 문대면 빨간 피가 흐르고, 그 담
에 훈기가 후끈후끈. 그건 뭐 첨에는 얼었는가 안 얼었는가 몰라요. 모르는
데 상대방이 이야길 해야 그담에 아, 얼었구나.

– 피해자 김일용의 증언[14]

벽돌공장에서 하여튼 이틀 밤을 잠을 못자고 계속 일한 적이 있으니
까…… 근데 석회는 그 냄새가 아주 고약하거든요. 그래서 마스크를 해야
하는데 마스크가 뭐 있어요? 수건 같은 거 뭐 타월이 있어요. 천 같은 걸로
대략 목에다 두르고 하는데, 계속 재채기 눈물 콧물 흐르면서 하는 거죠. 그
거 한참 내리면 사람 죽습니다.

– 피해자 원봉재의 증언

　　포로수용소에 수용된 포로들은 소련의 전후복구사업에 강제동원되었
다. 벌목, 목재 가공, 집단농장 작업, 관개 작업, 석탄·광물 채굴, 각종
공장에서의 비숙련 작업, 각종 건설 공사 작업, 부두 하역 등 포로들이
해야 했던 강제노동은 종류도 다양했다. 노동 강도 또한 포로들이 감당
하기 어려울 정도로 혹독했다. 소련 당국은 '노르마'라는 하루 노동 할당
량을 정해놓고 그 양을 채우지 못하면 식량 배급량을 줄이거나 노동시간
을 늘렸다.

문제는 전후 식량 사정이 좋지 못해 소련 당국이 1인당 정해진 하루 식량 배급량도 제대로 지키지 못했다는 점이다. 아침식사로 나오는 검은 빵과 수프는 그 양이 들쭉날쭉이었고, 점심식사는 멀건 양배추국, 저녁식사는 귀리죽이나 잡곡죽뿐이었다. 그나마 노동 할당량을 채우지 못하면 정량을 먹을 수도 없었다. 식량의 절대량이 부족하다 보니 포로들은 상시적으로 영양실조에 빠져 있었다.

수용소에서 생활하는데 배가 고파가지고 사람이 견딜 수가 없더라고요. 멀건 죽 같은 것 하고, 빵은 담뱃갑만 해요. 그리고 설탕 조금 넣고 그래가지고 멀건 죽 해가지고 이제 밥도 한 공기 그걸로 한 3분의 1 정도, 그러니까 뭐 이게 먹는 게 아니죠. 그래 배가 고파가지고 하늘이 노랗고 말이죠.

— 피해자 이태호의 증언

야, 저건 틀림없이 감자단 말야. 그래가지고 감독 몰래 살짝 집어가지고 얼른 집어내. 들킬까봐. 그렇게 해가지구서 그걸 먹겠다고 스팀에다 녹여. 녹여가지고 이렇게 까보면 그게 말뚱이야. 허허. 그거 속으면서도 몇 번을 또 그래. 설마 이거는 아니겠지.

— 피해자 이병주의 증언

포로들을 괴롭힌 것은 이것만이 아니었다. 포로들은 불량한 위생 상태로 인해 줄곧 이와 빈대에 시달렸다. 이와 빈대가 문 자국 때문에 가려워 잠도 제대로 이루지 못할 지경이었고 긁은 흔적은 곳곳에 상처로 남았다.

이를 잡고 있는 억류 포로들

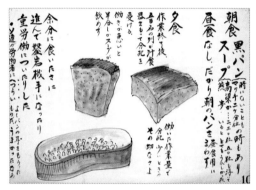

억류자들이 먹었던 흑빵과 수프

특히 이는 내의를 벗어서 기둥에 대고 훑어내리면 후두둑 떨어질 정도였지만, 강제노동과 허기로 인해 대부분의 포로들은 잡을 힘조차 내기 힘들었다.

불량한 위생 및 영양 상태 때문에 포로들 사이에서 장티푸스나 이질이 돌았다. 제대로 된 약이 없어 전염병에 걸리면 무작정 견뎌내는 수밖에 없었다. 피해자 김광조는 발진티푸스에 걸려 열이 42도가 넘었는데 48시간을 넘겨 겨우 살아남았다고 한다. 천운이었다. 대부분은 12시간을 넘기지 못하고 사망했다.

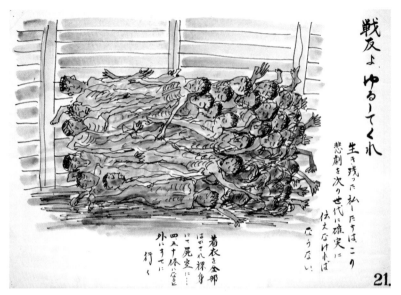

창고에 쌓아놓은 억류 포로들의 시신(이노우에 가오루 그림)

　겨울에 사망한 포로들은 바로 땅에 묻지도 못했다. 땅이 얼어 팔 수 없어서였다. 소련군은 사망자의 옷을 벗기고 가마니에 말아서 창고에 쌓아두었다가 이듬해 봄에 트럭으로 옮겨 집단으로 매장했다. 사망자를 땅에 묻는 것도 살아남은 포로들이 해야 할 일이었다. 움푹 팬 눈과 뼈만 앙상하게 드러난 몸…… 포로들은 동태처럼 꽁꽁 언 동료들을 땅에 묻으며 또 한 번 지워지지 않을 마음의 상처를 입었다.

　1956년에 작성된 군사포로·억류자담당총국의 보고서에는 억류 기간 동안 일본인 6만 1,855명, 조선인 71명이 사망했다고 기록돼 있다. 사망자 가운데 대부분은 억류 첫해 겨울을 넘기지 못하고 죽었다. 혹한, 기아, 중노동, 그리고 장티푸스·이질 등의 전염병이 주요 사망 원인이었다. 고령의 예비역이 많았던 일본인들의 피해가 심했다.

왜 그들은 시베리아에 억류되었는가?

왜 일본군 포로들은 전쟁이 끝난 뒤에도 귀국하지 못하고 시베리아에 억류되었을까? 2차 세계대전 이후 소련은 전쟁포로에 대한 강제노동을 당연시 했다. 소련은 독일군 포로 315만 명을 비롯하여 헝가리, 루마니아, 체코슬로바키아, 폴란드, 유고슬라비아, 이탈리아, 프랑스, 네덜란드, 호주, 일본, 중국, 조선 등 24개국 417만 명의 전쟁포로를 억류하고 소련 각지에 수용하여 강제로 노동을 시켰다. 전후 보상의 하나로 전쟁포로를 활용하여 자국의 경제 부흥을 도모했던 것이다. 일본군 포로들의 억류와 강제노동도 이런 차원에서 벌어진 일이었다.

기가 막히는 것은 당시 일본 당국의 태도이다. 1945년 6월 일본은 '천황'의 특사로 전 총리 고노에 후미마로近衛文麿를 파견해 미국·영국과의 평화 교섭 중재를 소련에 부탁하고자 했다. 이때 고노에 후미마로는 「화평교섭요강」이라는 문건을 작성했는데, 여기에는 '천황제'와 고유 영토 유지를 전제로 만주 일대에 주둔한 관동군·민간인의 억류와 노역 제공에 동의한다는 내용이 들어 있다. 소련보다 먼저 일본이 전쟁포로 및 민간인의 억류와 그들의 강제노동을 제안한 것이다. 전쟁에 질 것이 확실해지자 제일 먼저 최전선에서 방패막이가 되어준 국민들을 버리겠다고 선언한 셈이었다.

고노에 후미마로의 화평교섭은 소련 측의 거부로 실패했지만, 「화평

교섭요강」의 충격적인 내용은 일본 군부가 생산한 다른 보고서에서 다양한 형태로 변주되었다. 관동군 사령부가 1945년 8월 26일 소련 측 바실레프스키 장군에게 보낸 문서에는 "군인, 만주에 생업이나 가정을 갖고 있는 자, 희망자는 귀군(소련군)의 경영에 협력하게 하고"라는 문구가 들어 있다.

같은 날 일본군 대본영 참모인 아사에다 시게하루朝枝繁春가 작성한 문서에는 "대륙 방면의 일본인 교민 및 무장해제 후의 군인을 소련의 비호 아래 조선과 만주에 토착시켜 생활을 영위하도록 소련 쪽에 의뢰하는 것을 허가한다"라는 문구가 들어 있다. 후일 이 문서가 공개되어 논란이 일자 아사에다 시게하루는 다음과 같이 말했다. "전쟁에 진 일본의 본토 4개 섬에 모든 사람을 밀어넣으면 경제를 재건할 수가 없다. 일본이 재기하려면 자원이 있는 대륙에 달라붙어 설사 국적이 바뀌더라도 남아 있는 것이 중요하다고 생각했다."[15] 황군이 되는 것이야말로 진정한 국민으로 거듭나는 길이라고 선전했던 그들이 정작 전쟁에서 패배하자 황군마저 보호할 가치조차 없는 2등 국민인 양 취급한 것이다.

하바로프스크에서 흥남까지

1948년 10월 7일 오렌부르크에서 청소 작업을 하던 이규철은 '조선인 포로는 전원 집합하라'는 명령을 받았다. 감시병들이 '다모이'(귀국) 때문이라고 알려줬다. 조선인 포로들은 화물열차를 타고 20일간 이동한 끝에 하바로프스크에 도착했다. 하바로프스크 수용소에는 소련 각지에서 이동해온 조선인 포로 2,500여 명이 수용되어 있었다. 포로들은 여기서 제설, 하역, 운반 작업 등을 하며 귀국을 기다렸다.

하바로프스크 수용소는 여느 수용소와는 달리 작업이나 일상생활이 감시병 없이 자율적으로 이루어지고 있었다. 그 이유는 하바로프스크 수용소가 '민주운동'이 거센 곳이었기 때문이다. '민주운동'이란 일본군의 하급 병사들이 일본군 특유의 비합리적 계급제도에 반발하여 일으킨 정치운동이다. 즉 군내 민주화운동이자 공산주의 사상개조운동이었다.

하바로프스크의 포로들은 매일 작업을 마치고 저녁식사 후부터 밤 10시까지 '민주 학습'에 참가해야 했다. 이 자리에서는 주로 사상 계몽이나 공산주의에 관한 토론이 이루어졌다. 포로들은 학습 도중에 졸거나 질문에 답하지 못하면 자기비판을 해야 했고 잘못하면 반동분자로 낙인 찍혔다. 작업을 태만히 하거나 부적절한 언행을 해도 마찬가지였다. 반동분자로 낙인 찍히면 대화·운동·오락 등 일상생활에서 제약을 받게 되고, 심한 경우에는 귀국자 명단에서 제명되었다. 따라서 포로들은 반동분자가 되지 않기 위해 모든 행사에 적극 참가하고 불평불만 없이 명령과 지시에 복종했다.

1948년 11월 28일 하바로프스크의 조선인 포로들은 나홋카Nakhodka 항에서 소련 화물선에 올랐다. 꿈에도 그리던 귀국이었다. 조선인 포로들은 배 안에서 〈시베리아 한의 노래〉를 합창하며 귀국의 기쁨을 만끽했다.

시베리 에니세 물결아, 잘 있거라.
자작나무 숲아, 네 품에 자란 어린이들은 내 고향 찾아 떠나련다.

시베리아여,

우리들의 자유와 청춘 보람을 심어주던 정든 고향 시베리아.

　다음날 조선인 포로들이 탄 소련 화물선이 흥남항에 도착했다. 흥남의 시민들이 그들의 귀국을 환영해주었다. 포로들은 북한 당국이 흥남여고에 마련한 임시 숙소에 짐을 풀었다. 북한에서의 생활은 소련에서의 생활과 비할 바가 아니었다. 포로들은 하루 세 끼 쌀밥을 먹었고, 군악대의 위문공연에 흥남비료공장까지 견학했다. 흥남 체류 한 달 만에 북한 출신 포로 800여 명과 만주 출신 포로 1,000여 명이 고향으로 돌아갔다. 그러나 남한 출신 포로 500여 명은 좀 더 기다려야 했다.

기막힌 귀국

소련 하바로프스크 등지에서 4년이란 긴 세월 '라게리'(포로수용소)에서 생지옥살이를 하다 귀국시킨 한국청년 183명이 지난 4, 5 양일간 북한을 거쳐 남한으로 들어와 방금 인천 전재민수용소에서 경기도 경찰국의 조사를 받고 있다 함은 이미 기보한 바 거니와, 현재 이들은 아직도 조사를 계속 받고 있는데 국제 정세가 미묘한 때이요, 또한 북한의 파괴분자들의 준동이 날로 심하여가고 있는 때인 만큼 이들의 귀국은 실로 치안당국의 의아를 사지 않을 수 없다. (…) 소식통이 전하는 바에 의하면 이번에 소련서 해방시킨 우리 청년의 포로는 약 2,000여 명이라는데 그중 남한에 본적을 둔 자 500여 명을 분산 월남시키고 있다는 것도 이해키 어려운 사실로 작금과

시베리아 억류 피해자의 귀환을
보도한 『동아일보』 기사

같은 파괴분자의 잠입이 빈번한 요즈음이라, 일층 조사당국은 긴장한 빛을
보이고 있는 것도 사실이다.

― 『동아일보』 1949년 2월 12일 자

북한 당국은 2월 4일부터 순차적으로 남한 출신 포로 500여 명을 출신
지별로 수십 명씩 나누어 한밤중에 38선 이남으로 내려보냈다. 포로들은
남북한 사이에 정식 인수인계 절차가 있을 것이라고 예상했지만 그런 것
은 없었다. 북한 당국자는 남한 화폐를 이동 거리에 따라 차등 분배해준
다음, "남쪽에는 경비가 삼엄하니 잡히지 않도록 조심해서 가시오"라고
말하며 38선으로 향하는 곳까지 안내해주었다. 38선 이남으로 내려가는
것은 순전히 포로들의 몫이었다.

남측에 이르렀을 무렵 포로들은 남한 경찰의 기총 사격을 받았다. 그
사격으로 사망자까지 발생했다고 하는데 그 실상은 정확히 알 수 없다.
겨우 죽음을 피한 포로들은 곧바로 남한 경찰에 체포되어 경찰서로 연행되었다. 그들은 북한에서 파견한 공작원이나 간첩으로 오인 받아 밤새도록 취조를 받았다. 며칠간의 조사 끝에 포로들은 인천에 있는 전재민수용소에 수용되었다. 인천에 수용된 포로 477명은 50여 일간 미군CIC, 남한 정보 당국의 혹독한 조사를 받았다. 조사 끝에 혐의를 벗은 포로 459명은 "대한민국 건설에 이바지하겠다"라는 다짐과 함께 고향으로 돌아갔다. 그러나 간첩혐의자 18명은 체포되었다. 그들이 어떤 사람인지, 그들이 후일 어떻게 되었는지는 전혀 알려지지 않았다.

당시 남북은 38선을 사이에 두고 격렬히 대치 중이었다. 38선 곳곳에서 총격전이 벌어졌고, 수십 명의 무장 병력이 월경하여 상대방을 공격하고 돌아가는 경우도 부지기수였다. 이런 상황에서 북한이 어떠한 협의도 없이 한밤중에 수십 명의 포로들을 남하시키자 남한 당국은 의심에 사로잡혔다. 남한 당국은 북한 측에서 포로들 사이에 공작원이나 간첩을 숨겨 놓았을지 모른다고 여겼다. 이런 정황에서 남한 출신 포로들은 50여 일간 공안당국의 혹독한 조사를 받았던 것이다.

징병으로 일제에 이용당하고, 강제노동으로 소련에 이용당한 이들은 귀국한 뒤에도 분단이라는 현실 속에 또다시 남북 갈등에 휘말리는 아픔을 겪었다. 그들의 고생은 여기서 끝나지 않았다. 곧이어 한국전쟁이 터진 것이다. 전쟁 기간에는 많은 이들이 적성국가 체류 경험을 살려 가장 먼저 북측 침투 최선봉에 서야 했다. 대부분 전쟁에 희생되었고, 생존했더라도 적성국가 소련에서 돌아왔다는 이유로 '요시찰' 딱지가 항상 따라다녔다. 오랜 기간 그들은 감시의 그늘에서 벗어나지 못했다.

시베리아삭풍회를 조직하다

시베리아 억류 피해자들은 한국전쟁 이후 각자 생계를 꾸리느라 서로 제대로 연락도 못하고 지냈다. 아무리 피치 못할 사정이 있다 해도 민주화 이전의 한국에서 소련과 관련된 경험을 이야기하기란 쉽지 않았다. 일본군 '위안부' 피해자들이 한국사회의 편견과 냉대 속에 2차적인 피해를 입었다면, 해방 후 시베리아 억류 피해자들을 가혹한 상황으로 내몬 것은 냉전과 분단 그리고 이념이었다. 시베리아 억류 피해자들이 처음 친목모임을 결성한 것은 1990년 6월 한소 수교가 이루어지고도 1년 반이 지난 1991년 12월 무렵이었다. 모임의 이름은 '시베리아삭풍회'였다. 알음알음 서로에게 연락하고 신문에 광고까지 내 찾은 피해자는 모두 57명이었다.

시베리아삭풍회는 자신들의 피해를 세상에 알리고 관련국들의 사과와 그에 걸맞은 정당한 보상을 요구하는 것을 모임의 목표로 삼았다. 그들의 첫 번째 과제는 러시아로부터 노동증명서를 받는 것이었다. 노동증명서란 이름과 출생지, 생년월일 등 기본적인 인적사항과 함께 억류 장소와 억류 기간, 미불임금 등이 기재된 러시아 공문서이다. 시베리아삭풍회는 일본전국억류자보상협의회(이하 '전억협')의 도움을 받아 1993년 10월 20일 러시아 중앙공문서보관소로부터 33명의 노동증명서를 받는 데 성공했다. 전억협은 일본인 억류자 단체로 억류 실태 조사, 보상, 유골 반환 등을 요구하며 일본정부를 상대로 소송을 벌여온 단체였다. 이후에도 시베리아삭풍회는 전억협과 여러 차례 공동 투쟁을 벌였는데, 일본인 피해자 단체와 한국인 피해자 단체가 함께 싸운 보기 드문 사례였다.[16] 시베리아삭풍회는 모두 3차례에 걸쳐 러시아로부터 총 55명의 노동증명서를 발급받았다.

이와 함께 시베리아삭풍회는 1995년 러시아 각 기관에 산재해 있는 포로명부도 입수했다. 조선인 포로 약 3,000여 명이 기재된 명부에는 이름과 본적지, 생년월일을 비롯하여 징병일과 체포일, 체포 장소, 석방 시기, 수용 장소 등의 정보가 상세히 기록되어 있다. 이를 입

시베리아삭풍회가 러시아로부터 받은 노동증명서

수함으로써 시베리아삭풍회는 일본정부에 피해배상을 청구할 수 있는 객관적 자료를 확보하게 되었다.

한편 시베리아삭풍회는 1994년 김영삼 대통령의 방일 때 억류 피해자 보상 문제 해결을 일본정부에 요청해달라는 청원서를 제출했다. 삭풍회가 우리 정부를 통해 일본에 요구하고자 한 내용은 위로금 지급, 4년간의 군인봉급 지급, 노동임금 지급, 정신적·육체적 피해보상이었다. 그러나 6개월 뒤 돌아온 우리나라 외무부의 답변은 "1965년 한일회담 청구권 조항 해석에서 한일 간에 견해차가 있고 미묘한 문제여서 정부 차원의 조치는 어렵다"라는 것이었다. 삭풍회는 1998년 김대중 대통령에게도 피해보상 문제의 해결을 요청하는 진정서를 제출했지만 긍정적인 답변을 얻지 못했다.

결국 시베리아삭풍회는 일본정부에 직접 자신들의 요구사항을 전달하기로 했다. 1999년 10월 시베리아삭풍회는 일본 오부치 게이조小 淵惠三 총리 앞으로 강제징병과 강제노동 등 과거의 잘못에 대한 진정한 사죄, 군인 봉급의 지급, 일본정부가 일본인 억류자에게 지급한 위로금의 지급, 소련에서의 미불임금 지불, 정신적·육체적 피해보상, 한국인 사망자 명단 공개를 요구하는 진정서를 보냈다.

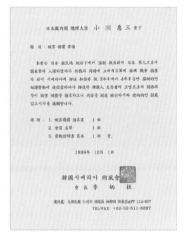

시베리아삭풍회가 오부치 게이조 총리에게 제출한 진정서

일본정부는 2001년에야 공식 답변을 내놨다. 일본정부는 1995년 8월에 발표되었던 무라야마 총리의 담화를 인용하며 일본의 과거 행위에 대해 "통절한 반성의 뜻을 표하고 마음으로부터 사죄를 표명한다"라고 하면서도 "군인 봉급 지불과 정신적·육체적 피해보상은 한일청구권협정을 통해 최종적으로 해결이 끝났다"며 보상 불가의 뜻을 밝혔다. 또한 억류자에 대한 위로금 지급 문제는 "1988년 현재 일본 국적 소지자에 한한 것이며 청구 기간도 이미 지난 사안"이라며 한국인 피해자들에게는 해당 사항이 없다고 했다. 미불임금의 경우에도 다음과 같이 주장했다. "포로의 노동 임금은 포로의 소속국에서 지불한다고 규정한 「전쟁포로의 대우에 관한 제네바 협약」(1949)은 2차 세계대전 당시 아직 작성되지 않았

재한군인군속재판에 참가한 시베리아삭풍회 회원들

고 국제법으로 확립됐다고 인정할 수 없으며, 당시 통용된 「헤이그육전규칙」(1907)은 포로 노동 임금을 억류국에서 지불해야 한다고 규정한 만큼, 일본정부에는 책임이 없다." 전쟁 동원에 대한 피해보상은 한일 간에 이미 해결됐고, 그 이후에 발생한 강제노동 문제는 일본의 책임이 아니라는 논리였다.

시베리아삭풍회는 2003년 6월 일본정부를 상대로 도쿄지방재판소에 전후보상 청구소송을 제기했다. 재한군인군속재판(이하 '군군재판') 제2차 소송에 원고로 참여한 것이다. 생존자 30명과 유족 1명은 「전쟁포로의 대우에 관한 제네바 협약」이 포로 소속국에 대해 강제노동의 미불임금의 지불을 의무로 하고 있으므로, 일본정부는 일본군으로 참전한 한국인에게 미불임금을 지불해야 한다고 주장했다. 그러나 2006년 5월 도쿄지방재판소는 청구를 기각했다. 군군재판 소송단은 곧바로 항소했으나 도쿄고등재판소 역시 2009년 10월 항소를 기각했다. 이후 군군재판 소송단은 2009년 11월 상고했으나 일본 최고재판소(대법원)는 2011년 11월 상고를 기각했다. 일본 법원의 기각 사유는 한결같이 한일청구권협정을 통해 모

시베리아삭풍회가 걸어온 길

1991.12	시베리아 억류 피해자들, 시베리아삭풍회 조직
1993.10	러시아 중앙공문서보관소로부터 노동증명서 발급 받음
1994.2	김영삼 대통령에게 진정서 제출
1995	러시아 포로명부 입수
1998.4	김대중 대통령에게 진정서 제출
1999.10	오부치 게이조 일본 총리에게 사과와 피해보상을 요구하는 진정서 제출
2001	일본정부, 책임을 회피하는 공식 답변 내놓음
2003.6	군군재판 제2차 소송에 참가하여 일본정부에 소송 제기
2004.11	강제동원위원회에 시베리아 억류 포로 문제 조사 신청
2006.5	도쿄지방재판소, 군군재판 제2차 소송 청구 기각
2006.6	군군재판 제2차 소송 항소
2009.10	도쿄고등재판소, 군군재판 제2차 소송 항소 기각
2009.11	군군재판 제2차 소송 상고
2011.11	일본최고재판소, 군군재판 제2차 소송 상고 기각

든 청구권이 해결되었다는 것이었다.

2010년 6월 일본의 민주당 정권은 시베리아에 억류되었던 일본인 피해자들에 대해 '특별급부금' 형식으로 보상금을 지불하는 법안을 통과시켰다. 그러나 이 법안에서도 한국인과 대만인 등 외국인 피해자는 보상 대상에서 제외되었다.

그들이 진정으로 원하는 것

2004년 11월 10일 강제동원위원회가 발족했다. 국내 피해자 단체와 민족문제연구소 등 학술단체, 기타 시민단체들이 힘을 모아 피해자 개인이 증명하기 어려운 강제동원 피해 진상규명을 국가가 나서서 해결해야 한다며 '일제강점하 강제동원피해 진상규명 등에 관한 특별법' 제정 운동을 벌인 결과였다. 이로써 처음으로 일제강점기 강제동원 피해에 관한 정부 차원의 진상규명과 피해자 지원이 시작됐다.

시베리아삭풍회는 곧바로 강제동원위원회에 진상규명을 요청했다. 피해자 대표로 이병주 회장은 진상규명이 필요한 9개항의 목록을 작성했다. 그 요지는 다음과 같다.[17]

1 | 소련이 포츠담 선언 제9항[18]에도 불구하고 조선인이 포함된 일본군을 억류한 배경은 무엇이며, 일본정부는 왜 이를 방기했는가.

2 | 강제동원되어 일본 관동군에서 복무한 조선인의 총 수는 몇 명인가.

3 | 전쟁 말기 소련군과 교전 중 일본인 지휘관의 명령으로 '폭사爆死'한 조선인 총 수는 몇 명이며, 이들의 인적사항은 어떻게 되는가.

4 | 무장해제 될 당시 일본이 소련 측에 전달한 명부에 조선인을 '일본' 국적으로 등재한 까닭은 무엇인가.

5 | 시베리아에 억류된 조선인 총 수는 몇 명이며, 수용된 장소는 어디인가.

6 | 시베리아에서 사망한 조선인 수와 인적사항, 그리고 사망 장소는 어디인가.

7 | 시베리아에서 생존 귀환한 조선인은 몇 명인가.

8 | 시베리아 수용소에서의 강제 노역으로 받은 '노동증명서'에 명시된 미불임금은 어느 나라에서 지급받아야 하는가.

9 | 한일협정으로 인한 청구권은 시베리아 억류 문제와 관계 없기 때문에 개인청구권을 통한 피해보상 청구가 가능하지 않은가.

강제동원위원회는 2005년 6월 진상조사에 착수하여 2011년 「시베리아 억류 조선인 포로문제 진상조사」라는 제목으로 보고서를 발간했다. 그러나 피해자들이 궁금해했던 질문에 대한 답은 여전히 미흡한 점이 많다. 강제동원위원회의 피해조사 결과에 따라 피해자들은 한국정부로부터 지원금 등을 받았지만 그것은 끝이 아니라 시작이라는 점을 잊어서는 안 된다.

여기 '자원봉사신청서'라고 적힌 한 장의 서류가 있다. 2005년 10월 시베리아삭풍회 5대 회장이었던 이병주 회장이 강제동원위원회에 제출한 자원봉사신청서이다. 그는 한자어를 해석할 일이 있다면 위원회에 도움을 주고 싶다며 자원봉사를 신청했다. 단지 한 장의 신청서에 불과하지만 그 속에 담긴 그의 마음이, 그가 진상규명 작업에 품었던 기대와 희망이 보이는 듯하다.

시베리아 억류 피해자 이규철이 쓴 『시베리아 한의 노래』는 볼수록 마음이 뜨거워지는 책이다. 이 책은 정식 출간되지 않은 필사본이다. 그는 자신이 시베리아에서 경험했던 일들을 빠짐없이 기록했다. 관련 자료를

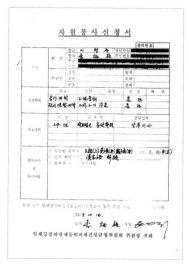

시베리아삭풍회 이병주 회장의 자원봉사신청서

꼼꼼히 정리하고, 손수 삽화와 지도까지 그려 넣었다. 이 책 덕분에 우리는 시베리아 억류 피해의 진실에 다가가는 데 있어 백지 상태에서 시작하지 않아도 되었다. 이 책을 가만히 보고 있으면 자연스레 그가 어떤 마음으로 이 책을 썼을지를 상상하게 된다. 아마도 자신에게 일어난 일들을 조금이라도 이해하고 싶은 마음이었을 것이다.

피해자들은 묻는다. 우리는 왜 전후에 소련으로 끌려가 강제노동을 해야 했는가? 우리는 왜 일본이나 소련으로부터 제대로 된 사과와 보상을 받지 못하는가? 우리는 왜 평생 지울 수 없는 고통을 겪고 피해자가 되어야 했는가?

시베리아 억류 피해자 가운데 많은 분들이 이미 우리 곁을 떠났다. 하지만 우리에게는 여전히 그들의 질문에 답해야 할 과제가 남아 있다.

하이난 섬 '조선촌'에 묻혀 있는 살해당한 조선인들

김정미
'기슈 광산의 진실을 밝히는 모임' 활동가

대만에서 서쪽으로 약 1,000킬로미터 떨어진 곳에 하이난海南 섬이라는 곳이 있다. 오래전부터 끝없이 펼쳐진 모래사장과 해변에 늘어선 야자수 등으로 '동양의 하와이'라고 불리던 곳이다. 오늘날 하이난 섬은 이국적인 매력을 자랑하는 중국 최고의 휴양지가 되었다. 이 하이난 섬 남단에 위치한 싼야三亞 시 교외에 '조선촌'이라 불리는 마을이 있다. 이름은 조선촌이지만 정작 이곳에 조선인은 한 사람도 살지 않는다. 세계 여러 나라의 사람들이 바쁜 일상을 접고 평화롭게 쉬어가는 이곳에 '조선촌'이 존재하는 이유는 무엇일까? 여기에는 식민지시대 우리 민족이 겪어야 했던 가슴 아픈 역사가 숨겨져 있다.

'조선촌' 전경. 난딩 촌 남동쪽의 난딩령(표고 485미터) 정상에서 촬영(2002.3.26.)

비극의 시작, 조선보국대

1939년 2월 10일 일제는 해군과 육군을 총동원하여 하이난 섬을 기습 점령했다. 하이난 섬은 중국과 베트남·미얀마를 잇는 전략적인 요충지이자, 풍부한 광물자원이 매장되어 있는 천혜의 보고였다. 하이난 섬의 전략적 중요성에 주목해왔던 일제는 이곳을 남방(동남아시아, 태평양지역, 오세아니아 북부) 진출의 거점으로 삼기 위해 대규모 침략을 감행했다. 하이난 섬을 점령한 일제는 해군 제5함대 사령부를 주둔시켜 군정 사무를 담당케 하는 한편, 일본의 민간기업으로 하여금 비행장·항만·도로 등을 정비하도록 했다. 이때 광산개발 등 자원 약탈도 본격화되었다. 특히 1939년

8월에 기슈紀州 광산을 운영하던 이시하라산업石原産業은 하이난 섬 남부의 티안두田獨 철광산을 독점해 이듬해 7월부터 일본 야하타 제철소로 보내기 시작했다. 티안두 광산에는 하이난 섬 현지인뿐 아니라 중국인·대만인·조선인 등과 말레이시아나 싱가포르 등에서 포로가 된 영국군 병사, 호주군 병사들이 강제로 동원되어 혹사당했다.

전황이 악화되어가던 1943년 조선총독부는 일본 해군의 요청을 받는다. 하이난 섬에 동원할 노동자를 징발해달라는 것. 이에 조선총독부는 형무소에 있던 죄수들까지 강제노역에 동원하기로 한다. 일본에서는 1939년 말부터 수감자들을 남방의 섬에 보내 강제노동을 시켰다. 강제노동이 식민지 조선 내에서는 늦게 시작되었던 것은 일본정부와 군이 조선인의 강고한 반항을 두려워했기 때문이다. 조선인에 대한 징병제 실시가 공포된 시점에 조선인 수감자들의 남방 파견도 시행되었다. 조선총독부는 경성형무소 등 전국의 형무소에 수감되어 있던 조선인 가운데 적당한 사람들을 골라 하이난 섬으로 보냈다. '남방파견보국대', 이른바 조선보국대朝鮮報国隊였다.

1943년 3월부터 1944년까지 8차에 걸쳐 하이난 섬으로 동원된 조선인 수감자는 모두 2,000여 명에 달했으며, 조선보국대 선발 기준은 다음과 같았다. ① 남은 형기가 1년 6개월 이상 3년 미만인 자, ② 나이 20세 이상 40세 미만인 자, ③ 선동성, 격정성激情性, 광악성狂惡性이 없는 자, ④ 신체 건강하여 외역外役 토공土工 작업에 적합한 자 등. 말 그대로 젊고 건강하고 순하고 일 잘하게 생긴 사람이면 된다는 뜻이었다. 조선총독부는 수형자들에게 '형기 단축'과 쾌적한 노동조건의 제공을 약속했다. '형기 단

하이난 섬의 강제동원 현장과 조선촌

쉴루 광산

바수오

링수이 비행장

난딩(조선촌)

링수이 현 신촌 특공정 기지

티안두 광산

싼야

잉저우진 비행장

축'은 그들에게 가장 달콤한 제안일 수밖에 없었다.

 하이난 섬에 도착한 조선보국대원들은 얼마 지나지 않아 자신들이 속았다는 것을 알았다. 노동은 새벽부터 12시간 이상 계속되었고 제공되는 식사는 부실하기 그지없었다. 고된 노동과 영양 부족, 열악한 위생 상태로 인해 전염병이 만연했다. 무엇보다 가장 고통스러운 것은 상시적인 구타와 살해 위협이었다. 여전히 죄수 신분이었던 그들은 마치 노예처럼 부려졌고, 인간 이하의 대접을 받았다.

강제노동, 그리고 학살

조선보국대원들은 싼야, 후앙리우黃流, 링수이陵水, 잉저우진英州鎭 다포大
坡 촌의 일본 해군 비행장 건설, 바수오八所 항만 건설, 싼야-바수오 간 철
도 건설, 링수이 현 신촌新村의 특공정 격납용 동굴 건설, 강은感恩 철교 건
설 등의 건설 현장에 투입되었다. 이와 함께 조선보국대원들은 이시하라
산업의 티안두 철광산, 일본질소日本窒素가 경영한 쉴루石碌 철광산 등 일본
기업들이 운영하는 광산에 투입되기도 하였다.

1945년 초 전쟁이 막바지에 달하자 일본군은 미군의 하이난 섬 싼야 해
안 상륙을 우려하여 군사거점을 해안에서 멀리 떨어진 난딩南丁촌으로 옮
기려 했다. 조선보국대원들도 난딩촌으로 끌려가 도로를 닦고 공습을 피
하기 위한 동굴을 파는 데 동원됐다. 난딩촌 옆 중촌中村 마을의 뒷산에는
지금도 일본군이 사용하던 건물과 군용으로 만들어진 동굴이 몇 군데 남
아 있다.

당시 일본군에 의해 도로 건설 작업에 강제로 동원되었던 푸아룽符亞輪
씨(1916년생)는 다음과 같이 증언했다. "조선인들은 대나무로 만든 바구니
를 짊어지고 흙을 날랐다. 조선인들은 먹을 것을 조금밖에 못 먹었기 때
문에 힘이 없었다. 흙 바구니를 짊어지지 못하면 일본인에게 맞았다. 도
로 건설이 끝난 뒤, 일본군은 아무 이유도 없이 조선인들을 두 사람씩 나
무에 매달아 때렸다. 일본인은 조선인이 조선인을 때리게 하면서 의자에
앉아 그 모습을 구경했다. 이들을 죽을 때까지 때리다가 결국 죽으면 두
세 명씩 구덩이에 묻었다. 일본군은 다른 조선인에게 구덩이를 파서 묻게

중촌 뒷산에 남아 있는 일본군의 군용 동굴

중촌 뒷산에 있는 용도 불명의 일본군 건조물

했다."

2000년 3월 30일에 만난 저우쉬에친周学勤 씨(1935년생)는 1945년경 도로공사에 동원된 조선인들을 많이 보았다고 했다. 소년 시절 난딩촌 근처에서 소를 몰던 그는 "조선인이 나무에 매달려 있는 것을 보고 정말 무서웠다"며, "가까운 뒷산에서 산 채로 불태워지는 조선인의 목소리를 들었는데, 어렸을 때 간간이 들려오던 낮은 비명 소리가 지금도 들리는 듯하다"라고 말했다. 지금은 풀이 우거진 현장에서 그는 몸소 조선인들이 지게를 짊어졌던 모습을 재연하며 그들에 대해 증언했다.

현지 주민들의 증언에서 알 수 있듯이 조선보국대원들은 일상적인 폭력과 살해의 위험 속에 있었다. 그들은 인간적인 대우를 전혀 받지 못했다. 그런데 1945년 8월 15일 일본이 패전하면서 그들은 더욱더 가혹한 운명 앞에 놓이게 되었다.

"일왕의 항복 소식을 들은 일본군은 천여 명의 조선 노동자들을 끌고 와 지하갱도를 파게 하고 무기와 물자를 묻었다. 그리고 일본군들은 뜻밖에도

조선인들이 만든 도로 옆에서
조선인들이 지게를 짊어진 모
습을 보여주는 저우쉬에친 씨
(2000.3.30.)

이 조선인들을 전부 살해해 한곳에 묻었다. 이곳을 '천인갱'이라고 부르게
됐다."

– 하이난 성, 『철발굽 아래의 피비린내 나는 비바람』[19]

1945년 8월 15일 일본이 항복하자 난딩촌의 일본군은 급히 조선보국
대원 1,000여 명을 동원해 땅을 파고 무기와 군수물자를 묻었다. 그런 뒤
조선보국대원을 모두 살해하고 한곳에 묻었다. 일본군이 모두 철수한 후
현지 주민들은 조선인이 묻힌 곳을 '천인갱'이라 부르고, 살해된 조선인
들을 애도하는 마음으로 마을의 이름을 '조선촌'으로 바꿔 불렀다. 이것
이 천혜의 휴양지 하이난 섬에 조선촌이라는 마을이 생겨난 이유이다.

역사의 진실을 찾아서

1997년 결성된 일본의 시민단체 '기슈 광산의 진실을 밝히는 모임'은 일
본의 기슈 광산에서 있었던 조선인 강제연행·강제노동의 진실을 밝히기

두개골이 납작하게 달라붙은 유해(2001.1.)

몸이 뒤틀린 유해(2001.1.)

위해 만들어진 자발적인 시민모임이다. 나와 같은 재일조선인과 일본인
시민활동가, 연구자들이 참여하고 있다. 우리는 역사적 진실을 규명하기
위해 한국에 있는 피해자들을 만나 증언을 수집해왔으며, 강제연행 현장
추모제, 조사보고서 발간 등의 활동을 해왔다.

　기슈 광산을 운영했던 이시하라산업의 만행을 추적하는 과정에서 우리
는 일본군이 하이난 섬에서 자행한 전쟁범죄에 대해 알게 되었다. 1998
년 6월 우리는 처음으로 하이난 섬 조선촌을 찾아가 마을 사람들로부터
증언을 들었다. 일본군의 조선촌 학살사건의 진상을 규명하기 위한 첫걸
음이었다.

우리는 수차례의 현지조사를 거쳐 2001년 1월 12일부터 2월 11일까지 한 달간 조선촌의 난딩초등학교 뒤쪽에 있는 광장에서 발굴 작업을 시도했다. 본격적인 발굴이라기보다는 일부 구역에 한정한 시굴에 가까운 작업이었다. 그런데 땅을 파기 시작한 지 얼마 지나지 않아 100여 구가 넘는 유골이 쏟아져 나왔다. 사망 당시 몸의 형상이 그대로 남아 있는 유골, 두 사람의 두개골이 달라붙은 유골, 총탄에 의한 것인 듯 두개골에 구멍이 뚫린 유골, 손발과 몸이 부자연스럽게 접힌 유골 등 모습이 처참했다. 마을 사람들이 증언한 대로 피해자들이 잔혹하게 살해되었음이 명백히 드러났다. 유골의 주변에서는 탄피와 일본군 양식의 '군인수첩', 단추, 천조각, 금니, 뿔 모양의 쇠틀 등도 발굴되었다.

유골에 남은 진실의 목소리

조선촌은 일본군의 '범죄 현장'이자 일본군의 범죄를 증명하는 '역사의 현장'이었다. 일본군의 범죄를 증명할 수 있는 현장이 이렇게 훼손되지 않고 그대로 남아 있는 경우는 많지 않다. 발굴 이후 '기슈 광산의 진실을 밝히는 모임'은 2002년 4월 김대중 대통령 앞으로, 2003년 5월에는 노무현 대통령 앞으로 요청서를 보냈다. ① 조선촌의 유골을 체계적이고 과학적으로 발굴하고 매장된 사람들의 사인을 해명하며 ② 하이난 섬 조선촌 희생자와 유골 문제를 국가 차원의 사업으로 검토해달라는 내용이었다. 2004년 9월에는 일본정부의 총리와 법무부 장관, 후생노동부 장관에게 조선의 형무소에서 하이난 섬으로 연행된 조선인 전원의 명부를 포함한 조선보국대 관련 문서의 공개와 진상규명을 요청했다. 한편 2004년 10월에는 민족문제연구소와 독립기념관이 〈해남도(하이난 섬)에서 일본은 무엇을 했는가—침략·학살·약탈·성노예화〉라는 특별전을 개최했다. 우리 모임이 자료를 제공해 열린 이 전시회는 하이난 섬의 조선인 학살을 고발하는 최초의 전시회였다.

2004년 11월 강제동원위원회가 한국의 정부 기구로 설치되자, 2005년 4월 우리는 강제동원위원회에 "일제강점기 하이난 섬의 조선인 강제동원·학살 피해 진상을 공동으로 규명할 것"과 이를 위해 "엄밀하고 체계적인 방법으로 조선촌 유골 발굴을 실시할 것"을 요청했다. 강제동원위원회는 우리의 요청에 동의했지만, 그들은 하이난 섬에 대한 조직적인 조사도, 조선촌 발굴을 위한 구체적인 준비도 하지 않았다.

1998년 6월부터 2006년 4월까지 30차례 정도 '조선촌'을 방문해왔던 우리는 유골을 더 이상 방치해두면 안 된다고 생각했다. 어쩔 수 없이 '기슈 광산의 진실을 밝히는 모임'이 독자적인 발굴 작업을 진행했다. 2006년 5월 2일 이른 아침, 발굴 기록을 통해 학살의 책임 소재를 확실히 하기 위해 일본인 고고학자, 고고학 발굴전문가와 함께 본격적인 발굴에 앞선 시굴에 착수했다. ① 매장 양식, ② 매장 상태, ③ 유해 상태, ④ 유골, ⑤ 유물 상태, ⑥ 유물 내용 등을 과학적으로 해석·감정·분석하고 사인을 특정하여, 일본군에 의한 조선촌 학살 사실을 확인하고 기록할 계획이었다. 하지만 시굴이 시작된 지 한시간도 채 지나지 않아 하이난 성 정부의 경찰관이 찾아와 작업이 중단되었다. 이후 하이난 성 당국은 조선촌 주민들에게 외국 민간인을 마을로 들이지 말라고 지시했다.

2006년 5월 2일 이른 아침 '시굴' 작업을 시작하고 있다.

　　조선인 학살의 진실을 규명하기 위해서는 반드시 희생자들의 유해를 '발굴'해야 한다. 죽은 사람은 말을 할 수 없지만, 매장되어 있는 유해는 살아 있는 우리가 알지 못하는 진실을 전해줄 수 있다. 희생자들은 유골이 되어서도 일본의 침략범죄를 고발하고 있다. 우리는 유골이 된 그들의 '목소리'를 조금이라도 듣고 싶었다. 하지만 시굴 중단 사태에서 알 수 있듯이 조선촌 학살사건의 진상을 규명하기 위한 발굴 작업은 '기슈 광산의 진실을 밝히는 모임'과 같은 민간 조직이 할 수 있는 일은 아니었다.

지옥에서 살아 돌아온 사람들

조선촌 학살사건의 진상은 여전히 제대로 알려져 있지 않다. 하이난 섬에

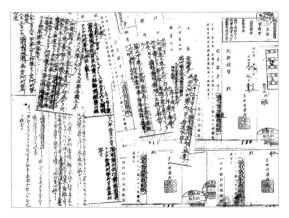

하이난 섬에 강제동원되었
다가 돌아온 조선인 수감자
의 서류

강제동원된 조선인들이 몇 명이나 되는지, 하이난 섬에 끌려와 두 번 다시 고향으로 돌아갈 수 없었던 사람은 몇 명이나 되는지, 그들이 하이난 섬에서 어떤 일을 당했는지에 대하여 우리는 자세히 알지 못한다. 하이난 섬에 끌려왔다가 돌아가지 못한 조선인은 대략 1,000여 명에 달할 것으로 추정된다. 현재까지 남아 있는 일본 내무성 문서, 조선총독부 문서, 구 일본군 문서의 정보를 취합하여 추정한 결과이다.

그런데 하이난 섬에 강제동원되었다가 다행히 가석방되어 귀향한 사람들도 있다. 이들에 관한 기록은 조선총독부 행형부行刑部에서 작성한 가석방자 관련 문서로 남아 한국의 정부기록보존소에 보관되어 있다.

우리는 지옥에서 살아남아 고향으로 돌아온 사람들 가운데 고복남 씨(1917년생), 여차봉 씨(1913년생), YJ 씨(1917년생), PM 씨(1920년생), PT 씨(1922년생) 등 다섯 명을 찾아가 증언을 들었다. SY 씨(1917년생)는 전화 통화를 했다. 이분들은 처음 경험한 열대기후 속 열악한 환경과 일본군의 폭력, 기아, 질병 그리고 가혹한 노동에 쓰러져간 동료들의 이야기 등 그

곳에서의 참혹한 체험을 우리에게
들려주었다.

성노예 박래순 씨

현지 조사를 통해 우리는 조선촌
뿐 아니라 다른 지역의 상황에 대
해서도 알게 되었다. 리족·먀오족
자치현의 난링南林과 바오팅保亭이
그러한 곳이었다. 난링에서 일본
군의 도로 공사와 건축 작업에 동
원된 지밍허吉明和 씨(1923년생)는

도망치다 잡힌 뒤, 족쇄가 채워지고 철사에 두
손을 뒤로 묶여 매달린 채로 구타를 당했던 상
황을 설명하는 고복남 씨

이렇게 증언했다. "동굴을 판 것은 대만인, 조선인, 홍콩인 등이었고 이들
은 동굴로 이어지는 도로 공사에도 동원되었다. 조선인은 1,000명 이상
있었던 것 같다. 푸른색 옷을 입었고 문이 있는 울타리 안에서 지냈다. 지
금 난링 향鄕 정부가 있는 곳에 일본군 본부가 있었고 그 근처에 '위안소'
가 있었다. 조선인은 밥을 조금밖에 먹지 못했기 때문에 쇠약해져서 죽은
사람도 있다. 일본인에게 맞아 죽은 조선인도 많았고, 조선인이 목이 잘
려 살해당하는 것을 본 적도 있다."

바오팅에서 우리는 중국의 소수민족인 리족으로 바오팅 문사자료공작
위원회 주임을 맡은 장잉용張応勇 씨를 만났다. 그는 '전지병참복무대'에
끌려가 일본군 성노예가 되었던 리족 여성들이 중국의 문화대혁명 시기

박래순 씨의 묘(2000.3.29.)

에 난링과 바오팅 지역에서 '일본 딸' '일본특무' 등으로 비난 받고 박해를 당한 것을 잊을 수 없다고 했다.

우리는 장잉용 씨를 통해 일본군 성노예로 끌려온 조선인 여성 박래순朴来順 씨에 대해서도 알게 되었다. 그는 전쟁이 끝난 뒤에도 조선으로 돌아가지 않고 바오팅에 남았다. 장잉용 씨는 박래순 씨가 사망하기 전까지 그를 돌보았다. 자신의 삶이 얼마 남지 않았음을 알게 되었을 무렵 박래순 씨는 장 씨에게 자신의 이야기를 털어놓았다.

경상남도 함안에서 태어난 박래순 씨는 일본의 군함에 실려 1942년 2월 하이난 섬 하이커우海口에 있는 위안소에 배치되었다. 1943년 1월 그는 싼야 홍샤紅沙의 위안소로 옮겨졌다. 티안두 광산 근처 홍샤의 위안소에는 조선인 여성과 대만인 여성 등 50여 명이 있었다. 위안소의 이용자는 일본군뿐 아니라 이시하라산업의 관계자도 있었다고 한다.

박래순 씨는 바오팅 현의 공로국公路局에서 일하며 살다가 1995년에 사망했다. 장잉용 씨는 자신의 자택 근처에 그를 묻었다. 그의 묘비에는 '1912년생 1995년졸生於一九一二年卒於一九九五年, 조비한국교공래순박씨묘祖妣韓国僑工来順朴氏墓'라고 새겨져 있다.

'조선촌'의 지금

2007년 우리는 '하이난 섬 근현대사연구회'를 설립했다.[20] 하이난 섬 현지조사를 거듭하면서 일본군이 하이난 섬을 점령한 기간에 자행한 범죄가 조선촌 학살 사건뿐만이 아니라는 사실을 알았기 때문이다. 일본정부와 일본군, 일본기업은 삼위일체가 되어 하이난 섬에서 민중을 학살하고, 집을 태우고, 토지와 가축을 수탈했다. 광산자원, 수산자원, 삼림자원 등각종 자원도 수탈했다. 또한 이들은 비행장·항만·도로·철도 등 군용시설 건설을 위해 하이난 섬 민중과 주변 아시아 민중에게 강제노동을 시켰으며, 하이난 섬과 주변 아시아 지역의 여성을 성노예로 삼았다.

그들은 하이난 섬의 자연을 파괴하고 일장기·기미가요·일본어를 하이난 섬 민중에게 강요했다. 군표를 남발했으며, 아편도 재배했다. 일본군 문서와 일본기업 문서에 따르면 1939년 2월부터 1945년 8월까지 6년 반동안 하이난 섬에서 일본군과 일본기업이 살해한 아시아 민중은 7만 명이 넘는다. 연구회는 하이난 섬에서 일본이 자행한 전쟁범죄의 실태를 규명하고 이들에 맞서 싸웠던 하이난 섬 민중의 항일투쟁의 역사를 밝히기위해 노력하고 있다.

그런데 조선촌의 상황은 시간이 갈수록 나빠졌다. 중국의 대표적인 휴양지인 하이난 섬은 개발 붐으로 대규모 토목공사가 유행처럼 번져 섬 전체가 몸살을 앓았다. 조선인 매장지도 개발을 피하지 못했다. 일본군의 범죄 현장은 파괴되기 시작했다. 하이난 섬 일주 고속도로가 조선촌 중심부를 가로지르면서 조선인이 매장되어 있던 땅의 절반이 두꺼운 토사로

뒤덮였다. 그 위에는 도자기 공장이 세워졌다.

2001년 1월 발굴 당시 수습된 5명의 유골은 간단히 보존처리 한 후 유리상자에 넣어 당시 그 땅을 임차하고 있던 한국인이 만든 전시관에 전시되었다. 그때 유골과 함께 발굴된 일본군 양식의 수첩과 단추 등도 함께 전시했다. 하지만 2009년 6월 26일 우리가 제17차 현지조사로 조선촌을 방문했을 때 전시관에 있던 5명의 유골과 유물은 어디론가 사라지고 없었다.

2011년 10월 10일, 우리는 서울의 강제동원위원회를 찾아가 사무국장, 관련 담당자 등을 만나 외교적인 방법으로 사라진 유골에 대해 정식으로 조사해줄 것을 요청했다. 사무국장은 우리의 요청을 받아들였다. 하지만 이 문제에 관해 한국의 정부부처에서 책임의식과 관심을 가지고 조사하고 있다는 이야기는 듣지 못했다.

2013년 10월 31일 조선촌을 찾아갔을 때에는 주변 일대의 대규모 개발과 도로 정비를 위한 토지의 강제수용 문제로 조선촌을 포함하여 주변 마을이 함께 반대운동을 하고 있었다. 시공 회사 측은 텐트를 치고 마을 주민들의 움직임을 감시했다. 우리가 마을로 들어갔을 때 마을의 농민 100여 명이 낫과 몽둥이를 들고 모여들었다. 팽팽한 긴장 속에 마을 주민과 경찰이 충돌했다. 경찰은 최루가스를 발사하며 마을 주민을 체포했다. 우리 일행 세 명도 경찰서 유치장에 끌려가 몇 시간을 갇혀 있다가 촬영한 사진을 모두 삭제당한 뒤 풀려났다.

이날 우리는 조선촌에 갈 때마다 만나 교류하는 현지 주민으로부터 "고속도로공사와 도자기 제조공장을 건설하면서 조선인들이 묻혀 있는 장소

'조선촌' 전시관 내부. 유리상자 안의 유골.　　유골이 사라진 유리상자. 유골 조각이 붙어 있다.

유골을 떼어낸 흔적이 보인다.

전체를 파헤치려 했지만 조선촌 사람들이 강하게 반대하고 싸워서 겨우 일부분이라도 남게 되었다"라는 설명을 들었다.

　2015년 11월 17일 제28차 현지 조사를 위해 다시 조선촌을 찾은 우리는 일본군의 조선인 학살에 대해 증언해준 푸아룽 씨의 아들 푸쉬에시오符学秀 씨(1955년생)를 만났다. 그는 "도자기 회사를 만들 때 유골이 많이 나왔다. 그 유골들을 어딘가에 버렸는데 어디인지 모르겠다. 유골은 역사적인 증거이기 때문에 제대로 보관해야 한다. 한국정부가 조선인이 묻힌 장소를 어떻게 해줄 수 없는지 방법을 찾아봐야 한다"라고 말했다.

　2014년 조선인이 묻혀 있는 매장지에 갔을 때는 사람 키가 넘는 풀이

무성하게 자라 있고 사방에 쓰레기가 널려 있었다. 2015년 그곳은 고구마 밭이 되어 있었고 모과나무 몇 그루가 심어져 있었다. 조선인이 묻힌 곳은 조선촌 사람들이 지켜낸 결과 겨우 남아 있는 상태이다.

우리는 지금까지 수십 차례에 걸쳐 조선촌을 방문했다. 하지만 우리는 아직도 어느 것 하나 분명히 알지 못한다. 이곳에 묻힌 사람들이 어떤 사연으로 형무소에 갔는지, 어쩌다가 먼 이국 땅 하이난 섬까지 끌려오게 됐는지, 어떤 고초를 당했는지. 우리는 아직 아무것도 알지 못한다. 그들의 고향이 어디인지, 가족이 누구인지, 하물며 그들의 이름이 무엇인지도 알지 못한다. 우리는 이곳에 묻힌 분들 가운데 단 한 사람이라도 이름이 밝혀지길 바란다. 그리고 그의 역사가 조금이라도 해명되기를 간절히 바란다.

김영환 옮김
민족문제연구소 대외협력팀장

파푸아뉴기니의 유골들

김민철
민족문제연구소 책임연구원

밀림을 떠도는 태평양전쟁의 원혼들

2013년 2월 15일 필자는 2차 세계대전 당시 인도네시아령 뉴기니에서 사망한 일본군 군인·군속(한국인 포함)의 한일공동유골조사단에 합류하기 위해 오사카로 향했다. 2012년 6월 필자가 집행위원장을 맡고 있는 태평양전쟁피해자보상추진협의회(보추협)는 뉴기니에서 유골 조사 및 봉환 사업을 해오던 이와부치 씨를 한국에 초청해 강연회와 유족 간담회 등을 연적이 있었다. 이를 계기로 그해 11월 필자는 일본 이와테 현의 태평양전사관太平洋戰史館을 방문하여 한일 공동으로 뉴기니 자야푸라Jayapura(구 홀란디아Hollandia) 지역을 조사하기로 했는데 이 계획이 실현된 것이다.

초청강연회 '뉴기니의 한국인 유골문　이와테 현 태평양전사관
제', 이와부치 노부테루 태평양전사관
대표(2012.6.22.)

　한일공동유골조사단은 단장 이와부치 노부테루岩淵宣輝(태평양전사관 대
표), 나가이 마사루(휴텍재팬 주식회사 대표), 우에다 케이시('일본제철 전 징용
공 재판을 지원하는 모임' 회원), 필자 등 총 4명으로 구성되었다.

　이와부치 씨의 아버지는 그가 3세 때인 1944년 4월 16일 뉴기니 국경
에 인접한 인도네시아 자야푸라 방공호에서 연합군의 폭격으로 전사했
다. 그는 아버지가 마지막으로 본 풍경을 확인하고 싶어 1967년 뉴기니
를 방문했는데, 그때 한 가톨릭 신부로부터 뉴기니에 많은 일본인 유골이
묻혀 있다는 얘기를 들었다. 이후 그는 항공사 직원이 돼 뉴기니에 파견
근무를 자원했고, 1977년부터 유족들과 함께 유골을 봉환하는 일을 계속
해오고 있다.

　그동안 이와부치 씨가 발굴해 봉환한 유골만 1만 2,000구가 넘는다. 그
는 "야스쿠니신사 참배는 일본정부가 전사자를 기리는 가장 천박한 방법

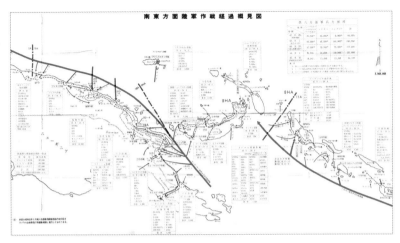
남동 방면 일본 육군 작전 경과 개요도

이다. 야스쿠니 참배는 아무 가치가 없고 백이면 백, 해만 된다"라며, "자신의 발로 돌아올 수 없는 병사들을 집으로 돌려보내는 것이 산 자의 사명이며 야스쿠니에 참배할 바에는 타국에서 돌아오지 못하고 있는 유골들을 먼저 발굴해 귀환시켜야 한다"고 강조한다.

태평양전쟁 당시 일본인 군인과 군속은 뉴기니에서만 24만 명이 사망했다. 제8방면군이 관할하고 있던 뉴브리튼, 뉴아일랜드, 솔로몬제도, 그리고 뉴기니 등 이른바 '남양군도'의 1943년 9월 1일 당시 최대 병력은 24만 5,000명이었다. 1945년 8월 30일 패전 당시의 병력은 8만 4,000여 명에 불과했다. 2년 사이 16만 명이 사망한 것이다. 이들 대부분은 전사한 것이 아니었다. 이들은 미국과 오스트레일리아 연합군의 대대적인 반격 작전으로 동부 뉴기니 전투에서 잇따라 패배하며 후퇴하던 중 보급로가 막혀 밀림에서 굶주림과 질병으로 죽어갔다. 제8방면군은 1944년

4월 22일 연합군의 아이타페와 홀란디아(현 자야푸라) 공격으로 사실상 궤멸 상태에 빠졌다.

남양군도로 끌려간 조선인들

뉴기니 등 남양군도로 끌려간 한국인의 전체 규모는 아직 잘 모른다. 다만 최근 일본인 연구자 다케우치 야스토에 따르면 뉴기니에서 사망한 한국인 피해자는 4,690명이 확인되었다. 남양군도에 동원된 한국인 대부분은 군인이 아니라 군속 신분이었다. '설영대設營隊'라 하여 지금의 공병대와 비슷했다. 그러나 말이 공병대지 실은 부실한 장비와 몸뚱이 하나로 비행장 건설과 밀림의 길을 닦는 '노동력 부대'였다. 그런 만큼 한국인들은 연합군 비행기의 폭격에 항상 노출되었다.

한국인 희생자 수를 시기별로 보면 1942년 12월에서 1943년 1월 사이는 2,000여 명, 1944년 1월부터 10월까지는 월 평균 100명이 넘는 사망자가 발생했다. 1943년을 전후한 수치는 맥아더의 남서태평양 방면 부대가 반격을 시작하면서 포트모르즈비Port Moresby(현 파푸아뉴기니의 수도)와 부나Buna 지역에서 희생자가 많았던 것을 반영하고 있다. 이때 연합군에 체포된 한국인 군인·군속들은 호주의 카우라Cowra 수용소 등에 수용된 것으로 확인된다.

동부 뉴기니의 전투는 연합군과 일본군이 사활을 걸고 총력전을 벌인 전투였다. 결과는 풍부한 전력을 지닌 연합군의 승리로 끝났다. 이 전투에서 일본군이 패배하고, 1944년 초에 이르러 연합군이 중부 뉴기니에

월별 사망자 수

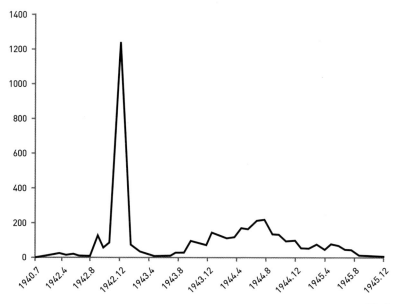

단위: 명

까지 진격함으로써 남방의 전세는 확연하게 연합군 쪽으로 기울게 된다. 1944년의 수치는 연합군이 중부 뉴기니로 진격하면서 발생한 희생자 수이다. 해안가의 방어선이 무너지자 일본군은 산맥과 밀림을 지나 뉴기니 내륙으로 후퇴할 수밖에 없었다.

지난 몇 년간 보추협은 일본 후생노동성의 유골 조사 및 봉환 사업에 한국인 유족도 참여할 수 있게 해달라고 요구해왔다. 하지만 일본정부는 당시에는 관련법이 없었으며, 이제 와서 한국인 희생자의 유해를 고향으로 돌려보낼 법적인 책임도 이유도 없다고 답변했다. 현재 일본정부는 매년 막대한 예산을 들여 각지에서 일본인 희생자 유해 발굴·봉환 사업을 진행하고 있다. 하지만 한국인 희생자들에 관한 문제는 전혀 고려하지 않아, 그들의 유해는 기약 없이 방치되고 있다.

뉴기니에 도착하다

오사카에서 일본 측 일행과 만난 필자는 인도네시아 덴파사르Denpasar를 경유하여 17일 아침 자야푸라 공항에 도착했다. 비행기로 이틀 만에 뉴기니에 도착한 것이다. 2차 세계대전 때는 배로 일주일 정도 걸렸다고 한다. 제공권이 연합군에게 넘어간 뒤에는 비행기 공격을 피해 밤에만 이동했다고 하니 시간이 더 걸렸을 것이다.

뉴기니는 세계에서 두 번째로 큰 섬으로, 호주 북쪽에 위치하고 있다. 행정구역상 인도네시아령인 서반부와 파푸아뉴기니에 속한 동반부로 나뉜다. 1884년경 남동쪽 4분의 1은 영국이, 북동부 4분의 1은 독일이 통치했다. 영국의 지배권은 1904년 호주로 넘어갔다고 한다. 2차 세계대전 당시에는 일본이 남동쪽 일부를 제외한 섬 전체를 점령했다. 2차 세계대전 후 서쪽 절반이 네덜란드령으로 바뀌었다가 1969년 인도네시아로 합병되었고, 파푸아뉴기니는 1975년 영연방의 일원으로 독립했다.

국경선과 인접한 인도네시아 뉴기니의 자야푸라 공항은 한적한 시골역을 연상시킬 정도로 작았다. 자야푸라는 뉴기니 주의 지방수도이긴 하나 아직은 개발이 제대로 이루어지지 않은 곳이었다.

공항을 빠져나온 조사단은 다음날인 2월 18일 뉴기니 주정부의 산업국장을 면담하는 것으로 공식 일정을 시작했다. 산업국장은 은퇴 후 지역개

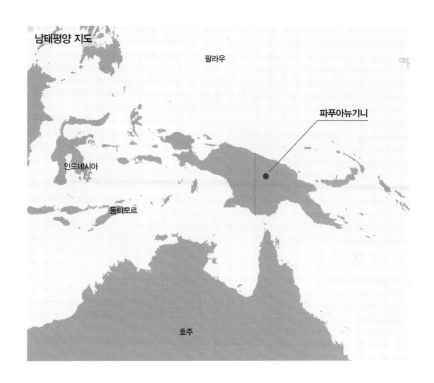

남태평양 지도

팔라우

파푸아뉴기니

인도네시아

동티모르

호주

발에 관심을 많이 갖고 있는 눈치여서 우리에게 지역에 관한 갖가지 정보를 제공했다. 조사단이 원하는 정보는 많지 않지만, 교육국장과 사르미 sarmi 지역에서 유골을 수습한 관료를 소개받을 수 있었다. 사르미 역시 큰 전투를 치른 곳이라 이전에도 많은 유골들이 확인된 바 있었다.

이튿날인 19일에는 교육국장과 유골 조사를 담당한 관료를 만나 구체적인 정보를 얻었다. 조사 지역을 확대하기 위한 기초정보였다.

20일 오전에는 뉴기니 주지사의 총무비서를 면담하여 조사단의 사업 취지를 설명했다. 고위급 행정 관료들을 면담할 수 있었던 것은 나가이 대표가 인도네시아에서 사업을 하면서 관료들과 돈독한 관계를 쌓은 덕

이와부치 씨의 아버지께서 폭격으로 돌아가신 해안가

해안가 언덕에 남아 있는 부대 주둔지

분이었다. 그동안 이와부치 씨가 유골 조사 활동을 한 것은 현지 주민들이 알음알음으로 알려준 유골 정보에 의존한 면이 많았다. 이번 조사 때는 고위 행정 관료들에게 사업의 취지를 전하고 협조를 얻음으로써 향후

파푸아뉴기니 주정부 교육국   주지사 총무비서 면담

의 사업을 한 단계 더 발전시킬 수 있는 계기를 만들었다.

푸아이 마을에서의 첫 유골 발굴

주지사 총무비서와 면담을 끝낸 뒤 우리는 이른 점심을 먹고 곧장 센타니 sentani 호수가 있는 푸아이 마을로 출발했다. 푸아이 마을에 일본군의 유해와 유품이 있다는 정보는 2012년 조사 과정에서 확인되었다. 마을의 생활쓰레기를 쌓아놓은 곳에서 일본병사의 유품과 유해가 계속 발견되고 있어 본격적인 조사가 필요한 상태였다. 다행히 푸아이 마을의 촌장이 유해 수습에 적극적이어서 기대가 컸다. 2012년 조사 때 이와부치 씨는 마을에 유해가 있음을 확인하고, 마을 주민에게 유해를 최대한 수습해주도록 부탁한 바 있었다.

　한 시간 정도를 달려 푸아이 마을에 도착했다. 푸아이 마을은 몇 채의 수상가옥으로 형성된 마을로, 주민들은 센타니 호수에서 고기를 잡아 먹고 살았다. 마을 길을 따라 들어가니 넓은 공터에 초등학교와 사무소 건

센타니 호수 전경

센타니 호숫가의 푸아이 마을과 수
상가옥

물이 보였다. 아이들이 낯선 외지인들을 호기심 어린 눈으로 쳐다보며 우
리 꽁무니를 졸졸 따라다녔다.

마을에 도착한 우리는 촌장과 만나 여러 가지 행정적인 문제들을 처리
한 뒤, 유해 수습을 부탁했던 현지 주민 양미라 씨를 만났다. 양미라 씨는
그동안 수습해둔 유해가 있는 곳으로 우리를 안내했다. 유해들은 호수가
의 얕은 물가에서 나온 것도 있고, 호수 주변에서 나온 것도 있다고 했다.
유해가 나온 곳을 몇 군데 확인한 다음, 내일 발굴 장비를 가져와 본격적
인 발굴을 시작하기로 했다.

푸아이 마을회관 앞에서 촌장과 함께　　　　외지인의 출현에 호기심을 보인 마을 학생들과 이
　　　　　　　　　　　　　　　　　　　　야기를 나누고 있는 나가이 씨

　　2월 21일 유해 발굴 첫째 날, 우리들은 새벽부터 바삐 움직였다. 미리
주문해놓았던 발굴 장비들을 찾아서 마을에 도착하니 벌써 오전 10시였
다. 양미라 씨의 안내를 받아 유해들이 나온 주변을 조사하기 시작했다.
다행이라고 해야 할지, 곧바로 유해들을 확인할 수 있었다. 필자가 맡은
역할은 기록과 사진 촬영이어서, 유해가 나온 지점들을 기록하고 수습된
유해의 상태를 확인한 뒤 사진에 담았다. 유해들은 준비해온 흰 자루에
넣어 임시 보관해두었다가 나중에 제례를 올린 뒤 화장할 계획이었다. 인
도네시아와 일본정부 사이에 유해 인도에 관한 협정은 결렬된 터였다. 밀
림에서 수습한 유골을 그냥 둘 수도 없고, 달리 보관할 방법도 없는 상태
였기에 화장하는 것으로나마 원혼들을 위로하기로 한 것이다.

　　유해를 수습하면서 이와부치 씨는 뼈와 유골을 이렇게 구분하여 말했
다. "수습하기 전의 뼈는 단지 뼈일 뿐 유골이라 할 수 없다. 사람이 정성
들여 수습한 뼈라야 비로소 유골이라 할 수 있다." 참으로 의미 있는 말
이었다.

양미라 씨가 수습해서 모아둔 유해들

생활쓰레기와 함께 방치된 유골

　유해 발굴을 할 때, 사실 처음 유골을 대하면 단지 뼈 이상으로는 느껴지지 않는다. 하나의 물질처럼 말이다. 그러다 점점 시간이 지나면서 '과연 그들은 죽는 순간 무슨 생각을 했을까?' '머나먼 이국 땅까지 끌려와 죽음을 맞이했을 때 그는 자신의 삶에 어떤 의미를 부여했을까?' '끔찍한 육체적 고통에 그런 사치스러운 질문이 허용되기는 했을까?' 등의 질문을 하게 되면, 유해는 '물질'에서 '사람'으로 나에게서 의미가 전환된다. 삶이 무의미하기 때문에 우리는 끊임없이 의미를 부여하려는 것인지도 모르겠다. 유해 발굴은 언제나 필자에게 이런 고민을 하게 만든다.

　양미라 씨는 마을 주민들이 집을 짓기 위해 호숫가 주변을 깎거나 숲을 개간하는 과정에서 많은 유골들이 나왔다고 전해주었다. 생활쓰레기와 함께 방치된 유골은 호숫가 얕은 물속에서 찾아낸 것으로, 사실 여러 군데에서 나온 유골들이었다. 양미라 씨가 유골들을 모아놓기는 했으나 발견 당시 유골이 정확하게 어떤 형태였는지는 기억하고 있지 않아 사망 시점의 상황을 추정하기는 어려웠다. 유골은 호수면에서 사람 키 높이 정도의 위치에서 집중적으로 발견되었기 때문에 우리는 그 주변을 자세히 조사했다.

뉴기니의 2월 날씨는 조사 작업에 우호적이지 않았다. 30분 정도만 밖에 서 있어도 숨이 목에 턱 걸릴 정도의 더위였다. 습도가 높지는 않으나 열대지역의 한낮은 최악이었다. 비탈진 경사로에서 수풀을 헤치고 유골을 찾는 일도 만만치 않았다. 나무뿌리와 유골이 뒤엉켜 제대로 구분이 가지 않았다. 그러다 사람 키 높이에서 척추 뼈를 발견했다. 사망 당시의 상황을 추정하는 데 중요한 단서가 될 유골이 발견된 것이다. 원형을 파악하기 위해 정성 들여 유골 주변의 흙과 뿌리를 정리했다. 그 위치에서 다른 유골들도 확인할 수 있었다. 그러나 더 이상 발굴을 진행하기 어려워 다음날을 기약해야 했다.

죽은 자를 기억하는 방법

일제강점 말기 강제동원 피해의 진상을 조사하고 피해 회복을 위해 지원 활동을 하는 한시적인 정부 기구로 '대일항쟁기 강제동원피해조사 및 국외강제동원희생자 등 지원위원회'가 있었다.[21] 뉴기니에 가기 전 이 단체의 위원장과 우연히 만날 기회가 있었다. 자연히 뉴기니 유골 발굴 이야기가 나왔다. 그러자 위원장이 한 가지 요청을 해왔다. 위원회가 파푸아뉴기니에 한국인 강제동원 희생자 위령탑을 세우려 하는데, 파푸아뉴기니 당국이 처음과는 달리 비협조적이라고 한다. 이와부치 씨가 파푸아뉴기니 당국과 잘 안다고 하니 위령탑이 건립될 수 있도록 중간에서 이야기를 잘 해달라는 주문이었다.

이와부치 씨에게 이런 취지를 전하고 도움을 구했다. 그런데 웬걸. 필자의 이야기를 듣자마자 그는 단칼에 무 자르듯 '노NO'라며 거절했다. 순간 당황했다. 많은 일본인들을 만나봤지만 이렇게 면전에서 단호하게 거절하는 경우는 처음이었다. 대답에 이어 그가 물었다.

"김민철 씨, 밀림에다 돌탑 하나 세우는 게 무슨 의미가 있습니까? 1970년대 들어 일본 경제가 성장하면서 태평양전쟁 생존자나 전몰자가 자비로, 혹은 일본정부의 지원으로 동남아 각지에 위령탑을 세웠습니다. 지금은 누가 그걸 찾아가지도 않거니와 관리조차 못하고 있는 실정입니다. 그저 커다란 돌탑 하나 세우려고 그 많은 비용을 들여야 하겠습니까?"

"무슨 말씀인지는 잘 알겠는데, 최소한 그들의 죽음을 기억해야 할 무엇이라도 남기고 싶은 게 유족들이나 위원회로서는 자연스러운 심정 아니겠습니까?"

"만약 위령탑이 아니라 다리를 놓거나 학교를 짓고 거기에 강제동원된 희생자들의 뜻을 새겨놓는다면 그건 내가 적극 도울 수 있습니다. 그런 걸 세운다면 파푸아뉴기니 주민들에게도 도움이 되고, 뉴기니 당국에서도 계속 관리를 해야 할 테니 더 의미 있지 않겠습니까?"

순간, '아' 하는 탄성이 나왔다. 그동안 강제동원 피해자나 국가폭력 피해자들을 기리는 문제를 놓고 어떻게 하면 의미 있는 시설을 만들 수 있을까 고민해오던 필자로선 하나의 깨달음을 얻은 순간이었다. 필자 역시

1년에 행사 한 번을 하기 위해 넓은 광장에 커다란 탑을 세우는 것이 과연 바람직한가 하는 의문을 품고 있던 터였다.

죽은 자를 기억하는 것은 산 자들의 일이다. 그 의미를 부여하는 것 또한 산 자들의 몫이다. 그렇다면 죽은 자를 추모하고 기억하는 일은 결국 산 자가 죽은 자의 이름을 빌려, 지금 그리고 앞으로 살 사람들에게 메시지를 던지는 행위라 할 수 있을 것이다. 그런 의미에서 추모하고 기억하는 일이 의례를 넘어 생활 속에 함께 있을 수 있다면, 그것이야 말로 참된 의미의 추모와 기억이 아닐까. 물론 모든 기념 시설이 실용적이어야 한다는 의미는 아니다. 그러나 그 기념 시설이 파푸아뉴기니 주민들에게 가치 있는 시설이라면, 그것이 죽은 이와 살아 있는 이, 그리고 앞으로 살아갈 이를 연결해주는 좋은 상징이 되지 않겠는가. 그동안 전국 곳곳에 이런저런 이름으로 세워졌던, 그리고 세우려 하는 기념 시설에 대해 근본적으로 고민해야 하지 않을까 생각한다.

집단 매장된 유골들

2월 22일, 전날에 이어 발굴이 계속되었다. 추정한 대로 호수면 사람 키 높이에서 유골들이 확인되었다. 대부분 가로로 놓여 있어 인위적으로 집단 매장한 것으로 보였다. 1944년 4월 22일 연합군이 아이타페와 홀란디아를 공격하자, 패주한 일본군은 적의 공격을 피해 점점 더 깊은 밀림 속으로 들어가야 했다. 그렇게 패주하던 일본군 가운데 센타니 호수에 잠시 머무른 이들이 있었던 것 같다. 이곳에서 발견된 유골들은 아마도 그때

사람 키 높이에서 확인된 유
골과 발굴 장면

척추 뼈를 수습하기 전에 형태를 확인하는 과정

길바닥에서 발견된 두개골

집단 매장된 사람들일 것이다. 여기에 묻힌 이들은 동료의 손에 묻힐 수
있어 다행이었다고 말해야 할지도 모르겠다. 다른 지역에서는 마치 동물
뼈처럼 밀림 속에 나뒹굴던 것을 발굴한 경우도 많았다.

　정상적인 경우라면 수습한 유골들은 알코올로 씻어 부식되는 속도를
줄여 보존하고, 개체가 완전한 유골은 DNA 검사를 통해 유족을 찾는 일

2012년 6월 수습한 유골을 화장하는 모습

을 해야 한다. 그러나 발굴 현장의 상황이 열악한데다 유골 인도에 관한 협정이 체결되지 않은 지역이라 이곳에서 발굴된 유골들은 현지에서 제례 의식을 치른 뒤 화장을 해야 했다. 타향에서나마 평안하게 영면하길 빌어본다.

죽은 자도 차별하는 일본정부

2월 23일 우에다 씨와 필자는 직장으로 복귀하기 위해 귀국 비행기를 탔고, 이와부치 씨와 나가이 씨는 26일까지 비아크Biak 섬의 유골을 조사하기 위해 잔류했다. 비아크 섬은 1944년 5월 연합군과의 전투에서 1개월 사이에 1만 명 이상의 일본군이 사망했던 곳이다. 욕심 같아서는 마지막 일정까지 참여하고 싶었으나 신학기 개강을 코앞에 둔 터라 발길을 돌릴 수밖에 없었다.

수년 전부터 일본정부는 태평양전쟁(1937~45) 당시 해외에서 죽은 군인·군속들의 유골 발굴 사업을 대대적으로 확대해왔다. DNA 검사 방식도 완화하여 유족들을 찾는 작업에 많은 예산을 배정했다. 목적은 일본인들의 애국심을 고양하기 위해서라고 한다. 그 유골 가운데는 한국인도 포함되어 있다.

일본 국회의원 및 지원단체의 도움을 받아 강제동원 피해자 유족과 함께 일본 후생노동성과 한국인 유족의 유골 조사 사업 참여와 DNA 조사, 봉환 등을 협의했다. 그러나 후생노동성은 유골 조사 과정에서 한국인으로 판명 나면 조사를 중단하고 봉환하지 않겠다는 뜻을 밝혔다. 강제로 끌고 갔다면 그를 안전하게 고향으로 돌려보낼 의무 또한 일본정부에 있다. 그것이 불가능할 때는 유해라도 고향의 가족 품에 돌려보내야 한다. 살아서도, 죽은 뒤에는 유골까지도 차별하는 정책을 고수하고 있는 일본정부를 과연 문명국 정부라 할 수 있는지 묻지 않을 수 없다. 그런 일본에 대해 입을 다물고 있는 한국정부 또한 책임이 크다. 피해자 그리고 유족의 가슴에 맺힌 한은 아직도 풀리지 않았다. 말도 안 되는 차별정책을 거두고 역사의 진상을 규명하여 뒤늦게나마 죽은 이들에게 적절한 위로와 예의를 갖추어주기를 일본 및 한국 정부에 요청하는 바다.

'위안부'
김학순 할머니와 나

이희자
태평양전쟁피해자보상추진협의회 대표.

용기있는 증언, '나는 위안부였다!'

내가 김학순 할머니를 처음 알게 된 것은 여느 사람들이 그랬던 것처럼 1991년 8월 14일 방송을 통해서였다. 이날 할머니는 세상이 깜짝 놀랄 만한 증언을 했다. 자신이 과거 일본군의 '위안부'였음을 밝힌 것이다. 국내 거주자 중 최초의 실명 증언이었다. 할머니의 증언은 이미 오래전에 잊힌 듯했던 과거를 현실로 불러왔다. 보수적인 사회에서 그것은 대단히 용기 있는 행동이었고, 그만큼 한국사회를 충격에 빠뜨렸다.

방송을 보면서 나는 할머니가 평생 이 이야기를 가슴에 담고 얼마나 힘들었을까 하는 생각에 마음이 아팠다. 그저 막연히 알고 있다가 그 실체

종군 위안부 참상 알리겠다

국내거주자중 첫 과거폭로 김학순씨

17살 꽃다운 나이에 5개월여 동안 일본 군인들의 종군 위안부를 지낸 김학순(67·서울 종로구 충신동 1·사진) 할머니가 14일 오후 한국여성단체연합 사무실에서 당시 참상을 폭로하는 기자회견을 가졌다. 일제 강점 아래 종군 위안부 생활을 강요당한 한국인 중 해방 이후 국내에 살면서 자신의 참담한 과거를 폭로한 경우는 김학순씨가 처음이다.

"그동안 말하고 싶어도 용기가 없어 입을 열지 못했습니다."

앞에 세워진 가건물로, 5명의 10여 한국 여성이 함께 있었다. 쌀과 부식은 부대에서 제공됐고 24시간 감시상태에서 지냈다. 몇번이나 탈출을 시도했던 김씨는 그때마다 일본 군인들에게 들켜 두들겨맞곤 했다고 털어놓았다.

당시 우리나라와 중국을 오가며 '은괴' 장사를 했던 한국인 조원모(31)씨가 마침 위안소에 들렀을 때 그에게 사정해 도망쳐나오는 데 성공했다. 그러나 조씨와 함께 만주로 중국 상하이 등지를 전전하면서 살다가 해방 뒤 조씨와 서울로 와 정착했다. 아들 딸 1명씩을 낳고 살던 김씨는 6·25

언젠가 밝혀야 할 역사적 사실
아직도 일장기 보면 분노치밀어

언젠가는 밝혀져야 할 '역사적 사실'이기에 털어놓기로 했습니다. 차라리 속이 후련합니다.

주름살이 깊게 팬 할머니로 변한 김씨는 50년 전의 피맺히고 싶지 않은 과거가 가슴에 맺힌 듯 연신 눈시울을 적시며 말문을 열었다.

"지금도 '일장기'만 보면 억울하고, 가슴이 울렁울렁합니다. 텔레비전이나 신문에서 요즘도 일본이 종군 위안부를 끌어간 사실이 없다고 하는 이야기를 들을 때면 억장이 무너집니다. 일본을 상대로 재판이라도 하고 싶은 심정입니다."

현재 한달에 쌀 10kg과 3만원을 지급받는 생활보호대상자로 생활을 연명하고 있는 김씨의 사연은 기구하다.

24년 만주 길림성에서 태어난 김씨는 아버지가 생후 1백일 만에 돌아가신 뒤 생활이 힘들어진 어머니에 의해 14살 때 평양 기생권번으로 팔려갔다. 3년간의 권번 생활을 마친 김씨가 첫 취직인 줄 알고 권번의 양아버지를 따라간 곳이 북중국 철벽진의 일본군 3백여 명이 있는 소부대 앞이었다.

"나를 데리고 갔던 양아버지도 당시 일본 군인들에게 돈도 못받고 무력히 나를 그냥 빼앗기는 것 같았습니다. 그리로 5개월 동안의 생활은 거의 날마다 4~5명의 일본 군인들을 상대하는 것이 전부였습니다."

김씨가 있었던 곳은 소부대 직후 아들 딸을 잃고, 53년엔 남편마저 세상을 떠나 식모살이, 남품팔이 등을 하며 어렵게 살아왔다고 목이 메어 말했다.

김씨는 최근 취로사업을 나갔다가 만난 원폭 피해자 이병희(66·여)씨와 한국 정신대 문제대책협의회의 권유로 자신을 밝히기로 결심했다는 것이다.

김씨는 "정부가 종군 위안부 문제에 대해 공식 사과와 배상을 요구해야 한다"고 힘주어 말했다.

한편 정대협은 "김씨의 증언을 시작으로 생존자, 유가족들의 증언을 통해 역사 뒤안길에 묻혀 있던 정신대 실상이 밝혀져야 한다"고 강조했다.

〈김미경 기자〉

를 확인하게 된 나의 마음도 이렇게 먹먹한데, 직접 그 모든 것을 경험해야 했던 그분의 심정은 어땠을까? 카메라 앞에 서서 자신의 고통스런 과거를 세상에 드러내기까지는 또 얼마나 많은 고민을 해야 했을까? 도저히 상상이 되지 않았다.

김학순 할머니는 우리 어머니, 고모, 이모와 같은 연배였다. '정신대'로 끌려갈까봐 우리 고모도 어린 나이에 일찍 시집을 가셨다고 들었다. '밖에 돌아다니다간 정신대로 잡혀간다'며, 집안 어른들은 어린 처녀들을 집에 꽁꽁 숨겨두었다.

난 당장이라도 할머니를 만나고 싶었다. 세상에 맞서 일어난 할머니를 미약한 힘으로나마 보듬고 싶었다. 기회는 생각보다 일찍 찾아왔다. 태평양전쟁희생자유족회(유족회)가 일본정부를 상대로 준비 중이던 소송(아시아·태평양전쟁 한국인희생자 보상청구 사건)에 할머니가 합류하면서 자연히 뵙게 되었던 것이다. 나는 1989년부터 일제 말 징용으로 끌려가 돌아오지 못한 아버지의 조그만 흔적이라도 찾아보고자 유족회에 가입해 열심히 활동 중이었다.

일본에서 함께한 밤

유족회에서 만난 김학순 할머니는 조그마한 몸집에도 강단 있는 모습이었다. 할머니는 아무에게나 곁을 허락하지 않았고 말씀도 별로 없었다. 누구를 귀찮게 하거나 비판하지도, 심부름을 시키지도 않았다. 될 수 있으면 혼자 다 알아서 하는 분이었다. 아마도 평탄하지 않은 삶이 만들어 낸 모습인가 싶었다.

1991년 12월 5일 나는 김학순 할머니를 모시고 일본에 가게 되었다. 유족회는 태평양전쟁 당시 징병, 징용, '위안부' 피해자와 유족 35명(후에 '위안부' 할머니 6명이 추가로 참여하여 41명이 됨)의 이름으로 소송단을 꾸렸는데 그 일행으로 함께하게 된 것이다. 주변에서는 나에게도 소송에 참여하라고 했지만 그러지 않았다. 아직 아버지에 대한 자료를 찾지 못했기 때문이었다. 아버지에 대한 근거 자료를 조금이라도 찾은 후 소송에 참여하고 싶었다.

2011년 와세다대학교 봉사원을 찾은 필자

우리는 김포공항을 출발하여 나리타공항에 내렸다. 입국장에 들어서자 여기저기서 요란하게 카메라 플래시가 터졌다. 내 평생 그런 플래시 세례를 받을 날이 또 있을까. 입국장은 일본과 한국의 기자들로 빈틈없이 꽉 들어차 있었다. 그들은 우리를 향해 수많은 질문을 쏟아냈다. 모든 것은 김학순 할머니 때문이었다. 할머니의 증언이 어느새 한국뿐 아니라 일본까지 움직이고 있었던 것이다. 그러나 정작 할머니의 표정은 시종일관 굳게 닫혀 있었다.

소송단 일행은 일본 와세다대학교 봉사원으로 숙소를 정했다. 나는 김학순 할머니와 함께 자며 그를 수발했다. 김학순 할머니는 자신의 몸 상태를 누구보다 잘 알고 있었기 때문에 스스로 건강관리를 철저히 했다. 하지만 시도 때도 없이 터지는 기침은 그를 고통스럽게 만들었다. 해수병(천식)은 겨울이면 더 심해진다고 했다. 할머니의 폐 한쪽이 제대로 기능하지 못한다는 사실을 알게 된 것은 한참 후였다.

그날 밤 김학순 할머니는 쉽사리 잠을 못 이루고 밤새 몸을 뒤척였다. 쉴 새 없이 터지는 기침 때문이기도 했지만 단지 그것 때문만은 아니었으리라고 생각한다. 일본정부를 고발하겠다고 난생 처음 일본에 온 그날, 모르긴 몰라도 할머니의 머릿속에서는 지난날 겪어야 했던 오만 가지 일들이 떠오르지 않았을까. 잊고 싶어도 결코 잊을 수 없었던 고통과 아무리 노력해도 평생 삭아지지 않았던 분노가 그를 잠 못 들게 하지 않았을까.

다음날인 12월 6일 도쿄지방재판소에 제소장을 제출하기 전, 우리는 변호사회관에서 공식 기자회견을 열었다. 기자회견장을 꽉 채운 한국과 일본의 기자들은 할머니에게 많은 질문을 쏟아냈다. 할머니는 자신을 향한 시선을 피하지 않고 쳐다보았다. 그의 눈에서 눈물 한 방울이 또로록 흘러내렸다. 나는 얼른 물 한 잔을 앞에 놓았다. 할머니의 입에서 터져나온 첫마디는 "나의 청춘을 돌려달라"는 것이었다.

어머니, 그리고 노란 스웨터

일본에서 돌아온 후 만남을 지속하면서 나는 김학순 할머니에게 조금씩 가까이 다가갈 수 있었다. 할머니는 내 어머니와 비슷한 연배여서 어머니를 대하듯 대했다. 할머니도 날 친근하게 대해주셨다. 내가 강제징용 피해자의 유족이기도 하고, 네 살 때 콜레라로 죽은 할머니의 딸이 살아 있다면 나와 비슷한 나이였기에 더욱 그랬던 것 아닌가 싶다.

사이가 조금씩 가까워지면서 할머니는 가슴속의 말도 가끔 꺼내놓았다. 특히 할머니는 평양에서 헤어진 어머니에 대한 말씀을 많이 하셨다. 그때마다 그는 철없던 어린 시절, 어머니의 마음을 잘 헤아리지 못하고 어긋나기만 했던 자신을 자책했다. 내가 보기에, 그것은 누구나 겪을 수 있는 갈등이었다. 하지만 할머니는 그 갈등을 영영 해결하지 못했다. 그날 일본군에게 끌려가면서 그의 청춘은 끝나버렸기 때문이었다.

김학순 할머니는 1922년 만주 길림성에서 아버지 김달현과 어머니 안경돈의 외동딸로 태어났다. 아버지는 중국에서 독립군을 돕다가 일본군에게 쫓겨 소식이 끊어졌다. 김학순 할머니가 태어난 지 백일도 되지 않았을 때였다.

중국에서 혼자 힘겹게 생계를 꾸리던 어머니는 두 살 난 딸을 데리고 평양으로 들어왔다. 이때 처음 호적등록을 했기 때문에 그는 실제 나이보다 두 살 어리게 기록된 호적을 갖게 되었다. 어머니는 외국인 선교사들이 운영하는 교회에서 일을 구해 겨우겨우 두 식구의 숙식을 해결했다. 어머니가 교회 일에 열심이었기 때문에 김학순 할머니도 4년 동안 교회에서 운영하는 학교에 다닐 수 있었다. 가난했지만 행복했던 시절이었다.

그가 16세 되던 해 어머니가 재혼을 했다. 생선 장사를 하던, 아들과 딸이 있는 분이었다. 한창 예민할 나이에 어머니의 재혼은 받아들이기 힘든 일이었다. 사랑을 독차지하며 단 둘이 살다가 그 사랑을 새로운 가족과 나누는 것도, 갑자기 생긴 아버지와 형제자매를 대하는 것도 쉽지 않았다. 감정이 쌓이고 갈등이 늘다 보니 어머니와의 관계도 점점 소원해졌다.

김학순 할머니는 그때 집에서 벗어날 궁리만 했다고 했다. 그러다 찾아낸 방법이 평양의 '기생권번'에 들어가는 것이었다. 노래와 춤에는 어느 정도 자신이 있었고, 그곳에 가면 숙식도 해결할 수 있었다. 어머니는 반대했지만, 제대로 먹이고 가르치지도 못하는 상황에서 아무런 대책도 없이 딸이 하고 싶어 하는 일을 막기만 할 수는 없었다.

결국 김학순 할머니는 기생을 기르는 김태원이라는 이의 양딸이 되었

일제강점기 때 평양

다. 양아버지의 집에는 김영실이라는 양딸도 있어서 할머니는 '영실이 언니'와 함께 평양 기생권번에 다니며 3년간 춤과 소리를 열심히 배우고 익혔다.

　19세가 되던 해 김학순 할머니는 평양 기생권번을 졸업했다. 그곳을 졸업하면 정식으로 기생 허가를 받아 영업을 할 수 있었다. 할머니는 가무 심사에는 합격했지만 호적상의 나이가 어려 정식 허가를 받지 못했다. 관에서는 19세가 되어야 기생 허가를 내주었는데 그녀의 호적상 나이는 17세에 불과했던 것이다.

　기생권번을 졸업했는데도 기생 허가를 받지 못해 영업을 할 수 없게 되자, 양아버지 김태원은 김학순 할머니와 영실이 언니에게 중국으로 가서 영업을 해보자고 했다. 그는 어머니에게 자신의 중국행을 알렸다. 중국으로 가던 날 어머니는 평양역까지 배웅을 나왔다. 어머니는 자신이 손수 뜬 노란 스웨터를 딸에게 주었다. 봄날 개나리꽃처럼 샛노란 스웨터였다. 기차에 올라 손을 흔드는 순간에도 두 사람은 알지 못했다. 그것이 그들의 마지막 인사라는 것을.

너무 일찍 끝나버린 청춘

중국으로 가는 길은 멀었다. 하지만 할머니는 그리 지겨운지도 몰랐다고 했다. 새로운 곳을 향한 희망에 조금은 들떠 있었을지도 모르겠다. 평양을 떠난 지 일주일 만에 그들은 베이징에 도착했다. 그들은 베이징 역 인근의 어느 식당에서 허겁지겁 허기를 채웠다. 식사 후 그들이 무엇보다 먼저 해야 할 일은 조선 옷을 벗고 중국 옷으로 갈아입는 일이었다. 중국에서 외국인처럼 보이는 일만큼 위험한 일도 없었기 때문이다.

그러나 그들에게는 중국 옷으로 갈아입을 틈조차 없었다. 식당 문을 나서자마자 누런 군복을 입은 무리에게 둘러싸였던 것이다. 일본 군인들이었다. 서둘러 식당 안으로 다시 들어가려 했지만 군인들이 가로막았다. 중위 계급을 단 군인 한 명이 양아버지 김태원에게 '너희는 조선 사람이 아니냐?' '여기는 왜 왔느냐?' '스파이가 아니냐?'라며 몰아붙였다. 그는 양아버지를 어디론가 끌고 갔다. 그것이 양아버지의 마지막 모습이었다.

군인들은 김학순 할머니와 영실이 언니를 길가에 세워져 있던 군용트럭에 강제로 태우려 했다. 길가에 있던 두 대의 트럭에는 일본군 40~50명이 타고 있었다. 몸부림을 치며 저항했지만 도저히 군인들의 완력을 당해

낼 수 없었다. "천왕 폐하의 명령을 거부하는 것이냐? 가지 않으면 여기서 죽여버리겠다." 군인들은 이렇게 협박하며 강제로 트럭에 태웠다.

트럭은 곧바로 어딘가를 향해 출발했다. 어디로 가는지 밤을 새워 달렸다. 트럭이 멈춰선 곳은 어느 붉은 벽돌집이었다. 군인들은 김학순 할머니와 영실이 언니를 방에 가두고 문을 잠갔다. 도망가야 한다는 생각에 열심히 문을 흔들어봤지만 문은 열리지 않았다. 그때 시커먼 그림자가 문을 열고 들어왔다. 낮에 봤던 일본군 중위였다. 중위는 영실이 언니와 붙어 있는 그를 억지로 떼어 옆방으로 끌고 갔다. 옆방이라고 해봐야 포장으로 가린 게 전부였다. 중위는 "말을 잘 들으면 편해질 것이고, 그렇지 않으면 죽을 것"이라고 협박하며, 저항하는 그를 무지막지하게 구타했다. 손으로 막아봤지만 아무 소용 없었다. 정신이 혼미해질 무렵 중위는 김학순 할머니를 방구석에 쓰러뜨리고 칼을 꺼내 어머니가 준 노란 스웨터를 찢었다. 일본군 중위는 그를 강간했다.

철벽진의 일본군 위안소

일본군 중위가 나간 후 겨우 정신을 차린 그는 영실이 언니를 찾았다. 포장을 들추어보니 언니 곁에도 누런 군복을 입은 남자가 있었다. 군인이 떠나고 난 후 그들은 밤새도록 서로를 부둥켜안고 울었다. 악몽 같은 밤이었다. 문제는 그것이 악몽의 끝이 아니라 시작이었다는 점이다.

다음날 아침 문 밖에서 조선말 소리가 들리더니 한 여자가 들어왔다. '시즈에'라고 불리는 22세의 조선인 여자였다. 그는 "어디서 붙들려 왔는지는 모르겠지만 이젠 도망칠 수 없어. 그냥 모든 걸 포기하고 살아야 해"
라고 말했다. 조선말은 하지 말라고 했다. 일본말을 모른다고 했더니 그
럼 아예 말을 하지 말라고 했다. 그곳에는 가장 나이 많은 시즈에 외에도
19세의 '미야코'와 '사다코'라 불리는 조선인 여자들이 있었다. 할머니에
게는 '아이코'라는 이름이, 영실이 언니에게는 '에미코'라는 일본 이름이
붙여졌다. 한참 후에야 이곳이 '철벽진'이라 불리는 지역에 세워진 일본
군 위안소임을 알았다.

　일본군은 수시로 전투에 나섰다. 그들은 자신들이 벌이는 전투를 '토
벌'이라고 불렀다. 일본군 위안소의 여성들은 하루에 적게는 5명에서 많
게는 10명 이상의 군인들을 상대해야 했다. 전투라도 치르고 온 날이면
수십 명의 군인들을 상대해야 할 때도 있었다. 전투에서 이긴 날은 이긴
날대로, 전투에서 진 날은 진 날대로 군인들의 기분을 맞춰주어야 했다.
하루하루의 삶이 끔찍한 고통의 연속이었다. 군인들은 스스로 콘돔을 가
지고 왔으며 일주일에 한 번 군의가 와서 검사를 했다. 때때로 군의는 606
호라 부르는 주사를 놓고 갔다. 밥은 군대에서 쌀과 간단한 부식거리를
받아 당번을 정해 돌아가면서 해먹었다. 옷은 주로 군인들이 입던 군복
같은 옷을 입었다.

　김학순 할머니는 도망치거나 스스로 목숨을 끊는 것만 생각했다고 했
다. 실제로 그는 감시가 허술한 틈을 타 몇 차례 담장을 넘어 도망치려 했
지만 그때마다 붙잡혔다. 돌아온 것은 군인들의 무지막지한 구타였다. 하
지만 위안소 생활이 4개월째 들어섰을 무렵 절호의 기회가 찾아왔다. 어
느 날 밤 중국 옷을 입은 한 남자가 불쑥 그녀의 방에 들어온 것이다.

필사의 탈출

김학순 할머니는 놀라 소리를 지르려 했다. 그러자 남자는 그의 입을 막고 "나 조선 사람이야. 아무 말 하지 말고 가만히 있어"라고 말했다. 순간 그 남자가 무슨 생각으로 자신의 방에 들어왔는지 알 수 있었다. 그날은 군인들이 '토벌'을 나가 감시가 허술한 날이었다. 그는 이곳 부대 이름과 인원수 등을 물었다. 김학순 할머니는 제대로 대답할 수 없었다. 부대 이름은 알지도 못했고 인원수도 대강 1소대 300여 명 정도라고 추측할 뿐이었다. 사실 할머니는 그곳이 철벽진이라고 불린다는 것만 알 뿐, 그것이 정확한 지명인지도 모르는 상태였다.

김학순 할머니는 남자가 조선인이라는 말에 너무나 기뻐 그를 붙잡고 자신을 데리고 나가달라고 부탁했다. 순간 남자의 얼굴에 곤란한 표정이 서렸다. 그는 안 된다고 했다. 하지만 할머니는 그를 붙잡고 늘어졌다. "같은 민족끼리 어떻게 그럴 수가 있느냐" "날 데리고 가지 않으면 여기서 소리를 지르겠다"라며 필사적으로 매달렸다.

결국 남자는 그를 데리고 보초병의 감시를 피해 위안소를 탈출했다. 추격해올까봐 한동안은 내내 도망가기만 했다. 안전한 곳에 이른 후에야 그들은 서로 통성명을 했다. 40대로 보였던 그 남자는 조원찬이라고 했다. 은전 장수로 중국 각지를 떠돌아다닌다고 했다. 무슨 일을 하는지는 정확히 알 수 없었다. 간혹 아편 덩어리 같은 것을 갖고 다니기도 했다. 김학순 할머니는 베이징으로 난징으로, 줄곧 그 남자를 따라다녔다.

김학순 할머니는 위안소에서 탈출하게 해준 그를 생명의 은인으로 여기고 평생 같이 살기로 마음 먹었다. 남자도 싫지 않은 눈치였다. 어머니가 계신 평양으로 돌아가고 싶은 마음이 불쑥불쑥 들었지만 남자가 원치 않아 끝내 돌아가지 못했다.

할머니는 21세 되던 해 가을에 첫 딸을 낳고 해방되던 해에 아들을 낳았다. 이듬해인 1946년 네 식구는 귀국선을 탔다. 고국으로 돌아오는 것은 기쁘기도 하고 두렵기도 한 일이었다. 배는 인천에 닿았다. 하지만 미군들은 콜레라가 발생했다며 26일 동안이나 배에서 내리지 못하게 했다. 미군이 뿌리는 DDT를 맞고 어렵사리 고국 땅에 내린 그들은 장춘단에 마련된 임시수용소에 수용되었다. 어설프게 급조된 방에서 몇 달간 네 식구가 살았다. 그곳에서 그는 네 살 먹은 딸을 잃었다. 콜레라였다.

불행 속에도 계속되는 삶

딸을 잃었지만 삶은 계속되었다. 아픔을 가슴에 묻고 열심히 살았다. 조원찬은 광성고보 출신이어서 아는 것도 많고 주변에 사람들도 많았다. 한국전쟁이 발발한 후 조원찬은 부대에 부식을 납품하는 일을 하며 가족의 생계를 책임졌다.

하지만 조원찬은 술을 마시고 기분이 안 좋은 일이 있을 때마다 과거의 일을 끄집어내며 김학순 할머니를 괴롭혔다. 원해서 한 일이 아니었음을 누구보다 잘 알면서 조원찬은 할머니가 일본놈들에게 몸을 주었다고 비난하며 참을 수 없는 고통을 주었다. 김학순 할머니는 남편에 대해 얘기하면서 한 번도 조원찬을 남편이라 부르지 않았다. 그저 '그'나 '그 남자'

김학순 할머니는 어머니가 생각날 때마다 임진 각을 찾았다. 1996년 임진각에서 오열하고 있는 김학순 할머니. 그를 부축하고 있는 분은 황금주 할머니이다.

였다.

그러다 유난히도 비가 많이 내렸던 해 어느 날, '그 남자'는 납품을 하러 갔다가 창고가 무너져 콘크리트 더미에 깔리는 사고를 당했다. 곧바로 적십자병원으로 옮겼으나 끝내 숨을 거뒀다. 조원찬이 세상을 떠난 뒤 김학순 할머니는 두고두고 자신을 책망했다. 만약 그 남자가 자신을 만나지 않았다면 이렇게 허망하게 세상을 떠나지는 않았을 거라면서 말이다. 김학순 할머니는 위안소를 탈출한 후 그를 떠나 평양의 어머니를 찾아가지 못한 것을 한스러워했다.

계속되는 불행에 절망했지만 김학순 할머니는 아들을 위해 겨우겨우 몸과 마음을 추슬렀다. 그는 보따리장사로 강원도 일대를 돌아다니며 삶을 이어갔다. 아들은 무럭무럭 자라 국민학교에 들어갔다. 아들이 열 살 되던 해 여름, 그는 아들에게 바다를 보여줄 생각으로 큰 맘 먹고 속초로 가족여행을 떠났다. 속초의 바다는 따뜻하게 모자를 어루만졌다. 그러나 조그마한 행복도 그들에게는 허용되지 않았다. 속초의 바다에서 김학순 할머니는 아들을 잃었다. 바다에 들어가 놀던 아들은 물에 빠져 영원히 나오지 못했다. 그에게 남은 것은 이제 아무것도 없었다.

그는 서울을 떠나 정처 없이 떠돌다 전라남도 해남에 닿았다. 아무도 모르는 그곳에서 그는 장사도 하고 농사일도 하면서 되는 대로 살았다. 그러다 1980년 아는 이의 소개로 남의 집 가정부를 하게 되면서 다시 서울로 올라왔다. 아이들 3명을 돌보며 그 집에서 7년을 살았다. 하지만 나이가 들면서 가정부 생활도 힘에 부쳐 더 이상 할 수 없었다. 그는 가정부를 그만두고 충신동에 문간방을 얻어 나왔다.

김학순 할머니는 동사무소에서 생활보호대상자에게 주는 쌀과 지원금 3만원, 취로사업에서 번 돈으로 어렵게 생활을 이어갔다. 그러던 어느 날 그는 동대문교회에서 우연히 원폭피해자인 이맹희 할머니를 만났다. 김학순 할머니는 이맹희 할머니가 일본에서 피폭을 당한 사연을 듣고 난 후, 자신의 과거를 털어놓았다. 이맹희 할머니는 여성단체에 얘기해보는 게 어떻겠냐고 권유했다. 1990년대 초부터 일본정부 관료들은 '위안부' 같은 것은 없었다며 여러 차례 망언을 해댔다. 뉴스에서 그런 소식을 들을 때마다 김학순 할머니는 엄연히 '위안부'였던 자신이 살아 있는데 어떻게 저런 말을 할 수 있나 싶어 분노했다. 그는 여성단체에 자신의 경험을 털어놓기로 결심했다. 김학순 할머니는 아마 자신에게 가족이 있었다면 그런 결심은 평생 하지 못했을 거라고 했다. 1991년 8월 14일 김학순 할머니의 증언은 그렇게 세상에 나오게 되었다.

세계적 관심으로 떠오른 '위안부' 문제

일본에 다녀온 후 김학순 할머니는 1992년부터 본격적으로 일제강점기 일본의 만행을 고발하기 위한 활동에 나섰다. 그의 용기 있는 행동에 많은 '위안부' 할머니들이 뒤이어 일본의 전쟁범죄를 폭로하고 나섰다. 그 해 6월 김학순 할머니는 다른 '위안부' 할머니들과 함께 다시 일본을 방문, 각종 행사에 참석하여 일본의 비인도적 범죄행위를 증언했다.

김학순 할머니의 행동에 용기를 얻은 것은 한국의 '위안부' 할머니들만이 아니었다. 일본이 점령한 곳에는 여지없이 위안소가 세워졌기에, 북한·중국·대만·필리핀·싱가포르·인도네시아(네덜란드 피해자 포함) 등 각지에 퍼져 있는 '위안부' 할머니들도 자신이 '위안부'였음을 밝히고 일본의 공식적인 사과와 법적 보상을 요구하는 목소리를 내기 시작했다.

김학순 할머니의 증언으로 일본사회도 큰 충격을 받았다. 학계는 '위안부' 문제를 본격적으로 연구하기 시작했고, 뜻있는 시민들은 지원단체를 만들어 '위안부' 피해자들의 소송과 진상규명을 돕기 시작했다.

일본군 '위안부' 문제가 국제적인 문제로 비화하자 일본정부도 더 이상 가만히 있지 못했다. 1993년 7월 일본정부는 정부 대표 파견단을 한국에 보내 5일 동안 김학순 할머니 등 '위안부' 피해자 16명의 증언을 들었다. 그리고 그해 8월 일본정부는 고노 담화를 통해 일본군 '위안부'는 군 당국의 요청에 의해 설치된 것이며 위안소의 설치, 관리 및 '위안부' 이송에 일본군이 관여하였다고 인정했다. 또 일본정부는 일본군 '위안부' 피해자들에게 '사과와 반성의 마음'을 표명하며 그 '마음을 표현할 방식'을 검토하겠다고 발표했다.

1993년 11월 호소카와 모리히토細川護熙 총리가 한일 정상회담을 위해 경주에 왔을 때 강제징병·강제징용 피해자 및 유족들은 경주에 내려가 회담장 앞에서 항의 시위를 했다. 이날 김학순 할머니도 몇몇 '위안부' 할머니들과 함께 시위에 참석했다. 추적추적 내리는 비를 맞으면서도 우리는 시위를 멈추지 않았다. 진심이 담겨 있지 않은 사과만 반복할 뿐, 제대로 책임질 생각도 제대로 보상할 생각도 없는 일본정부를 규탄하는 시위였다.

한국의 '위안부' 할머니들은 일본정부의 사실 및 책임 인정, 공식 사죄, 국가배상을 요구했다. 하지만 일본정부는 '위안부' 문제가 법적으로는 1965년 한일청구권협정으로 모두 해결되었다는 기존 입장만 되풀이했다. 또 피해 사실은 인정하지만 '위안부' 피해자에 대한 배상은 '여성을 위한 아시아평화국민기금'(이하 '국민기금')이라는 민간단체를 통해 할 것이며, 이 돈을 받는 피해자들에게만 총리 명의의 사과 편지를 보내겠다는 '조건부 사과' 원칙을 밝혔다.

한국의 '위안부' 할머니들은 크게 분노했다. 피해자들에게 평생에 잊지 못할 상처를 안긴 일본이 '사과와 반성의 마음'을 표한다면서 국가의 자존심이나 명분 따위를 지키기 위해 이것저것 조건을 다는 모습이 또다시 그들을 분노케 했던 것이다. 김학순 할머니는 자신이 "일본 법정에 소송을 낸 것은 민족의 자존심을 지키기 위한 것"이었다며 "민간인으로부터 기금을 모아 보상을 하겠다는 일본정부의 태도는 구걸하니까 마지못해 도와준다는 식이므로 절대 용납할 수 없다"고 했다. 국민기금 측은 '위안부' 할머니들을 개별적으로 찾아다니며 설득에 나섰지만 그들은 대부분

김학순 할머니와 오가사와라 씨. 오가사
와라 씨는 김학순 할머니의 활동에 감명
을 받고 사이타마 현 증언대회 이후 10월
말에 할머니의 집에 찾아왔다.

이를 또 하나의 모욕으로 받아들이고 기금의 수령을 거부했다.

일본을 향한 투쟁

김학순 할머니의 투쟁은 계속되었다. 1994년 6월 김학순 할머니는 도쿄지방재판소에 출석하여 일본정부 측과의 대질신문에서 일본 제국주의의 만행을 생생히 고발했다. 이 자리에서 김학순 할머니는 "부끄러운 것은 '위안부'였던 내가 아니라 잘못을 저지르고도 이를 제대로 인정하지도 사죄하지도 않는 일본정부"라고 비판했다. 할머니는 "중요한 것은 돈이 아니라 일본정부의 사실 인정과 공식적인 사죄"라고 강조했다. 할머니는 법원 출석 후 각종 행사에 참여하여 증언하고, 일본 국회 앞에서 피해자·유족들과 함께 농성을 벌였다.

그 후에도 김학순 할머니는 한국과 일본을 오가며 소송에 참여하고, 각종 집회에 나가 증언하고, 국내외 언론과 인터뷰하며 활동을 이어나갔다. 1994년 10월 초 일본 오가사와라 마사노스케小笠原政之助 선생이 주도한 사이타마 현 일본군 '위안부' 초청 증언대회에서 나는 김학순 할머니와 통

역을 맡은 재일교포 변기자 씨와의 연락을 담당하면서 할머니와 더욱 친
밀해졌다. 오가사와라 씨는 김학순 할머니와 동갑이었는데 할머니의 활
동에 큰 감명을 받고 할머니가 사는 모습을 보고 싶다며 직접 할머니의
자택을 찾아오기도 했다. 변기자 씨는 김학순 할머니를 어머니처럼 따르
며 존경했다.

할머니는 여기저기에서 초청을 받으면 마다하지 않고 참석했다. 증언
을 하고 나면 보통 사례비로 20~30만 원을 받았는데, 할머니는 5만 원씩
봉투에 담아 주변의 '위안부' 할머니에게 나눠주기도 했다. 누가 돈이라
도 조금 드리고 가면 혼자 쓰지 않고 할머니들을 불러 함께 식사라도 했
다. 특히 김학순 할머니가 자주 만난 할머니는 황금주, 김상희, 강순애 할
머니 등이었다.

부산에 사는 이귀분 할머니가 서울에 오면 황금주 할머니와 함께 탑골
공원에서 만나 즐거운 시간을 보내기도 했다. 이귀분 할머니는 하루는 김
학순 할머니와 자고, 하루는 황금주 할머니와 자고 귀향했다.

김학순 할머니가 가장 좋아했던 분은 나눔의 집에 있던 강덕경 할머니

1993년 망향의 동산에서. 김학순
할머니와 나

였다. 강덕경 할머니는 김학순 할머니가 나눔의 집으로 오길 바랐는데, 김학순 할머니는 가고 싶어 하면서도 서울의 지인들이나 동대문교회의 지인들, 신앙 문제 등의 이유로 가지 못했다. 나눔의 집에 가지 못했던 이유는 또 있었다. '위안부' 할머니들과의 공동생활로 인해 과거의 고통스런 기억을 상기하게 되는 일을 피하고 싶었기 때문이다. 강덕경 할머니는 1997년 2월 세상을 떠났다. 마지막 중환자실에 계실 때 김학순 할머니가 아픈 몸을 이끌고 병문안을 다녀온 것이 두 분의 마지막 만남이었다. 많이 울고, 많이 괴로워하셨다. 장례식장까지 다녀온 후 할머니도 지병이 악화되어 이화여대부속 동대문병원과 목동병원을 오가야 했다.

충신동 문간방과 사슴아파트

김학순 할머니는 종로구 충신동에 살았다. 한옥집 대문간의, 부엌도 따로 없는 문간방이었다. 방은 두 사람이 앉으면 가득 찰 정도로 작았다. 조그만 방에 옷가지와 이불, 부엌살림까지 함께 있었지만, 난 한 번도 어질러진 모습을 본 적이 없다. 위낙 깔끔한 성격이었다. 식사 준비도 방에서 해야 했지만 할머니는 휴대용 가스레인지 하나로 큰 불편 없이 해냈다. 위낙 소식을 하셨기 때문에 밥에 물김치만 있으면 될 정도였다.

난방은 부뚜막이 따로 없는 아궁이에 롤러로 연탄을 갈아야 해서 상당히 불편했지만 다행히 한 집에 사는 아주머니가 많이 도와준다고 했다. 할머니는 거북이 한 쌍을 친구처럼 키우고 있었다. 아침에 일어나 거북이의 모습을 들여다보고 인사말을 건네는 것이 하루의 시작이었다. 할머니는 신문을 꼭꼭 챙겨 읽었다. 시간이 나면 손수 뜸을 뜨거나 뜨개질도 했다. 요즘도 어디선가 뜸 뜨는 냄새가 나면 할머니의 모습이 떠오른다.

충신동 집이 매매되면서 김학순 할머니는 2개월간 임시 거처로 옮겼다가 1995년 6월 노원구 월계4동 사슴아파트 101동 102호로 이사했다. 영구임대아파트였다. 사슴아파트는 주방도 있고 방도 두 개여서 공간에 여유가 있었다. 처음에 할머니는 충신동에서 가져온 대추나무를 아파트 정원에 옮겨 심고 집도 꾸미며 즐겁게 지내시는 듯했다. 하지만 할머니는 얼마 지나지 않아 아파트 생활을 불편해했다. 공간이 넓어 생활하기는 편해졌지만 아파트가 자기와 맞지 않는 것 같다고 하셨다. 조용한 단독주택으로 이사 갔으면 하고 바랐지만 경제적인 여력이 없었다.

김학순 할머니의 활동이 활발해지면서 많은 이들이 할머니의 삶에 관심을 갖고 도움을 주고자 찾아왔다. 할머니는 그들의 관심에 고마워했지만 부담스러워 하기도 했다. 사슴아파트로 이사한 후 공간이 넓어지자 찾아오는 사람들도 부쩍 늘었는데, 오가는 사람이 많아 경비실에 통제해달라고 부탁해야 할 정도였다. 할머니는 동대문교회에서 생활지원금으로 매달 5만원씩을 받았다. 1993년 정부가 '위안부' 할머니들에게 생활안정 지원금으로 매달 15만원씩을 지원하자 할머니는 동대문교회의 지원금은 자신보다 어려운 이에게 주라며 마다했다.

병마와의 싸움

김학순 할머니는 폐 한쪽이 거의 기능하지 못할 정도로 심한 만성 폐질환을 앓고 있었다. 조금 걸으면 숨이 차 힘들었고 오르막길은 거의 오르지 못했다. 1993년 말 무렵부터 할머니는 환절기마다 병원에 입원했다가 퇴원하는 생활을 반복했다. 평소에는 충신동시장 안에 있는 조그만 내과에 다니다, 입원을 하게 되면 이화여대부속 동대문병원으로 갔다. 내가 할 수 있는 일은 병원에 입원할 때나 퇴원할 때 수속을 밟아드리거나 병문안을 하는 게 전부였다.

김학순 할머니는 1994년 6월 일본 국회 앞에서 농성을 하고 돌아온 후 건강이 급속히 악화되었다. 그해에는 대상포진까지 걸렸다. 지금은 널리 알려졌지만 그때만 해도 흔치 않은 병이라 제대로 치료가 되지 않아 한참을 고생해야 했다. 못 견디게 아프셨을 텐데 진통제도 없이 부스럼 약만 바르고 견뎠다. '내 속에 화가 다 등으로 뚫고 나오는 것 같다'고 하시던 말씀이 지금도 마음에서 울린다.

사슴아파트에 사실 때는 몸이 더 안 좋아져서, 전직 간호사였던 지인을 통해 3~4개월에 한 번씩 영양제 주사를 맞았다. 이즈음부터 할머니는 부쩍 온 몸이 마르는 것 같다는 말씀을 자주 하셨다. 건강 악화로 바깥 활동

오랜만에 장구를 잡고 즐거워하시는 김학순 할머니(1995년 무렵)

이 뜸해지자 나는 할머니가 국내외에서 활동하던 사진을 액자에 넣어 작은 방 한켠을 장식해드렸다. 할머니는 이따금 그 사진들을 바라보며 지난날을 되돌아보곤 하셨다.

1997년 동대문병원에 입원했다가 퇴원하실 때, 동대문병원 간호사들이 입원비에 보태라며 십시일반으로 50만 원이나 모아주었다. 참으로 고마운 일이었다. 그런데 주치의 선생님은 집에 산소호흡기를 설치하지 않으면 퇴원하는 것 자체가 위험하다고 했다. 산소호흡기를 구입하려면 꽤 큰돈이 들 터였다. 여러 가지 방법을 찾다가 지인 중에 롯데복지재단에 연이 닿는 분이 있어 지원을 요청했다. 여기에는 주치의 선생님의 소견서가 큰 몫을 했다. 다행히 재단에도 김학순 할머니의 명성이 널리 알려져 있어 어렵지 않게 지원을 받을 수 있었다.

막상 산소호흡기를 설치하고 나자 이번에는 소음이 문제가 되었다. 낮에는 참을 만했지만 밤에는 잠을 방해할 정도로 소음이 심했던 것이다. 우리는 작은 방에 산소호흡기를 설치하고 줄을 길게 늘어뜨려 안방까지 연결해 소음을 최소화하려고 했다. 하지만 소음은 사라지지 않았다. 할머니는 불편해했지만 우리는 더 나은 방법을 찾지 못했다.

문제는 그것만이 아니었다. 할머니는 하루 종일 산소호흡기를 끼고 있어야 했는데 혹시 잠결에 손으로 쳐서 산소호흡기가 빠지기라도 하면 큰

작은 방 한켠을 장식한 김학순 할머니의 활동 사진

일이었다. 그때부터 되도록 나는 할머니와 같이 자려고 노력했다. 김학순 할머니는 나를 위해 할머니 옆에 꼭 맞게 새 이부자리를 마련해주셨다. 아픈 와중에도 나를 배려하는 마음이 느껴져 내내 가슴이 먹먹했다.

1997년 여름 김학순 할머니는 이화여대부속 목동병원에 입원했다. 동대문병원이 아니라 목동병원으로 간 이유는 주치의 선생님이 그곳으로 자리를 옮겼기 때문이었다. 목동병원은 동대문병원에 비해 답답하지 않고 창 밖으로 멀리 인공폭포도 보여 참 좋아하셨다. 나는 아침저녁으로 병원에 들러 소소한 심부름을 하거나, '위안부' 관련 소식, 활동 자료 등을 전해드리곤 했다.

내가 일본 시민단체의 초청으로 잠시 오키나와에 다녀온 사이 김학순 할머니는 다시 동대문병원으로 옮겨와 있었다. 동대문교회 분들이 순번

산소호흡기를 하고 있는 김학순 할머니

을 정해 할머니 병간호를 하기로 했는데 목동병원이 멀다 보니 오가기 힘들다고 동대문병원으로 옮긴 것이었다. 할머니는 도와주겠다고 온 사람들에게 뭐라 하지도 못하고 환자복을 입은 채로 따라올 수밖에 없었다고 했다. 할머니는 자기 의견도 묻지 않고 마음대로 병원을 옮긴 것에 많이 속상해했다. 그렇다고 내 마음대로 다시 목동병원으로 가자고 할 수도 없어 답답했다. 할머니가 원하는 대로 간호실에 연락해 겨우 창가 자리로 옮겨드린 후, 아무 말 없이 한숨만 내쉬는 할머니 손을 잡고 있다가 무거운 마음으로 병실을 나왔다.

동대문병원으로 옮겨온 후 김학순 할머니의 병세는 급격히 악화되었다. 할머니는 중환자실로 옮겨졌다. 1997년 12월 14일 오후 나는 면회시간에 맞춰 중환자실을 찾았다. 산소호흡기를 끼고 두 손은 묶어 고정한 할머니는 눈만 껌뻑이고 계셨다. 내가 '할머니' 하고 부르니까 그제야 쳐다보고 눈짓을 하셨다. 뭔가 하고픈 말씀이 있는 것 같아 간호사를 불러 산소호흡기를 잠시 뺄 수 있느냐고 물었다. 간호사는 곤란한 표정을 지으며 산소호흡기를 빼면 큰일난다고 했다. 대신 손을 풀어드릴 테니 손으로 쓰시게 하라고 했다. 손을 풀면 할머니가 산소호흡기를 빼버릴 것 같아 난 됐다고 했다. 그리고 할머니에게 "하고 싶은 말씀이 무엇인지 다 알고 있으니까 걱정하지 말고 얼른 쾌차하세요"라고 말했다. 김학순 할머니는 눈물을 흘리며 고개를 끄덕였다. 눈시울이 뜨거워졌지만 할머니 앞에선 꾹 참았다. 너무 마음이 아파서 제대로 울지도 못했다.

중환자실의 면회는 시간도 제한되어 있고 면회인 숫자도 한정되어 있다. 할머니를 뵙고 싶어 하는 사람은 많고 시간과 인원은 한정되어 있어 우리는 할머니 면회도 순번을 나눠 해야 했다. 결국 난 할머니의 마지막 가는 길을 지키지 못했다. 1997년 12월 16일 새벽 1시 김학순 할머니는 영원히 우리 곁을 떠났다.

마지막 가시는 길

김학순 할머니의 장례식은 동대문교회와 한국정신대문제대책협의회, 유족회의 공동장으로 치러졌다. 주관은 동대문교회에서 하고 기독교 식으로 장례를 치렀다. 빈소는 풍납동 중앙병원 장례식장에 마련되었다. 나는 하얀 소복을 입고 딸이 된 마음으로 3일 동안 빈소를 지켰다. 동대문교회 목사님과 교인들이 참석한 가운데 나도 가족을 대신하여 염하는 모습을

일본대사관 앞 추모 노제

지켜봤다. 할머니의 모습이 마치 잠을 주무시고 계신 것처럼 편안해 보여 마음이 놓였다. 12월 18일은 제15대 대통령선거가 있는 날이었지만 난 투표도 못했다. 많은 사람들이 할머니의 마지막 가는 길에 함께해주었다. 일본의 뜻있는 시민들도 조문을 많이 보내주었다. 아침 일찍 영결식을 치르고 벽제에 있는 화장터로 가기 전 우리는 할머니가 수요집회를 하던 일본대사관 앞에 운구차를 세우고 추모 노제를 지냈다.

벽제화장터에서 화장을 마친 후 동대문교회 목사님은 나에게 유골함을 받으라고 했다. 평소 딸처럼 할머니 옆을 지켰던 나를 배려해준 것이었다. 하지만 난 '위안부'를 소재로 한 연극 〈노을에 가서 노을에 지다〉를 공연했던 허길자 씨에게 양보했다. 그 연극에는 할머니도 직접 출연했었기 때문에 그도 나 못지않은 각별함을 가지고 있었다. 나는 평소 할머니가 좋아하던 무궁화 꽃을 들었다.

겨울이라 해가 짧아 아침 일찍부터 서둘렀지만 천안 망향의 동산에 도착했을 때는 이미 해질 무렵이었다. 유골함 안치는 황금주 할머니가 직접 하

김학순 할머니의 마지막 가시는 길 (망향의 동산)

셨다. 그 위에 흙을 덮고 무궁화를 올려 예쁘게 장식한 후 봉분을 쌓았다.

김학순 할머니는 망향의 동산 장미 가열 24-24 묘지에 묻혔다. 1994년 11월 황금주 할머니와 함께 미리 마련해놓은 자리였다. 김학순 할머니와 황금주 할머니가 이곳에 마지막 자리를 마련한 것은 그해 6월 내가 아버지의 묘지로 장미 가열 23-19를 예약하면서였다. 두 분은 내가 아버지의 묘지를 마련했다는 말을 듣곤 자기들도 그곳에 묘지를 예약해달라고 하셨다. 나는 아버지 묘지와 같은 줄에 두 분의 묘지를 예약했다. 예약을 하고 나자 두 분은 "우리가 죽으면 아무도 찾아올 사람이 없는데 아버지 묘지를 찾을 때 우리 묘지도 잊지 말고 찾아달라"고 부탁하셨다.

나와 내가 속한 태평양전쟁피해자보상추진협의회(보추협)는 매년 12월 16일 망향의 동산을 찾는다. 5주기와 10주기에는 특별히 '위안부' 관련

단체와 일본에서 온 시민들이 공동으로 추모제를 지냈다. 황금주 할머니는 부산요양병원으로 내려가기 전인 2006년까지 매년 추모제에 참여하다가 2013년 1월 5일 김학순 할머니 옆 장미 가열 24-23 묘지에 묻혔다. 2017년은 김학순 할머니 20주기가 되는 해이다. 내 아버지는 야스쿠니 신사에 합사된 채 고국 땅에 돌아오지 못하고 계신 터라 아직도 아버지의 묘지는 이름 없이 남아 있지만, 난 올해도 할머니들과의 약속을 지키기 위해 망향의 동산을 찾을 것이다.

내 이야기는 여기까지다. 생전에 김학순 할머니와 나눴던 이야기를 최대한 이 글에 담으려고 했지만 모든 것을 담진 못했다. 할머니가 살아 계셨다면 서로 얘기를 나누며 이 글에 들어갈 내용과 뺄 내용을 상의할 수 있었을 텐데 그럴 수 없어 안타깝다.

김학순 할머니는 당당하게 싸웠다. 할머니가 가는 길은 언제나 난생 처음 가는 길이었다. 그만큼 두렵고 힘든 길이었을 터지만 할머니는 묵묵히 원래부터 자신에게 주어진 길이었던 것처럼 그 길을 걸어나갔다. 할머

니 옆에서 난 많은 것을 배웠다. 할
머니의 모습을 보면서 비로소 나는
강제징용 피해자의 유족으로서 어
떻게 살아야 할지 어떻게 싸워야
할지를 알았다.

30년을 싸웠지만 아직도 가야
할 길은 멀다. 2015년 12월 한국의
박근혜 정부와 일본의 아베 정부
는 '위안부' 문제에 대해 양국이 합
의를 했다고 발표했다. '위안부' 할
머니들의 의견은 무시한 채 적당히

김학순 할머니 10주기 추모제 리플릿

덮고 적당히 얼버무리는 기만적인 합의였다. "일본정부가 갖은 망언과
망발로 사실을 감추려 애를 쓰지만 진실은 숨길 수 없다." 그렇게 말씀하
시던 김학순 할머니가 살아계셨더라면 과연 한일 양국의 '12·28합의'를
보고 어떤 심정이 되셨을까. 세상은 어느 순간 이렇게 어처구니없이 과거
로 돌아가버리고 만다. 하지만 우리는 1991년 8월 김학순 할머니가 견고
한 세상에 일으킨 조그만 파문이 얼마나 많은 것을 바꿔왔는지 알고 있
다. 진실의 힘은 강하다. 그것이 이 세상을 바꿀 우리의 유일한 무기이다.

아버지의 유해를
찾아달라!

　　2014년 6월 11일 『아사히신문』에는 유실 위기에 처한 남태평양의 유골에 관한 기사가 실렸다. 남태평양 마셜제도의 퀘젤린 환초環礁에 매장된 유골이 해안침식으로 유출될 위기에 처해 있다는 것이다. 확인 결과 그 유골은 태평양전쟁의 격전지였던 마셜제도에서 사망한 '일본병'의 것으로 판명되었다. 일본정부는 즉각 관련국과 협의하여 유골 조사에 나섰다. 유족의 품으로 돌아오지 못한 채 남태평양의 한 섬에 묻혀 있던 '전몰자' 유골이 유실될 위기라는 보도는 일본인 유족들에게 경악할 만한 소식이었을 것이다.

　이 외신은 한국에서는 전혀 알려지지 않았다. 기자들은 한국과는 전혀 상관없는 소식이라고 여겼을지 모른다. 그러나 강제동원 피해자 유족단체인 태평양전쟁피해자보상추진협의회(보추협)는 이 보도를 전해 듣자마자 소속 회원들의 기록을 뒤졌다. 역시 퀘젤린에서 전사한 6명의 명단을 바로 확인할 수 있었다. 이는 남태평양에서 유실될 위험에 처한 유골의 주인공이 바로 한국인일 수도 있다는 결정적인 증거였다. 해방 후 70년이 다되도록 부친의 흔적을 찾아 헤맸던 유족들은 '명부'에 적혀 있던 부친의 죽음과 죽음에 이른 고통스런 순간까지 비로소 실감했다. 일본정부가 시행할 퀘젤린 섬의 유골 조사가 바로 자신의 문제라고 생각한 유족들은 즉시 일본정부에 유골 문제 해결을 촉

일본 국회의원과 시민단체 회원들의 주선으로 성사된 일본 후생노동성과의 면담(2014.6.23.)

구하고 나섰다.

2014년 6월 23일 보추협 관계자와 유족들은 일본 국회의원 및 시민단체 회원과 함께 일본 후생노동성 관계자를 면담하고 한국인 전몰자 유골 문제 해결을 위한 '요망서'를 전달했다. 이 간담회는 '전몰자 추도와 평화의 모임' 대표인 시오카와 마사타카塩川正隆, '일본제철 전 징용공 재판을 지원하는 모임'의 우에다 케이시, '재한군인군속재판의 요구 실현을 지원하는 모임'의 후루카와 마사키 등 일본 측 시민단체 대표와 아이하라 구미코相原久美子·모리모토 신지森本眞治·가미모토 미에코神本美惠子·하쿠 신쿤白眞勳 등 일본 민주당 참의원의 주선으로 마련되었다. 일본 후생노동성에서는 사회·원호국 원호기획과 외사실장 모치즈키 후미아키望月文明 등 3명이 참석했다. 한국에서는 권수청·남영주·노재원·이희자 등 유족 4명이 참석했다. 유족들은 첫째 일본정부가 매년 실시하고 있는 유골 발굴 사업에 한국 유족을 정식으로 참여시킬 것, 둘째 유해 찾기를 희망하는 한국 유족들의 DNA정보를 수집하여 조사할 것, 셋째 발굴한 모든 유골의 DNA를 검사하고 신원을 파악한 뒤 유골을 보존해줄 것, 넷째 일본정부가 실시하고 있는 DNA 조사 등 관련 절차를 한국인 유족에게도 똑같이 적용해줄 것을 요구했다. 그리고 퀘젤린에 매장돼 있을 가능성이 높은 한국인 희생자 6명의 정보를 제시하고 그 유족의 DNA를 우선 활용해 유골을 찾도록 요청했다. 이때 퀘젤린 전사자 6명과 그 외에 사망 장소를 특정할 수 있는 16명의 유골 조사 요청 명단을 함께 제출했다. 후생노동성이 "고립된 섬에 있는 유골의 경우는 섬 전체가 무덤"일 수 있다고 인정한 발언을 근거로 하여 주로 남태평양 일대에서 전사한 기록을 가진 유족들을 대상으로 삼았다.

이날 면담에 참석한 후생노동성 관계자는 '유해 수습 과정에서 한국인으로 확인되면 외교 경로를 통해 한국정부와 협의하겠다'고 답했다. 그러나 일본정부는 유해 수습 과정에서 일본인으로 특정할 수 있는 유골만 수집할 뿐 사실상 한국인 유골 수집을 하지 않고 있다. 현재로서는 한국정부와 따로 협의할 유골 문제가 없는 것이나 마찬가지다. 그런데도 유족들에게 협의할 유골 문제가 발생하면 협의하겠다는 식의 기만적인 답변만 내놓은 것이다. DNA 검사 요구에 대해서도 '희생자의 유골이 온전하게 확인되고 유품으로 사망자를 특정할 수 있을 때만 DNA 검사를 실시하기 때문에 모든 유골을 감정할 수 없고, 한국인과 일본인이 섞여 있다고 추정되는 유골의 경우도 발굴하지 않는다'라고 했다. 한마디로 한국 유족들의 요청 가운데 어느 한 가지에도 응할 수 없다는 답변이었다. 간담회 후 8월에 후생노동성이 보내온 서면 답변에도 '한국인은 한국정부가 실시하는 유골 발굴 및 봉환 사업에 참가해야 한다'라며 사실상 일본정부가 한국인 유골을 조사·발굴 할 의사가 없음을 다시 한 번 밝혔다.

2015년 6월 22일 보추협 관계자와 한국 유족들은 한국인 전사자 유골 문제에 관한 2차 요망서를 일본정부에 제출하는 한편 일본의 시민단체와 협력하여 양국의 국회와 한국 외교부 등을 방문해 이 문제의 해결을 위해 노력해줄 것을 계속해서 요청하였다. 이러한 노력의 결과 2016년 2월 18일 참의원 후생노동위원회에서 일본의 시오자키 야스히사 후생노동대신으로부터 '한국정부로부터 구체적이 제안이 있으면 진지하게 받아들여 긍정적으로 검토하겠다'라는 공식답변을 이끌어냈다.

2016년 3월 일본은 '전몰자유골수집추진법'을 제정하여 2016년부터 9년 동안 전몰자의 유골을 수집하여 유족들에게 돌려주는 것을 국가의 책무로 정하고 오키나와에서 시범 사업을 시작하였다. 그러나 이 법안에서는 조사 대상을 '일본의 전몰자'로 제한하여 한국인 전몰자들은 배제하였다.

한국인 강제동원 희생자의 유골문제는 일본이 식민지 조선인을 침략전쟁에 동원했고, 그 전쟁으로 인해 사망했음에도 유족에게 사망통지는 물론 아직까지 유골조차 제대로 돌려주지 않은 데서 발생했다. '전쟁할 수 있는 나라'를 향한 우경화 행보 속에서 아베 정권이 일본인 전몰자 위령 및 유골 수집 사업을 확대해나가는 동안 한국의 강제동원 희생자 유족은 그로 인한 상처를 여전히 겪고 있는 셈이다.

일본정부는 2017년 3월까지 오키나와에서 실시된 시범 사업의 결과를 바탕으로 아시아 전역의 유골 조사에 대한 이후의 방침을 확정할 예정이다. 위에서 언급한 바와 같이 한국과 일본의 시민단체들이 노력한 결과 일본정부는 한국인 전몰자의 유골 조사에 대한 한국정부의 제안을 기다린다고 밝힌 바 있다. 이제 공은 한국정부에게 넘어왔다. 한국정부는 하루라도 빨리 아버지의 유골 한 조각이라도 찾기를 원하는 유족들의 절절한 염원에 대답해야 할 것이다.

우리의 싸움은 끝나지 않았다

조선인 강제연행·강제노동
문제 해결을 위한 여정

| 야노 히데키 矢野秀喜
'강제연행·기업책임추궁재판 전국네트워크' 사무국장

전후 67년이 지나도 해결되지 않은 문제들

2010년은 한국이 일본에 강제병합된 지 100년이 되는 해였다. 지식인·시민 등 다양한 차원에서 한국과 일본 100년의 역사를 되묻고, 식민주의 청산을 향한 공동의 과제를 서로 확인하는 운동이 전개되었다. '강제병합 100년 공동행동 한일실행위원회'는 8월 22일부터 8월 29일까지 도쿄와 서울에서 한일시민공동선언대회를 개최하여, 「식민주의 청산과 평화 실현을 위한 한일시민공동선언」을 채택했다.[2] 또한 2010년 말에 도쿄에서 일본변호사연합회, 대한변호사협회는 공동심포지엄에서 「일본군 '위안부' 문제의 최종적 해결에 관한 제언」과 함께 일본정부가 강제동원 피해

의 진상규명과 사죄와 배상을 목적으로 한 조치를 취해야 한다는 내용을 담은 '공동선언'을 채택했다.[3]

이렇게 강제병합 100년에 즈음하여 시민사회와 법조계 등이 강제연행 및 강제노동 문제 해결을 위한 제언을 내놓은 것은 이 문제가 전후 67년이 지나도록 여전히 해결되지 않은 채로 있다는 것, 이것이 곤란한 상황에 직면해 있다는 현실을 반영한 것이었다.

1990년대 이후 강제연행·강제노동 피해자는 일본정부와 기업에 대해 사죄와 보상을 요구하는 소송을 제기했다. 그 수는 9건에 이르며 모든 청구는 각급 심판에서 기각되어 종결되었다. 마지막까지 남아 있던 후지코시不二越 제2차 소송도 패소가 확정되었다.[4] 이미 일본 법정에서 강제노동 문제를 해결할 길은 닫혔다고 할 수밖에 없다.

그러나 피해자들은 지금도 일본정부와 강제연행 기업을 상대로 싸움을 계속하고 있다. 피해자들이 싸우고 있는 한 우리는 문제 해결 방법을 찾아나가야만 한다. 이 글에서는 강제연행 문제의 해결을 위해 달려왔던 운동을 모아 정리하고, 앞으로의 과제와 전망을 밝히고자 한다.

재판투쟁: 한일청구권협정의 높은 벽

일본의 패전 후 강제동원된 노동자의 상당수는 한반도로 돌아왔지만 그 과정에서 임금 등의 미지급, 강제저금의 미반환, 노동재해(사망·장애 등)에 대한 미보상 등의 문제가 발생했다. 또한 강제연행·강제노동에 의한 육체적·정신적 피해에 대해서는 아무런 보상도 이루어지지 않았다. 이

강제연행·강제노동 피해자가 일본에서 제기한 소송 일람

소송명	원고	피고	심급	제소일	판결, 취하일
일본강관 소송	피해자 김경석	일본강관	1심	1991.9.30.	1997.5.26. 기각
			항소심	1997.5.29.	1999.4.6. 화해
미쓰비시 중공업 나가사키 조선소 소송	피해자 김순길	미쓰비시 중공업 · 일본국가	1심	1992.7.31.	1997.12.2. 기각
			항소심	1997.12.8.	1999.10.1. 기각
			상고심	1999.10.	2003.3.28. 기각
후지코시 근로정신대 제1차 소송	피해자 3명	후지코시	1심	1992.9.30.	1996.7.24. 기각
			항소심	1996.8.6.	1998.12.21. 기각
			상고심	1998.12.25.	2000.7.11. 화해
부산 일본군 '위안부' · 근로정신대 소송	일본군 '위안부' 피해자 3명, 근로정신대 피해자 7명	일본국가	1심	1992.12.25.	1998.4.27. 일부 인용
			항소심	1998.5.1.	2001.3.29. 기각
			상고심	2001.4.12.	2003.3.25. 기각
일본제철 가마이시 소송	유족 11명	신일본제철 · 일본국가	1심	1995.9.22.	1997.9.21. 신일철 화해 2003.3.26. 국가 기각
			항소심	2003	2005.9.29. 기각
			상고심	2005	2007.1.29. 기각
미쓰비시 히로시마 피폭자 소송	피해자 46명	미쓰비시 중공업 · 일본국가	1심	1995.12.11. 1996.8.29 2차 제소	1999.3.25. 기각
			항소심	1999.4.2.	2005.1.19. 일부 인용
			상고심	2005.2.1.	2007.11.1. 일부 인용
도쿄 아사이토 근로정신대 소송	피해자 2명	일본국가	1심	1997.4.14.	2000.1.27. 기각
			항소심	2000	2002.1.15. 기각
			상고심	2002	2003.3.27. 기각 2004 후계 회사와 화해

소송명	원고	피고	심급	제소일	판결, 취하일
일본제철 오사카 소송	피해자 2명	신일본제철 · 일본국가	1심	1997.12.24.	2001.3.27. 기각
			항소심	2001	2002.11.19. 기각
			상고심	2002	2003.3.27. 기각
미쓰비시 나고야 근로정신대 소송	피해자·유족 7명	미쓰비시 중공업 · 일본국가	1심	1999.3.1.	2005.2.24. 기각
			항소심	2005.3.9.	2007.5.31. 기각
			상고심	2007.6.	2008.11.11. 기각
후지코시 근로정신대 제2차 소송	피해자·유족 28명	후지코시 · 일본국가	1심	2003.4.1.	2007.9.19. 기각
			항소심	2007.10.1.	2010.3.8. 기각
			상고심	2010.3.9.	2011.10.24. 기각

이 외에 일본제철 가마이시 재판에 참여한 원고들이 제1차(2000)와 제2차(2002)에 걸쳐 부속 재판인 '한국인 징용피해자 공탁금반환 청구소송'을 제기하기도 했다. 제1차는 2005년에 제2차는 2006년에 모두 상고심에서 기각 당했다.

들 문제는 1965년의 한일청구권협정에 의해서도 해결되지 않고 방치되었다.

1987년 한국 민주화의 달성, 1989년 베를린 장벽의 붕괴, 1991년 소련 해체 및 냉전종결 이후 강제노동 피해자는 투쟁의 무대를 일본으로 옮겨 일본정부·기업에 대해 사죄와 보상을 요구하는 소송 등을 시작했다. 이는 재판투쟁, 강제연행 기업과의 직접교섭, 국제노동기구 제소 등 다양한 방식으로 전개되었다.

1990년대 첫머리부터 시작된 전후보상 재판에서 일본이 저지른 식민지 지배의 실상과 범죄행위가 피해 당사자의 입을 통해 적나라하게 폭로

2010년 3월 5일 주한일본대사관 앞 후지코시 소송 올바른 판결 촉구 기자회견

되었다. 일본이 전후에도 그 행위에 대해 보상하지 않고 있다는 사실도 밝혀졌다. 그러나 일본 사법부는 '국가무답책国家無答責[5]론', 시효·제척기간[6] 등을 이유로 피해자 원고들의 청구를 기각했다(후지코시 근로정신대 제1차 소송 1심 판결, 미쓰비시중공업 나가사키 조선소 소송 1심 판결 등).

다만 처음부터 한일청구권협정을 이유로 원고의 청구를 기각하는 판결은 나오지 않았다. 1991년 8월 27일의 참의원 예산위원회 심의에서 당시 야나이柳井 외무성 조약국장은 한국인의 청구권에 관한 일본정부의 답변을 통해 한일청구권협정으로 양국이 서로 포기한 것은 외교보호권이며 개인청구권 그 자체를 국내법적 의미에서 소멸시켰다는 것은 아니라고 답변하였기 때문이다.

그러나 부산 일본군 '위안부'·근로정신대 소송에서 야마구치山口지방재판소 시모노세키 지부는 '위안부' 원고가 당한 피해가 막대했던 것을 인정한 뒤에 일본정부와 국회가 그들을 구제하기 위한 조치를 마련하는 것을 소홀히 한 입법부작위[7]를 인정하고 손해배상을 명하는 판결을 내렸다(1998.4.27).

또한 미국 캘리포니아주에서 '톰 헤이든 법'[8]이 제정되었다(1997.7). 이를 근거로 전쟁포로, 재미한국인 피해자(강제연행, 일본군 '위안부')들이 미국에서 일본 기업(미쓰비시상사, 미쓰이물산, 신일본제철, 가와사키중공업, 다이요시멘트 등)과 일본정부를 상대로 집단소송을 제기했다.[9]

이러한 움직임은 일본정부와 기업에 큰 위기감을 불러일으켰다. 일본정부는 이들 소송에 대항하기 위해 미국정부에 로비를 강화하여 "샌프란시스코 강화조약으로 배상문제는 모두 매듭지었다"라는 미국정부의 견해를 이끌어냈다. 그리고 일본 국내외에 "전쟁배상은 샌프란시스코 강화조약 및 그 후의 2국 간 조약으로 해결되었다"라는 입장을 내세웠다.

이러한 움직임에 따라 1990년대 말부터 2000년에 걸쳐 일본정부는 재판 준비서면 등에서 한일청구권협정 제2조[10]를 전면에 내세우면서 피해자 원고의 청구에 따를 법적 의무가 없다고 주장하기 시작했다. 이에 따라 사법부도 피해자의 청구를 기각하는 이유를 바꾸었다.

최고재판소가 강요한 판단, '참고 받아들여라!'

2001년 11월 최고재판소는 "(2차 세계대전 및 패전에 의해 발생한) 희생 또는 손해에 대한 보상은 헌법의 각 조항이 예상하지 않은 것이며, 그 보상의 필요와 불필요, 바람직한 방향에 대해서는 (…) 입법부의 재량적 판단에 맡길 수 있다"는 이유를 들어 한국인 BC급 전범피해자의 청구를 기각했다.[11]

또한 이 판결에서 미불금의 반환 청구는 "패전에 따르는 국가 간의 재산처리와 같은 사항은 본래 헌법에서 예상하지 않은 것이며, 그를 위한 처리에 손해가 발생했다 하더라도 그에 대한 보상은 헌법의 각 조항이 예상하지 않은 것"이라며 한일청구권협정과 법률 144호[12]로 청구권은 소멸했다는 일본정부의 입장을 그대로 따랐다. 일본 사법부는 식민지 출신자에게 일본인과 동일하게 전쟁의 희생을 "참고 받아들이라"고 요구하며 그 재산권을 마음대로 소멸시켜도 위헌이 아니라고 판단했다. 사법구제를 실시할 책임을 스스로 방기했던 것이다.

중국인 전쟁피해자들이 제기한 손해배상소송[13]에서도 2007년 4월 27일 최고재판소는 "(중국인 피해자 원고들의 손해배상 청구권은) 중일공동성명으로 소송을 청구할 권리가 상실되었다"고 판결하여 사법구제의 길을 사실상 막았다. 일본정부뿐 아니라 사법부도 식민지 지배를 청산하기는커녕 패전 후에도 식민주의에 여전히 사로잡혀 있었다.

3개 기업과 화해

강제연행 피해자들은 법정 안에서만 싸우지 않았다. 법정투쟁과 병행하여 강제연행 기업에 직접 책임을 추궁하는 행동을 벌여 사죄와 배상을 실

시하도록 촉구했다. 그 가운데 일본제철 가마이시 소송, 김경석 씨·일본
강관 소송, 후지코시 근로정신대 제1차 소송 등 3건은 기업과의 '화해'가
실현되었다.[14]

1. 신일본제철, 유골 반환 청구에 응하지 않고 '위로금'을 지급

강제연행소송 가운데 최초로 기업으로부터 화해를 끌어낸 것은 일본제
철 가마이시 소송이었다. 일본제철 가마이시 제철소로 연행되어 패전 직
전인 1945년 7월 14일과 8월 9일에 연합군의 함포사격 등으로 사망한 한
국인 징용공의 유족 11명이 제기한 소송에서 원고는 위자료, 미지급 임금
등의 지급과 함께 유골 반환을 요구했다(1995년 9월 제소). 유족들은 피고
기업인 신일본제철 도쿄 본사 앞에서, 또 전국 방방곳곳에서 책임을 추궁
하는 항의 행동을 거듭 벌였다.

　신일본제철은 '구 일본제철과 신일본제철은 별개 회사'이며, 시효도 만
료되었음을 들어 원고의 청구를 거부하면서 유골 반환 요구에는 '인도적
인 입장'에서 대응하겠다고 약속했다. 그러나 조사 결과 유골은 무연고
묘지에 매장되어 있거나 소재를 확인할 수 없어 결국 반환 받을 수 없었
다. 신일본제철은 유족 10명에게 1명당 200만 엔을 지불하는 것으로 '위
령에 대한 협력'을 실시하고 이미 유골을 반환 받은 유족 1명에게는 여비
명목으로 5만 엔을 지불하는 것 등으로 1997년 9월 피해자들과 화해했
다. '위령금' 명목이라고는 해도 신일본제철은 원고에게 직접 금전을 지
불하고 위령사업도 실시했다. 이러한 신일본제철의 성의 있는 대응에 원
고도 납득하고 화해를 받아들였다.[15]

2011년 10월 24일 신일본제철 본사 앞에서 항의행동. 오른쪽이 필자.

2. 일본강관, '진지한 마음을 표하여' 화해

일본강관 소송은 2차 세계대전 중에 일본으로 강제연행되어 일본강관·가와사키川崎제강소에서 폭행을 당해 장애를 입었다는 등의 이유로 김경석 씨가 일본강관에 대해 1000만 엔의 손해배상과 사죄를 요구한 소송이다(1991년 3월 제소).

피고기업 일본강관은 자신들의 법적 책임을 일관되게 부인하였다. 1심 판결은 김 씨가 입은 각각의 피해 사실은 인정했지만, 시효를 이유로 청구 자체는 기각했다. 그러나 재판에서 피해 사실을 인정받은 성과를 실마리로 일본강관의 책임을 사회적으로 추궁했다. 일본강관은 마지막까지 법적 책임을 인정하지는 않았지만, 김경석 씨가 공장 내에서 폭행을 당해 중상을 입어 전후에도 후유장애를 안고 오랜 시간에 걸쳐 고생한 것에 대해 "진지한 마음을 표한다"라며 410만 엔을 지불하는 데 합의했다. 이 화해는 1999년 4월 도쿄고등재판소에서 이루어졌으며 전후보상 재판 가운데 최초로 성사된 '법정 화해'였다.

3. 후지코시, 미국에서의 집단소송 움직임에 위기감 느껴 화해

후지코시 근로정신대 제1차 소송은 전시에 군수회사 후지코시로 강제연행되어 강제노동을 당한 여자근로정신대원들이 사죄와 배상을 요구하며 제기한 소송이다(1992년 9월 제소). 1심에서 도야마지방재판소는 소녀들에게 "학교에 갈 수 있다" "배울 수도 있다"라고 속여 동원한 것은 불법적인 강제연행에 해당한다고 인정하였다. 강제노동에 관해서도 상세하게 사실을 인정했지만 원고들의 청구 자체는 시효 및 제척을 이유로 기각했다.

이 판결로 후지코시는 '전범기업'으로 규정되었다. 책임을 추궁하는 원고들의 끈질긴 투쟁과 미국 캘리포니아 주에서의 집단소송 준비 움직임 덕분에 후지코시는 이를 회피하기 위해 최고재판소에서의 화해를 결단했다. 2000년 7월 후지코시는 이 소송의 원고들뿐 아니라 미국에서 집단소송을 준비하던 피해자들에게 총액 3000만여 엔을 지불하는 것으로 화해를 이루었다.[16]

사회적 영향력을 가진 운동을

위와 같이 1997년부터 2000년에 걸쳐 3년 동안 세 건의 화해가 실현되었다. 화해가 실현될 수 있었던 요인은 다음과 같다. 첫째, 강제연행·강제노동 피해 사실을 밝히고, 이를 재판의 판결 등에서 인정하도록 하여 전범기업이 가해 사실과 진지하게 마주할 수밖에 없는 상황을 만들어냈다. 둘째, 법정에서의 투쟁에 그치지 않고 기업의 책임을 사회적으로 추궁하여 피해자의 호소에 대한 사회적 지지와 공감을 넓혔다. 셋째, 원고 측이 각 기업들이 놓여 있는 상황을 분석하여 그들의 '약점'을 밝히고 그것을 공격하는 투쟁을 전개해 기업들이 화해를 결단할 수밖에 없는 상황으로 몰고갔다.

그러나 후지코시 근로정신대 제1차 소송의 화해를 끝으로 오늘에 이르기까지 한국인 강제연행소송에서 화해는 더 이상 이루어지지 않고 있다.[17] 그 배경에는 앞서 재판투쟁에서 언급한 바와 같이 일본정부가 한일협정으로 청구권문제는 '완전히 그리고 최종적으로 해결되었다'라는 입장을 내세우며 이를 관련 기업에게 강요하여 발목을 잡고 있기 때문이다. 또한 전후 처리의 재검토를 압박하는 투쟁에 위기감을 느낀 지배층이 '새로운 역사교과서를 만드는 모임' 등과 연계하여 '역사수정주의'를 침투시키고 있는 것도 영향을 주었으리라 본다.

강제연행을 한 기업에 반성을 촉구하고 적절한 사과와 보상으로 피해자와 합의하도록 압박하기 위해서는 이러한 장애들을 극복할 수 있는 사회적 영향력을 가진 운동을 조직해가야 하는 과제가 우리에게 남아 있다.

OFSET노조로부터 배워 ILO로

강제노동 문제의 해결을 위한 투쟁의 제3의 무대로 국제노동기구[ILO]가 있다. ILO는 1930년 노예제 폐지 후에도 여전히 남아 있는, 자신의 의사에 반하는 노동의 근절을 목표로 「강제노동에 관한 협약」(제29호)을 채택했다. 일본은 1932년에 이 조약을 비준했다.

'강제연행·기업책임추궁재판 전국네트워크'(이하 '강제연행전국네트워크')[18] 는 전조선기계노동조합全造船機械勞働組合 간토關東지방협의회 등 노조의 협력을 얻어 전시에 일본이 저지른 조선인·중국인 강제연행 문제가 해결되지 않았으며 피해자 권리가 회복되지 않은 현실을 ILO 조약권고적용전문가위원회(이하 '조약권고위원회')에 제기했다(1997).

이미 1995년에 오사카부특별영어교원조합OFSET은 일본군 '위안부' 문제를 조약권고위에 제기하였다. 1996년 조약권고위는 "제기된 행위는 조약에 위반하는 성노예제라고 특징지어야 한다고 인정한다" "이들 여성에게는 임금과 기타의 급부를 받을 조약상의 권리가 있었다고 여겨진다"라는 의견서를 공표했다. 그리고 "이들 사건이 일어나고 나서 경과한 시간에 비추어 정부가 이 문제에 관하여 신속하고 적절하게 배려할 것을 희망한다"라고 권고했다. OFSET노조의 운동으로부터 배운 강제연행전국네트워크는 조약권고위원회의 의견서에 용기를 얻어 ILO에 문제를 제기할 수 있었다.

ILO 조약권고위원회에 제기

우리는 ILO의 조약과 권고의 이행 상황에 대한 '감시 기능'에 근거를 두고 일본군 '위안부', 강제노동 문제를 제기했다. ILO는 가맹국이 비준한 조약을 적정하게 이행하고 있는가(국내 법규는 조약에 합치하는가, 실행에 있어서 위반은 없는가 등)를 상시적으로 감시하고 있다. 그리고 이를 집행하기 위해 조약권고위원회, 결사의자유위원회, 기준적용위원회(총회기관) 등 세 기구를 두고 있다. 강제연행전국네트워크는 이 가운데 조약권고위원회에 이 문제를 제기하였다.

1925년에 설치된 조약권고위원회는 가맹국이 의무적으로 제출하는 조약·권고의 적용 실태 정기보고서를 심사하고, 적정성 여부를 판단하는 직무를 맡고 있다. 조약권고위원회는 20명의 전문가위원들로 구성되어 있는데 1년에 한 차례 회합을 열어 수천 건에 이르는 보고서를 심사한다. 보고서는 정부뿐 아니라 노동조합도 제출하는데 전문가위원들은 양자의 보고서를 모두 심사하여 조약·권고 이행의 적부를 객관적으로 판단한다.

법령위반, 실행위반이 있다고 인정될 경우 조약권고위원회는 해당국 정부에 위반 상태를 개선하라는 의견(권고)을 제출한다. 이 개선 의견에 이른바 '법적 구속력'은 없다. 그렇기 때문에 의견을 따르지 않는 국가도 있지만, 가맹국은 통상 의견(권고)에 따르는 경우가 많고, 국가에 따라서는 개선 권고가 공표되기에 앞서 위법 상태를 고쳐 해소하는 경우도 있다.

그러나 앞서 언급한 바와 같이 조약권고위원회의 의견을 따르지 않는 국가도 있다. 이때 조약위반이 중대하고 악질적이라고 보이는 사례일 경우 그 문제가 총회의 기준적용위원회에 상정될 수 있다. 기준적용위원회에서 '개별심사' 사례로 다루어지면 해당국 정부는 총회라는 공개적인 장에서 조약권고위원회가 조약위반이라고 인정한 사실에 대하여 답변 및 해명을 해야 한다. 총회에는 정부·사용자 측 대표뿐 아니라 노동자 측 대표도 참가해(3자 구성) 위반국 정부를 매섭게 추궁하고 비판·비난을 퍼붓기도 한다. 위반국 정부는 이러한 입장에 놓이는 것을 피하기 위해 최대한의 노력을 기울인다. 그 과정에서 개선 의견을 받아들여 정치적 해결을 모색하는 등 다양한 대응이 나오기 마련이며, 조약 등의 위반 상태는 해소되어간다. OFSET노조와 강제연행전국네트워크는 사태가 이렇게 진행되어 '위안부' 및 강제노동 피해자를 구제하는 길이 열리기를 기대하며 ILO의 문을 두드린 것이다.

ILO, 강제연행을 29호 조약 위반으로 인정

강제연행전국네트워크가 이 문제를 처음 제기한 때로부터 오랜 시간이 경과했다. 그러나 ILO를 대상으로 한 투쟁은 기대처럼 신속하게 진행되지 않았다. 드디어 1999년 조약권고위원회는 "이렇듯 비참한 조건에서의 일본 민간기업을 위한 대규모 노동자 징용은 「강제노동에 관한 협약」('29호 조약')을 위반한 것이었다고 생각한다"라고 인정했다. 그리고 일본정부에 "피해자가 만족하는 형태로 문제를 해결"하도록 권고했다. '위안부' 문제에 이어 강제노동 문제에 관해서도 ILO는 피해자 측에 서서 올바른 판단을 내린 것이다. 이에 대해 일본정부는 "샌프란시스코 강화조약 및 그 후의 2개국 간 조약으로 문제는 해결되었다"며 반론했지만 조약권고위원회는 그 문제에는 개입하지 않으면서 일관되게 1999년 보고를 유지하여 신속한 피해자 구제, 문제 해결을 촉구하는 의견을 계속해서 표명하고 있다.[19]

2003년 2월 18일 ILO 투쟁 한일공동대책회의

그러나 일본정부는 조약권고위원회가 일본정부의 반론을 받아들이지 않자 바로 ILO의 의견은 "법적 구속력이 없다"며 무시하기로 작정한 태도로 전환하여 오늘에 이르고 있다. 노동자 측이 일본의 29호 조약 위반 사례를 총회·기준적용위원회의 '개별심사'의 도마 위에 올리기 위해 움직이자 사용자 측을 끌어들여 필사적인 저항을 하고 있다. 그 결과 조약권고위원회의 의견은 실행되지 않은 채 거의 '방치'되고 있는 실정이다. ILO를 무대로 한 강제연행전국네트워크의 투쟁은 기대처럼 진행되지 않고 있지만, 일본정부가 조약권고위원회의 의견에서 벗어나 자유로워질 수는 없다. 위반 상태를 해소하지 않는 한 일본정부는 이 의견에 얽매일 수밖에 없다.

이렇게 1990년대 첫머리에 김순길 씨(미쓰비시중공업 나가사키 조선소 소송), 김경석 씨(일본강관 소송) 등이 강제연행·강제노동 문제의 해결을 요구하며 재판투쟁을 시작한 뒤 사반세기가 경과했지만 문제는 아직 해결되지 않고 있다. 그 직접적인 요인은 1965년의 한일청구권협정에 있지만 근본적인 요인은 일본이 과거의 식민주의를 청산할 의사가 없기 때문이라고밖에 할 수 없다.

보상 실현을 위한 법 제정을

2009년 일본의 정권이 교체되자 전후보상운동을 벌여온 사람들은 커다란 기대를 품었다. 정권을 잡기 전에 민주당은 적어도 정책 색인(2009)에 시베리아 억류자 보상, 전시성적강제피해자 문제의 해결, 항구평화국 설치를 위해 노력하겠다고 명기하고 있었다. 그러나 야당 때는 '전시성적강제피해자문제해결촉진법안'의 제안자로 당수의 이름까지 올려 국회에 법안을 제안해온 민주당이 정권을 잡자 한 번도 이 법안을 상정하지 않았다. 민주당 정권은 오키나와·후텐마普天間 기지 문제뿐 아니라 전후보상 문제에서도 많은 시민의 기대를 배반했다.

그렇다 하더라도 강제연행·강제노동 피해자들이 일으킨 소송이 거의 종결되어 이 문제를 사법의 장에서 해결할 가능성이 사라져버린 가운데, 강제노동 문제를 해결할 길은 정치 해결, 입법화 외에는 남아 있지 않다는 것은 확실했다. 이러한 상황에서 강제연행전국네트워크는 조선인 강제노동 문제의 해결을 목표로 '조선인 강제노동 피해자 보상을 위한 재단 설립에 관한 법률(안)'을 마련하여 정부·국회·사회에 이 법률안의 실현을 요구하였다. 이 입법구상은 한일청구권협정에 의해 만일 미지급 임금(공탁되어 있는 경우는 공탁금), 우편저금 등의 재산권은 '해결'되었다 하더라도 강제연행·강제노동이라는 불법행위에 의해 피해자가 입은 육체적·정신적 피해에 대한 배상 문제는 해결되지 않았다는 전제에 서 있다. 그리고 육체적·정신적 피해에 대한 위자료청구(손해배상)에 응하기 위해 보상 등을 실시하는 법을 제정하자는 것이다. 이 법의 요점은 아래와 같다.

첫째, 구제 대상은 전시체제 하(1939~45)에 국가총동원법 '노무동원계획(국민동원계획)' 및 국가의 관여에 의해 한반도에서 일본 '내지內地', 사할린, 남양군도 등의 기업·사업소로 동원되어 사역한 조선인 및 그 유족으로 한다.

둘째, 구제 방법 및 내용으로는 '기금'을 마련하고, 사업으로는 보상금 지급, 피해자가 입은 피해·노고 등을 현재와 다음 세대의 국민에게 알리고 계승하는 사업 등을 실시하는 것으로 한다.

셋째, '기금' 자본금(거출금)은 전시하 강제노동이 일본정부·관계기업의 '공동불법행위'로 저질러졌다는 점에 입각해(이는 ILO뿐 아니라 일본의 사법부도 인정), 일본정부와 기업이 출자하는 것으로 한다.

넷째, 피해자 인정을 위해 강제노동의 전개 및 피해 상황 등을 조사하는 기관을 설치하는 동시에 이 조사기관으로 일본정부와 관계기업 등이 소장하고 있는 모든 관계 자료를 제공, 집중시키는 것을 의무화한다. 또한 한국정부, 진상규명위원회 등과의 연계를 도모한다.

이 입법구상을 구체화해 정치적 과제로 끌어올리는 노력이 한창 진행되고 있을 때인 2011년 3월 11일 동일본대지진, 후쿠시마 원전사고가 발생했다. 원전사고의 수습, 지진 복구, 부흥이 정치의 우선과제가 되어 강제노동 문제의 해결 및 전후보상 등은 더욱 주변으로 밀려났다. 어떤 의미에서 이는 어쩔 수 없는 일인지도 모른다. 그러나 잊거나 무시해도 괜찮은 과제가 아니며, 일본이 반드시 해결해야만 하는 문제이다. 어떠한 어려움이 있더라도 반드시 입법화를 시도해야만 한다. 그렇게 하지 않으면 식민주의를 청산할 수도, 동아시아에 진정한 평화를 실현할 수도 없다.

———

김영환 옮김
민족문제연구소 대외협력팀장

야스쿠니신사와 싸우는
한국인 유족들

김진영
태평양전쟁피해자보상추진협의회 간사

야스쿠니, 그 이야기의 시작

일제강점기 조선에는 마을마다 제일 좋은 위치에 신사가 들어서 있었다.
조선인들로 하여금 강제로 허리 굽혀 절하게 만들었던 신사는 무려 1,144
개나 되었다.[20] 일제가 침략의 손길을 뻗는 곳마다 신사를 지어 주민들을
동화하려고 했기에 이를 '침략신사'라고 부르기도 한다. 일제는 황국신민
화 정책의 일환으로 신사참배를 강제했는데, 이를 거부하다가 투옥되거
나 목숨을 잃는 조선인들도 적지 않았다. 일제는 남산에 있던 조선신궁에
서 전쟁터에 끌려가는 조선 청년들을 '위로'하는 대대적인 출정식을 열곤
했다. 하지만 과연 조선 청년들은 얼마만큼 '위안'과 '용기'를 얻고 전쟁터

식민통치의 성지 조선신궁. 학생들과 일반인들은 주요 행사 때마다 의무적으로 참배했다. 학병·징용·
징병 등으로 끌려가는 조선인들도 이곳에 들러 참배해야 했다.

로 향했을까?

일제는 식민지 조선인까지 침략전쟁에 끌어들였지만 패망을 피할 수
는 없었다. 해방이 되자마자 한반도에 있던 신사들은 모두 불타거나 주민
들에 의해 파괴되었다. 이제 그 흔적은 돌계단이나 석등으로만 일부 남아
있다. 옛 신사의 배전 앞 너른 공간은 대부분 '공원'으로 바뀌어 시민에게
돌아왔다. 서울 남산공원, 부산 용두산 공원, 대구 달성공원 등이 옛 신사
터가 공원으로 바뀐 대표적인 곳이다.

신사는 우리의 땅과 기억속에서 차츰 자취를 감추었지만, 아직 청산되
지 않은 '신사' 문제가 남아 있다. 바로 야스쿠니 문제다. 일본 우익 정치

제2차 야스쿠니무단합사철폐소송을 제기하며, 도쿄지방재판소 앞. 왼쪽 두 번째부터 원고 이희자, 박남순, 남영주, 박기철.(2013.10.22.)

인들은 침략전쟁의 주범인 'A급 전범' 14명이 합사된 야스쿠니신사를 공개적으로 참배하여 일제의 침략전쟁으로 고통을 겪은 아시아 국가들로부터 거센 항의를 받고는 한다.

그런 야스쿠니신사와 법정 싸움을 벌이는 이들이 있다. 일제 말 그들이 벌인 침략전쟁에 끌려가 총알받이로 억울하게 죽은 한국인 희생자의 유족들이다. 유족들의 요구는 간단하다. '너희가 마음대로 야스쿠니신사에 합사해놓은 내 아버지의 이름을 빼라'는 것이다. 그러나 야스쿠니신사와 일본정부는 줄곧 해괴한 논리를 펴며 원고들의 요구를 묵살하고 있다.

'격'이 다른 침략신사, 야스쿠니

야스쿠니신사는 언제, 왜 만들어졌을까? 야스쿠니신사는 탄생부터 전쟁과 깊이 연관돼 있다. 1854년 개항 이후 일본에서 에도 막부를 지지하는 봉건세력과 '천황'을 앞세운 반막부 세력 사이에 내전(보신전쟁戊辰戦争, 1868~69)이 벌어졌다. 이 내전에서 승리한 반막부 세력은 '천황' 편에서 싸우다 죽은 이를 신으로 모시기 위해 1869년에 '도쿄초혼사東京招魂社'를 세웠다. 메이지정부는 군의 요청으로 이 초혼사의 격을 높이고 이름을 야스쿠니신사靖國神社로 바꾸었다. 일반적인 일본의 신사와 달리 야스쿠니신사는 일본군이 직접 관리한 군사시설이었던 것이다.

이후 일본은 끊임없이 주변 아시아 국가들을 침략했다. 대만과 조선을 침략해 식민지로 만들고, 만주침략 이후 중일전쟁·태평양전쟁을 일으켜 아시아·태평양 일대를 전쟁의 공포로 몰아넣었다. 일제의 침략전쟁으로 희생당한 아시아 민중은 2000만 명이 넘는다.

전쟁이 확대되면 확대될수록 더 많은 전사자가 발생했고, 그만큼 더 많은 청년들이 사지로 내몰렸다. 그런데 야스쿠니신사는 전사한 자들을 합사하면서 전사자들이 "아시아의 해방을 위한 성전聖戦에서 전사한 것이고 그 영혼은 야스쿠니신사에 돌아와 '천황'의 군신軍神이 될 것이니 영광스럽게 생각하라"고 선전했다. 전사자의 죽음을 숭고한 죽음으로, 희생자를 전쟁을 미화하는 군신으로 재창출하는 것을 통해 일제의 식민지 지배와 아시아 침략전쟁의 '정당성'을 뒷받침하는 것이 야스쿠니신사의 역할이었다. 이렇게 일제가 전쟁으로 내몰아 전사한 일본 병사는 246만 명이

'천황'은 일반인 전사자들을 신으로 모신 야스쿠니신사를 직접 참배함으로써 그들의 죽음을 미화했다.(1943.5.1.)

넘는다. 그리고 그들은 야스쿠니신사에 합사되어 있다.

2차 세계대전이 끝난 뒤 일본을 점령한 맥아더 사령관은 일본을 민주국가로 만드는 작업의 하나로 야스쿠니신사를 민간 종교시설로 바꾸었다. 하지만 국가와 유착하여 전쟁 이데올로기를 생산하던 야스쿠니신사의 본질은 달라지지 않았고, 1978년에는 A급 전범까지 합사하였다. 일본의 총리나 고위 정치지도자들이 야스쿠니신사를 참배할 때 한국과 중국 등 주변국이 일본정부를 강하게 비난하는 것은 바로 이러한 이유 때문이다.

2013년 4월 13일 아베 총리는 "(알링턴 국립묘지에는) 노예제도를 유지하

출정을 앞두고 야스쿠니신사를 참배하는 일본군

려고 한 남군南軍 병사도 모셔져 있지만, 미국 대통령이 노예제도를 긍정해서 (참배하러) 가는 것은 아니다. 국가를 위해 돌아가신 숭고한 영혼에 경의를 표하는 것이다"라고 하며 자신이 A급 전범이 합사된 야스쿠니신사에 참배하는 것은 전혀 문제가 없다고 주장했다.

하지만 아베 총리는 국제사회를 향해 거짓말을 하고 있다. 알링턴 국립묘지는 야스쿠니신사와는 달리 특정 종교만을 강요하는 시설이 아니다. 또한 국가가 일방적으로 안장을 결정하지 않고 유족의 의사를 존중한다. 국가가 유족의 의사를 묻지 않고 마음대로 처리하는 것은 있을 수 없는 일이다. 1985년 5월, 미국의 레이건 대통령은 나치 SS친위대 대원이 함께 매장된 독일 비트부르크 묘지를 참배했다가 미국 의회는 물론 유럽국가들로부터 거센 비판을 받았다. 국가 지도자가 전범이 포함된 시설을 방문해 추모하는 일은 국제사회의 규범 및 보편적인 상식에 어긋나는 일이다. 그러나 일본정부와 야스쿠니신사는 이러한 규범과 상식을 줄곧 무시해오고 있다.

가족의 죽음을 알려주지 않은 일본

중일전쟁이 장기화되자 일제는 식민지 조선을 총동원체제로 바꾸고 인적·물적 자원을 수탈했다. 뿐만 아니라 '황국신민화' 정책을 통해 조선인들의 정신까지 강제동원하려 했다. 1938년 육군지원병제, 1943년 학도병 동원, 1944년 징병제 등으로 36만 명이 넘는 청장년들이 군인·군속으로 전쟁터에 끌려갔다. 이 가운데 일본정부가 사망했다고 인정한 한국인이 최소 2만 1,000여 명. 이들은 모두 야스쿠니신사에 합사되어 있다.

가족이 야스쿠니에 합사되었다는 사실을 알게 된 유족들의 심정은 어땠을까. 야스쿠니무단합사철폐소송 이명구 원고는 2015년 5월 27일 일본 법정에서 다음과 같이 진술했다.

"재판장님, 저와 동생은 일본에 의해 하루아침에 고아가 되었습니다. 어머님께서 돌아가셨을 때 제 나이는 아홉 살, 동생은 다섯 살이었습니다. 그 뒤 하나밖에 없는 동생마저 굶고 병들어 시름시름 앓는 것을 보면서도, 저는 동생을 위해서 아무것도 할 수가 없었습니다. 저희 형제는 의지할 데가 없었습니다. 제가 어린 동생을 잘 돌보지 못했기 때문에 동생은 결국 세상을 뜨고 말았습니다. 이 세상에 저 혼자만 남게 된 것입니다. (…)

사람을 강제로 끌고 가서 죽게 만든 것도 억울한데 왜 일본정부는 가족들에게 알리지도 않고 마음대로 합사를 합니까? 처음부터 일본이 일본의 이익을 위해 일으킨 전쟁이었습니다. 한국인은 아무런 상관없는 전쟁이었습니다. 그런 전쟁에 아버지가 강제로 끌려가지 않았다면, 할머니 할아버지는 아들을 잃지 않고 어머니는 남편을 빼앗기지 않고 동생도 비참하게 죽지 않았을 것입니다. (…) 제가 앞으로 얼마나 더 살 수 있을지는 모릅니다. 살아 있는 동안에 꼭 이루고 싶은 것은 단 한 가지입니다. 야스쿠니에서 제 아버지 이름을 빼는 것입니다."

이명구 씨의 아버지는 면직원을 피해 도망 다니다가, 1943년 겨울 징용되었다. 아버지가 끌려간 후 할아버지, 할머니, 어머니가 모두 화병으로 일을 할 수 없었기 때문에 생활이 어려웠다. 해방이 되고 얼마 지나지 않아 어머니와 조부모가 모두 사망했고 동생마저 병으로 죽으면서 그는 혼자 남게 되었다. 그는 커서도 타국의 침략전쟁에 아버지가 강제로 끌려갔고 그로 인해 가족들이 모두 죽게 되었다고 생각했다. 그런 그가 아버지가 야스쿠니신사에 합사되어 있다는 사실을 확인했을 때 그 심정은 어떠했을까.

"한국이 식민지이던 시절 한국인들을 괴롭히고 살해한 일본 군인과 경찰이 야스쿠니신사에 있습니다. 또 아버지를 끌고 가서 군인으로 훈련시키고 전쟁터에서 죽게 만든 사람들도 야스쿠니신사에 함께 있습니다. 지금 제

아버지는 야스쿠니신사에서 이런 사람들과 같은 취급을 당하고 있습니다. (…) 오랜 시간 고통 속에 살아온 유족으로서 제 아버지의 일본이름이 야스쿠니신사에 남아 있다는 것 자체가 싫습니다. 더 이상 무슨 설명이 필요한지 모르겠습니다.”

원고 박기철 씨는 아버지가 일본군에 끌려간 후에 태어났다. 아버지는 필리핀에서 전사했다. 할머니는 아버지가 끌려가고 얼마 뒤 화병으로 사망했고, 할아버지는 해방이 된 뒤 매일 기차역에 나가 아버지를 기다렸지만 아버지는 끝내 돌아오지 않았다. 이후 친정에 갔던 어머니가 한국전쟁으로 돌아오지 못하게 되면서 그는 고아 아닌 고아가 되었다. 박기철 씨의 아버지는 1959년 4월 6일 합사되었다. 일본정부가 아버지에 대해 어떤 소식도 전해주지 않았기 때문에 가족들은 매일매일 아버지를 기다리며 가슴 찢기는 아픔을 겪어야 했다. 그는 당시의 고통을 지금까지 생생하게 기억하고 있다. 야스쿠니신사는 한국인 유족들에게는, 어떤 이유로도 용납될 수 없는 시설이다.

일본정부와 야스쿠니신사가 공모한 무단합사

유족들이 일일이 뒤져서 찾아낸 명부 기록에 야스쿠니 합사 사실이 적혀 있었는데, 한국인 희생자들이 야스쿠니신사에 합사된 때는 사망 당시가 아니라 일본이 패전하고도 한참 뒤인 1959년이었다. 일본정부는 한반도가 일제로부터 독립한 지 14년이 지나 한국인 희생자들을 야스쿠니신사에 합사시킨 것이다.

원고 동정남 씨는 2015년 9월 25일 일본 법정에서 다음과 같이 울분을 토했다.

"그런데 제가 가장 충격을 받고 화가 난 것은 따로 있었습니다. 그것은 그 기록에 찍혀 있던 동2란 표시였습니다. 그 속에는 1959년 10월 17일에 아버지가 야스쿠니신사에 합사되었다는 내용이 담겨 있었습니다. 알아봤더니 야스쿠니에는 유해는커녕 아무것도 없고 아버지 이름이 적힌 명단만 있는데도, 아버지가 야스쿠니의 신으로 합사되어 있다고 하니 분노할 수밖에 없었습니다. 그 기나긴 세월을 아버지를 찾기 위해 노력해왔는데, 아버지께서 어디서 어떻게 돌아가셨는지 혹시 살아 계실지도 모른다는 기대까지 하며 일본 전국을 찾아다니고 러시아까지 갔는데 가족들에게는 연락도 해주지 않고 합사를 했다니 어떻게 그럴 수 있단 말입니까? 더군다나 유해는 바닷속에 가라앉았는지 어떻게 되었는지 알지도 못하면서 야스쿠니신사에서 아버지를 신으로 이용하고 있다니 저는 도저히 이해를 할 수 없습니다. 재판장님! 오늘 이 법정에서 분명히 말씀 드리지만 저는 왜 아버지를 야스쿠니에 합사했는지 묻지 않겠습니다. 따지고 싶지도 않습니다. 당장 야스쿠니에서 제 아버지 이름을 빼라고 강력하게 요구할 뿐입니다. 제 아버지는 한국사람이지 일본사람이 아닙니다. '천황'을 위해 죽어간 사람이 아닙니다. 일본이 일으킨 전쟁 때문에 젊은 나이에 죽어간 것도 억울한데 야스쿠니에 합사되어 있다니 도저히 용서할 수가 없습니다. 사랑하는 가족들이 멀쩡히 살아 있는데 사망 사실을 알려주지도, 합사 의향을 묻지도 않았다니 그게 말이 됩니까? 지금도 식민지 시대입니까? 제 아버지의 이름을 야스쿠니에서 당장 뺄 것을 다시 한 번 강력히 요구합니다."

동정남 씨의 아버지는 1943년 3월 나고야 미쓰비시중공업에서 일하던 중 해군군속으로 강제동원되었다가 사망했다. 그는 아버지를 찾기 위해 일본의 나고야·아오모리·홋카이도 등지를 다녔으며, 심지어 어딘가에 살아 계시지 않을까 하는 실낱같은 기대를 가지고 러시아 블라디보스토크에서 신문광고를 내기도 했다. 그렇게 노력한 끝에 결국 해군사망자명부에서 아버지의 기록을 찾았다. 그러나 기록을 찾았다는 기쁨도 잠시였다. 아버지가 1959년 10월 17일에 야스쿠니신사에 합사되었다는 사실을 알게 되었기 때문이다.

일본정부는 1952년 샌프란시스코 강화조약 발효로 주권을 회복하자마자 '전상병자전몰자유족 등 원호법'을 공포했다. 이 원호법은 '국가보상의 정신에 기초하여', 군인·군속이었던 자 또는 그 유족의 원호를 실시하기 위한 것이었는데, 여기에서 옛 식민지 출신자인 조선인이나 대만인은 완전히 배제했다. 그러면서도 일본정부는 더 이상 일본 국적도 아닌 조선인 희생자들을 창씨명을 써서 야스쿠니신사에 합사했다.

강제동원 희생자들의 기록을 보면 육군은 1959년 4월 6일에, 해군은 1959년 10월 17일에 합사되었다. 해방된 지 14년이 지난 후에 한국인들을 합사한 것인데 이를 위해 일본정부는 한국인 1만 9,650명의 명단을 야스쿠니신사에 전달했다. 그 후에도 후생성은 1964년 82명, 1972년 66명, 1973년 385명, 1975년 509명, 1976년 35명의 자료를 야스쿠니신사 측에 제공했다.[21] 쉽게 말해 일본정부가 한국인들의 개인정보를 유족들의 동의도 받지 않고 야스쿠니신사에 넘겨준 것이다.

'일본인으로 죽었으니 일본의 신'이라는 야만적 논리

한국인 유족 확인도 없이 도둑질 하듯 몰래 희생자들을 합사하다 보니 살아 있는 사람을 합사하는 어처구니없는 일까지 벌어졌다. 1925년 3월 17일 황해도 황주에서 태어난 김희종 씨는 1944년 면서기로부터 남양군도에 가라는 지시를 받았다. 당시 김희종 씨는 늑막염에 걸린 상태였기 때문에 아버지를 통해 항의했지만 결국 소집영장도 보지 못하고 동원되었다. 중간에 도망칠 생각도 했으나 가족들에게 해가 미칠지 모른다는 생각에 포기했다. 이후 김희종 씨는 일본 요코하마에서 훈련을 받고 사이판에 배치되었다. 훈련 때 절대 포로가 되지 말라고 교육받았기에 전황이 악화되자 그는 다른 부대원들과 함께 자살하려 했다. 그러나 조선인 동료가 '조선인인데 왜 자살하냐'라고 하는 말을 듣고 피신했다가 미군에 항복해서 포로가 되었고, 1년 후에 고향으로 돌아왔다.

2006년 5월 김희종 씨는 살아 있는 자신이 '풍천희종豊川希種'이라는 창씨명으로 1959년 10월 17일 야스쿠니신사에 합사되었다는 사실을 알게되었다. 기록에는 사이판 전투에서 사망했고 1948년 5월 31일 한국으로 유골이 송환된 것으로 나온다. 2006년 7월 그는 합사취소를 요구하기 위해 직접 야스쿠니신사에 갔다. '나는 혼령이 아니다. 빨리 내 이름을 삭제하라'라며 항의했지만 야스쿠니신사 측에서는 "전쟁 당시 일본군은 패전하면 집단자살해서 모두 죽어 포로는 존재할 수 없었으니 당시 사망 처리되었을 것"이라는 황당하기 짝이 없는 답변을 내놓았다. 살아 있는 자신을 사망 처리하고 유골까지 보냈다고 기록하고는, 또 자기들 마음대로 야스쿠니신사에 합사해놓다니 도대체 몇 번이나 죽일 셈인가. 설명을 듣던 그는 바닥에 주저앉고 말았다.

야스쿠니신사의 뻔뻔함은 어제오늘 일이 아니다. 1978년 4월, 일본의 한 일간지에는 다음과 같은 기사가 실렸다.[22]

전쟁 중 일본이 황민화 정책으로 신사참배를 강제한 조선에서는 이를 거부했다는 이유로 불경죄로 투옥당한 사람이 2,000명이 넘었고, 50여 명이 옥사했다. 일본패전, 조선의 독립과 동시에 조선 각지의 신사는 불태워졌다. 그런 만큼 "일본이 아직 과거의 식민주의를 청산하지 않은 것이 드러난다. 전전戰前의 일본 그대로다"라며 한국·조선인은 정치적 입장과 관계없이 합사에 반발하고 있다. (…) 한편, 야스쿠니신사는 후생성 원호국에서 전몰자의 이름을 받아 한국·조선·대만인의 합사를 계속하고 있다. 동 신사(야스쿠니신사)의 이케다 권궁사權宮司는 "합사 취하에는 응할 수 없다"고 잘라 말했다. "전사한 시점에 일본인이었기 때문에, 사후에 다시 일본인이 아니게 될 수는 없다. 또 일본의 군인으로, 죽으면 야스쿠니에 혼령이 모셔질 거라는 마음으로 싸우다 죽었기 때문에, 유족의 요구만으로 철회할 수는 없다. 내 지인(일본인)과 똑같이 전쟁에 협력하게 해달라고 해서 일본인으로 싸움에 참가한 이상, 야스쿠니에서 제사 지내는 것은 당연하다."

「야스쿠니 합사 용서 못 해」, 『아사히신문』(1978.4.16.)

기사는 일제강점기 한반도에서 신사참배 문제로 인해 많은 사람들이 고통을 당했고 해방과 동시에 전국의 신사가 불태워졌다는 사실을 전하며, 많은 한국인들이 야스쿠니 합사에 반발하고 있다고 밝혔다. 하지만 야스쿠니신사의 관계자는 합사를 취소해달라는 유족들의 요구에 대해 "전사자들이 일본인으로 싸우다 죽었기 때문에 야스쿠니신사에서 모시는 것이 당연하다"는 논리로 버텼다. 생존자 김희종 씨에게도 마찬가지였다.

2006년 7월 15일 야스쿠니신사 측에서는 김희종 씨에게 조사가 부족했기 때문에 전사자로 오인했고, 신사가 가지고 있는 '제신명부'에 '생존확인' 표기를 했다는 내용의 편지를 보내왔다. 이런 무성의한 대응에 분노하여, 그는 2007년 2월 26일 제소한 제1차 야스쿠니무단합사철폐소송에 원고로 참여했다. 도쿄지방재판소에 제소하던 날 원고들은 합사취소를 요구하기 위해 야스쿠니신사에 찾아갔다. 신사 측은 공사 중이라는 이유를 대며 사무실 안으로 들어가지 못하게 막았다. 사무실 입구에서 옥신각신하는 사이 김희종 할아버지는 "너희가 합사시킨 그 사람이 나다. 내가 여기 살아 있다"라고 외쳤다. 신사 측은 "살아 있는 사람은 신이 된 것이 아

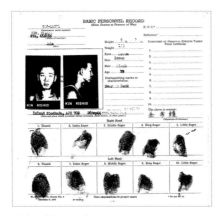

김희종 씨의 포로 기록

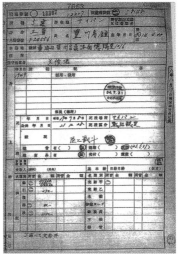

김희종 씨의 「해군군속신상조사표」. 빨간 표시를 한 부분에 34(1959)년 10월 17일 야스쿠니신사 합사 완료, 23(1948)년 5월 31일 유골 송환이라고 표기되어 있다.

니니 걱정하지 말라"라고 답했다. 할아버지는 "그럼 내가 진짜 죽으면 어떻게 되는 것이냐"고 다그쳤다. 신사의 관계자는 아무 대답도 하지 못했다. 이날 김희종 씨는 주먹으로 가슴을 치며 눈물을 흘렸다.

이후 재판에서 야스쿠니신사 측은 "교리에 따라 합사한 뒤에는 신의 이름이 적혀 있는 영새부靈璽簿에서 뺄 수 없다"라고 주장했다. 일본 법원은 "피해자들의 불쾌감은 이해하지만, 참을 수 없는 정도의 고통이라고 보기 어렵다"거나 "야스쿠니신사가 희생자들을 신으로 모시는 행위는 종교의 자유에 해당한다"는 식의 궤변을 늘어놓으며 원고들의 청구를 모두 기각했다. 천주교 신자였던 김희종 씨는 야스쿠니에서 해방되지 못한 채

2016년 5월 16일 별세했다.

한국인 유족의 외침, '아버지 이름을 빼라'

한국인의 무단합사 문제가 처음 법정에서 다루어진 소송은 일본정부를
상대로 한 '재한군인군속재판'이었다. 태평양전쟁피해자보상추진협의회
(보추협)가 이 소송의 사무국이었다. 소송을 진행하는 과정에서 야스쿠니
신사 문제의 중요성을 인식한 일부 원고들과 일본 시민단체 회원들은 야
스쿠니 문제만 따로 독립시켜 일본정부와 야스쿠니신사를 상대로 소송을
제기하기로 했다. 2007년 2월 '야스쿠니무단합사철폐소송(일명 노NO합사
소송)'을 시작한 한국인 희생자 유족들은 잇따른 패소에도 불구하고 지금
까지 소송을 이어오고 있다. 2017년 1월 현재 도쿄지방재판소에서 두 번
째 소송이 진행 중이다.

원고들이 소송에서 야스쿠니신사에 요구하는 내용은 아주 명료하다.
① 야스쿠니신사의 영새부, 제신부, 제신명표에서 희생자 혹은 원고의 이
름과 원고에 대한 기록을 삭제할 것, ② 일본정부가 야스쿠니신사에 제공
한 희생자 정보 제공 고지를 철회할 것, ③ 유족에게 희생자의 전사 사실
을 알릴 것, ④ 일간신문에 가로 20, 세로 30센티미터 크기로 사죄 광고
를 게재할 것, ⑤ 각 원고에 대한 위자료 1엔을 지급할 것.

1엔을 위자료로 청구한 데에는 이유가 있다. 일반적으로 손해배상 청
구소송에서는 피해에 합당한 금액을 배상금으로 청구한다. 그러나 원고
인 이희자 보추협 대표의 생각은 달랐다. "이 문제는 돈으로 해결될 문제

2007년 2월 26일 도쿄지방재판소에서 열었던 제1차 야스쿠니무단합사철폐소송 기자회견. 왼쪽부터 변호사 오구치 아키히코, 원고 나경임, 김희종, 이희자.

가 아니라 상식과 정의에 해당하는 문제다. 돈으로 해결될 수 없을 만큼 일본정부와 야스쿠니신사가 저지른 죄가 크다."

아버지의 소식을 찾아 십수 년을 노력해오던 어느 날 아버지가 야스쿠니신사에 합사되어 있다는 자료를 확인하고, 이희자 대표는 분노로 밤을 지샜다고 한다. 강제로 끌려가 객지에서 돌아가신 것만 생각해도 억울한데, 영혼마저 고향으로 돌아오지 못하게 가두어놓았다는 생각에 가슴이 미어졌다. 이 때문에 이희자 대표는 아버지 묘에 묘비를 세우면서도 이름을 새기지 않았다. 그 이름이 야스쿠니에서 없어질 때 비로소 아버지는 자유로워질 수 있으며, 고향의 양지바른 언덕에서 편히 눈을 감을 수 있으리라는 믿음 때문이다.

2006년 8월 유족들은 한국·대만·일본·오키나와 4개 지역의 시민단체들과 함께 '야스쿠니반대공동행동'을 결성했다. 이들은 일본사회를 옥

1994년 6월 천안 망향의 동산에 아버지의 묘비를 마련한 이희자 씨. 그러나 지금까지 아버지의 이름을 새기지 못했다.

죄고 있는 '천황제'와 야스쿠니 문제가 일본의 문제를 넘어 동아시아 전체의 문제라는 점에 공감했다. 각 지역의 시민들은 개별적으로 합사취소소송과 일본 총리의 참배위헌소송을 지속하며, 야스쿠니신사의 반인권적·반평화적 본질을 알리기 위해 노력하고 있다. 이들의 연대는 10년이 넘게 계속되고 있다.

최근 일본의 아베 신조 총리와 그 내각은 일본의 헌법을 개정하며 군사대국화의 길로 나서고 있다. 야스쿠니신사를 이용해 전쟁 책임을 부정하고, 필요에 따라 다시 주변 국가를 침략할 수 있는 '강대한 일본'을 꿈꾸는 것이다. 종전 70주년 기념사에서 아베 총리는 "다음 세대 후손들에게 사죄를 계속할 숙명을 지워서는 안 된다"라며, 더 이상 반성과 사죄는 필요 없다는 식의 발언도 서슴지 않았다.

일본의 우경화, 재무장, 야스쿠니신사 문제, 동아시아의 갈등 고조는 하나의 맥락으로 연결되어 있다. 비단 우리만의 문제가 아니다. 온 세계가 하나로 연결되어 있는 지금 동아시아의 위기는 세계의 위기로 이어진

'평화의 촛불을 야스쿠니의 어둠에' 도쿄 촛불행동. 2006년 8월에 한국·대만·일본·오키나와의 시민들은 함께 '야스쿠니반대공동행동'을 결성했다. 이후 매년 8월, 일본 도쿄에 모여 야스쿠니신사가 평화와 인권에 반하는 야만적인 시설이라는 것을 국제사회에 알리는 행사를 지속하고 있다. 사진은 2006년 8월 14일 도쿄 메이지공원의 촛불집회 모습.

다. 2017년, 우리는 이 야만적인 야스쿠니신사 문제를 UN인권위에 제소하기 위한 준비를 하고 있다. 이 문제를 해결하지 않고는 더 이상 인권과 평화를 말할 수 없다는 것을 전 세계인이 이해하고 함께 행동에 나서야 할 때이다.

피해자 보상의 길이 열리기까지

장완익
| 법무법인 해마루 변호사

2012년 5월 24일, 획기적인 판결의 날

오후 2시 대법원 1호 법정실. 한국 법원에서만 7년을 끌어온 소송의 마지막 판결일이었다. 일본에서 신일본제철을 상대로 소송을 시작한 때부터는 15년이나 걸렸다. 나는 상고 후 2년 10개월 만에 대법원으로부터 판결하겠다는 통보를 받았다. 나는 그날 강연 때문에 일본 출장을 가야 해서 법무법인 해마루의 장영석 변호사를 참석시켰다.

사실 하루 전날 대법원이 조금 다른 판결을 내릴 것 같다는 소식을 듣기는 했다. 하지만 신일본제철을 상대로 한 한국의 1, 2심 판결이 일본 사법부의 판결보다도 후퇴한 내용을 담고 있던 터라 승소를 기대하기는 어려웠다. 대법원마저 원고 패소 판결을 내리면 일본과 한국에서 모두 법적 해결의 길이 완전히 끊기는 암담한 상황이었다. 다만 판결 내용과 별도로 화해를 권유하는 내용이 담기지 않을까 하고 기대하는 정도였다.

그런 상황에서 몸이 쇠약해 거동이 불편한 원고들을 법정에 나오시게 하기는 어려웠다. 그날 법정에는 원고도 소송대리인도 참석하지 못했다. 그런데 대법원이 정말 획기적인 판결을 내놓았다.

사건번호 2009다22549 손해배상 청구소송, 원고 망 박창환의 소송수계인 외 4명, 피고 미쓰비시중공업주식회사, 주문, 원심 판결을 파기하고 사건을 부산고등법원에 환송한다. 사건번호 2009다68620 손해배상 청구소송, 원고 여운택 외 3명, 피고 신일본제철주식회사, 주문, 원심판결을 파기하고, 사건을 서울고등법원에 환송한다.

아무도 예상하지 못한 파기환송 판결이었다. 김민철 씨에게 국제전화로 전해 들었지만 믿기 어려웠다. 판결문을 손에 받아 들기 전까지는 실감이 나지 않았다. 강제동원 피해자들과 함께했던 20년 가까운 시간 동안 가장 벅찬 순간이었고, 세상을 먼저 등진 피해자들이 떠올라 가슴 아팠다.

과거사 전문 변호사의 길로 접어들다

이 소송의 시작은 1997년으로 거슬러 올라간다. 나는 변호사 2년차였던 1994년부터 안식년을 맞은 배금자 변호사를 대신해 한국정신대문제대책협의회를 도와 일본군 '위안부' 문제에 관여하기 시작했다. '위안부' 문제에서 더 나아가 일제강점기 강제동원 피해 전반의 심각성을 깨닫는 데는 얼마 걸리지 않았다. 일본을 왕래하며 한국 피해자들을 대변하는 역할을 맡았다.

당시 일본에서는 관련 소송이 줄지어 일어나고 있었다. 한국이 민주화되어 해외여행이 자유로워지기 전까지 한국 피해자들이 일본에 가서 소송한다는 것은 감히 상상도 할 수 없었다. 하지만 1990년대 초부터 강제동원 피해자(군인, 군속, 징용노동자 등)와 일본군 '위안부' 피해자들은 일본에서 일본정부와 일본 전범기업들을 상대로 많은 소송을 제기하였다. 그러나 3건의 소송(신일본제철, 일본강관, 후지코시)만 '화해'에 도달했을 뿐 나머지는 모두 피해자들이 패소했다.

당시에는 일본정부가 강제동원 피해에 가장 큰 책임이 있다고 보았기 때문에 일본에서 소송을 제기하는 것이 당연하다고 여겼고, 일본의 사법부가 제대로 판단해주리라고 기대했다. 하지만 10년간의 소송에서 피해자들이 확인한 사실은 일본의 재판부도 자신들의 피해에 아무런 관심을 가지지 않는다는 것뿐이었다.

1997년 12월 24일, 생존 피해자들이 원고로 참여해 신일본제철에 제기한 소송도 마찬가지였다. 신천수·여운택은 강제노동을 한 제철공장이 있던 오사카의 지방재판소에 소송을 제기했다. 이 소송에서 신일본제철은 유족들과의 화해에 이르렀던 이전 소송과는 달리 자신들의 책임을 전혀 인정하지 않는다는 주장을 계속했다.[23]

항소심이 진행 중이던 2002년 나는 원고들과 함께 도쿄의 신일본제철 본사에 찾아갔다. 법정에서 이기기 어렵더라도 어떻게든 가해자인 회사

신일본제철주식회사 제소, 일본
오사카지방재판소 앞.(1997.12.24.)

가 원고들의 마음을 이해하고 책임을 인정하기를 바랐기 때문에 한편으로 화해 협상을 추진했다. 원고들 나이가 당시 여든에 가까웠고 신일본제철 같은 큰 회사가 스스로 책임을 인정한다면 그 자체로 큰 진전이라고 생각했다. 그러나 원고들과 함께 가보니 호의적인 자세로 협상을 진행하던 담당자가 바뀌어 있었다. 새로운 담당자는 '재판이 진행되고 있으니 재판 결과에 따르겠다'고 매몰차게 말하고는 더 이상의 협상은 없다고 선언했다. 한국과 일본의 월드컵 공동 개최로 떠들썩하던 해였다.

결국 원고들은 2002년 11월 일본 고등재판소에서 패소했고, 2003년 10월 일본 최고재판소에서 최종 패소했다. 이후 신일본제철은 강제동원 피해 문제에 대해 아무런 책임도 지지 않았다. 하지만 일본 법원이 회사에 책임이 없다고 판결했다고 해서 끝날 문제가 아니었다. 패소 후에도 계속 회사와 화해를 교섭하던 재판지원회 나카다 미츠노부中田光信 사무국장이 "한국에서 소송을 하면 어떨까"라는 제안을 했다.

재판보고회 후 선전활동. 왼쪽에서 두
번째 원고 여운택 씨, 세 번째 원고 신
천수 씨. 신일본제철 오사카 지사 앞.
(1998.6.30.)

전범기업을 한국 법정에 세우다

이미 나는 한국에서 2000년부터 미쓰비시를 상대로 한 소송을 맡아 진행
하고 있었다. 한국에서 소송을 제기하는 것이 쉽지만은 않았다. 일본정부
를 상대로 하는 소송은 일본정부가 주권면제Sovereign immunity[24]를 주장할 것
이 예상되었기 때문에 제외했다. 그러니 강제동원 피해자 가운데 군인·
군속 피해자는 아예 한국에서 소송을 제기할 수 없었다. 다만 일본 전범
기업에 끌려갔던 강제징용 피해자들은 전범기업을 상대로 한국에서 소송
을 제기하기로 했다. 그래서 부산에 연락사무소가 있던 미쓰비시중공업
을 상대로 피해자 6명(원고 중 1명이 항소하지 않아 항소심부터는 5명)이 2000
년 5월 1일 부산지방법원에 소송을 제기했다.[25]

　이 소송은 일본 전범기업을 상대로 한 소송을 가해국인 일본이 아닌 피
해국인 한국에서 제기한 첫 사례였다. 한국 사법부가 일본 전범기업의 불
법성을 심판할 기회이자, 한국 피해자들을 구제할 수 있는 길이 열리길

간절히 바라는 새로운 시도였다.

신일본제철에서 강제노동을 한 피해자 5명도 2005년 2월 28일 서울중앙지방법원에 손해배상 청구소송을 제기했다. 원고 중 2명은 1997년 일본에서 소송을 제기한 피해자들이었고, 나머지 3명은 처음 원고로 참여한 피해자들이었다.

신일본제철은 한국에 사무소가 없어서 서울중앙지방법원에 제소했다. 그런데 이것이 큰 걸림돌이었다. 국제 소송이라 관련 서류들을 모두 번역하려니 이것에도 상당한 시간이 걸렸지만 송달 시간도 문제였다. 미쓰비시중공업 소송은 부산 연락사무소로 관련 서류를 보내면 되기 때문에 송달 기간이 짧았다. 반면에 신일본제철은 한국 내 주소지가 없어서 소송 서류를 모두 일본 본사로 송달해야 해 3개월씩 걸리곤 했다. 피고 측에서 국내 대리인을 선임하면 복잡한 서류 송달 절차를 거치지 않아도 되는데, 일본 기업 측은 꼼수를 쓰며 시간을 끌었다.

더 근본적인 장애물은 한국정부였다. 앞선 소송에서 미쓰비시중공업은 한일청구권협정에 의해 원고들의 청구권이 소멸되었다는 주장으로 일관했다. 그래서 원고들은 청구권협정에 대한 한국정부의 입장을 확인하기 위하여 사실 조회와 문서송부촉탁 신청을 했지만 한국정부는 외교상의 문제라며 답변을 거부했다. 자국민을 보호하기는커녕 일본정부 입장을 대변하는 듯한 한국정부와 법원의 태도에 피해자들은 분통을 터뜨렸다.

우리는 소송을 잠시 중단하고 원고를 포함한 강제동원 피해자들과 함께 2002년 10월 11일 '한일회담문서 공개청구'를 거부한 외교통상부장관을 상대로 행정소송을 제기했다. 2004년 2월 13일 5건의 청구권협정 문서의 공개를 명령하는 1심 판결이 나왔고, 2005년 노무현 대통령의 결단으로 한일회담 관련 문서가 전면 공개되었다. 이후 한국정부는 '한일회담 문서 공개 후속대책 관련 민관공동위원회'(이하 '민관공동위원회')를 통하여 청구권협정의 법적 효력 범위, 한일협정 협상 당시 한국정부가 일본정부에 대하여 요구했던 강제동원 피해보상의 성격 및 무상자금의 성격, 1975년 한국정부 보상의 적정성 문제, 정부지원 대책, 일제강점기 반인도적 불법행위에 대한 외교적 대응 방안 등에 대한 정부 의견을 발표하였다. 정부지원 대책을 법제화한 것이 '태평양전쟁 전후 국외 강제동원희생자 등 지원에 관한 법률'(2007년 12월 10일 제정)이고, 이 법률에 의거해 한국정부는 피해자들에게 위로금 등을 지급하기 시작했다.[26]

한일회담문서 공개를 계기로 한국정부가 일제강점기 강제동원 피해자들에게 피해 구제 조치를 취한 것은 늦었지만 중요한 변화였다. 이런 변화가 국내에서 진행되던 소송에도 좋은 영향을 미치기를 기대했다. 그러나 이어진 소송에서 원고들은 연이어 패소했다.

법적 다툼의 내용

원고들은 이 소송에서 두 가지 피해 사실을 주장했다. 첫째는 강제노동. 원고들은 월 1~2회의 휴일을 제외하고 매일 가혹한 강제노동에 시달렸고 월급마저 강제로 저축해야 했다. 그들은 한 달에 2~3엔의 용돈 외에는 전혀 임금을 받지 못했다. 원고들은 이러한 행위가 국제노동기구의 「강제노동에 관한 협약」(제29호)을 위반한 것이라고 주장했다. 둘째는 공탁금. 원고들의 임금을 통보도 없이 공탁시킨 구 일본제철과 그 후신인 신일본제철은 법인격이 동일하므로 그 채무도 승계된 것으로 보아야 하며, 당연히 원고의 공탁금 청구 시효가 유지된다고 주장했다.

하지만 한국 법원은 현재 일본의 신일본제철이 원고들을 강제동원했던 예전의 '일본제철'과 법인격이 다르고 채무도 승계하지 않은 다른 회사라고 판단했다. 또한 일본에서 패소한 신천수·여운택의 경우 일본

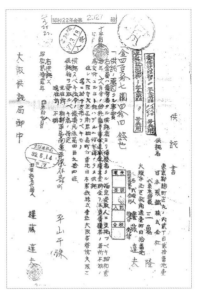

1947년 3월 18일 오사카 공탁국이 발행한 원고 신천수(창씨명 평산천수平山千洙)의 공탁서. 민법 제494조에 따라 일본제철주식회사가 급료와 저금 등을 공탁했다는 것을 알 수 있다.

재판소의 판결과 모순된 판단을 할 수 없다는 이유를 들어 원고 패소 판결을 내렸다. 결국 일본 판결은 우리나라에서도 그 효력을 인정받은 셈이다. 항소심에서도 법인격의 동일성에 대해 많이 다투었으나 재판부는 1심과 같은 판단을 내렸다.

왜 법원은 예전 일본제철과 피고 신일본제철이 다른 회사라고 판단했을까. 태평양전쟁기 일본의 군수기업이었던 일본제철은 전쟁이 끝나고 막대한 부채를 안고 있었다. 전후 경제를 재건해야 했던 일본정부는 이런 기업들의 부채 문제를 해결하기 위해 '기업재건정비법' '회사경리응급조

치법' 등 몇 가지 특별법을 만들었다. 이 법에 따라 일본의 기업들은 회사를 나눈 후, 회사의 한쪽이 부채를 떠안고 파산하도록 했다. 그리고 부채를 갖지 않은 나머지 부분은 새로운 기업인 것처럼 다시 경제활동을 시작했다. 이후에 이렇게 쪼개서 살아남은 회사들은 다시 합병되어 하나의 기업이 되었다. 군수기업이었던 일본제철도 전쟁이 끝난 후 야하타제철, 후지제철, 일철기선, 하리마내화연와로 분리되었다. 그리고 이 회사들이 순차적으로 다시 합병되어 오늘날의 '신일본제철'(현 신일철주금)이 되었다. 이렇게 합병이 완료된 회사는 자산과 경영진, 공장은 분리 전의 일본제철과 같지만 채무만 사라졌다. 마법 같은 방식이었다. 일본정부가 만든 특별법이었으니, 채권을 갖고 있던 일본국민들이 이를 어떻게 받아들였는지는 알 수 없다. 하지만 일본국민이 아닌 한국인 원고들의 입장에서 보면 사기를 당한 것과 다를 바 없는 조치였다.

대법원, 헌법정신을 일깨우다

그러나 대법원의 판단은 달랐다. 대법원은 '일본에서 판결한 내용을 한국 재판부가 인정할 것인가' '1965년 청구권협정으로 모든 문제가 해결되었는가' 그리고 '패전 전후의 회사가 같은 법인체인가'와 '소멸 시효가 성립하는가' 등의 법적 쟁점에서, 1·2심과 달리 원고의 주장을 전적으로 인정하는 판결을 내렸다. 대법원은 "일본 법정의 판결 이유는 일제강점기의 강제동원 자체를 불법이라고 보고 있는 대한민국 헌법의 핵심적 가치와 정면으로 충돌하는 것"이라며 하급 법원의 입장을 완전히 뒤집었다.

파기환송심 판결 후 서울고등법원에서 열린 기자회견(2013.7.10.)

　그렇다면 대법원이 근거로 든 '대한민국 헌법의 핵심적 가치'란 무엇을 말하는가. 대법원은 제헌헌법과 현행헌법의 전문을 들어 설명했다. 대한민국 제헌헌법 전문에 "유구한 역사와 전통에 빛나는 우리들 대한국민은 기미삼일운동으로 대한민국을 건립하여 세상에 선포한 위대한 독립정신을 계승하여 이제 민주독립국가를 재건함에 있어서"라고 하였고, 부칙 제100조 '현행법령은 이 헌법에 저촉되지 않는 한 효력을 가진다'라는 규정과, 제101조 '이 헌법을 제정한 국회는 단기 4278년 8월 15일 이전의 악질적인 반민족 행위를 처벌하는 특별법을 제정할 수 있다'라는 규정도 언급했다. 또한 현행헌법 전문에도 '유구한 역사와 전통에 빛나는 우리 대한국민은 3·1운동으로 건립된 대한민국임시정부의 법통과 불의에 항거한 4·19 민주이념을 계승하고'라고 규정하고 있다"면서, 이러한 헌법

규정을 통하여 "일제강점기 일본의 한반도 지배로 인한 법률관계 중 대한민국의 헌법정신과 양립할 수 없는 것은 그 효력이 배제된다고 보아야 한다"고 판단했다.

대법원은 한국 헌법의 해석을 들어 일제의 한반도 강점을 불법이라고 명확히 규정했다. 이는 한국과 일본 간 해석 논란을 빚고 있는 「한일기본조약」제2조에 대한 대법원의 판단이라고도 할 수 있다.[27] 이에 덧붙여 한일청구권협정을 판시하면서 일제강점기 강제동원[28]을 "식민 지배와 직결된 불법행위"로 규정하였다. 청구권협정은 샌프란시스코 강화조약에 따른 재산에 관한 협정으로 강제동원·강제노동 등 불법행위는 청구권협정에서 다뤄지지 않았으므로 그 피해 배상 책임은 일본정부와 기업에 있다는 점을 명확히 했다. 대법원은 2005년 8월 26일 민관공동위원회의 공식 입장을 근거로 청구권협정에 의하여 '일본의 국가권력이 관여한 반인도적인 불법행위에 대해서는 개인청구권이 소멸하지 않았다'고 판단했다.[29] 따라서 한국 강제징용 피해자에 대한 구 일본제철의 불법행위는 명확해졌다. 또한 가해 회사인 '일본제철'과 현 '신일철주금'은 같은 회사로 평가하기에 충분하기 때문에 원고들에게 배상해야 한다고 판단했다.

대법원 판결 이후 두 사건은 부산고등법원과 서울고등법원에서 심리를 계속했다. 강제노동으로 인하여 어떤 피해가 있었는지, 손해배상 금액은 얼마인지 등을 다시 다투었다. 파기환송심에서 서울고등법원은 2013년 7월 10일 신일본제철의 책임을 인정하여 원고들에게 1억 원씩을 배상하라고 판결하였다. 신일본제철은 이에 불복하고 같은 해 7월 30일 재상고하였다.

시간과의 싸움

대법원의 획기적 판결에 영향을 받아 피해자들은 일본 기업을 상대로 한 여러 건의 소송을 추가로 제기하였다. 그러나 예상보다는 적은 수였다. 추가 소송 역시 미쓰비시중공업과 신일철주금을 상대로 한 것이 많고, 새로 추가 제소된 기업은 주식회사 후지코시뿐이다. 대부분 일본 소송에서 패소한 원고들이나 그 유족들이 제기한 것이다. 또한 생존 피해자들이 거의 사망에 이르러 소송은 주로 그 유족들이 제기하는 경우가 늘고 있다. 유족들은 대부분 피해자들이 어디로 강제동원되었는지, 강제동원되어 어떠한 피해를 입었는지 등의 사실을 알지 못하기 때문에 어려움이 있다.

관련 소송들은 모두 승소하고 있으나, 일본 기업들의 소송 지연책으로 언제 판결이 확정될지 알 수 없는 상태다. 일본에 주소지를 둔 일본 기업을 상대로 한 것이어서 서류 송달만으로 1년 이상을 허비하고 있는 실정이다. 1심에서 승소한다 하더라도 일본 기업이 항소하거나 상고하면 마찬가지로 얼마나 더 시간이 걸릴지 모른다. 생존 피해자가 소송을 제기하더라도 그 결과를 알지 못하고 사망하는 경우가 대부분이 될 것이다.

실제 그 사이 2000년에 미쓰비시중공업에 소송을 제기한 원고 5명은 모두 사망했다. 1997년 일본에서 신일본제철 소송을 시작한 원고 여운택 씨는 2013년 12월 6일에, 신천수 씨는 2014년 10월 8일에 돌아가셨다. 당초 길어봤자 5~6년 갈 거라고 예상했던 소송이 십수 년을 끈 결과였다. 가장 건강한 분들을 모시고 소송을 시작했지만 너무나 긴 세월 소송이 지연되는 바람에 아무런 사죄의 말도, 배상도 없이 피해자들은 세상을

강제동원 일본 기업에 대한 주요 소송 경과 (2017년 1월 현재)

재판명	경과
미쓰비시 징용공 소송(재상고)	2013.7.30. 부산고등법원 원고 일부 승소, 상고심 진행 중
미쓰비시 히로시마 징용공 소송	2016.8.25. 서울중앙지법 원고 일부 승소, 2016.9.27. 피고 항소
미쓰비시 근로정신대 한국 1차 소송	2015.6.24. 광주고등법원 원고 일부 승소, 2015.7.14. 피고 상고
미쓰비시 근로정신대 한국 2차 소송	2014.2.27. 광주지방법원 제소, 1심 진행 중
미쓰비시 근로정신대 한국 3차 소송	2015.5.22. 광주지방법원 제소, 1심 진행 중
신일철주금 한국 1차 소송(재상고)	2013.7.10. 서울고등법원 원고 일부 승소, 상고심 진행 중
신일철주금 한국 2차 소송	2015.11.13. 서울중앙지법 원고 일부 승소, 2015.12.1. 피고 항소
신일철주금 한국 3차 소송	2016.8.19. 서울중앙지법 원고 승소, 2016.9.5. 피고 항소
후지코시 근로정신대 한국 1차 소송	2014.10.30. 서울중앙지법 원고 일부 승소, 2014.11.14. 피고 항소
후지코시 근로정신대 한국 2차 소송	2016.11.23. 서울중앙지법 원고 일부 승소, 2016.12.1. 피고 항소
후지코시 근로정신대 한국 3차 소송	2015.5.22. 서울중앙지법 제소, 1심 진행 중
스미토모석탄광업(스미세키홀딩스) 소송	2015.5.22. 서울중앙지법 제소, 1심 진행 중

등지고 말았다.

가장 시급한 것은 대법원이 재상고되어 있는 사건을 하루 빨리 확정해 이 논란의 종지부를 찍는 것이다. 2017년 1월 현재, 대법원에 재상고되어 있는 미쓰비시중공업, 신일본제철 소송의 판결은 언제 나올지 여전히 알 수 없다. 대법원은 신일본제철 사건이 재상고된 지 3년이 지났는데도 판결 선고를 하지 않고 있다. 만약 대법원이 원고 승소 판결을 확정한다면 1, 2심이 진행되고 있는 추가 소송도 빨리 확정될 수 있을 것이다. 또한 더 이상의 항소나 상고가 무의미하다는 것을 일본 기업도 깨닫게 될 것이다. 그러면 소송을 제기하지 못한 피해자들도 일본 기업들에게 합의를 요구할 수 있을 것이며, 진정한 화해의 날에 조금 더 다가설 수 있을 것이다. 2012년의 대법원 판결은 우리 정부에게 강제동원 피해자 문제에 대한 제대로 된 정책을 요구한 것이다. 이제 정부가 답해야만 한다.

그런데 지난 2015년 12월 28일 기습적으로 한국과 일본의 외교부장관이 일본군 '위안부' 피해자에 관한 어처구니없는 합의안을 발표했다. 그 1년이 되는 2016년 12월 28일 일본군 '위안부' 피해자와 그 유족들은 한국 법원에 일본정부의 불법행위에 대한 손해배상 소송을 제기하였다. 한일 양국 정부가 졸속으로 합의하였기 때문에 이를 바로잡을 다른 방법이 없어서 최후로 한국 법원에 호소하게 된 것이다. 일본정부가 계속하여 주권면제를 주장하며 한국 법정에 서는 것을 거부할지, 이에 대한 한국 법원의 반응은 어떠할지 관심을 갖고 주시할 일이다.

일제 강제동원 사건
17년째 소송 중

| 김미경
  법무법인 해마루 변호사

일본인은 모두 적?

2015년 봄 큰 아들이 초등학교에 입학했다. 학교에서 한글을 배우는데 날마다 한 자음씩, 그 자음이 들어간 낱말을 써가는 숙제가 있었다. 'ㅂ'이 들어간 낱말을 쓰던 날, 아이가 여러 가지 단어를 생각하다가, "일본에도 'ㅂ'이 있다"라고 외쳤다. 그럼 일본을 쓰라고 했다. 하지만 아이는 "일본은 안 쓸 거야. 이순신 장군도 죽이고, 우리나라 할아버지들을 끌고 가서 일 시키고 괴롭히고, 안 했다 그러구" "선생님이 아직까지 사과도 안 한다고 했어" "일본은 나빠서 내 공책에는 안 써"라고 하고는 좋아하는 공룡의 긴 이름을 썼다.

'일본'이라는 단어에서 일본에 대한 미움을 쏟아내는 아이를 보며, 함께 앉아 잠시 일본에 대한 이야기를 했다. 아이는 '일본은 나쁘고, 일본 사람도 다 나쁘고, 자기가 일본 사람들을 만나면 이순신 장군처럼 모두 무찌르겠다'고 했다. 일본 사람들은 모두 나쁘니까 엄마도 일본 사람들을 조심하라고 하면서.

아이에게 차분히 설명했다. '일본이 우리나라를 침략하고도 피해자 할머니·할아버지들께 진심으로 사과하지 않는 것은 잘못이지만 모든 일본 사람이 나쁜 것은 아니다'라는 것을 말해주고 싶었다. '엄마가 피해자 할머니·할아버지를 도와 소송을 하는데, 좋은 일본 사람들이 많이 도와주고 있다'고 했다. 그리고 '무언가를 미워할 때는 자신이 미워하는 것이 무엇인지 정확히 알아야 하고 어떻게 되길 바라는지도 생각해야 한다'라고, 차근차근 '책임'에 대해 이야기했다. 하지만 아직 어려서 이분법으로 선악을 구분하는 아이에게는 너무 어려운 이야기였던 듯하다.

아이들은 여러 가지 통로를 통해 일제의 대한제국 침략 만행과 식민 지배, 피해자가 외면 받는 가슴 아픈 현실에 대해 배운다. 올바른 미래를 만들어가기 위해 과거를 기억하는 것은 매우 중요한 일이다. 하지만 아이들이 문제를 성찰할 틈도 없이 자극적인 결론만 주입하고 있는 것은 아닌지 걱정이 되기도 한다. 일본이 우경화하고 비이성적으로 변한다고 해서 우리마저 더 자극적으로 적대감을 키우는 방식으로 대응한다면 문제는 점점 더 해결하기 어려워진다.

1945년 8월 15일, 많은 사람들이 꿈에 그리던 광복을 맞은 지도 어느새 70년이 넘었다. 하지만 아직도 일제강점기 피해자 문제가 그대로 남아 있고 아이들이 일본에 대한 미움을 마음에 새기고 있는 현실이 안타깝다. 이 자리를 빌어, 아이에게 채 설명하지 못한 일제 강제동원 손해배상 소송과 이 소송을 진행하는 데 협력하고 있는 일본인들에 관한 이야기를 풀어놓으려 한다.

일제 징용 피해자를 변호하다

2004년 1월 사법연수원을 수료하고, 나는 법무법인 해마루에서 처음 변호사 일을 시작했다. 그때 선배인 장완익 변호사가 '과거사' 문제를 함께 해보자는 제안을 했다. 어렸을 때 신사임당보다는 유관순이 좋다는 생각을 했을 뿐, 역사 문제에 대해 특별한 관심을 갖고 있는 것은 아니었다. 선배의 제안을 들었을 때도 막연히 사회적 약자를 돕는 일을 하고 싶다는 생각을 하는 정도였지, 구체적으로 일제강점기 식민지 피해 문제를 해결해야겠다는 자세를 갖고 있지는 않았다. 하지만 일을 시작하고서 이 문제가 인류 보편의 인권 문제이고 우리 사회의 수준을 보여주는 중요한 문제임을 이해하게 되었다. 그렇게 나는 일제 강제동원 사건과 10년 넘는 세월을 함께 하고 있다.

2004년 봄, 내가 처음 일제 강제동원 관련 소송에 합류했을 때는 2000년에 시작한 미쓰비시중공업 소송이 한창 진행 중이었다. 한일협정문서 공개를 요구하는 소송도 1심 판결(2004.2.13.)이 나와 있었다. 미쓰비시중공업 소송은 일본 전범기업을 상대로 한국 피해자들이 한국 법원에 소를 제기한 사건이었다. 왜 강제동원 피해자들이 한국 법원에 소송을 제기하

한일협정문서 공개에 관한 기자회견(2005.1.17.)

게 되었을까? 여기에는 특별한 사정이 있다.

2000년대 들어서면서 일본의 사법부는 '청구권협정에 의해 원고들의 권리는 소멸되었다'는 이유를 들어 강제동원 피해자들의 청구를 기각했다. 일본의 히로시마지방재판소에서 미쓰비시중공업 징용자 소송을 진행하던 원고 측 대리인단은 1심 판결 후 항소를 진행하면서 새로운 돌파구를 찾기 시작했다. 일본 변호사들과 지원단체 활동가들은 일본 사법부의 한계를 극복하기 위해 제3국에서 소송을 하기로 결정했다. 그 첫 소송이 2000년 5월 1일 메이데이에 제기되었다. 원폭 피해까지 당한 강제징용자들이 미쓰비시중공업을 상대로 부산지방법원에 소송을 제기한 것이다. 부산에 미쓰비시중공업의 연락사무소가 있어 가능한 일이었다.

소송에 참여할 원고는 히로시마에서 재판을 진행하던 원고 가운데 비교적 건강 상태가 양호한 6명을 대표로 선정하였다. 대리인으로 서울의 장완익 변호사, 대구의 최봉태 변호사, 부산의 정재성 변호사를 선정했

고, 재판지원 활동은 부산의 민중연대와 서울의 태평양전쟁피해자보상추
진협의회(보추협)가 담당했다.

2000년 9월 27일 첫 재판이 열렸다. 원고 측은 소장에서 ① 강제연행
과 강제노동, ② 피폭 후 방치 행위, ③ 안전귀환의무 위반, ④ 임금의 미
지불 등을 들어 미쓰비시중공업의 불법행위를 주장했다. 미쓰비시중공업
이 국제관습법상 노예제 금지 규정을 위반하고, ILO「강제노동에 관한 협
약」(제29호)을 위반하였으며, 전쟁범죄와 반인도적 범죄에 해당하는 불법
행위를 저지른 점을 지적하여 그 법적 책임을 물은 것이다.

미쓰비시중공업 측은 과거의 미쓰비시와 현재의 미쓰비시가 다른 별개
의 회사이며, 일본에서 진행되고 있는 재판의 최종 판결 이전에 한국에서
또다시 동일한 재판을 제소하는 것은 중복제소에 해당하며, 한일협정으
로 양국 국가와 국민 간의 모든 청구권은 소멸되었다는 근거를 들어 반박
했다.[30]

소송 과정에서 재판부는 쟁점이 되는 개인청구권 문제를 확인하기 위
해 한국의 외교통상부와 일본대사관에 청구권협정으로 개인의 청구권이
소멸되었는지에 대해 회답을 요구하였다. 그러나 양측 모두 답변을 회피
하였다. 그래서 우리는 한국정부에 일본과 맺은 청구권협정 문서를 모두
공개하라고 요구했다. 그 재판 결과 한국정부는 총 156개 문서철, 약 3만
5,000쪽에 달하는 청구권협정을 포함한 한일수교문서를 공개했다.[31]

한편 일본제철의 강제동원 피해자들도 2005년 서울지방법원에 신일본
제철을 상대로 소송을 제기했다. 이 사건에는 나도 대리인으로 직접 참여
했다.[32] 피해자인 원고 할아버지들은 모두 1990년대에 일본에서 먼저 소

미쓰비시중공업 한국 연락사무소 제소 기자회견(2000.5.1.)

송을 제기했기 때문에 사실관계는 많이 입증된 상태였다. 우리는 법리 문제만 검토하면 된다고 생각했다.

하지만 피고 신일철주금의 대리인과 1심 재판부는 일제강점기 일본제철의 불법행위 성립에서부터 다시 문제를 제기했다. 우리는 피고 기업이 직접 강제동원에 가담하였다는 것을 입증할 일제시대 자료를 처음부터 찾아야 했다. 일본제철은 회사를 분리한 후 다시 신일본제철로 합병했기 때문에 이들 회사가 모두 같은 회사라는 점을 증명할 일본 자료를 찾아 번역도 해야 했다. 일본어 한 줄 읽지 못하는 내가 할 수 있는 일은 많지 않았다.

함께 싸우는 일본인

우리는 소송 과정에서 피해자 단체인 보추협의 도움을 많이 받았다. 이

단체는 오래 전부터 피해자들의 기록을 조사해 많은 자료를 축적해왔다. 그런데 피해자 단체도 혼자 일하는 것이 아니었다. 이 단체는 '일본제철 전 징용공 재판을 지원하는 모임' '미쓰비시 히로시마 전 징용공 피폭자 재판을 지원하는 모임' '한국 원폭피해자를 돕는 시민모임' '제2차 후지코시 강제연행·강제노동 소송을 지원하는 호쿠리쿠 연락회' 등 일본 법정에서 오랫동안 이 문제를 가지고 싸워온 일본의 시민단체들과 연대하고 있다.

1990년대 초반 일제 강제동원 피해자들이 일본의 책임을 묻기 시작할 때 이분들이 먼저 관심을 갖지 않았다면 아무것도 시작되지 않았을 것이다. 일본의 변호사들은 무상으로 변론을 맡았고 일본 시민은 원고 할머니·할아버지들이 일본 법정에서 진술할 수 있도록 회비를 모아 항공료를 내고 숙식 문제를 해결해주었다. 또 휴가를 내고 한국에 찾아와 피해자들을 찾아다니며 증언을 청취하고 피해 사실을 확인해 기록하는 작업도 했다.

1980~90년대 우리가 아직 민주화와 경제 문제로 여력이 없을 때의 일이었다. 이름 모를 일본 시민들은 지금도 2주에 한 번씩 도쿄에 있는 신일철주금 본사 앞에서, 도야마 후지코시 공장 정문에서, 미쓰비시 본사 앞에서 한국인 피해자들에게 사죄하라는 집회를 계속하고 있다.

아베 정권과 전범기업들은 식민 지배 및 강제동원의 위법성을 인정하지 않고 있다. 피해자들에 대한 손해배상이나 진정한 사과도 거부하고 있다. 하지만 아베 정권과 가해 기업의 반인륜적인 모습이 일본 전체의 모습이 아니라는 점을 이해해야 한다.

신일철주금주식회사 도쿄 본사 앞 행동 (2002.7.2.)

　일본에는 일본이 더 정의롭고 좋은 나라가 되길 바라는 마음으로 활동하는 많은 시민들이 있다. 그들은 일본의 역사적 과오를 씻기 위해서, 혹은 너무나 억울한 피해자의 사연을 듣고 이 문제를 해결하는 것이 옳다고 생각해서, 혹은 침략과 전쟁의 참화를 잊고 날로 우경화 하는 일본을 걱정하는 마음에서 행동하고 있다. 이런 양심적인 일본 시민들과 변호사들의 활동이 없었다면, 우리는 일제 강제동원 피해의 역사적 사실을 밝혀낼 기회조차 가질 수 없었을 것이다.

대법원 파기환송 판결, 그 후

2012년 5월 24일 한일 공동의 노력이 모여, 대법원이 일제 강제동원 피해

후지코시 도야마 본사 앞 집회 (2010.3.9.)

자의 청구를 받아들이는 결과를 얻었다. 첫 승소 판결이었다. 대법원은 가해 기업들의 법적 책임을 인정하면서 '우리나라에 대한 일본의 식민 지배의 불법성을 고려하지 않은 일본의 확정판결을 받아들이는 것은 우리나라의 공서양속公序良俗에 반한다'고 했다. 대법원 파기환송 판결은 법조계뿐 아니라 각계각층에서 '사법주권을 회복한 판결'이라는 평가를 받았다.

일본정부가 처음부터 한국인 피해자의 소송에 대해 청구권협정으로 문제가 해결되었다고 주장한 것은 아니었다. 2000년 이후 미국 캘리포니아주에서 한국인 강제동원 피해자들이 제기한 소송에서 이전의 입장을 바꾼 것이다. 이때부터 일본정부는 모든 전후 보상 소송에서 '청구권협정에 의해 해결되었다'라고 주장했다. 일본정부가 강제동원 피해보상 문제가 청구권협정에 의해 완전히 해결되었다는 입장으로 전환한 것은 불과 1990년대 후반 혹은 2000년대 초반이다. 즉 2000년대에 들어서기까지 일본정부나 기업은 청구권협정으로 모두 해결되었다는 주장을 하지 않았다. 이를 보면 "청구권협정 당시, 일본정부와 대한민국 정부가 청구권협정에 의하여 개인청구권이 소멸하는 것으로 합의하지 않았고, 청구권협정의 효력은 개인의 손해배상 청구권에는 미치지 않는다"라고 한 대법원의 판결이 옳다는 것을 알 수 있다.

다섯 번째 판결, 다시 대법원 판결을 기다리며

앞서 설명한 것처럼, 미쓰비시중공업 사건에서부터 보면 피해자들은 17년째 손해배상 청구소송을 진행하고 있다. 1심, 2심에서 두 번의 패소 판결을 받은 후 대법원이 원심판결을 뒤집는 역사적인 판결을 선고한 지도 어느새 4년이 넘었다.

대법원 판결 선고 후 신일철주금 소송의 원고인 여운택·신천수 두 분이 별세하셨고, 두 사건의 원고 가운데 이제 단 두 분만이 살아계신다. 대법원 파기환송 판결 후 추가로 미쓰비시를 상대로 제기한 소송의 원고 홍순의 씨도 2015년에 별세하셨다. 네 번의 판결문을 받으면서 원고 9명 중 7명이 사망한 것이다. 다시 다섯 번째 대법원의 판결을 기다리는 지금, '원고들의 요구는 정당하고 가해자인 일본 기업은 그 피해에 대해 배상하라'는 선고를 소송대리인인 변호사들만 듣게 되는 것은 아닌지 두렵다.

얼마 전 일본 지원단체의 총회에 인사말을 보냈다. '지난 세기 일본의 과거는 한국의 과거였습니다. 그리고 마찬가지로 일본의 미래는 한국의 미래라고 생각합니다. 암울한 시대, 가만히 있지 못하고 나서서 싸우는 여러분들의 고귀한 마음과 활동에 다시 한 번 감사드립니다'라는 내용을 담았다. 일본의 과거사 청산은 한국의 과거사 청산과 연결되어 있고 일본의 우경화는 한국과 동아시아의 평화를 위협한다. '일본'이라는 규정하기 어려운 허상 전체를 적으로 둘 것이 아니라, 잘못된 것들을 바로잡기 위해 노력하는 모든 시민들과 연대해야 할 때이다.

아이들의 미래를 위한 평화

어떻게 하면, 우리 아이들과 일본 아이들이 서로 적개심 없이 평화의 장에서 만날 수 있을까? 사이좋은 친구도, 형제도, 부부도 살면서 마냥 좋은 관계를 유지하는 경우는 없다. 그래서 어른들은 아이들에게 '싸움 후에 서로 어떻게 잘못한 것을 사과하고 용서를 구하고 용서를 할지'에 대해서 가르친다. 이는 동서고금이 다르지 않다.

해방 후 70여 년이 지난 지금까지도 일제 강제동원 피해자들은 어느 누구도 일본정부나 전범기업으로부터 자신들의 침략 행위 및 반인도적 불법행위에 관해 진정한 사과를 받지 못했다. 고노 담화 등 일본정부의 몇 차례 사과를 들어 일본이 얼마나 더 사과를 해야 하느냐고 반문하기도 한다. 하지만 이 경우 일본정부가 '강제성'이나 '불법성'을 인정하고 사과한 것이 아니다. 강제성이나 불법성을 인정하지 않은 사과를 두고, 일제 강제동원 피해자들에게 사과의 진정성을 받아들여야 한다거나 용서를 해주어야 한다고 강요해서는 안 된다. 이는 또 다른 폭력이다.

우리는 일본, 일본인과 싸우고 있는 것이 아니다. 일제 침략 및 일제 강제동원의 '강제성' '불법성'을 인정하지 않는, 역사의 진실을 외면하는 세력과 싸우고 있는 것이다. 과거에 대한 진정한 사과와 용서 없이 역사 청산을 이룰 수 없다. 이 문제를 다음 세대로 미루어서는 안 된다. 이는 우리 세대에서 반드시 해결해야 할 과제이다.

피폭자는
어디에 있어도 피폭자다

이치바 준코
'한국 원폭피해자를 돕는 시민모임' 회장

원폭피해자 10명 중 1명이 한국인

한국에는 '사단법인 한국원폭피해자협회'라는 단체가 있다. 2016년 1월 현재 협회의 회원은 약 2,600명이다. 설립 초기인 1975년 당시 회원은 9,000여 명이었다. 왜 한국에 이렇게 많은 원폭피해자가 살고 있는 것일까?

1945년 8월 6일과 9일, 미국이 인류 역사상 처음으로 히로시마와 나가사키에 원자폭탄을 투하하였다. 당시 집계된 일본인 희생자는 69만여 명. 하지만 모두가 일본인은 아니었다. 당시 조선인 7만여 명도 함께 피해를 입었다. 조선인 피해자 수는 전체 피폭자의 10퍼센트에 해당할 정도로 많

피폭자 수와 조선인 피해 상황[*]

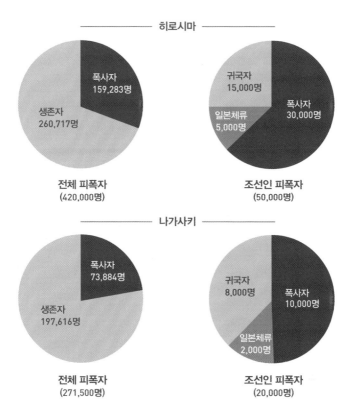

——— 히로시마 ———

폭사자
159,283명

생존자
260,717명

전체 피폭자
(420,000명)

귀국자
15,000명

일본체류
5,000명

폭사자
30,000명

조선인 피폭자
(50,000명)

——— 나가사키 ———

폭사자
73,884명

생존자
197,616명

전체 피폭자
(271,500명)

귀국자
8,000명

폭사자
10,000명

일본체류
2,000명

조선인 피폭자
(20,000명)

[*] 쇼노 나오미庄野直美·니지마 소이치飯島宗一, 『핵방사선과 원폭증核放射線と原爆症』, 일본방송출판협회, 1975(일본);
한국원폭피해자협회 편, 『한국피폭자의 현황』, 한국원폭피해자협회, 1985

다. 조선인 피해자 7만여 명 중 4만여 명이 사망했고 2만 3,000명 정도가
한반도로 귀국했다고 알려져 있다. 나머지 7,000여 명은 일본에 남은 것
으로 추정된다.

원폭피해자라고 하면 모두가 일본인인 줄 아는 사람이 많다. '한국인 원

폭피해자'라고 하면 "한국 땅에 언제 원자폭탄이 떨어졌느냐"고 묻기도 한다. 우리는 한국인 원폭피해자의 실상을 알리는 것부터 시작해야 한다.[33]

한국인들이 피폭 현장에 있었던 이유는 조선이 식민지였기 때문이다. 일제의 식민정책으로 먹고 살기 어려웠던 많은 농민들이 일본으로 건너갔고, 전쟁으로 치닫던 1940년대에는 강제동원으로 수많은 사람들이 일본 군수공장이나 탄광, 전쟁터로 끌려갔다. 그 결과 일본의 대표적인 군사도시였던 히로시마와 나가사키에도 많은 조선인들이 머물렀고 불행히도 거기서 원자폭탄을 맞게 되었던 것이다.

한국인 피폭자의 사망률은 57.1퍼센트로 전체 피폭자 사망률인 33.7퍼센트보다 훨씬 높다. 도시 중심부에서 직접 피폭했거나, 구호나 복구에 동원되어 간접 피폭을 당했거나, 피폭 후 의료 구호 등을 받지 못하고 방치되었을 가능성이 높다. 히로시마의 경우 한국인들이 주로 강제동원된 작업장은 폭심지로부터 멀리 떨어져 있었는데, 한국인 노동자들이 '건물 소개' 작업을 위해 시내 중심가로 투입되었다는 기록이 있다. 나가사키의 경우는 주요 작업장이 비교적 폭심지와 가까운 거리에 있었지만 분지 지형의 특성상 직접 피폭의 피해는 적었다. 그러나 이곳에서도 역시 파괴된 시내 복구 및 구호 활동에 투입됨으로써 '입시入市' 피폭의 피해가 많았다고 한다. 피폭 후 살아남은 사람들은 불구의 몸이 되거나 화상 치료도 제대로 받지 못한 채 귀국길에 올랐다. 십시일반으로 모은 돈으로 겨우 구한 작은 선박에 의지해 바다를 건너다가 조난당해 죽어간 사람도 부지기수였다. 한국인들의 피해에는 폭탄을 투하한 미국뿐 아니라 일본에게도 책임이 있다.

스스로 살길을 찾아 나선 한국인 원폭피해자

해방이 되고 해외에 있던 많은 사람들이 고향으로 돌아왔다. 하지만 원폭피해자들을 기다리고 있던 것은 가난과 병고의 악순환이었다. 일본에서 아무런 조치도 받지 못하고 목숨만 건져 귀국한 원폭피해자들은 피폭후유증으로 제대로 일을 할 수 없었다. 피폭자들은 먹고 살기도 힘든 형편에 치료 받을 엄두도 내지 못한 채 죽어갔다. 불구의 몸이 되어 귀환한 수많은 피해자들은 나병환자로 오인 받아서 사회적으로 고립된 삶을 살았다.

그들은 1965년 한일청구권협정을 통해 원폭피해자에 대한 치료와 보상의 길이 열리기를 기대했다. 하지만 양국이 맺은 한일협정에는 원폭피해자에 대한 내용이 단 한 줄도 적혀 있지 않았다. 한국인 원폭피해자들은 배상촉구운동을 시작했다. 그들은 협정이 체결된 지 2년 후인 1967년 서울에서 '한국원폭피해자협회'를 결성했다. 부산, 경기도 평택, 경북 대구, 경남 합천과 마산, 전북 전주에서도 잇따라 지부가 결성되었다. 그들에게 가장 시급한 것은 후유증 치료와 생활 구호였다. 원폭피해자들은 불편한 몸을 이끌고 직접 행동에 나서기도 했다. 1967년 11월 4일 협회 회원 20여 명이 일본대사관 앞에서 벌인 항의 시위는 일본정부를 상대로 보상을 요구한 최초의 집단행동이었다. 그들의 구호는 '우리 몸을 변상하라'였다. 협회는 일본뿐 아니라 미국정부에도 의료 및 생활 지원, 배상을 요구했다. 하지만 일본정부는 '한일협정으로 완전히 해결됐다'고 대답할 뿐이었다. 미국정부는 아무런 대답도 하지 않았다.

밀항해서라도 원폭치료를

일본정부는 이미 1957년 '원폭의료법'을 제정해서 일본에 사는 원폭피해자들에게 '피폭자 건강수첩'을 교부하고 무료 치료를 시작했다.[34] 이 소식을 접한 몇몇 한국 원폭피해자들이 치료를 받으려고 일본행을 시도했다. 그들은 밀항을 해서라도 일본에서 치료를 받을 수 있기를 바랐다.[35] 1970년 12월, 부산에 살던 손진두孫振斗[36] 씨는 피폭 후유증으로 병세가 악화되자 일본으로 밀항했다. 그는 무작정 일본으로 갔으나 사가佐賀 현 쿠시우라串浦 항에서 일본 경찰에 체포되었다. 그때 손진두 씨는 '나는 일본 히로시마에서 원폭 피해를 입었다. 일본정부는 내 몸을 고칠 책임이 있다'라고 호소했다.

손진두 씨의 호소는 일본사회에서 큰 이슈가 되었다. 그는 일본인 피폭자들이 누리고 있는 '원폭의료법'을 자신에게도 적용해야 한다고 주장했다. 하지만 일본정부는 일본에 거주하는 원폭피해자만 적용받을 수 있는 법률이라는 이유로 그의 요구를 거절했다.

일본 시민들, 한국 원폭피해자의 손을 잡다

손진두 씨의 주장은 많은 일본 시민들의 마음을 움직였다. 이 사건을 계기로 한국인 피폭자 문제를 일본인 자신의 문제라고 생각하고 그 해결을 위해 연대하는 사람들이 나타나기 시작했다. 그들은 '왜 피폭의 처참한 현장에 조선인이 있었을까'라는 의문에서 당시의 상황을 제대로 인식

하게 되었고, '식민지 지배를 한
일본이 가해자일 수 있다'는 생
각에 이르게 되었다. 그것은 과
거 일본의 식민지 지배로 야기
된 피해에 대한 책임의식이었
다. 억울한 사연과 차별의 실체
를 알게 된 일본 시민들은 '손진
두 씨를 지원하는 모임'을 결성
했다. 1972년 손진두 씨는 후쿠
오카·히로시마·오사카·도쿄
등 일본 곳곳에서 결성된 '시민
모임'의 지원을 받아, 일본 법원
에 자신에게 원폭의료법을 적용
할 것을 요구하는 소송을 제기했다.

'조선인 피폭자 손 씨에게 치료를!' 오사카시민모임 회보.(1973.11.)

　그리고 1971년, '한국원폭피해자협회' 회장으로 취임한 신영수辛泳洙 씨
가 일본에 와서 시민들에게 지원활동을 요청한 것을 계기로 오사카에 '한
국 원폭피해자를 돕는 시민모임'이 결성되었다. 1972년에는 히로시마 지
부, 1992년에는 나가사키 지부가 결성되었다. 모임에 함께한 시민들은
일본의 조선 식민지 지배를 반성하고 일본정부로 하여금 한국 원폭피해
자에 대한 배상을 실시하도록 하는 것을 목표로 삼았다. 일본 시민들은
손진두 씨의 재판투쟁을 지원하면서 한국의 협회 대표자를 초청해 함께
일본정부를 상대로 원호와 배상을 요청하는 활동을 해나갔다.

피폭자원호법 차별 철폐 가두시위. 왼쪽 끝이 필자인 이치바 준코.

일본정부에 맞선 투쟁, 최초의 승소

한국원폭피해자협회는 그동안 일본정부에 두 가지 사항을 지속적으로 요구해왔다. 하나는 일본의 식민지 지배로 피해를 입게 되었지만 한일협정으로 해결되지 않은 원폭 피해에 대한 사죄와 배상이다. 이는 이미 사망한 피폭자도 대상이 된다. 또 하나는 일본인 피폭자들이 적용 받고 있는 피폭자원호법의 평등한 적용이다. 이는 피폭자의 인권 회복과 생존권을 지키기 위한 요구이다.

그러나 일본정부는 잘못된 과거사를 제대로 바라보지 않고 한국 원폭피해자 문제를 회피했다. 한국정부도 자국의 원폭피해자를 외면한 것은 마찬가지였다. 오랜 기간 협회는 양국의 무관심 속에 일반 시민들의 힘만으로 일본정부와 힘겨운 싸움을 계속해야 했다.

1978년 3월, 손진두 씨는 일본 최고재판소에서 승소했다. 최고재판소는 '원폭의료법은 피폭이라는 특수한 전쟁 피해에 대해서 국가보상이라는 전제를 기본으로 하며, 불법입국자라 해도 원호 대상에서 제외할 수 없다'고 판단했다. 한국인 피해자가 일본정부를 상대로 최초로 승소한 성과였다. 이 판결로 한국인 원폭피해자도 '원폭의료법'과 '원폭특별조치법'을 적용 받을 수 있게 되었다. 원래 이 두 법률은 '히로시마, 나가사키에서 피폭 당한 사람으로 한다'라고만 규정하고 있었다. 그러니 피폭자가 외국인이든, 어디에 살고 있든 이 법률에 의한 원호 조치를 받을 수 있었던 것이다. 그리고 피폭 당한 사실을 인정받은 사람은 ① 피폭자건강수첩 교부 ② 건강진단 ③ 무료 치료 ④ 의료 수당 ⑤ 간호 수당 ⑥ 장례비 등의 혜택을 받을 수 있었다.

하지만 판결 이후에도 일본정부는 원호법을 한국에 사는 피폭자에게 적용하지 않으려 했다. 그들은 한국인 피해자가 일본을 떠나면 곧바로 법률상 피폭자로서의 권리가 소멸되도록 은밀히 행정조치를 취했다. 한국인 원폭피해자가 한국으로 돌아오면 아무런 지원도 받을 수 없게 되는 것이다. 재판에서 승소했지만 한국에 살던 수많은 '손진두'들은 여전히 원호의 손길에서 멀리 떨어져 있었고, 양국 정부의 관심도 차갑기만 했다.

'인도적 지원'의 꼼수

그 후 오랫동안 원폭 피해 문제는 한국사회에서 주목받지 못했다. 지속적으로 관심을 갖고 지원을 이어간 곳은 한국교회여성연합회가 유일했다. 그러나 1987년 민주화운동을 계기로 한국사회에도 변화의 바람이 불었다. 민주화운동의 성과로 사회 곳곳에 얽혀 있던 실타래가 풀리기 시작했고, 역사의 질곡으로 인해 피해를 입은 사람들, 사회적 약자들에 대한 관심이 높아지면서 원폭 피해 문제도 다시금 부각되었다. 한국정부는 원폭 피해자 문제를 '전후 미처리 문제'로 공식적으로 규정하고 일본정부에 문제 해결을 촉구했다.

1990년 일본정부는 '피해자들에게 현금으로 지급하면 안 된다'라는 단서를 달아 한국 원폭피해자에 대한 의료지원금 40억 엔을 내겠다고 약속했다. 피해자에게 현금을 지급하면 배상으로 받아들여질까봐 생각해낸 꼼수였다. 일본정부는 '인도적으로 지원할 수는 있지만 (법적인 책임을 인정하는) 배상은 받아들일 수 없다'라는 태도를 명확히 했다. 40억 엔은 원폭 피해자의 의료비, 건강진단비와 복지회관 건립비로만 쓰였다.

일본정부는 기본적으로 '보상문제는 한일청구권협정으로 해결되었다'는 입장을 고수해왔다. 그 답변만으로 사태를 수습하기 곤란하면 들고 나오는 것이 '인도적 지원'이었다. 일본정부는 1972년 손진두 씨가 소송을 제기한 후에야 한국정부에 ① 한국인 의사의 일본 초청 연구, ② 일본 전문의사의 한국 파견 치료, ③ 재한 피폭자의 도일 치료 등을 제안했다. 이 제안이 실행된 것은 일본정부가 손진두 씨 재판에서 패소한 후의 일이었고, 그나마도 앞서 언급했듯이 도일 치료만 실시되었을 뿐이다.[37]

의료지원 '40억 엔'은 피해자 수에 비해 턱없이 적은 금액이었다. 한국의 원폭피해자들은 적은 금액인데다 지원금 사용에 제약을 둔 것에 크게 분노하고 실망했다.[38] 서울에 거주하던 여성 피폭자 이맹희 씨는 "보상금은커녕 치료조차 충분하게 받지 못하는 지금의 사정을 일본정부는 무시할 수 없을 것"이라며 항의문을 뿌리고 음독자살을 기도하기도 했다. 한국의 피해자들도 일본의 피해자가 받고 있는 것과 같이 의료지원과 생활 지원 양면의 원호가 절실했다. 그런데도 일본정부는 인도적 지원이라고 하면서 원호 내용에서는 일본과 한국 원폭피해자에 차별을 두는 비인도적 방식을 취했다.

지난 2015년 한일 양국의 12·28 일본군 '위안부' 합의를 통해 일본정부가 10억 엔의 재단 출연금을 제시한 것도 똑같은 처사다. '법적인 책임을 인정할 수 없다'며 식민지 지배와 전쟁범죄에 대해 책임을 회피하는 일본정부의 태도는 25년 전과 전혀 달라진 것이 없다.

피폭자는 어디에 있어도 피폭자다

1994년 일본은 기존의 원호법을 통합·확대하여 '피폭자원호법'을 제정했다. 그러나 한국에 사는 원폭피해자는 이 법에서도 배제되었다. 당시 개정된 '피폭자원호법'에 따르면 물리적으로 일본의 영토에서 벗어나 있는 피폭자는 피폭자로서 지위를 잃게 되어 있었다. 한국에 거주하고 있는 원폭피해자들은 원천적으로 이 법의 적용을 받을 수 없었다. 이 차별의 장벽을 깬 것이 바로 곽귀훈郭貴勳 씨의 재판이었다.

1998년 원폭피해자 곽귀훈 씨는 전후보상재판이 거듭 패소하고 있던 와중에도 '일본정부를 상대로 하는 투쟁이라 생각하고 한번 해보자'며 용기를 냈다. 그는 일본정부가 일본 거주를 전제로 한국에 사는 원폭피해자를 원호 대상에서 제외하는 현실을 이렇게 꼬집었다.

"내가 김포공항에서는 피폭자가 아니었다가, 일본 공항에 내리면 피폭

곽귀훈 씨의 제소 소식을 전하는 보도기사. 『한국원폭피해자를 돕는 시민모임 회보』 105호. (1998.10.1)

자가 되고, 다시 한국으로 돌아오면 피폭자가 아닌 것이냐? 피폭자는 어디에 있어도 피폭자다!"

한국 피폭자에 대한 일본정부의 이중적이고 차별적인 태도를 일갈한 이 말은 일본사회에 충격을 주어 널리 회자되었다. 곽귀훈 씨는 오사카에서 "일본에서 받은 피폭자원호법상의 권리는 한국에 귀국해서도 소멸되지 않는다"고 주장하는 소송을 제기했다.

이 재판을 계기로 미국과 브라질 등에 살던 일본인 원폭피해자들도 함께 싸우게 되었다. 한국의 원폭피해자를 배제하려다 보니 해외에 거주하는 일본인 이민자들도 함께 차별 받고 있었던 것이다. 일본 국회에서도 '피폭자원호법을 재외 피폭자에게 적용하는 의원연맹'이 결성되어 이 재판을 후원했다.

2002년 곽귀훈 씨는 재판에서 완전히 승소했다. 손진두 씨의 재판 승

오사카고등재판소 승소 후 기자회견(2002.12.5.)[39]

소에도 불구하고 계속되었던 한국인 원폭피해자에 대한 차별의 벽을 처음으로 무너뜨리는 쾌거였다. 이 승소가 돌파구가 되어 한국, 미국, 브라질의 원폭피해자들이 잇따라 '피폭자원호법 평등 적용'을 요구하는 소송을 제기했다. 1995년부터 2015년까지 제소한 18건의 재판에서 원폭피해자들은 일본정부를 상대로 모두 승리했다. 가장 최근의 사례는 2015년 9월 이홍현 씨 등이 제기한 소송에서 원고(피해자 측) 승소 판결이 나온 것이다.

이제 원폭피해자는 세계 어느 나라에 살아도 ① 피폭자건강수첩 ③ 의료비 ④ 의료수당 ⑥ 장례비를 받을 수 있게 되었다. 이 모든 것은 20년에 걸쳐 한국 원폭피해자들이 일본 법정에서 싸워 얻어낸 권리이다. 그러나 한국 원폭피해자와 일본 원폭피해자 사이에는 아직도 차별이 존재한다.

일본정부는 여전히 한국 원폭피해자에 대해 ② 건강진단 ⑤ 간호수당 등은 적용하지 않고 있다.

사죄와 배상은 아직도 이루어지지 않았다

한국인 원폭피해자가 입은 피해는 일본인 원폭피해자가 입은 피해와 같다고 할 수 없다. 한국인 원폭피해자는 일본이 조선을 식민지로 지배하지 않았으면 입지 않아도 되었을 피해를 입은 것이다. 원자폭탄이 투하된 후 조선인은 제대로 피난할 곳도 없었고 구조 활동에서도 배제 당하는 신세였다. 겨우 살아남은 사람들은 피폭의 상처를 안고 자기 힘으로 귀국해야 했다. 그리고 귀국한 후에는 일본의 원호법에서 제외되어 제대로 된 치료나 지원을 받지 못했다.

이런 이중 삼중의 피해에 대해 일본정부는 오늘날까지 사죄도 배상도 하지 않았다. 일본정부로 하여금 사죄와 배상을 하게 하는 것은 우리 일본 시민의 힘으로 해야 하는 일이다. 그러나 우리는 "조선 병합은 합법적이었다. 청구권 문제는 한일협정으로 다 해결했다"라는 일본정부의 잘못된 주장을 여전히 고치지 못하고 있다.

이런 상황에서 피해자들은 일본에서 재판을 하는 한편 한국에서도 원폭피해자 문제 해결을 촉구하는 활동을 펴나갔다. 2005년 한국정부는 원폭피해자, 일본군 '위안부', 사할린 한국인 문제가 한일협정에서 다루어지지 않았다는 것을 공식적으로 인정했다. 그리고 2011년 헌법재판소는 '한국정부가 원폭피해자의 배상 청구권 문제에 관해 일본정부와 교섭하지 않는 것은 헌법 위반'이라고 판단했다. 이 또한 피해자들이 한일협정 문서 공개 청구소송 및 헌법소원을 제기한 운동의 성과였다.

그러나 한국정부는 이후에도 원폭피해자 문제를 해결하기 위한 교섭 등 국가의 책임을 충실히 이행하지 않고 있다. 결국 2013년 한국원폭피해자 협회는 한국정부를 상대로 '손해배상 청구소송'을 제기했다. 그러나 2016 년 대법원은 "정부가 외교적 교섭 노력을 계속하고 있는 이상 헌법상 의 무를 이행하지 않는 것으로 볼 수는 없다"는 이유로 소송을 기각했다.

북한 원폭피해자도 계속 방치되고 있다

우리의 시야에서 벗어나 있지만 잊지 말아야 할 피해자들이 또 있다. 바로 북한의 원폭피해자들이다. 그들은 한국 피해자와 마찬가지로 일제 식민 지배의 피해자이며 일본정부에 사죄와 배상을 청구할 권리를 갖고 있다.

1995년 평양에서 '반핵 평화를 위한 조선피폭자협회'(이하 '조선피폭자 협회')가 결성되었다. 조선피폭자협회는 '조일국교 정상화 회담'에서 원 폭피해자 문제가 논의되고 배상이 이루어지기를 기대했다. 그들은 정치 적인 문제로 국교 정상화가 어렵다면 그 이전이라도 인도적 차원에서 피 폭후유증에 시달리고 있는 사람들을 지원해야 한다고 일본정부에 요구 해왔다. 1995년 조선피폭자협회가 결성될 당시 살아 있던 원폭피해자는 2,000여 명. 20여 년이 흐른 지금은 200명도 채 남지 않았다. 피해자들이 모두 사망한 후에 일본은 누구에게 용서를 구하려는 걸까. 일본정부는 지 금도 '국교가 없기 때문에 피폭자원호법을 적용할 수 없다'며 북한에 살고 있는 원폭피해자들을 외면하고 있다.

일본의 침략도, 미국의 원자폭탄 투하도 범죄다

손진두 씨가 최고재판소에서 승소한 다음해인 1979년, 당시 대학생이던 나는 한국원폭피해자협회 신영수 회장의 안내를 받아 가난한 원폭피해자들의 집을 방문할 기회가 있었다. 그때 나는 병원에도 가지 못한 채 침상에 누워 눈물 흘리며 고통스러워하는 원폭피해자들을 만났다. 원폭피해자들의 괴로운 삶과 차별의 억울함에 대해 수많은 이야기를 들었다. 이들 대부분은 한국 원폭피해자에게 피폭자원호법이 적용되기 한참 전에 이미 세상을 떠났다.

원자폭탄 투하는 인류 역사상 다시는 없어야 할 비인도적인 범죄이다. 미국은 '원자폭탄을 투하했기 때문에 전쟁을 빨리 끝낼 수 있었다'고 당시의 상황을 설명한다. 한국에도 그렇게 생각하는 사람들이 적지 않다는 것을 알고 있다. 하지만 원폭피해자의 시각에서 보면 일본의 침략전쟁도 미국의 원자폭탄 투하도 절대로 용서받을 수 없는 '범죄'이다. 일본의 전쟁 책임을 끝까지 추궁해야 하는 것과 마찬가지로 미국의 책임을 명확히 하지 않는다면 이 문제는 완전히 해결되지 않는다.

1994년 8월 6일 서울에서 제27회 한국원폭희생자 추도식이 열렸을 당시 주최 단체인 한국원폭피해자협회의 신영수 회장은 다음과 같이 말했다. "한국인 원폭피해자 문제는 단순히 소수의 피해자 개인의 문제가 아니라, 전 인류를 향해 이런 불행한 일이 이 지구상에서 두 번 다시 일어나서는 안 된다는 경종을 울린 것이기도 합니다. 한국인 원폭피해자 문제 안에는 또 다른 많은 문제들이 담겨 있습니다. 우리들은 이 문제를 보다 치밀하게 고찰해서 다루어야 합니다."

신영수 회장은 과거의 상처를 극복하고 안정적인 평화체제를 만들어가기 위해서라도 원폭피해자 문제를 '완전히' 해결하는 노력을 게을리 할 수 없다고 다짐했다.

한국원폭피해자협회 신영수 회장

그의 얼굴 반쪽에는 원폭의 상흔이 고스란히 남아 있었다. 평생 원폭피해자 운동을 해온 신영수 회장의 추도사에는 오랜 기간 이 문제를 해결하기 위해 노력해온 그의 고민과 힘이 담겨 있었다.

원폭 피해의 현장을 원자폭탄이 투하된 히로시마·나가사키로 한정해서는 안 된다. 한국인 원폭피해자들이 살아온 한국이야말로 강제동원과 식민지 피해, 원폭 피해의 현장이며 운동의 중심지이다. 오늘도 나는 앞서 돌아가신 원폭피해자들과의 추억과 고통을 되새긴다. 그리고 이렇게 다짐한다. 오늘을 함께 살아가고 있는 한국 원폭피해자들과의 만남을 지속하고, 한국 원폭피해자 문제를 해결하기 위해 끝까지 노력할 것을 말이다.

재한군인군속재판의
발자취[40]

후루카와 마사키 古川雅基
'재한군인군속재판의 요구 실현을 지원하는 모임' 사무국장

나는 1962년에 일본 고베에서 태어났다. 어릴 때 부모님과 조부모님을 따라 수마데라須磨寺라는 진언종 절에 제사를 지내러 다녔다. 제사를 지낼 시기가 되면 산소로 가는 길에 포장마차가 들어서고 사람들로 북적였고 계단 양쪽에 팔이나 다리가 없는 군복을 입은 노인이 지나가는 사람들에게 구걸하는 모습을 보곤 했다. 내가 그 의미를 이해한 것은 어른이 되고 평화와 전쟁에 대해 생각하기 시작하면서였다. 그 노인은 일본인이 아니었다.

전쟁에서 부상을 입어 장애인이 된 사람을 '상이군인'이라고 한다. 1952년 샌프란시스코 강화조약이 발효됨과 동시에 '전상병자전몰자유족등 원호법戰傷病者戰没者遺族等援護法'이 성립하여 일본인 병사와 유족은 경제적

으로 보상을 받을 수 있었다. 그런데 조선과 대만 등 일본의 식민지에서 동원된 이들은 전쟁이 끝난 후 고향으로 돌아갔든 일본에 남았든 모두 그 대상에서 배제되었다.

일본정부는 구 식민지 출신자들에 대한 보상을 계속 거부했다. 전쟁 당시 일본인이었어도 강화조약 이후 외국인('국적 이탈자'라고 불린다)이 된 사람은 제외했고, 일본인이어도 공습 피해자 등 일반 시민은 보상 대상에서 제외했다. 그러나 종전 50년이 된 1995년경을 정점으로 아시아에서 목소리가 커지면서 일본 국내에서도 전후보상운동이 활발해졌다. 나도 그때부터 운동에 참여하기 시작해 일본군이 아시아 각국에서 저지른 전쟁범죄, 식민지 지배 문제를 비롯한 전쟁의 실상을 알게 되었다.

'군군재판'이란?

내가 사무국을 맡고 추진한 재한군인군속재판(군군재판)은 2001년 6월 한국인이 일본정부를 상대로 도쿄지방재판소에 제소한 전후보상재판이다. 식민지 조선에서 일본군 군인·군속으로 동원된 생존자와 유족이 원고이다. 재판 청구 취지는 생사 확인, 유골 반환, 미불금 반환, BC급 전범 관계 손해배상, 시베리아 억류 관계 손해배상 등 여러 문제에 걸쳐 있다. 군군재판은 252명(이후 추가로 제소해 총 414명)이 원고로 참여한 대규모 소송이라는 점도 있지만 '야스쿠니신사 합사 취하'를 주요하게 요구하면서 언론의 주목을 받았다. 그해 8월 당시 고이즈미 총리가 공식적으로 야스쿠니신사를 참배한 것도 영향을 미쳤다. 하지만 일본인 가운데 야스쿠니신

일본 도쿄지방재판소에 제
소(2001.6.29.) ⓒ 후루카와 마
사키

사가 도대체 무엇인지, 왜 야스쿠니신사가 문제인지를 아는 사람은 극히
적었다. 군군재판은 '일본인의 역사 인식'을 묻는 재판인 셈이었다.

　군군재판은 도쿄지방재판소에서 진행되었으나 그 외 재판지원 활동은
오사카에서 주로 담당했다. 재판 발기인 김경석[41] 씨가 '권력 중심부에 가
까운 도쿄보다 지방법원이 유리하다'고 하여 오사카에서 재판 준비를 시
작했지만, 오사카에 연고가 있는 원고가 거의 없어 도쿄에서 제소하게 되
면서 자연스레 이원 체제가 이루어진 것이다. 이에 따라 재한군인군속재
판지원회(군군재판지원회)의 역할도 둘로 나뉘었다. 도쿄에서는 변호사나
법원과의 연락 등 법률 사무나 대 정부 교섭을 맡고, 오사카에서는 회보
발행과 홈페이지 운영 등 운동 확대를 위한 업무를 맡았다. 변호인단은
오구치 아키히코大口昭彦 등 5명의 변호사로 구성되었다.

　2001년 초부터 한국에서 원고들의 진술서가 잇따라 팩스로 들어왔다.
어느 날에는 일을 마치고 집에 돌아와보면 방에 한국에서 온 팩스가 가득
했다. 진술서를 받으면 오사카 지역 사무국 멤버들에게 나눠주고 주변에

군군재판지원회 홍보지 「미래를 향한 가교 프로젝트」

알음알음 번역을 부탁했다. 번역이 끝나면 전산화 작업을 했다. 진술서를 워드로 입력하면서 북쪽 시베리아에서 남쪽 뉴기니까지 피해자의 범위가 넓다는 것도 알게 되었다. 일본군의 작전 지역이 확대되면서 조선에서 많은 이가 동원돼 각지의 전쟁터에 배치되었던 것이다.

'미래를 향한 가교'. 군군재판지원회 회보의 제목이다. 재판을 준비할 때 과거를 직시하고 미래로 나아가겠다는 의지를 담아 이름을 붙였다. 일본의 시민운동은 한국과 달리 매우 큰 조직이 아니면 전임자가 없다. 일과 운동을 병행하기 때문에 평일에 재판이 열리면 유급 휴가를 내야 한다. 비용도 대부분 스스로 부담한다. 따라서 모임의 중심 멤버는 나를 포함해 대부분 공무원이나 교원이다. 쉽지 않은 운동을 계속할 수 있었던 건 무엇보다도 괴로운 경험을 한 원고의 마음을 가까이서 보았기 때문이다. 원고의 마음을 일본인에게 전하고, 일본의 불합리한 정치와 행정을 바꾸고 싶었다. 다행히 군군재판은 제소 당시 고이즈미 총리의 야스쿠니 참배로 인해 주목을 받았으며 다큐멘터리 영화 〈안녕, 사요나라〉가 호응을 불러일으켜 일본 전국에서 지원자가 생겼다.

'야스쿠니신사 합사 취소'를 군군재판의 중심으로

군군재판 제소 준비를 위해 서울에 갔을 때 이희자 씨는 "군군재판에 야스쿠니 합사 취하 요구를 넣자"고 제안했다. 영화 〈안녕, 사요나라〉에 나온 대로 이희자 씨와 나는 1995년 5월 고베 대지진이 일어난 지 두 달 후에 처음 만났다. 나는 고베 나가타 구에 있는 텐트촌에서 밥을 지어 나눠주고 있었는데, 전후 50년 기획으로 오사카 집회에 초대받은 이희자 씨가 텐트촌으로 오셨다.

그때 난 이희자 씨가 엄격한 표정을 가졌다는 인상을 받았다. 그 이유를 알게 된 건 첫 만남에서 5년이 지나 군군재판을 맡으면서였다. 이희자 씨의 아버지 이사현 씨는 이희자 씨가 돌이 되었을 무렵인 1944년 2월 15일 일본 육군에 강제동원되어 가족과 소식이 끊겼다. 가족은 계속해서 아버지가 돌아오길 기다렸지만 아버지는 끝내 돌아오지 못했다. 이희자 씨는 1989년 유족회에 가입해 아버지의 기록을 찾는 활동을 시작했다. 그리고 1996년 5월 일본 후생성으로부터 육군 기록 하나를 받았다.

특설 건축 근무 제 101 중대에 배치. 1944년 3월 5일 용산 출발. 3월 10일 난징 도착. 1945년 5월 21일 총격을 입어 류저우柳州 183 병참병원에 수용. 그 후 양수오陽朔 환자 요양소를 거쳐 6월 8일 전현 181 병참병원에 수용. 6월 11일 전상사.

이와 함께 미지급 급여로 1,480엔이 공탁되었다는 점과 육군 「유수명

—4부

고베에서 처음 만난 이희자 씨 (1995.5.15.)
© 후루카와 마사키

対立と争いよ サヨナラ─ 和解と未来よ こんにちは

安寧，사요나라
あんにょん サヨナラ

平和な未来への希望のメッセージ

〈안녕, 사요나라〉 영화 포스터

부」에 '합사 완료'라는 고무 인감이 찍힌 사실도 알게 되었다. 1959년 아버지가 야스쿠니신사에 합사되었던 것이다. 아버지 생사도 모른 채 고통스럽게 살아온 나날, 그 책임자인 일본정부는 전후 40년간 유족에게 생사 확인조차 해주지 않고 방치했으면서 유족에게 아무런 통보도 없이 야스쿠니신사에 합사 수속을 밟은 것이다. 이희자 씨는 "아버지가 야스쿠니에 합사되었다는 것은 아직도 아버지의 영혼이 식민지 지배를 받는다는 것"이라고 말했다. 이것이 야스쿠니 합사 취하가 군군재판의 중심이 된 이유다.

원고를 통해 강해진 지원의 마음

2001년 여름 오키나와에서는 '일하는 청년의 전국 교환회交歡會' 행사가 열렸다. 그때 원고였던 유족 권수청 씨가 게스트로 초대되었다.

권수청 씨의 아버지 권운선 씨는 육군 군속으로 징용되어 오키나와 특설 수상근무 제104중대에 동원되었다. 아버지와 함께 끌려갔다 돌아온 이의 말에 따르면 동굴로 가는 도중에 폭탄이 떨어져서 사망하셨다고 하는데 기록에는 생사불명으로 되어 있다.

오키나와는 주민의 4분의 1이 전쟁에 휩쓸려 목숨을 잃은 섬이다. 그 격전지에 많은 조선인이 군속으로 또 일본군 '위안부'로 동원되었으나 실태는 여태껏 어둠속에 있다. 가장을 잃은 후 어머니가 병으로 돌아가시고 아홉 살 된 권수청 씨는 남동생을 돌보며 일하면서 한국의 방방곡곡을 전전했다. 그리고 나니 어느덧 예순이 되었고 아버지의 기록을 찾고자 유족회 활동을 시작했다.

권수청 씨는 한국에서 제사용으로 쓸 과일과 술을 가지고 오키나와에 왔다. 아버지가 전사한 땅을 처음 밟은 권수청 씨는 '한국인 위령탑'(1975년 오키나와 평화기념공원에 건립 - 옮긴이) 앞에서 그간 염원하던 제사를 지냈다. 제사가 끝나자 권수청 씨는 울며 쓰러졌다. 나는 호텔 방을 권수청 씨와 함께 썼는데 전날 밤은 말이 통하지 않아 아무 말도 나누지 못했지만 이날은 둘이서 술을 마시며 손짓 몸짓으로 이야기했다. 잊을 수 없는 하룻밤이었다.

군군재판의 원고를 만나며 통감한 사실은 전쟁 책임이 있는 일본이 전

쟁이 끝난 후 한반도로 돌아간 이들을 한 번도 배려한 적이 없다는 점이
다. 일본인의 경우 '전상병자전몰자유족 등 원호법'의 시행으로 경제적인
보상을 받았다(연금 지급과 동시에 야스쿠니 합사 수속이 진행된 점을 간과할 수는
없지만). 전후 보상금 누계 액은 총 50조 엔에 이르는 것으로 알려져 있다.

한반도에서는 많은 이들이 가장을 잃고, 한국전쟁으로 가족이 뿔뿔이
흩어져 사회의 거센 풍파를 겪어야 했다. 그들은 닥치는 대로 일하면서
힘겹게 살아남았고, 자신의 아버지가 무슨 이유로 동원되어 어떤 상황에
서 죽었는지를 알기 위해 유족회에 가입했다. 아버지가 돌아가신 장소에
가서 "아버지!" 하고 통곡을 하는 유족들 모습을 볼 때마다 나는 전후에
유족을 방치한 일본인이라는 책임의식을 가지고 원고의 바람을 이루기
위해 노력해야겠다고 새롭게 다짐했다.

'우키시마마루' 사건의 유족 임서운 씨

임서운 씨의 아버지 임만복 씨는 아오모리青森 현 오미나토大湊에 일본군

으로 징용되었다. 임만복 씨는 해방 후 부산항으로 가는 도중 마이즈루舞鶴 만에서 폭발해 침몰한 배 '우키시마마루浮島丸'에서 사망한 피해자이다. 임서운 씨는 4세 때 어머니의 재혼으로 할머니 댁에서 자랐다. 그는 교육도 받지 못하고 11세부터 옷감 재단 공장에서 일을 시작했다. 그러나 월급을 제대로 받지 못하자 14세 때 서울에 올라가 남대문시장에서 장사를 했다. 임서운 씨는 남들 앞에 나서서 이야기하는 걸 꺼렸다. 언제나 남들 뒤를 따라 걸었다. 18세에 결혼해 자식을 어느 정도 키우고 난 후에야 자신과 같은 처지의 사람들이 유족회에서 활동한다는 걸 알았다. 그는 아버지가 돌아가실 때까지의 행적을 확인하려고 군군재판 원고로 나섰다.

임서운 씨가 처음 일본에 온 건 2002년 4월 '고이즈미 총리 야스쿠니신사 참배 위헌 소송'의 구두 변론을 위해서였다. 군군재판의 제1회 구두변론 보고회를 겸한 오사카의 집회 장소에 온 임서운 씨는 진술서를 읽어내려갔다. 한 자 한 자 손가락으로 짚어가며, 더듬거리면서도 문장을 정성스럽게 읽었다. 원고가 되고 난 후에야 비로소 한글학교에 다닐 수 있었던 임서운 씨. 그간 얼마나 고생을 해왔을지 익히 짐작할 수 있었다.

그 후 2004년 12월 우리는 임서운 씨와 함께 마이즈루를 방문했다. 통역자가 자리를 비운 사이에도 우리는 서로 손짓 몸짓으로 소통했다. 김치찌개를 끓여 먹는데, 임서운 씨는 "요리법은 달라도 생각보다 맛있다"며 크게 웃었다. 다음날 아침 임서운 씨는 '우키시마마루'가 침몰한 바닷가 앞에 있는 추도비에 가서 아버지 제사를 지냈다. 한국에서 가져온 과일과 술로 정성스레 제사를 지낸 후 바다로 꽃다발을 던졌다. 눈앞에 떨어져 있는 두 섬이 보였다. 두 섬의 한가운데가 배가 침몰한 곳이다. "아버지!

2005년에도 마이즈루를 방문한 임서운 씨
© 후루카와 마사키

당신의 얼굴조차 모르는 딸이 만나뵈러 왔습니다. 아버지!"

전쟁이 끝난 직후인 1945년 8월 24일 저녁 마이즈루舞鶴 시 사바카佐波賀 앞바다에서 4,730톤급 해군특설수송함 '우키시마마루'가 갑자기 폭발한 후 침몰해 승무원과 승객 549명(일본정부 발표 수치)이 사망했다. 배에 탔던 사람은 3,735명(일본정부 발표 수치)으로 대부분 아오모리 현에서 일했던 조선인 노동자와 그 가족이었다. 그들은 8월 22일 22시경 아오모리 현 오미나토 항을 출항하여 부산으로 향하던 중이었는데, 배가 진로를 바꿔 마이즈루에 기항하려고 할 때 폭발했다. 당시 우키시마마루의 승선자 수나 사망자 수에 대해서는 이견이 있다.

전쟁 말기 일본은 일본 본토에서 미군과 결전을 치를 것을 예상하고 아오모리 현 시모키타下北 반도에 방어요새를 쌓고 철도 및 탄약고 등을 지었다. 부족한 노동력을 보충하기 위해 조선에서 많은 노동자가 강제동원되었는데 이때 아오모리 현으로 들어온 조선인은 약 2만 1,000명에 이른다. '우키시마마루'는 이들 조선인의 귀국을 위해 마련된 배이다. 지역 주민들의 구조 활동에도 불구하고 '우키시마마루' 사건은 전후 일본의 해상사고 사상 두 번째로 많은 희생자를 냈다. 피해자 유골은 1971년과 1974

년 한국정부에 반환되었다. 그리고 2008년 이후 네 차례에 걸쳐 한국 내에서 유족이 확인된 유골 423점이 추가로 반환되었다.

임서운 씨 가족은 1974년에 반환된 임만복 씨의 유골을 받았다고 하는데, 임서운 씨는 아버지의 유골이 아닐 거라 했다. 유골이 누구 것인지 알 수 있는 때는 침몰 직후뿐이니까 당연한 소리다. 임서운 씨는 유골 반환과 함께 '야스쿠니 합사 취하'를 원했다. 임만복 씨의 「해군군속신상조사표」에는 1959년 야스쿠니에 합사되었을 당시의 고무 인감으로 '7월 31일 야스쿠니신사 합사 수속 완료' '10월 17일 야스쿠니신사 합사 완료'라고 명확하게 찍힌 자국이 남아 있었다. 임서운 씨는 "우키시마마루 사건은 전쟁이 끝난 뒤에 일어났다. 해방된 아버지가 왜 전쟁 당시 기준에 따라 '천황'을 위해서 죽었다고 칭송받으면서 신으로 모셔져 있는 거냐"고 분개했다.

2005년 8월 임서운 씨는 직접 야스쿠니신사에 가서 아버지가 왜 합사되었는지 신관에게 물었다. 신관은 "일본정부가 만든 기준을 따라 합사한 것이므로 모르는 일"이라며 "일본정부한테 가서 물으라"고 답했다. 2006년 군군재판 도쿄지방재판소 판결에서 재판부는 일본정부와 종교법인 야스쿠니신사의 유착관계에 대해 "일본정부가 한 일은 일반적인 행정의 회답 사무의 범위 내"라며 면죄부를 주었다. 조선인·대만인의 야스쿠니 합사에 대해서는 자민당 간부마저 "유족이 원치 않는다면 합사하지 말아야 한다"고 말한 적이 있다. 일본정부가 '적절하지 못한 처사였다'고 사죄하고, 야스쿠니 측도 '합사를 취하한다'고 하면 해결될 일이지만 전혀 그럴 기색이 보이지 않는다.

2009년 2월 임서운 씨는 뇌출혈로 갑자기 세상을 떠났다. 너무도 갑작스런 소식에 한동안 말을 할 수 없었다. 임서운 씨께 '생전 바라시던 대로 확실히 싸우겠습니다. 천국에서 지켜봐주십시오'라고 약속드린다.

재판 결과와 남겨진 과제

2001년 제소 전 청취조사로부터 햇수로 16년이 흘렀다. 그사이 많은 분이 돌아가셨다. 소송 발기인 김경석 씨, 우키시마마루 사건의 유족 임서운 씨, 시베리아에 억류됐던 한국인 피해자들의 모임 시베리아삭풍회 회장 이병주 씨, 격전지 부겐빌 섬에서 살아남은 김행진 씨, 멀리 뉴기니까지 가서 아버님 제사를 지내고 온 직후 돌아가신 고인형 씨……. 한창 투쟁하시던 도중에 돌아가신 분들의 바람을 어떻게 계승하고 달성할 것인가. 또 원고들 가운데는 아직껏 아버지의 생사 여부도 알지 못하는 분들이 많다. 우리는 재판을 통해 원고들의 원통함을 풀 작정이었다. 그러나 이런 바람은 2006년 5월 도쿄지방재판소 판결, 2009년 10월 도쿄고등재판소 판결, 2011년 11월 최고재판소 판결에서 전부 무시당했다. 재판부가 내세운 '한일청구권협정 및 조치법에 의해 해결완료'라는 거대한 벽을 무너뜨릴 수 없었다. 정말이지 죄송한 마음이다.

그나마 그간의 재판에서 앞으로의 전망을 열어놓은 것도 있다. 야스쿠니 합사에 대한 일본정부의 관여에 대해 다섯 가지 요소를 인정한 도쿄고등재판소의 판결이 그것이다. 이 판결에서 재판부는 일본정부가 "예산을 취해" "요강을 정하고" "조직적" "장기적" "직접적"으로 합사에 관여했음을 구체적으로 인정했다. 결론에서 재판부는 "특히 극진하게 야스쿠니신사를 지원한 것이라고는 단정하기 어렵다"라고 발을 뺐지만 이 판결 내용이 나중에 오사카고등재판소에서 진행된 '합사가 싫어요 소송'[42]의 위헌판결에 영향을 미쳤음이 틀림없다.

소송이 진행되는 동안 414명에 이르는 대소송단의 원고 한 분 한 분은 일본이 저지른 식민지 지배라는 과오와 전쟁범죄에 대해 증언했다. 원고들의 진술은 살아 있는 교과서였다. 그렇기 때문에 이 운동이 한국과 일본에서 확산되고 발전할 수 있었다. 한국에서 '일제강점하 강제동원피해진상규명 등에 관한 특별법'이나 '일제강점하 강제동원 희생자 지원법'이 제정된 것도 원고들의 운동이 결실을 맺은 결과였다.

재판은 끝났지만 과제는 아직 남았다. 야스쿠니 합사 문제를 비롯해 유골조사, 전지戰地 추도 순례, 군사 우편저금 기록 입수 등이 그것이다. 그 어느 것도 재판부의 판결처럼 '한일청구권협정 및 조치법에 의해 해결완료' 되지 않았다. 지원회는 남겨진 과제를 풀기 위해 2012년 2월부터 '재한군인군속재판의 요구 실현을 지원하는 모임'으로 운동을 이어나가고 있다. 현재 우리가 주력하고 있는 것은 유골 조사이다.

한일 시민이 힘을 모아 '유골을 고향과 가족의 품으로'

여기에 한 장의 유골 사진이 있다. 2015년 3월 태평양전쟁 당시 뉴기니에서 아버지를 잃은 일본인 유족 이와부치 노부테루 씨와 함께 뉴기니 비아크 섬에 갔을 때 찍은 사진이다. 이와부치 씨는 비영리법인 태평양전사

지금도 발굴되고 있는 유골 (2015.3.)　　　왼쪽부터 이와부치 노부테루, 남영주, 고인형 (2012.8.)
© 후루카와 마사키

관 회장으로 뉴기니에서 40년간 유골 조사 및 귀환 활동을 해왔다. 그는 2012년 뉴기니 유족인 고인형 씨와 남영주 씨의 추도 순례에 동행했다. 비아크 섬에서는 일본 병사들의 유골이 왕창 나왔다. 240만의 전사자 가운데 수습이 안 된 유해는 일본정부가 인정한 것만 해도 113만 구에 이른다. 그중 1퍼센트는 조선에서 동원된 이들의 유해임에 틀림없다. 하지만 지금까지 발굴한 유골은 현지에서 화장하고 예외 없이 도쿄 '지도리가후치전몰자묘원'에 안치되었다.

　2015년 3월 일본에서는 전후 70년을 맞이해 '전몰자유골수집추진법戰沒者遺骨收集推進法'이 제정되었다. 유골을 '유족에게 인도한다'고 명기한 획기적인 법률이지만, 한편으로 '우리나라'라고 적시하고 있어 혹시 외국인을 배제하는 것이 아닐지 우려되었다. 우리는 몇 번이고 도쿄에 가서 국회의원에 대한 로비활동을 정력적으로 펼쳤다. 그 결과 국회에서 후생노동성 장관의 적극적인 답변을 얻어냈다. 쓰다 야타로津田彌太郎 민진당 참의원 의원이 "유골이 돌아올 그날을 계속 기다리는 유족의 마음은 나라에 따

한국인 유골에 관한 일본 후생노동성
과의 협상(2016.10.12.)

라 다르지 않다"라며 한국 측에서 유골에 관한 DNA 감정을 의뢰받은 경
우 어떻게 대응할 생각인지 질문하자, 시오자키 야스히사塩崎恭久 후생노
동성 대신은 "유족의 마음은 국경을 불문하고 똑같다. 조선반도 출신자
들에 대해서는 외교 교섭에 관계되는 문제이지만 유족의 마음을 강도 높
게 배려해야 한다는 지적, 의향을 잘 파악해서 한국정부로부터 구체적인
제안이 있으면 진지하게 받아들여 정부 내에서 적절한 대응을 검토할 것
이다"라고 답변했다.

　우리는 그동안 DNA 감정 검체로 '이'만을 대상으로 삼아온 후생노동
성에 대해 한국 국방부 유해 감식단의 사진이나 서울대학교 박사논문 등
을 제시하여 '사지골'도 감정 대상에 포함하도록 요청했다. 그 결과 후생
노동성 관계자로부터 검토하겠다는 답을 얻어냈다. 기술적으로 진전한
DNA 감정 방식을 유골 반환 사업에 반영해야 한다고 주장해온 우리 운
동의 성과다. 이는 '전몰자 추도와 평화의 모임'에서 활동하는 시오카와
마사타카鹽川正隆 씨와 오키나와 유골 수습 자원봉사 단체 '가마후야'(오키
나와 말로, 전쟁 당시 동굴에 숨어 죽어간 이들의 유해를 발굴하는 사람이라는 뜻-

옮긴이)에서 활동하는 구시켄 다카마쓰具志堅隆松 씨 등과 함께 추진한 것이었다.

새로운 기준이 적용되는 DNA 감정은 먼저 오키나와에서 시작된다. 앞서 소개한 권수청 씨의 경우와 같이 아버지가 생사불명인 유족들도 대상에 포함될 수 있도록 우리는 열심히 싸울 것이다. 그리고 '아버지와 오빠를 고향과 가족의 품으로'라는 한국인 원고 여러분의 간절한 소망을 반드시 이뤄드리고 싶다. 함께 싸워나갑시다![43]

이희자 씨와 필자. 〈안녕, 사요나라〉가 부산국제영화제에서 운파펀드 대상을 받던 시상식에서. (2005.10.10.) © 후루카와 마사키

노기 카오리 옮김
민족문제연구소 선임연구원

한일협정을 다시 생각한다

| 김민철
민족문제연구소 책임연구원

주목받았던 한일협정문서 공개의 순간

2005년 1월 17일 오후 1시 안국동 느티나무 카페에는 발 디딜 틈 없이 취재기자들이 꽉 들어찼다. 지금까지 여러 차례 기자회견을 주관하거나 참여했지만, 그날처럼 많은 언론사의 플래시를 받아본 적은 처음이었던 것 같다. 이날 외교통상부(현 외교부)는 캐비닛 속에 꽁꽁 숨겨두었던 한일협정 관련 문서 일부를 공개했다. 오전 10시에 외교부가 외교문서 공개를 공식 발표했고, 오후 1시에 시민단체들이 공개된 문서를 분석·평가 하는 기자회견을 열었다.

3시간 만에 1,200여 쪽 분량의 문서를 우리가 어떻게 분석할 수 있겠는

한일협정 외교문서 공개에 따른 피해자단체·시민사회단체 기자회견(2005.1.17.)

가? 사실은 이틀 전에 외교부로부터 스캔 파일을 제공받아 그 내용을 부랴부랴 분석한 상태였다. 공식적으로 제공받은 문서는 5건의 회의록으로, 한일협정에서 가장 중요한 비중을 차지하는 내용이었다. 이 문서를 분석하느라 장완익 변호사, 태평양전쟁피해자보상추진협의회(보추협) 김은식 사무국장, 그리고 필자는 이틀 동안 밤을 꼬박 샜다. 부산대에서 국제법을 가르치던 김창록 교수를 비롯하여 영산대의 최영호 교수와 일본의 한일협정 연구자 오타 오사무太田修는 기자회견장에 참석하지 못하는 대신 검토의견을 전자우편으로 보내주었다.

한일협정문서를 공개하기까지

외교부는 어떻게 이 문서를 공개하게 되었을까. 1990년대 들어 한국사회가 민주화됨에 따라 일본정부와 기업을 상대로 강제동원 피해자들의 보상소송도 활기를 띠었다. 일본군 '위안부' 피해자들이 제기한 소송을 비롯하여 미쓰비시와 신일본제철, 후지코시 등 일본 기업을 상대로 한 소송이 활발하게 추진되었다. 일본 변호사들과 시민단체들이 적극 지원활동을 벌였다.

그러나 일본 사법부는 여러 가지 이유를 들어 피해자들의 청구를 받아들이지 않았다. 그 가운데 가장 핵심적인 것은 피해자들에게 '권리'가 있느냐 없느냐 하는 것이었다. 일본 사법부는 한국인들이 요구하는 권리가 1965년 한일협정으로 '완전히 그리고 최종적으로 해결'되었다고 주장했다.

이것이 사실이라면 소송은 오히려 한국정부를 상대로 제기해야 했다. 그런데 한국정부는 매우 애매한 태도를 취했다. 해결되지 않았다고 말하는 것 같으면서도 강하게 주장하지는 않았다. 정말 해결되지 않았다면 한국정부는 그동안 해결을 서두르지 않은 채 직무유기를 한 셈이다. 피해자들은 마땅히 받아야 할 미불임금이나 저금 등을 어디서 받아야 할지, 한국정부의 입장이 무엇인지를 확인해볼 필요가 있었다.

마침 부산에 연락사무소를 운영하고 있던 미쓰비시중공업을 상대로 원폭 피해를 입은 강제징용 피해자들이 손해배상 청구소송을 냈다. 이 소송에서도 한국정부는 공식 입장을 밝히지 않았다. 원고 측의 요청대로 재판부가 '한국정부가 한일협정 때 개인청구권을 어떻게 다뤘는지 관련 문서(회의록 등)라도 제출하라'며 열람을 요구했다. 그러나 한국정부는 이마저 거부했다. 규정대로 하면 외교문서는 30년이 지나면 모두 공개하는 것

이 원칙이다. 다만 국가안보, 국
가이익 및 개인의 사생활을 침
해할 우려가 있을 경우 '예외 상
황'을 적용해 공개하지 않기도
한다. 한국정부는 원칙을 따르
기보다는 예외 상황을 적용해
문서를 공개하지 않는 경우가
더 많았다. 요즘 유행하는 말로
'비정상의 정상'적인 행정이라
할까.

'그러면 피해자 개인의 권리
가 어떻게 처리되었는지 알아내

정보공개 요청에 대한 외교통상부의 회신 공문
(2002.6.28.)

기 위해서라도 한일협정문서를 공개하도록 소송을 하겠다.' 이렇게 해서
2002년 10월 한일협정문서 공개 소송을 시작했다. 이 소송에서 외교부는
"문서를 공개하면 국내에 반일 감정이 일어나 우호적인 한일관계를 해치
고, 북일 교섭에서 북한을 이롭게 한다"라는 이유를 들어 문서를 공개하
지 못한다고 했다. 어처구니 없는 답변이었다. "한일관계를 전담하는 한
국 외교통상부 동북아1과는 일본 외무성의 한국 지부냐?"라고 되물었다.
일본이 주장할 법한 말을 한국정부가 하는 꼴이었다.

다행히도 1심 재판부는 판결을 통해 문서를 지정하여 공개하라고 명령
했다. 외교통상부는 법원의 판결을 받아들이지 않고 고등법원에 항소했
다. 얼마 후 한국정부는 갑자기 입장을 바꾸어 항소를 취하하고 한일협

정 관련 문서를 전면 공개하기로 결정했다. 일찍부터 강제동원 피해자 문제에 관심을 갖고 있던 노무현 대통령의 결단으로 문서가 공개된 것이다. 만일 대통령의 지시가 없었다면 문서가 공개되기까지 또 많은 시간을 기다려야 했을 것이다.

현대사회에서는 '정보' 자체가 권력이다. 과거 독재정권에서는 문서 생산량도 많지 않았지만, 작성된 문서를 잘 보관하지도, 공개하지도 않았다. 정보를 공개하면 정권의 범법 행위가 드러나기 때문이다. 그래서 사회가 민주화될수록 문서공개의 수준도 확대된다. 민주주의의 발전은 국민의 알 권리와 행정의 투명성 확대로 이어진다.

한일협정 외교문서는 어떤 내용을 담고 있었나?

그렇다면 이 외교문서는 과연 어떤 내용을 담고 있었을까? 박정희 정부는 강제동원 피해자의 개인청구권을 어떻게 처리했을까? 외교부가 공개한 5건의 회의록을 검토한 결과는 안타깝게도 '잘 모르겠다'는 것이었다. 문서가 제한적으로만 공개되기도 했고, 대부분 3급 비밀 수준의 문서들이어서 고급 정보가 거의 없었다. 특히 한일 양국이 개인청구권 문제를 구체적으로 어떻게 처리했는지를 밝혀줄 것으로 예상했던 청구권법적문제소위원회의 회의록은 제목만 있고 내용조차 없었다. 다만 확인할 수 있었던 것은 청구권 자금의 성격을 두고 한국정부는 식민 지배에 대한 청구권 자금으로, 일본정부는 독립축하금 또는 경제협력자금으로 이해했다는 것, 그리고 개인청구권 문제에 대해 한국정부가 한국에서 알아서 처리하겠다고 했다는 것 등이었다. 전체적으로 논의 진행 경과만 알 수 있는 수준이었다. 이 문서를 통해 확인한 내용을 간단하게 소개하면 다음과 같다.

첫째, 박정희 정부는 개인청구권 문제를 매우 소홀하게 취급했다. 최종 타결을 위한 협상에서 청구권 소멸 문제에 대한 법률적 검토가 필요하다고 언급했지만, 이후 어떻게 다루었는지는 확인할 수 없었다. 정치적 타결에 전력을 기울였기 때문에 개인청구권 문제에 눈 돌릴 여유도 없었겠지만, 개인의 권리를 중요하게 여기지 않았던 권력자의 철학도 작용하지 않았나 생각한다.

둘째, 공개된 문서를 통해서는 소멸된 청구권과 소멸되지 않은 청구권이 무엇인지 확인할 수 없었다. 협상 최종단계인 1965년 6월 1일부터 22일까지의 관련 회의록이 빠져 있었다. 마지막에 어떤 논의 끝에 결론에 도달했는지, 어떤 법률적 검토가 이루어졌는지 전혀 알 수 없었다. 양국이 제시한 협정안을 놓고 일본 측은 제2조 청구권 소멸조항을 고집했다. 반면 한국 측 수석대표는 재일在日 재산에 중대한 영향을 미칠 우려가 있으니 일본 측 안을 수락할지, 어느 정도 수정할지에 대한 법적 검토를 하여 훈령해줄 것을 요청했다. 그러나 어떤 지시가 내려졌는지 확인할 길이 없었다.

셋째, 청구권 자금에 대한 양국의 인식 차이가 뚜렷함을 확인할 수 있었다. 일본정부는 협상 마지막까지 청구권 자금이 경제협력 자금이라고 주장했다. 한국정부는 배상적 성격을 갖는 청구권 자금이라고 강조했다. 이러한 입장의 차이는 김종필-오히라大平正芳 각서 이후에도, 이동원-시

이나推名悦三郎 합의 후에도, 협정의 최종 협정문을 마련할 때까지도 계속되었다.[44]

피해자들이 가장 관심을 가졌던 것은 누구의 권리가 어디까지 해결되었나 하는 부분이었다. 이는 한국정부가 일본정부에게 제시한 「한일 간 재산 및 청구권협정 요강 8개항」(1952년 2월 21일 제출, 이른바 8개 청구 항목) 중 5번 항 "한국 국민(법인 포함)의 일본 및 일본국민(법인 포함)에 대한 일본국채, 공채, 일본은행권, 피징용 한국인 미수금 및 기타 한국인의 청구권을 변제할 것"과 관련되어 있다. '제6차 한일회담 청구권 관계자료 1963'[45]에는 한국정부가 제기한 8항목에 대한 구체적인 액수가 나온다. 한국정부는 군인·군속 24만 2,341명, 조선인 노동자 66만 7,684명이 강제동원되었다고 밝혔다. 이들 가운데 사망자·부상자·생존자에 대한 인적 피해보상으로는 3억 6400만 달러를 제시했다. 그리고 피징용 한국인의 미수금은 약 2억 3700만 엔이라고 제시했다. 강제동원 피해자들(군인·군속 포함)이 받지 못한 임금·연금·수당 등을 포함한 액수였다. 이에 일본정부는 피징용 한국인 미수금의 경우 쌍방이 납득하는 금액을 기초로 검토를 계속하자는 입장을 밝혔다.

한국정부가 계산한 이 금액이 어떤 근거를 통해 나왔는지는 확인할 수 없었다. 이른바 8개 청구항목을 만들어 구체적인 금액을 산출하면서 각종 자료를 활용한 것은 분명한데, 참고한 기초자료들은 목록만 남아 있어 아쉽다.

아무튼 위의 자료만 보더라도 한국정부는 강제동원 피해자들의 인적 피해보상액으로 3억 6400만 달러를 요구했다. 그러나 협상 결과 피해보상액은 최종적으로 3억 달러로 책정되었다. 다른 모든 피해보상 금액을 계산에 넣지 않더라도 터무니없는 액수였다. 그러니 한일협정 조인을 전 국민이 반대하고 나선 것이다. '민족의 자존심을 싸구려 돈 몇 푼에 팔아 먹었다'는 비난이 결코 헛말은 아니었다.

돈도 문제지만 협정의 성격도 문제였다. 한일협정은 「대한민국과 일본 국 간의 기본관계에 관한 조약」(기본조약) 외에 청구권협정 등 4개의 부속 협정으로 이루어져 있다. 협정의 성격은 바로 기본조약에 담겨 있는데, 한국민의 입장에서 보면 당연히 기본조약 안에 일본제국주의의 식민 지 배에 대한 사죄가 담겨 있어야 했다. 그러나 그런 내용은 전혀 포함되지 않았고, 그저 한 나라가 두 나라로 분리되었다가 다시 서로 국교를 정상 화한다는 식으로 처리되었다. 그러니 일본에서는 청구권의 성격, 즉 무상 3억 달러의 성격을 '독립축하금'이라고 우겼던 것이다.

청구권 협상의 그늘

쿠데타로 정권을 잡은 세력이 계엄령을 선포하면서까지 협정을 강행한 것은 무엇 때문이었을까? 민족의 자존심과 이익마저 뒤로 한 채로 말이 다. 그 내막은 아마도 절실하게 돈(정치자금)이 필요할 정도로 정권이 위 기에 몰렸기 때문일 수도, 미국의 강력한 요구 때문일 수도 있다.

2005년 민족문제연구소는 국사편찬위원회가 소장한 해외수집자료 가 운데 미국 국립문서보관소NARA의 문서를 조사하는 과정에서 몇 가지 중 요한 사실을 확인했다. 관련 문서들은 1965년 한일협정 체결을 전후하여 전개된 한·미·일 3국 간의 비밀협상 과정과 불법 정치자금 수수, 독도문제 등 충격적인 내용을 담고 있었다. 우리는 주로 미 중앙정보국CIA의 정보 보고, 주한·주일 미대사관과 미국무성 간에 오고 간 전문, 주한미대사관 비망록, 미 국가안전보장회의 문서에서 관련 내용들을 발견했다.

이 문서들에 따르면 한일협정 체결에 미국이 적극적으로 개입하고 강한 압력을 행사했음이 확실하다. 미국은 극동 전략상, 그리고 원조 부담을 줄이기 위해 노골적인 외교 간섭을 서슴지 않았다. 미국은 한국에 배상의 의미가 있는 청구권을 강조하지 말고 총액도 축소할 것을 강요했다. 구체적 액수를 조정하고 한일 양국에 협상 문안까지 제시했던 미국은 선의의 중재자라기보다는 고압적 지배자였다.

또한 관련 문서들은 현재까지 미해결 과제로 남아 있는 강제동원 피해자 문제의 발단이 일괄 타결을 선호한 박정희 정부로부터 비롯되었음을 증명해주었다. 사무엘 버거 전 주한미국대사의 미국무성 전문 보고에 의하면 박정희 정부는 배상 요구보다 원조를 포함한 일괄 처리에 관심이 있었고, 증거 자료가 없는 일부 청구권의 포기를 먼저 일본 측에 제안했다고 한다.

특히 우리가 가장 주목한 문건은 '한일관계의 미래'라는 제목의 1966년 3월 18일 자 CIA의 특별보고서였다. 이 보고서에는 놀라운 사실이 적혀 있다.

일본 기업들이 1961~65년 사이 당시 민주공화당 총 예산의 3분의 2를 제공한 바, 각 개별 기업의 지원 금액이 각각 100만 달러에서 2000만 달러에

미 중앙정보국 특별보고서

이르며 6개의 기업이 총 6600만 달러를 지원했다. (…) 민주공화당은 또한
일본에서 사업을 하고 있는 한국기업으로부터도 지불을 받았다. 알려진 바
에 의하면 정부방출미 6만 톤을 일본에 수출하는 과정에 개입한 8개의 한
국회사가 민주공화당에 11만 5,000달러를 지불했다.

CIA 보고서 내용은 충격 그 자체였다. 만약 이것이 사실이라면 박정희
정부는 군사쿠데타 직후 아직 정식 외교관계도 수립되지 않은 상태에서
일본 기업 자금을 받아 정부를 수립한 것이나 다름없었다. 이런 검은 돈
의 수수에 대한 보상으로 굴욕적인 한일협정 체결을 서둘렀던 것으로 충
분히 의심된다. 일본정부의 사주를 받은 것으로 짐작되는 일본 기업들은
박정희 소장이 쿠데타를 일으킨 1961년부터 한일협정이 체결된 1965년
까지 지속적으로 민주공화당에 정치자금을 제공했다. 배상금이 아닌 독
립축하금 명목으로 주어진 일제 36년간 수탈의 대가가 무상 3억 달러였
던 점을 고려하면, 박정희 정부는 그것의 5분의 1이 넘는 거액의 불법 정

치자금을 한일협정 체결 이전에 받은 것이다.

따라서 한일회담이 굴욕적인 협상이 아니라 '대표단이 최선을 다한 협상'이라거나 한국정부가 다소 양보하더라도 '경제적 실리라는 전략적 선택'을 했다는 식의 일부 평가는 전혀 문제의 본질을 이해하지 못한 것이다. 경제적 실리를 선택했다고 하지만 그것은 누구의 실리인가. 정권의 실리인가 국민의 실리인가. 탄생에서부터 정통성과 합법성이 취약했던 박정희 정권의 약점을 파고들어 미국은 집권을 인정하는 대신 한일협정 체결을 강요했고, 박정희 정부는 국내의 반대여론을 무시하고 계엄령하에서 비준을 강행했다. 이러한 역사적 사실이 한일협정의 태생적 한계를 잘 보여준다.

국가책임의 뒤늦은 인정

그동안 일본정부가 한일협정으로 모든 것을 완전하게 그리고 최종적으로 해결했다고 주장해온 데 비해 한국정부는 애매한 태도를 취해왔다. 그러나 2005년 8월 26일 '한일수교회담 문서공개 후속대책 관련 민·관공동위원회'가 청구권 문제에 대한 의견을 표명하면서 정부는 그 입장을 분명히 했다. 앞서 언급했듯이 노무현 정부는 한일협정문서를 전면 공개한 뒤, 강제동원 피해자들을 지원하기 위한 사전 조치로 청구권협정과 관련한 정부의 입장을 밝혔다. 이는 한일 간의 과거청산 문제에서 하나의 전환점을 제공하는 판단이었던 만큼 그 의미가 매우 크다. 기념비적인 내용이니 다소 길지만 소개하겠다.

1 | 한일청구권협정은 기본적으로 일본의 식민지 지배 배상을 청구하기 위한 것이 아니었고, 샌프란시스코 조약 제4조에 근거하여 한일 양국 간 재정적·민사적 채권 및 채무관계를 해결하기 위한 것이었다.

2 | 일본군 위안부 문제 등 일본정부·군 등 국가권력이 관여한 반인도적 불법행위에 대해서는 청구권협정에 의하여 해결된 것으로 볼 수 없고, 일본정부의 법적 책임이 남아 있다.

3 | 사할린 동포, 원폭피해자 문제도 한일청구권협정 대상에 포함되지 않았다.

4 | 한일협정 당시 한국정부는 일본정부가 강제동원의 법적 배상·보상을 인정하지 않음에 따라 '고통 받은 역사적 피해사실'에 근거하여 정치적 차원에서 보상을 요구하였으며, 이러한 요구가 양국 간 무상자금 산정에 반영되었다.

5 | 청구권협정을 통하여 일본으로부터 받은 무상 3억 달러는 '개인재산권 (보험, 예금 등), 조선총독부의 대일채권 등 한국정부가 국가로서 갖는 청구권, 강제동원 피해보상 문제 해결 성격의 자금 등'이 포괄적으로 감안되어 있다.

6 | 청구권협정은 청구권 각 항목별 금액 결정이 아니라 정치협상을 통한 총액 결정 방식으로 타결되었기 때문에 각 항목별 수령금액을 추정하기 곤란하지만, 한국정부는 수령한 무상자금 중 상당 금액을 강제동원 피해자의 구제에 사용하여야 할 도의적 책임이 있다고 판단된다.

7 | 한국정부는 일제강점하의 반인도적 불법행위에 대해서는 외교적 대응방안을 지속적으로 강구해나가며, 일본군 위안부 문제에 관해서는 UN

인권위 등 국제기구를 통해서 문제 제기를 계속한다.

역대 정권 가운데 이처럼 한일협정에 대해 분명하게 태도를 밝힌 정부는 없었다. 우선 한일협정의 성격을 식민지 지배로 인한 피해 배상을 다룬 것이 아니라 샌프란시스코 조약에 근거하여 두 나라가 분리되면서 발생한 재산권, 즉 서로 주고받을 권리를 정산한 협정이라고 규정했다. 다음으로 반인도적 불법행위에 대해서는 계속 일본의 책임을 추궁하겠다고 했으며, 협정 체결 당시 권리를 정산할 때 원폭피해자나 사할린 동포 문제는 해결하지 않았다고 밝혔다. 다시 말해 당시 어떤 사정이 있었는지는 알 수 없으나 협정 과정에서 앞서 말한 '8개 항목' 중 5번 항에서 다루지 못한 문제들이 있었다는 것을 인정했다. 여기에는 BC급 전범 문제도 포함될 것이다.

만약 한국정부의 주장대로 협정 과정에서 해결하지 못한 문제가 있었다면, 국제법상 '사정 변경의 원칙'에 따라 피해자를 대신하여 일본정부와 새롭게 협상을 하는 것이 국가로서 당연히 해야 할 의무이다. 또한 일본군 '위안부' 문제처럼 해석상의 차이가 일어나 피해가 지속되고 있다면 역시 국가가 피해자를 대신하여 협상을 해야 할 의무가 있다.

이러한 한국정부의 책임을 뒤늦게 물었던 것이 바로 2011년 8월 30일 헌법재판소 판결이었다. 그리고 일본 사법부의 판단에 따라 한국 피해자들의 권리를 부정해왔던 과거 판결을 뒤집은 2012년 5월 24일 대법원 판결로 일제 강제동원 피해자 구제의 길이 새로 열렸다. 대법원은 이 판결에서 "일본의 국가권력이 관여한 반인도적 불법행위나 식민 지배와 직결된 불법행위로 인한 손해배상 청구권이 청구권협정의 적용 대상에 포함되었다고 보기는 어려운 점 등에 비추어 보면, 위 원고들의 손해배상 청구권에 대하여는 청구권협정으로 개인청구권이 소멸하지 아니하였음"을 분명하게 밝혔다. 보수적인 대법원이 이런 판단을 내렸다는 것은 정말 놀랄 만한 사건이었다. 이 판결은 한일 간의 과거청산 문제에서 두 가지 중요한 역사적 의미를 지닌다.

하나는 1965년의 한일청구권협정이 식민 지배에 대한 배상이 아니라 단순한 영토 분리에 따른 재산 협정임을 분명히 하였다는 점이다. 국민들의 반대를 무릅쓰고 박정희 정권이 협정을 강행하면서 내부적으로는 '배상'을 받았다고 주장했던 논리를 법적으로 부정한 것이다. 다른 하나는 강제동원·강제노동 등 불법행위는 청구권협정에서 다루지 않았고, 따라서 그 피해에 대한 책임은 여전히 일본정부와 기업에 있다는 것을 밝혔다는 점이다. 이 명쾌한 판단 하나가 내려지기까지 얼마나 많은 피해자들이 세상을 등졌던가. 이제라도 법적 구제의 길이 열린 것이 다행스러울 뿐이다.

한일협정을 어떻게 할 것인가

그렇다면 이렇게 문제가 많은 한일협정을 그대로 놔두어야 할까. 해결 방법은 몇 가지가 있다. 첫째, 전면 개정. 이는 이론적으로는 가능한데 현실적으로는 실현 가능성이 거의 없다. '전면 개정하라!'라고 문제 제기하는 차원이라면 가능하다. 둘째, 해석 개정. 지금은 한일협정의 같은 문안을 두고 한일 양국의 해석이 다르다. 따라서 상호 협의하여 함께 해석하는 방식이 있다. 이건 전자보다는 현실성이 약간 더 있다. 그러나 두 방안 모두 일본이 응하지 않을 것이다. 한국정부도 할 의지가 없어 보인다. 한일관계가 단순히 양국에만 국한된 것이 아니라 미국을 포함한 동북아시아의 국제질서와 연결된 문제이므로 그 실현 가능성은 매우 희박하다.

그렇다면 한일협정은 그대로 두고, 해결하지 못한 문제만 분리하여 해결하는 방안이 있다. 협정 당시에 논의하지 않은 문제를 재협상하는 것이다. 앞서 언급한 국제법상 '사정 변경의 원칙'을 응용하는 방법이다. 이 원칙을 적용하여 문제를 해결한 외국 사례가 있다. 독일은 나치 독일의 프랑스 국민 박해문제를 놓고 1960년 체결한 조약에 근거하여 프랑스에 배상금을 지급했다. 그러나 약 20년 후 프랑스는 강제징집자 등에 대한 문제가 새롭게 제기되자 독일에 추가 배상을 요구했다. 이에 독일은 1981년 3월 독·불 이해증진 명목으로 '독불이해증진재단에 대한 출연 조약'을 만들어 2억 5000만 마르크를 재단 기금으로 출연하였다. 협정을 개정한 것이 아니라 그에 준하는 정치적 타결로 해결의 실마리를 끌어낸 것이다.

국제 규범상 원론적으로 따져보면 반인도적 범죄와 같은 중대한 인권침해 행위는 국가 간의 조약으로 해결되지 않는다. 한일청구권협정으로 '해결 완료'를 주장하는 일본정부의 입장을 받아들이더라도 해결되지 않은 문제가 있다는 것이다. 즉 국제법상 중대한 인권침해와 강행규범Jus Cogens을 위반한 행위의 피해자에 대해 '가해국의 책임을 면하게 하는 조약은 무효다'라는 국제법상의 법리가 확립되어 있다. 1999년 8월 26일 유엔 인권소위원회가 「무력분쟁하의 조직적 강간, 성노예 및 노예유사관행에 관한 결의」를 채택하여, 중대한 인권침해가 있는 군 '위안부'와 같이 무력분쟁하의 조직적 강간 등으로 인한 성폭력 피해자가 보상을 받을 권리는 강화조약 등을 통해서도 소멸되지 않는다는 것을 분명히 했다. 또한 강제노동은 국제법상 절대로 허용되지 않는 범죄행위이므로, 강제노동 피해자들의 구제를 받을 권리는 박탈될 수 없다.

일본은 1932년 강제노동을 금지하는 '강제노동조약'을 비준한 바 있다. 한일청구권협정의 청구권 포기 조항은 일본군 '위안부' 문제나 어린 소녀들에 대한 강제노동에 적용할 수 없다. 일본정부와 사법부가 인권에 대한 국제사회의 보편적인 기준조차 받아들이지 않고 있으며 식민지 피해자 문제 해결에 대한 적극적인 의지도 없지만, 한국정부가 이러한 국제 규범을 근거로 일본뿐 아니라 국제사회에 지속적으로 문제 제기한다면 좋은 결과가 나오지 않을까. 한국정부의 책임있는 행동과 일제강점하 강제동원 피해자 문제의 해결 의지를 기대한다.

한일협정에서 다루지 않은 것들

최근 일본의 아베 정부가 한일협정 때의 무상 3억 달러 자금으로 포항제철(현 포스코)과 경부고속도로를 만들어 한국의 경제발전에 공헌했다는 주장을 담은 동영상을 만들어 전 세계에 퍼뜨렸다. 참으로 뻔뻔한 짓이다.

벌써 20년 전의 일이다. 1996년 식민 지배 합리화론이 '학문'인 양 치장하고 국내에 유포되기 시작할 때, 민족문제연구소는 고려대 한국사 대학원생들과 함께 식민지시기 일제가 얼마나 수탈해갔는지를 조사한 적이 있다. 식민 지배 합리화론의 핵심은 식민지 지배 기간에 일본은 조선에 상당한 자금을 투여했기 때문에 수탈보다는 발전에 기여했다는 주장이다. 실제로 패전까지 공채, 보충금, 일본인 민간자본 등을 합해 총 70억 엔 정도가 일본에서 들어왔다. 그 돈이 무엇을 위한 돈이었는지 굳이 말할 필요도 없다.

그러면 실제 일제는 조선에서 얼마만큼 수탈해갔을까. 일제가 조선을 지배하면서 수탈하거나 고갈시킨 재산이 얼마인지 전체적인 규모를 알려주는 자료는 아직 없다. 뒤에 제시한 〈표1〉〈표2〉는 일본정부가 작성한 통계를 근거로 자금과 물자의 수탈 규모를 정리한 것이다.

재정과 금융 부문에서는 각각 48억 엔과 303억 엔이 유출되었다. 물자 수탈액은 약 148억 엔이다. 총 599억 엔을 1945년 1달러 당 15엔으로 환산하면 약 33억 달러가 된다. 1965년 청구권자금으로 받은 무상 3억 달러는 그 10분의 1도 안 되는 턱도 없는 금액임을 알 수 있다. 더구나 1962년 당시 환율은 달러당 360엔이었기 때문에, 3억 달러라는 액수를 식민 지배의 배상으로 받았다고 말하는 것은 낯 뜨거울 정도이다. 물론 한국정부도 피해 조사를 했다. 그러나 대부분의 자료는 일본이 가지고 있고, 한국에 남아 있던 자료는 전쟁으로 많이 없어져 제대로 된 통계를 집계하지 못했을 것이다.

이렇게 돈 이야기만으로 그칠 일이 아니다. 우리는 흔히 한일협정을 말하면서 가장 중요한 사실을 놓칠 때가 많다. '일제가 한국을 지배하면서 얼마나 많은 사람들을 학살했는가'에 대해서 말이다. 몇 가지 사례를 들자면, 동학농민전쟁 때 학살당한 수만 명의 농민군을 제외하더라도 의병

일제의 자금 수탈액

	항목	『대일배상요구조서』	조사에 의한 수탈액
재정부문	전쟁비용 유출액	–	1,783,310
	일본인 관리 봉급액	–	1,499,670
	사법경찰비	–	374,442
	공채비	–	750,000
	관업경영 적자분	–	396,925
	소계	–	4,804,347
금융부문	일본계 유가증권액	7,435,103	10,617,000
	대출금	847,433	5,803,977
	대일 환거래 잔고	3,020,660	3,020,660
	일본계 통화	1,514,134	1,514,134
	일본 국고금 유출액	901,748	1,259,000
	보험금	467,336	467,336
	기타 미수금	893,245	893,245
	체신관계 유출액	1,868,660	1,924,291
	소계	–	25,499,643
	총계	17,429,362	30,303,990

(단위: 천 엔)

전쟁 때 피살자는 최소 1만 7,000여 명(조선주차군사령부, 『조선폭도토벌지』, 1913)이었다. 3·1운동 때는 사망자 7,500명, 부상자 1만 5,000여 명, 수

일제의 물자수탈

항목		『대일배상요구조서』	조사에 의한 수탈액
농산물	미곡 공출액	–	184,932,920
	맥류 공출액	–	4,767,570
	면화 공출액	984,027	2,336,282
축산물	우피 공출액	33,659,920	39,166,660
	축우 공출액	203,544,760	218,056,760
	군수용 건초 공출액	39,145,701	41,100,997
임산물	–	493,057,029	493,057,029
수산물	–	–	1,011,450,763
지하자원	–	–	4,273,937,582
기타	전쟁으로 인한 물적 피해액	8,430,136,612	8,430,136,612
	유기(鍮器) 공출액	89,684,635	89,684,635
합계		9,290,212,685	14,788,627,811

비고: 『대일배상요구조서』의 금액은 한국정부, '조사에 의한 수탈액'은 민족문제연구소가 조사한 액수임. **(단위: 엔)**

감자 4만 7,000여 명이었으며, 1920년의 간도학살사건 당시에는 살인 3,106명, 체포 238명, 강간 76명, 소각 2,507호(박은식, 『한국독립운동지혈사』, 1920)가 발생했다. 1923년 9월 관동대지진 때의 한국인 피학살자는 1,500~2,700명(강덕상, 『관동대진재, 학살의 기억』, 2003)이었고, 1945년 8월 24일 우키시마 호 폭침으로 한국인 승선객 3,735명 중 524명이 사망했으며(일본정부 공식 발표), 히로시마와 나가사키의 한국인 원폭피해자는 약 4

만 명(한국보건사회연구원 1991년 보고서)이다. 그리고 감옥에서 죽었거나 밀정에게 살해당한 수많은 독립운동가들은 피해배상 대상에서 아예 거론조차 되지 않았다. 이들의 죽음을 돈으로 말한다는 것 자체가 싫지만, 제대로 된 국가라면 당연히 일본정부와 협상할 때 추궁했어야 할 내용들이다.

식민주의를 극복하고 동아시아 평화로 가는 길

2010년 8월 22일과 8월 27일. 도쿄와 서울에서 일본의 한국 강제병합 100년을 맞아, 과거 일본이 한국을 침략하고 지배함으로써 빚어진 역사의 유산을 청산하고 우호와 평화에 기초한 새로운 100년을 맞이하기 위해 한국과 일본의 시민단체가 공동의 역사 인식과 실천 과제 및 해결 방안을 정리하여 공동선언문을 발표했다.

1만 4,000자의 공동선언문은 'I 전문'과 'II 조선 침략과 강점' 'III 식민지배' 'IV 패전과 해방 이후' 'V 동아시아의 평화로운 미래를 구축하기 위해'로 구성되어 있으며, 마지막에 '우리의 요구와 행동계획'이라는 구체적인 실천 사항을 제시하였다. 이 가운데 일본정부에 요구한 20개항 중 피폭 문제를 제외한 19개항은 선언문이 발표된 지 6년이 지난 지금까지 전혀 이행되지 않았다. 이 요구사항이 실현될 때 우리는 비로소 진정한 의미에서 식민주의와 식민 지배가 남긴 유산을 극복할 수 있다.

앞날은 어둡다. 일본 보수정치계를 대표하는 아베 총리의 극우주의적 대외정책은 수그러들 기미를 보이지 않고, 일본사회의 전반적 보수화는 식민주의의 극복을 더 어렵게 하고 있다. 여기에 중국을 겨냥한 미국의

강제병합 100년 한일시민대회

아시아 회귀정책pivot to Asia에 따른 일본의 군사력 강화와 대외 진출의 공식화까지 겹쳐 한중일 간 갈등은 더욱 확대되는 실정이다. 냉전체제하에서 탈식민의 과제를 힘으로 봉쇄하고 억압했던 1965년의 한일협정체제가 탈냉전과 민주주의의 확대로 인해 구시대의 유물로 사라지리라던 기대가 한낱 희망사항에 지나지 않았음이 우리를 매우 곤혹스럽게 한다. 평화와 공존을 확대하고 민주주의를 강화하는 일이 탈식민과 밀접하게 연결되어 있음을 다시 한 번 깨닫는다. 이 과제를 해결하려는 세력과 위협받고 있는 평화를 지키려는 세력이 함께 연대해야 하는 이유가 바로 여기에 있다.

식민주의 청산과 평화 실현을 위한
한일시민공동선언

「식민주의의 청산과 평화실현을 위한 한일시민공동선언」(이하 공동선언문)은 일본의 한국 강제병합 100년을 맞아 과거 일본이 한국을 침략하고 식민지배함으로써 빚어진 역사의 유산을 청산하고 우호와 평화에 기초한 새로운 100년을 맞이하기 위해, 한국과 일본의 시민단체가 공동의 역사인식과 실천과제 및 해결방안을 정리하여 2010년 8월 22일(도쿄)과 8월 27일(서울) '강제병합100년 공동행동 한일시민대회'에서 발표한 것이다.

2009년 6월 일본 기타큐슈에서 한국과 일본의 시민단체가 모여 한일공동시민선언대회 추진을 위한 한일공동워크숍을 개최하였다. 워크숍에서 합의한 논의를 토대로 2010년 1월 31일 '강제병합100년 공동행동 일본실행위원회'가, 3월 26일 한국실행위원회가 각각 결성되었다. 양 실행위원회는 전문가와 시민운동가들이 참여한 공동선언문 기초팀을 구성하여 전자우편과 한일 공동워크숍 등을 통해 의견을 교환한 뒤, 공동선언문을 작성하였다.

한일 두 나라의 시민단체가 강제병합 100년을 맞아 서로의 차이를 극복하고 함께 공동선언문을 만들어냈다는 사실만으로도 의미가 있는 이 선언문은 다음과 같은 정신과 핵심 내용을 담고 있다.

첫째, 공동선언문은 2001년 아프리카 더반에서 열린 국제회의에서 채택한 정신을 계승하고 있다. 더반회의에서 채택한 선언의 정신은 노예제, 인종주의가 반인도적 범죄행위이며, 그 역사적 뿌리에는 식민주의가 있다는 것을 밝혔다. 따라서 식민주의, 식민 지배 그 자체가 인간의 존엄성을 파괴한 범죄행위임을 선언한 것이다. 한일 공동선언은 이것을 발전시킨 것이다.

둘째, 공동선언문은 '한국병합조약'의 불법성과 부당성의 문제를 넘어서 식민지배 그 자체가 범죄행위임을 비판하였다. 이에 따라 식민지화 과정이나 식민지배에서 일어난 학살과 민족 차별, 침략전쟁기의 강제동원 등이 그 증거임을 밝혔다.

셋째, 공동선언문은 식민지배로 인한 피해가 강제병합 100년, 일본의 패전과 한국의 해방 65년이 된 시기에도 여전히 지속되고 있다는 점을 강조했다. 일본군 '위안부' 문제를 비롯한 강제동원 피해자 문제, 야스쿠니무단합사, 시베리아억류자, BC급 전범 등에 대한 문제가 아직도 해결되지 못했다.

넷째, 공동선언문은 한일 시민운동 차원에서 문제 해결을 위한 구체적이고 실천적인 행동계획을 모색하고, 공동으로 대응할 것을 결의했다.

다섯째, 공동선언문은 식민주의, 또는 식민 지배의 유산을 청산하는 것이 진정한 의미에서 동아시아의 평화공동체를 만드는 길을 분명하게 했으며, 그것을 일본정부와 한국정부에게 촉구하였다.

'강제병합100년 공동행동 한일실행위원회'의 이름으로 발표된 공동선언문 중 전문과 본문은 지면 관계상 생략하고 여기서는 '우리의 요구와 행동 계획'

만 소개한다.

| 우리의 요구와 행동계획 |

1. 일본정부에 대한 요구

우리 한일 시민은 100년 전에 시작된 식민 지배로 인해 지금까지도 청산되지 않은 다음 문제를 일본정부가 책임지고 신속하게 해결할 것을 요구한다.

1 | 1894년 이후 청일전쟁과 러일전쟁, 그리고 의병전쟁, 1910년 한국병합 전후 일본 제국주의의 침략전쟁 일환으로 동아시아 각국 민중에게 가한 제노사이드 학살에 대한 진상과 피해 사실 규명에 나설 것.

2 | 3·1독립운동 참가자의 사상자에 대해 일본정부는 소장하고 있는 관련 자료에 근거해 조사를 하고, 그 조사 결과를 공표할 것.

3 | 일본정부는 1923년 9월 간토대지진 때 조선인 학살 사건 직후부터 죽은 조선인의 시체를 숨겨 조선인에게 인도하지 않거나 조선인 폭동을 날조함으로써 조선인 학살에 대한 국가 책임을 은폐하려 했다. 일본정부는 이 '이중의 죄책罪責'을 깊게 반성하고, 조선인 학살의 진상을 정부 책임으로 분명히 하며 배상할 것.

4 | 많은 조선인은 식민지시기와 패전 후에 정치적 자유를 빼앗기고 다양한 피해를 입었다. 일본의 식민 치하 및 패전 후에 치안유지법이나 군형법, 소요죄 등 정치형법으로 연행, 구속, 구금, 학대, 고문, 사형된 모든 조선인 피해자에 대한 진상규명, 사죄, 배상을 할 것.

6 | 만주사변 이후 제국 일본은 잇달아 침략전쟁을 반복했으며, 그 과정에서

조선인은 노동자로서 끌려가거나 군인·군속으로서 전쟁터에 보내져서 목숨을 잃거나 했다. 전시하에 이루어진 강제연행·강제노동, 병력 동원의 진상 조사를 실시하고 희생자와 유족에게 사죄하고 배상할 것.

6 | 침략전쟁을 수행하는 가운데 일본은 많은 조선인 여성을 '성노예'로 전선에 끌고 가서 인간으로서의 존엄을 짓밟는 범죄를 저질렀다. 또 일본정부가 설립한 '여성을 위한 아시아 평화국민기금'은 일본군 '위안부' 문제의 해결책이 될 수 없다. 구 일본군·일본정부에 의해 국가 차원에서 조직적·지속적으로 성적 강제를 당해야 했던 일본군 '위안부' 피해자에게 사죄하고 배상할 것.

7 | 히로시마와 나가사키에 투하된 원폭에 의해 많은 조선인이 피해를 입었으나, 일본정부는 그들 피폭자에 대한 조치를 게을리 해왔다. 남북한 거주 피폭자를 조사하여 모든 피폭자에게 즉각 수첩을 교부하고 의료비, 건강관리 수당 등을 지급할 것.

8 | 도쿄대공습을 포함한 모든 공습에 대해 실태 조사를 하여 피해 상황을 밝히고, 동시에 국적 차별 없이 모든 공습 피해자에게 보상하기 위해 '공습 희생자원호법'(가칭)을 제정할 것.

9 | 전시에 사할린에 보내진 많은 조선인은 가혹한 노동을 강요당했고, 패전 후에는 현지에 방치되었다. 사할린 잔류 한국인·조선인에게 사죄와 배상을 할 것.

10 | 패진 후 많은 조선인 포로가 시베리아로 끌려가 강제노동에 종사해야 했다. 시베리아 억류 한국인·조선인에 대해 일본인 억류자와 동일한 사죄와 배상을 할 것.

11 | 전시에 군속으로 끌려간 조선인 일부는 '포로 학대' 등으로 전범으로 몰

려 사형을 비롯한 중형을 받아 처형되거나 복역했다. 한국인·조선인의 '특정 연합국 재판 구금자'(BC급 전범) 및 그 유족에 대해서 특별급부금을 지급할 것.

12 | 일본은 군인·군속으로 끌려가 사망한 조선인을 가족의 동의 없이 무단으로 야스쿠니신사에 합사했다. 한국인·조선인 군인·군속의 야스쿠니신사 강제 합사를 취하하고 사죄·배상을 할 것.

13 | 침략전쟁에 동원되어 사망한 조선인의 유골은 유족에게 반환되지 않았으며, 아직도 그 실태조차 명확하지 않다. 징병·징용 등으로 전장·노동 현장 등에 동원되어 사망한 한국인·조선인의 유골을 정부가 책임지고 유족에게 반환할 것.

14 | 일본은 식민지시기에 약탈해서 일본 국내로 가져간 문화재를 반환할 것.

15 | 재일조선인의 역사적인 경위와 생활 실태에 입각해서 국적 차별을 중지하고 권리를 보장할 것. 특히 조선학교 학생에 대한 고교무상화 적용 제외를 즉각 시정할 것. 또한 재일조선인을 포함한 모든 소수자에 대한 차별과 배외 정책을 철폐할 것.

16 | 일본은 '조일평양선언' 이래 이른바 '납치' 문제를 구실로 조선민주주의인민공화국과의 국교 정상화 교섭을 중지하고 있다. 식민 지배의 완전한 청산을 전제로 조일국교 정상화를 진행할 것.

17 | 국기·국가법을 구실로 일장기·기미가요(일본국가)를 강제하는 것은 인간으로서의 사상·양심의 자유를 침해하는 행위이자 헌법 위반이다. 학교에서 일장기·기미가요의 강제를 거부하는 교사·학생에 대한 모든 박해를 중지할 것.

18 | 독도(다케시마)는 러일전쟁에 편승하여 일본에 강제로 편입되었으므로 명

백히 식민 지배의 일환으로 일어난 역사 문제이다. 독도에 대해 '영토문제'로서 각 교과서에 기술하게 하는 조치를 중지할 것.

19 | 일본은 검정을 통해 침략전쟁의 정당화와 식민 지배의 미화를 시도하는 역사 교과서의 기술을 사실상 용인하고 있다. 조일수호조약(1876) 이래의 일본과 한반도의 역사를 정확하게 기술한 역사 교과서를 편집·발행하고, 일본군 '위안부'에 관한 기술을 부활시키는 등의 올바른 역사교육을 할 것.

20 | 침략전쟁과 식민 지배에 관한 역사는 왜곡이나 망각의 대상이 아니라 우호와 공존에 입각하여 동아시아의 미래를 여는 토대로서 받아들여져야 한다. 역사 사실을 직시하는 교육을 실천하는 교원에 대한 모든 박해를 중지할 것. 또한 일본은 한국·중국과 협력해 역사 화해를 포함시킨 '공동 역사 교과서' 작성을 향해 노력할 것.

이상에서 우리는 식민 지배와 침략전쟁에 의한 각종 피해의 진상을 규명하고 피해 구제를 위한 신속한 조치(사죄, 배상 등)가 실현될 수 있도록 일본정부가 법을 제정할 것을 요구한다. 또 한국정부도 강제동원 피해의 진상규명과 구제 조치를 위한 기왕의 활동이 중단 없이 그 임무를 완수할 수 있도록 관련법을 개정할 것을 요구한다.

2. 행동계획

우리 한일 시민은 청산되지 못한 과제들을 해결해 나가기 위해 이하의 행동을 함께 진행시켜나갈 것이다.

1 | '한일시민공동선언'에 대한 지지와 공감을 많은 시민 속으로 확대하고 '선언'에 대한 찬동자를 획득해나간다.

2 | 한일 간에 자매·우호도시 관계를 맺고 있는 지역을 중심으로 한일·조일의 평화로운 미래를 열어가기 위해 과거청산에 힘쓸 것을 정부에 촉구하는 의회 의견서 채택 운동을 추진한다.

3 | 한일 국회의원에게 '한일시민공동선언'에 대한 이해와 지지를 구하고, 피해자에 대한 사죄와 배상을 실행할 수 있는 법을 제정하도록 촉구한다.

4 | 식민 지배의 사실, 가해·피해의 실상을 기록으로 남기기 위해서 '식민지배진상규명법'(가칭)의 제정을 추진하는 한편, 민간 차원에서도 공동의 조사보고서를 만들기 위해 노력한다.

5 | 정부 안에 과거청산을 위한 과제(간토대지진 시의 조선인 학살, 사할린 잔류자, 문화재 반환, 역사 교과서 편찬 등)를 다루기 위한 조직의 설치를 요구해나간다.

6 | 식민주의 청산과 동아시아 평화를 위해 활동한 한일 두 지역의 시민단체와 시민들은 지난 운동의 성과를 토대로 국제연대 활동을 더욱 강화해나간다.

망각의 현장을 기억의 유산으로

이 책은 민족문제연구소의 젊은 연구자와 활동가들이 강제동원 피해자
운동을 기록한 첫 번째 책이다. 그동안 만나 왔던 피해자들과 그 손을 기
꺼이 마주 잡았던 한일 양국의 시민운동가들이 흘린 눈물과 땀을 이 한
권의 책에 담았다. 강제동원 문제를 쉽게 풀어 소개하자는 기획을 시작한
때부터 꼬박 2년이 걸렸다. 그사이 우리는 피해자 몇 분의 부고와 수술 소
식을 들어야 했다. 과거를 아예 지우려는 일본정부와 과거를 묻지 말자는
한국정부를 상대로 싸우고 있지만, 정작 우리가 싸우고 있는 상대는 막을
수 없는 시간인지도 모르겠다.

처음 이 기획을 할 때 우리는 잊힌 일제 식민지 피해가 오늘도 계속되는
현실을 직시하라는 목소리를 내고 싶었다. 거동도 불편하고, 가쁜 호흡을
내쉬며 토해내는 늙은 피해자들의 고통 어린 호소는 지금도 곳곳에서 이
어지고 있다. 우리의 무관심과 외면 속에 가족의 품으로 돌아오지 못한

유골들이 아직도 어디에선가 소리 내 울고 있을 것만 같다. 해방 70년이 지났어도 일제가 강제로 바꾼 일본식 이름으로 우리 할아버지들의 혼령이 야스쿠니신사에 갇혀 있다는 사실도 잘 알지 못한다. 일본인과 똑같이 소련군 포로가 되어 얼어붙은 땅 시베리아에서 강제노동에 시달렸고, 강제로 끌려간 히로시마와 나가사키에서 느닷없이 피폭을 당해 생사를 넘나들었지만, 식민지 출신 조선인들은 아무런 보호도 받지 못하고 내팽개쳐졌다. 심지어 BC급 전범으로 몰려 일본인보다 더 가혹한 형벌을 받기도 했다. 일본군 '위안부' 할머니들이 치욕스런 피해를 직접 증언하는데도 일본정부는 뻔뻔하게 외면하고 오히려 모욕감을 주었다. 돈으로 입막음하고, 생존자가 죽기만을 기다리는 꼴이다. 피해자와 그 유족들이 십수년째 재판투쟁을 이어오지만, 이 핑계 저 핑계로 재판을 지연시키는 일본 기업도 같은 속셈이다. 김학순 할머니는 이런 잔인한 현실을 이미 20여 년 전에 간파하셨다. 그런 이유로 우리는 더 분명히 말하고 싶었다.

'해방된 지 70년이 지났어도 우리는 아직 해방을 맞지 못했다고. 그래서 아직도 싸우고 있다고.'

오랫동안 강제동원 문제가 해결되지 못한 이유는 무엇일까. 그 잘못 꿰인 첫 단추는 바로 '한일협정'이다. 1965년 한일국교 정상화 교섭은 본래 식민지 지배의 과거를 청산하고 새로운 대등한 관계를 다시 만들어 가는 과정이어야 했다. 그러나 한국과 일본 양국 모두 안보와 경제에 치우친 정치적 타결에 몰두한 나머지 정작 해결했어야 할 식민지 지배의 아픈 과거사를 어떻게 청산하고 극복할 것인지는 전혀 다루지 않았다. 그렇게 과거청산은 뒤로 묻힌 채 '완전히 그리고 최종적으로 해결'되었다는 족쇄만 남게 되었다.

　비틀린 한일관계의 시작은 2차 세계대전 후 미국의 아시아정책에서 비롯된 것이기도 했다. 패전한 일본의 전후 개혁을 주도한 미국은 일본을 벌주는 대신 대소 반공체제 구축을 위한 하위 파트너로 삼았다. 미국은 일본의 침략전쟁과 식민지 지배책임을 강하게 추궁하는 대신 조속한 일본의 재건을 목표로 내걸었다. 그 연장선에서 미국은 한일회담 과정에도 깊숙이 관여했다. 격화되는 베트남 전쟁과 동아시아 냉전체제의 위기를 들어 한·미·일 안보동맹의 강화를 위해 서둘러 한일회담의 타결을 재촉했다. 이 때문에 한일 간에 가로놓인 과거청산이라는 숙제는 봉인되었다. 무수한 식민지 피해자들의 한 맺힌 사연들도 주목받지 못하고 묻혀버렸다.

　미국의 냉전체제 강화 정책으로 일본은 전후 배상책임에서 쉽게 벗어날 수 있었다. 일본은 식민지 지배와 침략전쟁을 반성하기는커녕 다시 동아시아의 안보를 지키는 파수꾼으로 돌아온 듯 굴었다. 일제 식민지배의 유산으로 분단과 전쟁을 겪은 한반도의 불행은 안타깝게도 전후 일본의 경제부흥을 이끄는 발판이 되었다. 일본의 지배세력은 공산세력의 위협으로부터 자국의 안전과 한국의 반공정권을 지키는 냉전 전략의 요청에 부응했을 뿐이라고 여겼다. 일본정부가 한일국교 정상화 교섭 14년을 정리한 기록을 보면 일본 정치지도자들은 일제의 식민지 지배가 근대화를 이끌었다는 인식에서 한 치도 벗어나지 않았다. 그들은 단 한 번도 과거 자신들이 저질렀던 식민지배와 전쟁범죄를 반성할 기회를 가지지 않았던 것이다.

더욱이 일본은 전후보상에 따른 경제적 부담을 최소화하기 위해 식민 지배와 전쟁 책임을 외면과 회피로 일관했다. 한일회담 과정에서도 일본은 툭하면 강제병합이 합법이었다고 강변하고, 피해배상을 주장하려면 한국더러 증거를 대라는 식으로 교섭을 교란시켰다.

한국정부가 일본에게서 받은 '청구권자금' 대부분은 경제건설의 재원으로 썼다. 인명 피해에 대한 보상금은 전체 청구권자금 중 9.7퍼센트밖에 안 된다. 강제동원 피해자들의 목숨 값으로 우리는 지금의 경제성장과 그 혜택을 누리고 있는 것이나 다름없다. 한국정부는 2005년에 와서야 뒤늦게 피해자 구제를 방기한 국가 책임을 인정하고 진상규명과 지원법을 제정해 피해자 지원에 나섰다.

이마저도 피해자들의 끈질긴 투쟁이 없었다면 실현되지 않았을 일이다. 원폭피해자와 사할린 억류 동포의 가족들은 1965년 한일협정 체결 전후에 이미 구체적인 구제 대책과 보상을 요구하는 운동을 펼쳤다. 이들의 피해 호소에 일본의 시민사회가 호응해 주었다. 1970년대 일본에서 한국인 피해자들이 재판투쟁을 벌일 수 있었던 것도 바로 일본 시민들의 운동과 지원 덕분이었다. 그러나 아직까지는 원자폭탄 투하의 책임이 있는 미국과 사할린 한인들을 귀국시킬 생각이 없는 소련이 주도하던 냉전체제의 굴레를 벗어나지 못하던 시대였다. 그런 상황에서 한국인 피해자들의 문제는 해결의 돌파구를 찾지 못했다.

1980년대 후반 냉전이 점차 종식되어갔고, 동시에 한국에서 민주화가 진전되자 일제 강제동원 피해자 문제도 서서히 주목받기 시작했다. 냉전에 질식되어온 일본 침략과 전쟁 피해 문제들이 냉전 종식과 더불어 그

상흔을 온몸으로 드러내면서 분출하기 시작했다. 피해자들은 자신들의 피해사실을 전방위로 간증했고, 억눌러온 분노를 공개적으로 표출했다. 고통을 공개적으로 말하는 것 그리고 공식적으로 들어준다는 것은 문제 해결의 시작이었다. 그리고 이러한 피해자들의 증언과 문제 제기는 이제 까지 일본이 망각해 온 전쟁과 식민지배 책임을 묻는 중요한 계기가 되었다. 그리고 한국사회에서도 이들의 목소리를 대변하는 조직적 시민운동이 드디어 시작되었다. 특히 한국에서 제기된 일본군 '위안부' 문제는 일본의 전쟁 책임과 전후 책임을 묻는 상징적 사건이 되었다. '위안부' 할머니들의 증언은 일본정부에 정면으로 맞선 비판이자 이 문제를 이제껏 방치하고 짓눌러온 한국정부와 사회에 대한 원망이기도 했다.

더 나아가 피해자들과 한일 시민운동가들은 함께 연대하여 일본정부와 기업 등을 상대로 재판투쟁을 벌여나갔다. 재판투쟁은 1990년부터 1999년 사이에 집중적으로 일어났다. 일본에서는 이때 일어난 재판투쟁을 '전후보상소송운동'으로 부른다. 이 소송들은 '노무동원, 군인·군속, 근로정신대, 군 '위안부', BC급 전범, 원폭피해자, 재일조선인, 학살, 억류' 등 다양한 피해유형별로 제기되었다. 이러한 소송은 한국인뿐 아니라 중국인, 대만인, 필리핀인, 영국인, 네덜란드인, 미국인 등에 의해서도 제기되었고, 또 미국 법정에서도 일본의 전쟁 책임을 묻는 소송이 제기되었다. 지금도 한국과 일본에서 재판투쟁은 새로운 양상으로 이어지고 있다.

이 책의 필자들은 모두 이러한 재판 지원회의 사무국원으로 활동하거나, 강제동원 현장을 발굴하고 피해 기록을 찾는 활동에 힘써온 활동가들

- 에필로그

이다. 필자로 참여한 일본 시민운동가들, 그리고 우리와 함께 이 싸움을 이어오고 있는 한국의 변호사들은 늘 우리 싸움의 이정표를 제시해 주는 보추협의 이희자 대표를 구심점으로 길게는 20년의 인연을 이어온 동지들이다. 운동에 뛰어든 시기도, 계기도 모두 다르지만 30대부터 70대까지 한일 과거청산을 위해 노력하는 세대를 망라했다.

우리는 독자들이 이 책에 담긴 각각의 투쟁사들 속에서 다양한 목소리를 들었으면 하는 바람이다. 그리고 하나로 관통하는, 과거청산을 통해 인류가 추구해야 할 가치가 과연 무엇인지를 탐색하는 시간이 되었으면 한다. 앞으로도 독자들과 과거청산에 관심 있는 많은 시민과 함께 이 숙제를 풀어나가고 싶은 마음 간절하다.

우리 앞에 놓인 현실은 참 암담하기만 하다. 박근혜-최순실 게이트에 시민들이 촛불을 들고 규탄 시위를 일으킨 와중에도 2016년 11월 24일 한국정부는 기어이 한일군사정보보호협정에 서명했다. 이 협정은 정부가 설명하는 것과 달리 일본의 북한 선제공격에 날개를 달아 준 격이라는 우려의 목소리가 높다. 한반도 전쟁의 위험성을 높이는 것뿐 아니라, 일본의 한반도 재침략의 길을 터주는 협정이라는 것이다. 2017년 새해 벽두부터 부산 일본영사관 앞에 세워진 '평화의 소녀상'을 둘러싸고 한일관계는 최악으로 치닫고 있다. 일본정부는 한국정부에 일본군 '위안부' 문제 합의 이행을 촉구하며 '소녀상'이 아닌 '위안부상'이라고 부르겠다며 강경한 태도를 보이고 있다.

그러나 위기 또한 극복할 수 있는 길이 반드시 있을 것이다. 우리는 그 길을 바로 한일 시민 연대 운동의 역사에서 찾을 수 있다고 믿는다. 우리는 해결의 끝이 보이지 않지만, 내일 한 발의 전진을 위해 오늘을 꾸준히 살아낸 앞선 이들의 발자취들 속에서 미래를 여는 혜안을 찾고자 한다.

그 방법의 하나로 민족문제연구소는 식민지역사박물관 건립운동을 펼치고 있다. 이 박물관은 온전히 시민의 힘으로 건립될 예정이고, 이미 많은 시민이 이 아름다운 도전에 동참하고 있다. 역시 일본의 시민들도 '일본과 식민지역사박물관을 잇는 모임'을 만들어 함께 하고 있다. 우리는 이 박물관을 통해 식민지 지배와 수탈, 학살과 강제동원의 참상을 온몸으로 겪은 이들의 목소리로 그 역사를 다시 기록하고자 한다. 그래서 더는 식민지 피해자들을 외면과 망각의 무덤에 가두지 말고, 일제 강제동원 현장을 범죄은폐의 현장으로 방치하지 않으려 한다. 망각의 현장이 아니라 기억의 유산으로 미래 세대에게 전승해야 할 의무가 우리 세대에게 있다. 그리고 이를 극복해 온 한일 시민들과 연대의 발자취를 함께 기억하며 동아시아 평화로운 미래를 여는 길을 같이 만들어 가고자 한다. 그 연대의 손길이 많아질수록 우리의 평화는 더 넓고 굳건하게 뿌리내리게 되리라 믿는다. 이 책을 읽은 당신과도 손 맞잡을 수 있는 날이 빨리 오기를 기대한다.

필자들을 대표하여 김승은이 씀

— 에필로그

주

1부 ----------

1 일본은 강제동원의 어두운 역사를 언급하지 않기 위해 메이지시대(1868~1912), 그것도
   1910년으로 끊어서 등재 신청하였다.

2 한일문제연구원 지음, 『빼앗긴 조국, 끌려간 사람들』, 아세아문화사, 1995, 135쪽.

3 대한불교 조계종 재일총본산 고려사에서 편찬한 사진자료집 『강제징용, 조선 사람은 이
   렇게 잡혀갔다』(발행년도 미상)에 수록된 사진이다. 이하 동일한 표기는 동일 서적에 수록
   된 사진을 의미함.

4 『관란재일기』(국사편찬위원회, 한국사료총서 제44, 2001)는 일제시기의 유학자 정관해
   (1873~1949)의 일기자료를 편찬·간행한 것이다. 간행 대상 자료는 1912년에서 1947년
   에 걸쳐 쓴 일기 24책이다.

5 스미토모 우타시나이 탄광住友歌志內炭礦, 「반도광원모집관계서류半島礦員募集關係書類」,
   1940; 오자와 유사쿠小沢有作, 『재일조선인在日朝鮮人』, 신인물왕래사新人物往來社, 1978(일
   본)에서 재인용.

6 한일문제연구원, 앞의 책, 135, 136쪽.

7 『정강일기』(한국학중앙연구원 소장 필사본). 김주현은 전남 장흥 사람으로 일제의 전시 총동
   원정책이 촌락 단위에서 실행되는 모습을 자세하게 일기에 담았다. 이 시대를 이해할 수
   있게 해주는 귀중한 자료다.

8   『치재일기』(한국정신문화연구원, 한국학자료총서4, 1994)의 필자 김인수(1903~65)는 1892년 1월 11일 충청북도 괴산군 장연면 오가리 우령촌에서 출생하였으며, 1903년 12세 때 가까운 중원군 소미면 오당리 갈마현으로, 1922년에 중원군 동량면 하곡마을로 이주했다. 이 일기는 1911년부터 1962년까지의 일을 기록한 것이다.

9   한일문제연구원, 앞의 책 140, 141쪽에서 재인용.

10 하야시 에이다이林えいだい, 『사진기록: 치쿠호·군함도 조선인 강제연행, 그 후写真記録: 筑豊·軍艦島—朝鮮人強制連行, その後』, 겐쇼보弦書房, 2010(일본).

11 나가사키 재일조선인의 인권을 지키는 모임, 『군함도에 귀를 기울이며: 하시마에 강제연행된 조선인·중국인의 기록軍艦島に耳を澄ませば: 端島に強制連行された朝鮮人·中国人の記録』 (증보개정판), 사회평론사社会評論社, 2016(일본).

12 같은 책.

13 나가사키 재일조선인의 인권을 지키는 모임, 『원폭과 조선인原爆と朝鮮人』, 제2집, 1983(일본).

14 나가사키 재일조선인의 인권을 지키는 모임, 앞의 책(2016), 40~47쪽. 이하 최장섭에 관한 이야기는 같은 책을 참고.

15 나가사키 재일조선인의 인권을 지키는 모임, 앞의 책(1983), 69~77쪽. 이하 서정우에 관한 이야기는 같은 책을 참고.

16 일제강점하강제동원피해진상규명위원회, 『지독한 이별, 사할린 이중징용 진상조사 구술기록』, 2007, 349~93쪽. 이하 문갑진에 관한 이야기는 같은 책을 참고.

17 하야시 에이다이, 앞의 책, 166쪽.

18 나가사키 재일조선인의 인권을 지키는 모임, 앞의 책(1983), 80쪽.

19 일제강점하강제동원피해진상규명위원회, 앞의 책, 395~424쪽. 이하 황의학에 관한 이야기는 같은 책을 참고.

20 하야시 에이다이, 앞의 책, 169쪽.

21 나가사키 재일조선인의 인권을 지키는 모임, 앞의 책(2016), 53~59쪽. 이하 박준구에 관한 이야기는 같은 책을 참고.

22 하야시 에이다이, 앞의 책, 165, 166쪽.

23   하야시 에이다이, 앞의 책, 185쪽.

24   나가사키 재일조선인의 인권을 지키는 모임, 앞의 책(2016), 69~72쪽.

25   고자토 가쿠시小里岳紫, 「군함도와 연합함대 '실화'軍艦島と連合艦隊'実話'」, 문예사文芸社, 1998(일본), 38, 39쪽. 이하 고자토 가쿠시에 관한 이야기는 같은 책을 참고.

26   『아사히신문朝日新聞』 나가사키판, 1973년 10월 25일자. 나가사키 재일조선인의 인권을 지키는 모임, 앞의 책(1983), 77쪽에서 재인용.

27   중국인의 저항에 대해서는 하야시 에이다이, 앞의 책, 162쪽.

28   내무성 경보국内務省警保局, 『특고월보特高月報』, 1944년 4월; 박경식 편, 『재일조선인관계 자료집성在日朝鮮人関係資料集成』, 제5권, 삼일서방三一書房, 1976(일본) 수록.

29   나가사키 재일조선인의 인권을 지키는 모임, 앞의 책(2016), 48~53쪽. 이하 전영식에 관한 이야기는 같은 책을 참고.

30   하야시 에이다이, 앞의 책, 166, 167쪽.

31   하시마에서 억울한 죽음을 당한 조선인이 몇 명인지 진상을 밝혀야 할 미쓰비시는 계속 책임을 회피해오고 있다. 다만 1984년에 일본 시민단체 '나가사키 재일조선인의 인권을 지키는 모임'이 화장 관련 문서를 발견하면서 그 진상의 일단을 알 수 있게 되었다. 이 단체의 진상조사 내용은 대일항쟁기 강제동원피해조사 및 국외강제동원희생자 등 지원위원회 『사망기록을 통해 본 하시마 탄광 강제동원 조선인 사망자 피해실태 기초조사』(2012)에 정리되어 있다.

32   하야시 에이다이, 『사자에게 보내는 편지死者への手紙』, 아카시서점明石書店, 1992(일본), 191~193쪽.

33   나가사키 재일조선인의 인권을 지키는 모임, 『원폭과 조선인原爆と朝鮮人』, 제4집, 1986(일본), 76쪽; 다케우치 야스토竹内康人, 『조사·조선인 강제노동 ① 탄광편調査·朝鮮人強制労働 ① 炭鉱編』, 사회평론사, 2013(일본), 265~267쪽.

34   하야시 에이다이, 앞의 책(2010), 166, 167쪽.

35   나가사키 재일조선인의 인권을 지키는 모임, 앞의 책(2016), 제6장.

36   나가사키 재일조선인의 인권을 지키는 모임, 앞의 책(2016), 제6장. 묘비 표면에는 '난고시묘해난자무연불지비南越名海難者無縁佛之碑'라고 적혀 있다. 1983년 9월 '나가사키 재일

조선인의 인권을 지키는 모임'이 발견한 것이다.

37 나가사키 재일조선인의 인권을 지키는 모임. 앞의 책(2016), 208쪽.

38 이 글은 민족문제연구소·포럼 '진실과 정의'의 『역사와 책임』 10호(2016.12.)에도 실렸다.

39 유네스코 세계유산위원회The World Heritage Committee는 1972년 세계유산협약에 가입한 190개국이 참석하는 국제회의이다. 세계유산 등재 대상 문화재 심의와 등재 결정, 위험에 처한 유산 선정과 기금 사용 등을 논의한다.

40 한국 언론에 조선인 관련 강제징용 시설로 알려진 곳은 미쓰이 미이케 탄광, 구 일본제철(신일본제철-신일철주금 전신) 야하타 제철소, 미쓰비시 다카시마 탄광·하시마 탄광 그리고 미쓰비시 나가사키 조선소 관련시설 3곳을 포함해 7곳이다. 가마이시의 광산의 경우 '용광로'를 등재시켰는데, 가마이시 광산과 제철소에도 조선인들이 강제징용되었으니 관련 현장이라고 할 수 있다.

41 '메이지 일본의 산업혁명유산: 철강·조선·석탄 산업' 공식 사이트에 소개된 등재 추진 경과를 보면 그 시점은 1999년까지 거슬러 올라간다(www.japansmeijiindustrialrevoluti on. com).

42 메이지시대는 일본의 근대 개혁인 메이지유신으로 신정부가 수립된 1868년부터 메이지 일왕이 죽은 1912년까지를 일컫는다. 그러나 일본은 산업혁명유산 대상 시기를 1850년부터 1910년까지로 임의로 끊어 규정했다.

43 이 프로젝트는 해방 70년, 한일협정 50년을 맞은 지금도 강제동원 피해자와 유족들이 일본정부와 기업을 상대로 싸우고 있다는 내용으로 2015년 2월 말부터 4월 말까지 8화에 걸쳐 연재했다(http://storyfunding.daum.net/project/158).

44 이코모스의 등재 권고가 세계유산위원회에서 번복된 사례는 단 한 차례밖에 없었다. 2008년 이스라엘이 신청한 국경 지역 '3중 아치문'을 주변 아랍 국가들이 반대하고 나섰을 때이다. 유네스코는 영토 분쟁이 종결될 때까지 해당 문화재 심의를 보류했다. 이스라엘-팔레스타인 문제와 같은 정치적 사건에 유네스코가 개입하지 않겠다는 것이었다.

45 '야스쿠니반대공동행동'은 한국·일본·오키나와·대만 4개 지역이 함께하는 국제연대운동 단체로서 2006년에 결성되었다. 야스쿠니신사의 반인권적·반평화적인 본질을 국제사회에 널리 알려 일본정부 및 정치 지도자들의 공식 참배를 저지하고 무단 합사된 한국

인과 대만인의 이름을 빼기 위해 활동하고 있다. 매년 8월 도쿄에서 열리는 야스쿠니반대촛불행동을 10년째 이어왔다. 2015년에는 유럽 국제인권단체들과 연대해 유엔인권이사회에 야스쿠니 문제를 제기하기 위한 활동의 일환으로 독일 캠페인을 진행했다. 민족문제연구소는 야스쿠니반대공동행동 한국위원회의 사무국을 맡고 있다.

46 「독일서 日 강제징용·야스쿠니참배 규탄 집회 열린다」, 『연합뉴스』, 2015.4.19; 「세계유산 유력 일본 징용시설에 강제노동 명기해야」, 『한겨레』, 2015.5.6; 「韓日獨 NGO "징용시설 유산 등재 땐 어두운 역사도 기록해야"」, 『연합뉴스』, 2015.5.8.

47 일본은 메이지 일본의 산업유산 홍보 사이트(www.kyuyama.jp)에서 "역사교과서에 등장하지 않는 사람들의" 땀과 눈물이 "진정한 의미의 산업유산"을 만들었다고 강조했다. 우리는 이 홍보 문구에 빗대어 일본이 은폐한 식민지 조선인의 피와 땀과 눈물을 외면하지 말아달라고 호소한 것이다.

48 이 호소문은 피해자 소송 지원활동을 이어온 민족문제연구소, 태평양전쟁피해자보상추진협의회, 근로정신대 할머니와 함께하는 시민모임이 공동으로 작성했다(「日 징용 피해자들 "강제노동史 설명없이 세계문화유산 등재 안돼"」, 『동아일보』, 2015.6.14).

49 이코모스 등재 결정문은 유네스코 세계유산위원회 홈페이지(http://whc.unesco.org/en/sessions/39com)에서 볼 수 있다.

50 유네스코 헌장이 밝힌 대로 인류의 역사는 평화로운 상태로만 지속되지 않았기 때문에 우리로 하여금 끊임없이 깨어있도록 요구하고 있다. 인간이 저지른 부끄러운 역사는 쉽게 지워지거나 치유될 수 없기 때문에 다시 반복하지 않기 위해서라도 제대로 기억하고 끊임없이 교육해야 한다.

51 당시 회원국은 한국·일본과 함께 세네갈·알제리·카타르·인도·말레이시아·독일·세르비아·콜롬비아·레바논·카자흐스탄·필리핀·베트남·크로아티아·핀란드·폴란드·포르투갈·터키·페루·자메이카 등이었다.

52 https://www.unesco.or.kr/about/sub_03_03.asp

53 「유네스코, "日 시설물, 세계유산 취지 안맞아… 보완하라"」, 『동아일보』, 2015.5.25.

54 국내 전문가인 강동진 교수는 일본의 산업혁명 유산이 '완전성'과 '진정성' 모두 자격 미달인, 기술적인 면에서도 형편없는 시설임을 현장조사를 통해 밝힌 바 있다. 강동진·남

지현, 「일본 규슈·야마구치 일원 근대화 산업유산군의 세계문화유산 등재에 대한 비판적 고찰」, 「국토계획」 제49권 제2호, 2014.4.

55 일제 강제징용 시설에 끌려간 조선인, 중국인과 연합국 포로의 규모와 사망자 현황에 대해서는 다케우치 야스토竹内康人의 편저 『전시조선인강제노동조사자료집戰時朝鮮人強制勞動調査資料集 증보개정판』(고베학생청년센터출판부, 2015), 『조사·조선인강제노동①탄광편調査·朝鮮人強制勞動①炭鑛編』(사회평론사, 2013), 『조사·조선인강제노동②재벌·광산편調査·朝鮮人強制勞動②財閥·鑛山編』(사회평론사, 2014) 등을 참조.

56 일본 측 기자들은 취재를 위해 매일 우리 전시장을 방문했다. 일본은 기자만 50여 명이 파견 나와 취재 열기가 뜨거웠다. 한국 취재진은 한두 명에 불과했다. 그런데도 한국에서 관련 기사들이 쏟아졌으니 기자들의 베껴 쓰기 능력이 그저 놀라울 뿐이었다.

57 이 발언의 전문은 유네스코 세계유산위원회 홈페이지에서 확인할 수 있다.

58 「국적 따라 달라지는 피값, 한국정부가 자초」, 「광주in」, 2015.7.21; 「미쓰비시, 왜 한국엔 '강제노역' 사과하지 않나: 일본, 중국 여론 달래기… 한국엔 선 긋기」, 「한겨레」, 2015.7.24.

59 whc.unesco.org/en/sessions/39com

60 세계유산위원회는 4.g에 언급대로 각 유산의 역사 전체를 알 수 있도록 하는 '해석전략'과 관련해 이번 총회의 약식 회의록에 포함된 일본의 성명(document WHC-15/39.COM/INF.19)에 주목한다.

2부 ————

1 김옥순 구술, 2014.12.11(서울 김옥순 자택, 김진영 면담).

2 오○○ 구술, 2015.1.17(광주 오○○ 자택, 김진영 면담). 본인 요청으로 이름은 밝히지 않는다.

3 1944년 6월부터 실용 배치된 미공군의 폭격기. 길이 30.2미터, 너비 43.1미터, 무게 64톤에 프로펠러 4발 기관을 장착하였고 최대 9톤의 폭탄을 탑재할 수 있었다.

4 1995년 결성된 일본의 시민단체 '일본제철 전 징용공 재판을 지원하는 모임'은 일본제
철에 강제동원된 피해자들의 손해배상소송을 지원하기 위해 결성되었다. 저자가 사무국
장을 맡고 있는 이 단체는 지난 20년 동안 한국과 일본을 오가며 피해자들을 만나면서
강제동원의 진상을 규명하기 위해 노력해왔다. 1995년부터 매달 『무지개통신』이라는 소
식지를 발행하고 있으며, 2011년 9월부터는 매달 두 차례씩 신일철주금의 도쿄 본사와
오사카 지사 앞에서 문제 해결을 요구하는 출근길 선전 행동을 벌이고 있다. [옮긴이]

5 노동자들의 공동숙소를 말한다. [옮긴이]

6 1974년 도쿄의 헌책방에서 우연히 발견된 자료로, 고마자와 대학 도서관이 구입해 소장
하고 있다. [옮긴이]

7 가마이시 광산 노동운동사 편찬위원회 편, 『가마이시 광산 노동운동사釜石鑛山勞動運動
史』, 가마이시 광산 노동조합, 1966(일본).

8 한국에서는 2심까지 패소한 후 2012년 5월 24일 대법원 판결에서 원고들이 승소했으나
파기환송심 이후 4년 넘게 대법원이 확정 판결을 내리지 않아 생존자들이 한두 명씩 세
상을 떠나는 안타까운 상황이 계속되고 있다. [옮긴이]

9 지옥동 할아버지가 현장을 찾은 시점 기준이다. 현재 시점으로는 70여 년이 된다.

10 2014년 8월 22일, 「태평양전쟁피해자보상추진협의회로부터의 요청서에 대한 회답太平
洋戦争被害者補償推進協議会からの要望書に対する回答」, 후생노동성 사회·원호국 원호기획과
외사실 작성.

11 이 글은 민족문제연구소·포럼 진실과정의, 『역사와 책임』, 7호(2014.8)에 실린 글을 다시
정리한 것이다.

12 최낙훈 씨의 아버지 최천호 씨의 창씨명이다.

13 강제동원진상규명네트워크는 2005년 7월 18일에 결성된 일본의 시민단체이다. 이 단체
는 강제동원 진상규명과 유골 조사, 전후 보상 관련 재판과 운동을 펼쳐온 활동가·역사
학자·시민단체들로 구성되어 있다. 2004년 2월 한국에서 '일제강점하강제동원피해진상
규명 등에 관한 특별법'이 제정되고 같은 해 11월 '일제강점하강제동원피해진상규명위
원회'(이하 '강제동원위원회')가 설립되자, 이러한 법률과 조사기관은 원래 가해국인 일본에
서 만들어야 했음에도 일본 시민의 역량 부족으로 그러지 못한 것을 안타까워하며 뜻있

는 일본 시민들이 이 단체를 구성했다. 이 단체는 그동안 일본 각지에서 진행된 강제동원 관련 조사, 유골 수습과 추도, 봉환, 강제동원 피해자들이 제기한 각종 재판 등의 활동에서 축적된 자료를 모으고 공유하여 진상규명의 수준을 높이는 한편 한국 강제동원 위원회의 활동을 지원하는 것을 목적으로 했다. 주요 활동은 진상규명위원회의 일본 내 활동 지원과 자료 제공, 일본정부와 공공기관, 기업에 대한 강제동원 관련 자료 공개 촉구, 자료조사와 학술회의, 현지 답사를 통한 강제동원 진상규명, 각지에서 시민들이 모아온 기록과 정보의 공유, 뉴스레터·보고서·책자 제작 등이다. 사무소는 효고兵庫 현 고베神戸 시에 있다. 후쿠도메 노리아키福留範昭, 「강제동원진상규명네트워크 설립에 대하여強制動員真相究明ネットワークの設立にあたって」, 『계간전쟁책임연구季刊戦争責任研究』, 제49호, 일본 전쟁책임자료센터, 2005(일본), 강제동원진상규명네트워크 홈페이지. [옮긴이]

14 후쿠도메 노리아키 씨는 강제동원진상규명네트워크의 설립 주역으로 초대 사무국장을 지냈다. [옮긴이]

15 일본의 사회보험청은 1997년 후생연금과 국민연금 등의 공적연금을 일괄적으로 관리하기 위해 기초연금번호를 도입하여 3억 건에 이르는 연금 기록을 통합하는 작업을 추진해왔는데, 이 과정에서 기초연금번호가 기재되지 않은 '공중에 뜬 연금 기록'이 2006년 6월 시점으로 5000만 건이 넘는다는 사실이 밝혀졌다. 기초연금번호는 한 사람에 하나씩 부여되며, 전직 등을 이유로 복수의 연금가입 기록이 있더라도 기초연금번호를 추적하여 일괄적으로 관리된다. 실제 도입 과정에서 컴퓨터에 입력할 때 입력 실수와 신청서류의 불비 등에 의해 기초연금번호가 기입되지 않은 가입 기록이 대량으로 발생했다. 이처럼 가입 기록에 기초연금번호가 없을 경우 보험료를 납부해도 급부로 가산되지 않아, 연금 수령액이 감소하거나 연금을 전혀 받지 못할 우려가 있다. 5000만 건의 공중에 뜬 연금과는 별도로 사회보험청에 연금 보험료를 납부한 기록 등이 남아 있지 않은 '사라진 연금'도 커다란 문제가 되었다. 이와 관련하여 구 대장(台帳)에서 별도로 보관된, 1954년 4월 1일 이전에 퇴직한 후생연금 가입자의 기록 1430만 건이 전산화가 진행되지 않은 채 남아 있는 것으로 밝혀졌다. 김명중, 「일본의 연금 기록 관리소홀 문제와 정부대책」, 『국제노동브리프』 vol.6 no.2(2008.2.), 81~90쪽. [옮긴이]

16 아키타 연금사무소의 연락 이후 다른 지역의 연금사무소에서도 동일한 내용으로 연락이

왔다. 문제는 가이지마 탄광이 소재한 후쿠오카 연금사무소였다. 후쿠오카 연금사무소는 제대로 된 조사도 하지 않은 채 없다고만 답하다가 우리가 다른 연금사무소에서 찾은 사실관계를 제시하자 그제서야 기록을 확인해주었다.

17 절에서 보유하고 있는 죽은 사람들의 장부로 속명, 법명, 죽은 날짜 등이 기록되어 있다. [옮긴이]

18 그날 가이지마 탄광 터에서 일어난 일에 관한 내용은 후루카와 마사키 씨가 작성한 글을 정리한 것이다.

19 한국정부는 1971년 이후 일본정부로부터 다음과 같이 명부를 받았다. 1971년 10월 군인·군속 전사자 명부(2만 1,699명), 1991년 3월 피징용자(노무자) 명부(9만 804명), 1992년 12월 피징용자(노무자) 명부(1만 7,107명), 1993년 10월 군인·군속 명부(24만 3,992명. 1971년 인수분과 중복 있음). 1996년 4월 강인창 씨가 1993년에 받은 24만 3,992명분의 군인·군속 명부 가운데서 경상북도에서 오키나와로 끌려간 이들의 명부를 발췌하면서 오키나와 강제동원의 진상이 밝혀지기 시작했다. [옮긴이]

20 1991년 12월 6일 태평양전쟁희생자유족회원 41명(1차 35명. 2차 6명)이 일본정부를 상대로 1인당 2000만 엔의 위자료 지급을 요구하며 도쿄지방재판소에 제기한 소송이다. 이 소송에는 일본군 '위안부' 최초 증언자인 김학순 할머니를 비롯한 9명의 '위안부' 피해자와 군인·군속 생존자와 유족이 원고로 참여한 재판으로 여론의 주목을 받았다. [옮긴이]

21 일본의 평화시민운동단체 '평화와 생활을 잇는 모임'은 체르노빌 원전사고 1년 후인 1987년 3월에 결성되었다. 이후 이 단체는 일본의 '군사대국화' 저지를 가장 큰 과제로 삼아 반전·반군사기지운동, 전후보상운동, 반원전운동, 평화를 위한 국제연대 등 다양한 활동을 펼쳐왔다. 최근에는 일본 헌법에 위반되는 '안보법제' 반대, 오키나와 헤노코의 군사기지건설반대운동을 펼치고 있다. [옮긴이]

3부 ⎯⎯⎯⎯⎯⎯⎯

1 연합군이 작성한 「국제군사재판조례」는 범죄의 형태를 A항 '평화에 반하는 죄Crimes

against peace', B항 '통상의 전쟁범죄War crimes', C항 '인류에 반하는 죄Crimes against humanity'로 규정했다. 이 중 B항과 C항의 죄를 범한 자를 BC급 전범이라고 부른다. 일반적인 오해와 달리 A, B, C는 범죄의 등급이 아니라 범죄의 유형을 말한다. 조선인 포로 감시원들은 연합군 전쟁포로를 학대했다는 혐의로 체포되어 처벌받았다.

2   "War Crimes—Military Tribunal—NAGATOMO Yoshitada(Lieutenant Colonel) ⋯ OYAMA Seikyo(Korean Guard): Unit—Imperial Japanese Army: Date and Place of Tribunal—Singapore, 8 August~16 September 1946"(A471, 81655 PART7, 1046288, Canberra), (http://www.naa.gov.au).

3   "History: Directorate of Prisoners of War and Internees 1939~1951", p.316.

4   "War Crimes—Military Tribunal—NAGATOMO Yoshitada(Lieutenant Colonel) ⋯ OYAMA Seikyo(Korean Guard): Unit—Imperial Japanese Army: Date and Place of Tribunal—Singapore, 8 August~16 September 1946"(A471, 81655 PART4, 1046285).

5   포로를 학대한 포로감시원들을 찾아내기 위해 포로감시원들을 일렬로 세워놓고 연합군 전쟁포로들이 지나가면서 혐의가 있다고 생각하는 사람들을 손가락으로 가리키는 것을 '구비지켄'이라 한다.

6   "War Crimes—Military Tribunal—NAGATOMO Yoshitada(Lieutenant Colonel) ⋯ OYAMA Seikyo(Korean Guard): Unit—Imperial Japanese Army: Date and Place of Tribunal—Singapore, 8 August~16 September 1946"(A471, 81655 PART5, 1046286).

7   이학래 구술, 김은식·최진아 면담, 2004.12.6.

8   "War Crimes—Military Tribunal—HIROMURA Kakurai: Place and date of Tribunal—Singapore, 18 and 20 March 1947"(A471, 81640, 721743).

9   우쓰미 아이코 지음, 『조선인BC급 전범, 해방되지 못한 영혼』, 이호경 옮김, 동아시아, 2007, 89~193쪽.

10 "War Crimes—Military Tribunal—NAGATOMO Yoshitada (Lieutenant Colonel) ⋯ OYAMA Seikyo (Korean Guard) : Unit—Imperial Japanese Army : Date and Place

of Tribunal—Singapore, 8 August~16 September 1946"(A471, 81655 PART6, 1046287)

11 「제29차 재일한교 법적지위 분과위원회 경과보고」(1952.2.4.) 한국 외무부, 『제 1차 한일회담(1952.2.15.~4.21) 재일한인의 법적지위원회 회의록, 1~36차, 1951.10.30~1952.4.1』, 1012쪽.

12 이학래 구술, 김은식·최진아 면담, 2004년 12월 7일.

13 1990년 10월 한국 태평양전쟁유족회원들은 일본정부를 상대로 국가배상 청구소송을 도쿄지방재판소에 제기했다. 35명의 군인·군속 생존피해자, 일본군 '위안부' 피해자와 유족들이 원고로 참여했다. 1991년 12월 '아시아태평양전쟁 한국인 희생자보상 청구소 송'을 다시 제기해 앞의 소송과 병합하여 진행했다.

14 민족문제연구소 편, 『시베리아 억류자 귀환 60주년 기념 자료전』(자료집), 2009. 이하 원 봉재, 이태호, 이병주, 김광조의 증언의 출처도 이와 같음.

15 김효순, 『나는 일본군 인민군 국군이었다』, 서해문집, 2009에서 재인용.

16 일본정부는 자국 국민들에게도 피해배상을 거부해왔다. 일본인 억류 피해자들은 먼저 국가가 자신들을 승전국 소련과 협의해 '노역배상'이라는 일종의 전리품으로 건넸다는 점, 종전 후 조속한 귀국을 위한 '안전배려의무'를 이행하지 않은 점, 이후에도 시베리아 억류자들을 위한 배상 및 보상 입법 활동을 전혀 하지 않는 점 등을 들어 국가를 상대로 소송투쟁을 벌였다. 재판에서는 패소했으나 특별조치법 제정을 위한 입법운동을 시베리 아삭풍회와 함께 전개했다.

17 '책임조사: 조건', 『시베리아 억류 조선인 포로문제 진상조사』, 대일항쟁기 강제동원피해 조사 및 국외강제동원희생자 등 지원위원회, 2011, 2쪽 재인용.

18 "일본국 군대는 완전히 무장해제 된 후 각자 가정에 복귀하여 평화적 생산적 생활을 영 위할 기회를 얻게 될 것이다." 위의 글, 재인용.

19 하이난 성, 『철발굽 아래의 피비린내 나는 비바람鐵蹄下的腥風血雨－日軍侵瓊暴行实录』, 해 남출판사, 1995(중국).

20 '기슈 광산의 진실을 밝히는 모임'이 주축이 되어 1939년 2월부터 1945년 8월, 일본군 이 중국 하이난 섬을 점령한 기간에 자행한 전쟁범죄의 실태와 항일투쟁의 역사를 밝히

기 위해 2007년 '하이난 섬 근현대사연구회'를 설립하였다. 연구회는 최근까지 28회 하이난 섬 현지조사를 통해 일본이 저지른 전쟁범죄(주민 학살, 성노예화, 강제연행, 강제노동, 식량 및 자원의 약탈, 마을 파괴)의 실태를 규명하고 그 책임소재를 밝히기 위한 활동을 하고 있다.

21 본문에서 '강제동원위원회'로 줄여 표기한 '일제강점하 강제동원피해 진상규명위원회'가 그 전신이다. 2004년 11월, '일제강점하 강제동원피해 진상규명 등에 관한 특별법'에 근거하여 발족했으며, 2010년 3월 특별법이 개정됨에 따라 조직도 '대일항쟁기 강제동원 피해조사 및 국외강제동원희생자 등 지원위원회'로 바뀌었고, 2015년 12월에 해산하였다.

4부 ──────

1 이 글은 다나카 히로시田中宏 · 나카야마 다케토시中山武敏 · 아리미쓰 켄有光健 외 공저, 『미해결의 전후보상: 일본의 과거와 미래를 묻다未解決の戦後補償: 問われる日本の過去と未来』, 소시샤創史社, 2012(일본)에 실린 글에서 발췌 · 번역한 것이다. [옮긴이]

2 nikkan2010.exblog.jp/11792644

3 http://www.nichibenren.or.jp/activity/document/opinion/year/2010/101211. html

4 2011년 10월 24일, 최고재판소가 상고를 기각하여 피해자 원고의 패소가 확정되었다.

5 1947년 일본의 국가배상법 시행 이전의 대일본제국헌법 아래에서는 국가나 공공단체의 책임을 정한 법률이 없었기 때문에 전시 중에 국가권력의 불법행위로 발생한 개인의 손해에 대해 국가는 배상책임을 지지 않는다는 논리. [옮긴이]

6 어떤 권리에 대해 법률상 인정되는 권리의 존속기간, 즉 권리를 행사할 수 있는 법정기간을 의미한다. 그 기간이 지나면 권리는 제척된다. [옮긴이]

7 입법자가 입법의무가 있음에도 그 의무를 이행하지 않거나 불완전하게 이행하는 것을 말한다. [옮긴이]

8 2차 세계대전 중 나치 독일 및 그 동맹국에 의한 노예·강제노동에 대한 손해배상 청구의 시효를 2010년까지 연장한다는 특례법.

9 이때 제기된 소송은 15건 이상이었고, 청구액은 총액 100조 엔을 넘었다고 한다.

10 "양 체약국은 양 체약국 및 그 국민(법인을 포함함)의 재산, 권리 및 이익과 양 체약국 및 그 국민 간의 청구권에 관한 문제가 (중략) 완전히 그리고 최종적으로 해결된 것이 된다는 것을 확인한다."

11 1995년 한국인 전 BC급 전범피해자와 유족 8명이 일본정부를 상대로 제기한 '한국인 전 BC급 전범 공식 사죄·국가보상 청구소송'이 1999년 도쿄지방재판소에서 기각된 후 2000년에 도쿄고등재판소에서 기각되고 2001년 마침내 최고재판소에서도 기각되었다. [옮긴이]

12 재산 및 청구권에 관한 문제의 해결 및 경제협력에 관한 일본국과 대한민국 간의 협정 제2조의 실시에 따른 대한민국 등의 재산권에 대한 조치에 관한 법률'財産及び請求権に関する問題の解決並びに経済協力に関する日本国と大韓民国との間の協定第二条の実施に伴う大韓民国等の財産権に対する措置に関する法律'.

13 1998년 중국인 피해자 5명이 니시마쓰건설을 상대로 제기한 '니시마쓰건설 중국인 강제연행·강제노동 손해배상 청구소송'이다. 피해자들의 청구는 2002년 히로시마지방재판소에서 기각된 후 2004년에 히로시마고등재판소에서 기각되었다. [옮긴이]

14 일본제철, 일본강관, 후지코시의 세 소송 이외에 도쿄아사이토방적東京麻糸紡績 근로정신대 소송에서도 원고와 도쿄아사이토방적을 승계한 데이진帝人 간에 '화해'가 성립되었다(2004). 데이진은 피해자 수십 명에게 1인당 20만 엔의 위로금을 지불했다. 단, 상세한 내용은 공표되지 않았다.

15 일본제철 소송의 화해에 대한 상세, 화해의 의의에 대해서는 '일본제철 전 징용공 재판을 지원하는 모임'이 발행한 『무지개-일한 민중의 가교 2부虹-日韓民衆のかけ橋 パート2』(1998년 1월 발행)에 자세히 실려 있다.

16 후지코시 근로정신대 제1차 소송의 화해에 대한 상세 내용은 '태평양전쟁한국인희생자 유족회(한국·춘천)'가 발행한 『보고집: 후지코시 강제연행 미불금소송』(2001)에 자세히 실려 있다.

17 다른 한편 중국인 강제연행 소송에서는 하나오카花岡 재판(가시마鹿島), 교토·오에야마京都·大江山 소송(일본야금日本冶金), 니시마쓰西松건설 소송(히로시마·시나노가와広島·信濃川)에서 화해가 실현되었다.

18 강제연행·강제노동 피해자들에 의한 재판투쟁이 진행되는 상황 속에서 재판 지원 단체와 관련 노동조합 등이 기업에 대한 항의행동, ILO 제기 투쟁 등을 공동으로 벌이기 위해 1996년 12월 도쿄에서 결성된 단체이다. [옮긴이]

19 2011년 2월에 공표된 조약권고위원회의 보고도 '위안부'·강제노동 문제를 언급하였는데, 조약권고위원회는 일본정부에게 다음과 같이 권고하였다. "이 문제의 장기간에 걸친 심각함과 위의 정부 표명을 감안하여 위원회는 피해자와의 화해를 모색하기 위해 더욱 노력함에 있어, 정부가 매년 그 수가 계속 감소하고 있는 전시 중의 산업강제노동과 군사성노예제의 고령 생존 피해자의 청구에 대응하여 신속한 조치를 취하기를 희망한다는 점을 거듭 표명한다."

20 모리타 요시오森田芳夫, 『조선종전의 기록: 미소 양군의 진주와 일본인의 인양朝鮮終戰の記錄: 米ソ両軍の進駐と日本人の引揚』, 간난도쇼텐巖南堂書店, 1964, 108쪽(일본).

21 厚生勞動省, 「朝鮮人靖國神社合祀に關する情報提供(回答)」, 2006.11.16(남상구, 「해방 후 한국인이 야스쿠니신사에 무단으로 합사된 경위」, 『야스쿠니에 묻는다』, 동북아역사재단, 2014, 224쪽에서 재인용).

22 민족문제연구소 편, 『침략신사 야스쿠니』, 민연, 2009, 66쪽.

23 1945년 연합군의 함포 사격을 받아 일본제철(후신 신일본제철, 현 신일철주금)에서 근무하다가 사망한 강제동원 피해자 유족 11명이 제기한 소송에서 신일본제철은 유족들에게 1명당 200만 엔의 위령금을 지급하는 것으로 화해를 이루었다. 신일본제철은 전쟁 전의 일본제철과는 별개 회사이기 때문에 법적 책임은 인정할 수 없으나 피해자들이 사망한데 인도적 차원에서 합의하겠다고 하였다. 물론 이 소송에서 일본정부는 책임을 인정하지 않았고 원고인 유족들은 패소했다.

24 주권을 가진 모든 국가는 서로 평등하다고 보기 때문에 국가는 다른 국가의 법원에서 피고가 되지 않는다. 이 국제법상의 원칙을 주권면제이론sovereign immunity doctrine이라고 한다. 이에 의하면 국가는 외국 국가를 피고로 하여 제소할 수 없게 된다. 그러나 사법적

상거래활동에서는 상대적 제한주의로 점차 완화되는 추세이다.

25 민사소송법 제5조(법인 등의 보통재판적): ① 법인, 그 밖의 사단 또는 재단의 보통재판적은 이들의 주된 사무소 또는 영업소가 있는 곳에 따라 정하고, 사무소와 영업소가 없는 경우에는 주된 업무담당자의 주소에 따라 정한다. ② 제1항의 규정을 외국법인, 그 밖의 사단 또는 재단에 적용하는 경우 보통재판적은 대한민국에 있는 이들의 사무소·영업소 또는 업무담당자의 주소에 따라 정한다.

26 '태평양전쟁 전후 국외 강제동원희생자 등 지원에 관한 법률'은 2010년 3월 22일 '대일항쟁기 강제동원피해조사 및 국외강제동원희생자 등 지원에 관한 특별법(이하 특별법)'이 제정되면서 폐지되었으며, 특별법에 의하여 피해자들에게 위로금과 미수금은 계속 지급되고 있다.

27 "1901년 8월 22일 및 그 이전에 대한제국과 대일본제국 간에 체결된 모든 조약 및 협정이 이미 무효임을 확인한다."

28 일제강점하 강제동원피해 진상규명 등에 관한 특별법 제2조 제1호: '일제강점하 강제동원 피해'라 함은 만주사변 이후 태평양전쟁에 이르는 시기에 일제에 의하여 강제동원되어 군인·군속·노무자·군 위안부 등의 생활을 강요당한 자가 입은 생명·신체·재산 등의 피해를 말한다.

29 민관공동위원회가 '청구권협정은 일본의 식민 지배 배상을 청구하기 위한 협상이 아니'라고 한 부분을 대법원이 보다 적극적으로 해석한 것이다.

30 민주사회를 위한 변호사모임, 『일제강점기 인권침해관련 소송자료집 ①』, 민주사회를 위한 변호사모임, 2009, 7~11쪽.

31 앞의 책, 12~15쪽.

32 앞의 책, 16~20쪽.

33 필자는 1971년 설립된 '한국 원폭피해자들을 돕는 시민모임'의 대표를 맡고 있다. 일본 시민들이 한국인 원폭피해자를 지원하는 운동을 하기 위해 만든 시민단체이다. 한국사회가 원폭피해자의 존재를 외면하던 시절 한국인 원폭피해자의 실태 조사를 시작했고, 의료지원을 위해 노력해왔다. 현재도 일본정부를 상대로 한 한국인 원폭피해자들의 소송을 지원하고 있다.

34 1954년 3월 1일 비키니 환초Bikini Atoll에서 미군의 수소폭탄 실험에 의해 후쿠오카 현의 일본 어선이 피폭되어 사망자가 발생하는 참사가 일어났다. 이를 계기로 일본 내에서 '원수폭금지운동'이 전국에서 일어났다. 일본정부는 1957년 '원자폭탄피폭자에 대한 의료 등에 관한 법률'을 제정하고 피폭자로 인정되면 '피폭자건강수첩'을 교부하고 건강진단과 치료를 무료로 해주었다. 1968년에는 '원자폭탄피폭자에 대한 특별조치법'을 제정하여 의료부조 이외에 일정 소득 수준 이하의 피폭자에게 특별 수당을 지급했다.

35 1968년 10월 일본에서 치료받기를 호소하며 밀항했던 손귀달은 체포되자마자 곧바로 한국으로 송환되었다. 12월 '한국원폭피해자협회' 부산지부장 엄분연과 서울지부 임복순은 교토 위령제에 참례한 후에 히로시마원폭병원에 입원했다. 그러나 '일시 입국한 외국인에게 수첩을 교부할 수 없다'는 후생성의 방침에 따라 치료는 받지 못했다. 이들 소식을 듣고 한국 원폭피해자들은 낙담과 분노로 들끓었다. 그러나 무료로 원폭증 치료를 받을 수 있는 일본에 건너가고자 하는 한국인 피폭자는 줄을 이었다. 이치바 준코, 『한국의 히로시마』, 역사비평사, 2003, 53~55쪽.

36 손진두 씨는 오사카에서 태어났고, 18세에 히로시마에서 폭심지로부터 2.5킬로미터 지점에서 근무 중에 피폭 당했다. 피폭시의 외상 흔적만 남아 있던 그는 1970년 여름부터 머리가 어지럽고 미열이 나며 수척해졌다. 그는 원폭후유증에 시달리며 병의 상태가 호전되지 않자 밀입국을 결심했다.

37 1980년 10월부터 개시되었으나, 가장 치료가 필요한 고령이나 중병의 재한 피폭자는 실제 일본으로 건너가는 것 자체가 불가능했다. 도일치료는 '언 발에 오줌누기' 식 시책에 불과했다.

38 당시 일본정부는 피폭자 관련 예산으로 1년간 2300억 엔을 지출하고 있었다(이치바, 앞의 책, 88쪽).

39 곽귀훈, 『나는 한국인 피폭자다』, 민족문제연구소, 2013.

40 이 글은 민족문제연구소·포럼 진실과정의, 『역사와 책임』, 제 3호(2012.7)에 실린 글을 바탕으로 그간의 유골 관련 움직임에 대해 추가한 글이다.

41 김경석 씨는 일본강관日本鋼管 소송의 원고로 화해를 이끌어냈으며, 군군재판과 후지코시 근로정신대 소송을 진두지휘했다.

42 2006년 8월 11일 일본인 유족 8명과 대만 원주민 유족 1명이 일본정부와 야스쿠니신사
    를 상대로 합사 취하와 손해배상을 요구하는 소송을 오사카지방재판소에 제기했다. '합
    사가 싫어요'라고 이름 붙여진 이 소송의 가장 큰 특징은 처음으로 일본정부와 야스쿠니
    신사 양쪽을 상대로 합사 취하를 요구했다는 점에 있다. 2007년 8월에는 일본인 유족 1
    명이 원고로 추가 참여했으며 이듬해 봄에는 의부가 합사되지 않았다는 사실이 밝혀진
    대만인 원고가 제소를 취소했다. 2010년 12월 21일 오사카고등재판소는 원고들의 청
    구를 기각했으나 국가가 야스쿠니 합사에 관여한 사실에 대해서 '합사라는 종교 행위 그
    자체를 원조 · 조장'한 것으로 헌법의 정교분리원칙을 위반하는 행위임을 인정했다.

43 재한군인군속재판지원회의 홈페이지 주소는 http://www.gun-gun.jp(일본어)이다.

44 『제7차 한일회담(1964.12.3~65.6.22) 청구권관계 회의 보고 및 훈령, 1965』, 외무부, 1965
    참조.

45 「한일회담 일반청구권 문제」(1963.3.5.), 『제6차 한일회담 청구권 관계자료, 1963』, 외무
    부, 1963.

군함도, 끝나지 않은 전쟁

초판 1쇄 발행 2017년 3월 1일
초판 4쇄 발행 2018년 11월 16일

지은이 | 김민철, 김승은 외
발행인 | 박재호
편집 | 홍다휘, 강혜진, 이미현
마케팅 | 김용범
총무 | 김명숙
종이 | 세종페이퍼
인쇄·제본 | 한영문화사

발행처 | 생각정원 Thinking Garden
출판신고 | 제25100-2011-320호(2011년 12월 16일)
주소 | 서울시 마포구 양화로 156(동교동) LG팰리스 814호
전화 | 02-334-7932 팩스 | 02-334-7933
전자우편 | pjh7936@hanmail.net

ⓒ 민족문제연구소(저작권자와 맺은 특약에 따라 검인은 생략합니다.)

ISBN 979-11-85035-85-7 03910

이 도서의 국립중앙도서관 출판예정도서목록(CIP)은 서지정보유통지원시스템 홈페이지(http://seoji.nl.go.
kr)와 국가자료공동목록시스템(http://www.nl.go.kr/kolisnet)에서 이용하실 수 있습니다. (CIP제어번호:
CIP2017003849)

만든 사람들
기획 | 민족문제연구소
책임편집 | 강소영
교정·교열 | 김정희
디자인 | 이석운, 김미연